·高等教育法学应用教材·

民事诉讼法

主　编　陈桂明

副主编　刘芝祥

撰稿人　（以撰写章节先后为序）

陈桂明　孙邦清　刘芝祥

薛永惠　刘秀风　邱星美

谭秋桂　张　力

中国政法大学出版社

中国政法大学
高等教育法学应用教材编委会

主编简介

陈桂明 男，1961年4月生，江苏南通人。法学博士，教授，博士生导师。现任中国法学会民事诉讼法学研究会会长，《中国法学》杂志总编辑。著有《诉讼公正与程序保障》、《程序理念与程序规则》、《仲裁法论》、《民事审判方式改革与发展》等，在《法学研究》等刊物上发表论文近百篇。曾被评选为"第二届全国十名杰出中青年法学家"，首批入选教育部跨世纪优秀人才计划，享受国务院特殊津贴专家。

出版说明

为适应高等法学教育发展的需要，提高学生发现问题、解决问题以及运用法学知识的能力，我们组织编写本套《高等教育法学应用教材》。

法学是理论性与应用性相结合的学科，本套教材的最大特点在于突出法学的应用性。主要表现在以下几个方面：

1. 力求与现行最新的立法、司法解释及法律实务相一致。本套教材强调对现行最新的立法、司法解释进行介绍和分析，强调联系司法实务中的新老问题进行论述。

2. 力求与最新的《国家司法考试大纲》相一致。司法考试是从事法律工作的职业资格考试，但每年有大量的法律专业本科生、研究生无法通过司法考试。本教材力图使教学内容与司法考试紧密相联。

3. 力求用简洁、实用的事例说明深奥的原理和规范。在每一本教材中都努力用简洁的文字、实用明晰的案例对基本原理和法律规范进行说明，使学生在最短的时间内读懂教材，并结合历年司法考试试题加以分析。

4. 力求结合最新的研究成果和立法动态。立法、司法和法律实务是动态、发展的。本套教材密切关注和把握改革发展的方向与趋势，努力结合最新的学术研究成果，使法学理论应用于法律实务和教学。

为了保证本套教材的高水平和高质量，编委会聘请了多位知名的法学家担任主编。这些专家多数参加过立法和修法工作，并是司法考试教学辅导的名师，具有编写高校教材的丰富经验。

本套教材适用于大学本科的教学，尤其适用于司法考试。

本套教材的编写，得到了教育部有关领导、中国政法大学领导与教师以及中国政法大学出版社的大力支持，在此一并表示感谢。

《民事诉讼法》是本套教材中的一种，其编写分工如下（以章节先后为序）：

陈桂明　第一章、第二章

孙邦清　第三章、第四章、第五章

刘芝祥　第六章、第七章、第八章

薛永惠　第九章、第十章、第十七章

刘秀风　第十一章、第十六章第五节

邱星美　第十二章、第十三章、第十六章

谭秋桂　第十四章、第十五章

张　力　第十八章、第十九章

中国政法大学《高等教育法学应用教材》编委会

2007 年 2 月

目 录

第一章　民事诉讼与民事诉讼法

■　第一节　民事诉讼

一、民事诉讼的概念

民事诉讼是人民法院在当事人和其他诉讼参与人的参加下，审理和解决民事案件的诉讼活动以及在此活动中产生的各种法律关系的总和。

民事诉讼的基本内容是人民法院和诉讼参与人所进行的诉讼活动，以及在活动过程中产生的法律关系。诉讼活动表现为人民法院、当事人及其他诉讼参与人的各种诉讼行为，它会引起诉讼上法律后果的发生，并推动民事诉讼的发展；诉讼法律关系表现为人民法院与各诉讼参与人之间在民事诉讼中形成的各种权利义务关系。诉讼活动如何进行，诉讼主体之间权利义务关系如何，都决定于民事诉讼法的规定。

民事诉讼的整个过程由若干个诉讼阶段组成。我国民事诉讼法中规定的民事诉讼的主要阶段有：起诉与受理、审理前的准备、开庭审理、裁判、上诉、执行等。上述各阶段既独立存在，又有联系，民事诉讼活动既可能经过上述全部阶段，也可能在某个阶段即告结束。此外，民事诉讼法还规定了再审阶段，这一程序是为纠正有错误的裁定和判决而设立的，不是通常的诉讼阶段。

二、民事诉讼的特点

与社会生活中解决民事争议的其他方法（比如和解、诉讼外调解、仲裁）相比较，民事诉讼有如下几个特点：

1. 民事诉讼是在国家审判机关的主持下进行的。和解是由当事人自行协商，人民调解是由人民调解委员会主持进行，仲裁是由作为民间组织的仲裁委员会的仲裁员主持，而只有民事诉讼是由审判员代表国家行使审判权来主持进行。

2. 民事诉讼的进行应当依照严格的诉讼程序和诉讼制度。严格的诉讼程序和诉讼制度来源于国家法律的规定，民事诉讼的参加者，包括在民事诉讼中起主导作用的法院，都应当遵守，不得违反。而以其他方式解决民事纠纷，则没有如此严格的程序和制度，即使是在有明确的程序和制度规定的仲裁活动中，仲裁参加者的自主程度要较民事诉讼高得多，行为的选择余地也较民事诉讼大。

3. 民事诉讼具有强制性。这一特点有两方面的表现:①是否以该种方式来解决纠纷,不以双方合意为前提条件,只要争议的一方的起诉符合条件,另一方即使不愿参加民事诉讼,也得被强制参加,而和解、调解、仲裁等则是在双方当事人自愿参加的情况下方可进行。②民事诉讼中法院所作的生效裁判具有法律约束力,当事人不予履行裁判的义务时,法院可根据法律规定强制执行,而和解、人民调解的结果则不具有强制执行力,仲裁裁决的实现,多数是由当事人自愿履行裁决,少数则有赖于法院通过民事执行程序得以兑现。

1-1 (多选题) 以下何种表述符合民事诉讼的特点?

A. 民事诉讼区别于仲裁,当事人向人民法院起诉无需达成协议

B. 民事诉讼区别于人民调解,裁判具有最终解决纠纷的法律效力

C. 民事诉讼区别于人民调解,法院主持调解不能有当事人以外的人参加

D. 民事诉讼区别于仲裁,当事人无权对合议庭的组成提出异议

——应当选择AB。民事诉讼的程序比较严格,但是调解可以根据具体情况,邀请案外人参加。对民事诉讼中合议庭的组成,当事人也有权申请回避。

■ 第二节 民事诉讼法

一、民事诉讼法的概念

民事诉讼法,是国家制定的规范法院与民事诉讼参与人的诉讼活动,调整法院与诉讼参与人法律关系的法律规范的总和。

民事诉讼法有狭义与广义之分。狭义的民事诉讼法,是指国家制定的民事诉讼法法典,即《中华人民共和国民事诉讼法》(以下简称《民事诉讼法》)。广义的民事诉讼法,不仅包括民事诉讼法法典,而且包括宪法及其他法律、法规中有关民事诉讼的规范,以及最高人民法院制定的有关民事诉讼的规范性文件。

二、民事诉讼法的属性

民事诉讼法的属性,可以从其在法律体系中的地位、调整的社会关系及其内容与作用等几个方面来确定:①从其在法律体系中的地位来分析,它保障民法、经济法等实体法在社会生活中的贯彻实施,作为法律体系中的一个重要的法律部门,其地位仅次于宪法,与民法、刑法、刑事诉讼法等法律部门

一样,属于基本法。②从其调整的社会关系来分析,它调整民事诉讼关系,它所调整的这一特定法律关系,是其他法律部门无法调整的,这意味着民事诉讼法在社会生活中有其特定的作用,是其他法律部门不可取代的,属于独立的部门法。③从民事诉讼法所确定的内容来分析,它主要规定的是民事诉讼活动过程中诉讼主体的权利和义务,以及用来保证这些权利的行使、义务的履行的诉讼制度和程序,民事诉讼法属于程序法。

1-2 (多选题) 从不同的角度看,以下哪种表述能够体现民事诉讼法的性质?

A. 程序法　　B. 基本法　　C. 部门法　　D. 特别法

——应当选择ABC。特别法是相对于普通法而言的,从任何意义上我们都难以笼统地将民事诉讼法看成是特别法。

三、民事诉讼法的任务

《民事诉讼法》第2条对我国民事诉讼法的任务作了规定,概括起来有如下几项任务:

(一)保护当事人行使诉讼权利

诉讼权利是当事人维护自己民事权益的手段,是其进行诉讼活动,实施具体诉讼行为的根据。当事人的诉讼权利如果得不到保护,诉讼程序也就无法正常运转,诉讼制度也就得不到有效的贯彻。因此,保护当事人行使诉讼权利,是民事诉讼法的首要任务。

(二)保证人民法院正确审理案件

案件是否能得到正确的审理,关系到当事人的合法权益是否能够得到司法保护,关系到国家的法律制度在民众心中是否有权威。因此,保证人民法院正确审判民事案件,与保护当事人行使诉讼权利一样,同样是民事诉讼法的重要任务之一。

(三)确认民事权利义务关系,制裁民事违法行为,保护当事人的合法权益

民事诉讼法是解决民事主体权利义务之争的程序法。程序法是否能有效地发挥这一功能就在于它是否能通过诉讼制度的贯彻和诉讼程序的运用对有争议的民事权利义务关系予以确认,并在此基础上对违法行为予以制裁,实现对当事人合法权益的保护。因此,确认民事权利义务关系,制裁民事违法行为,保护当事人的合法权益,也就成为民事诉讼法的任务之一。

(四)教育公民自觉遵守法律

自觉遵守国家法律,是社会法治化的基本要求。实际上国家各类法律都应承担起教育公民自觉遵守法律的任务,只是它们各自实现这一任务的

手段不同而已。民事诉讼法作为国家的基本法和程序法,通过民事审判活动来表明国家法律支持什么、否定什么、制裁什么、维护什么,以实现教育公民自觉遵守法律的任务。

四、民事诉讼法的效力

民事诉讼法的效力是指民事诉讼法的适用范围。它包括对什么人、什么事发生效力,在什么时间、什么空间发生效力。

(一)对人的效力

对人的效力是指民事诉讼法对哪些人适用。《民事诉讼法》第4条规定:"凡在中华人民共和国领域内进行民事诉讼,必须遵守本法。"这一规定意味着,无论是谁,只要是在我国领域内进行民事诉讼,就得适用我国的民事诉讼法。因此,我国民事诉讼法对人的适用范围是:我国公民、法人和其他组织,在我国领域内居住的外国人、无国籍人,在中国的外国企业和组织,申请在我国进行民事诉讼的外国人、无国籍人以及外国企业和组织。

(二)对事的效力

对事的效力,是指哪些案件应当适用民事诉讼法的规定进行审理。《民事诉讼法》第3条规定:"人民法院受理公民之间、法人之间、其他组织之间以及他们相互之间因财产关系和人身关系提起的民事诉讼,适用本法的规定。"此外,民事诉讼法还规定,某些特殊类型的案件也适用民事诉讼法。据此,适用民事诉讼法审理的案件有下列几类:

1. 因民法、婚姻法、继承法等实体法所调整的平等民事主体之间的财产关系和人身关系而发生的民事纠纷案件,如债权债务纠纷案件、离婚案件、继承遗产案件等。

2. 因经济法、劳动法等实体法所调整的法律关系而发生的,法律、法规规定属于人民法院适用民事诉讼法审理的经济案件和劳动案件,如经济合同纠纷案件、劳动合同纠纷案件、企业破产案件等。

3. 按民事诉讼法规定适用特别程序审理的选民资格案件和非诉案件。

4. 按督促程序解决的债权债务关系案件。

5. 按公示催告程序解决的宣告有关票据和有关事项无效的案件。

(三)在空间上的效力

在空间上的效力,是指民事诉讼法在什么地方适用。《民事诉讼法》第4条规定的内容表明,凡在中华人民共和国领域内进行民事诉讼,均适用民事诉讼法。中华人民共和国领域,包括领土、领海、领空以及领土伸延的范围。

(四)在时间上的效力

在时间上的效力,是指民事诉讼法在什么时间范围之内适用。我国现行《民事诉讼法》自1991年4月9日颁布起生效。

■ 第三节　民事诉讼法与相邻部门法的关系

一、民事诉讼法与民事实体法的关系

民法、婚姻法、继承法、经济法、劳动法是实体法，它们分别规定法律关系主体在一定领域中的权利义务。民事诉讼法是程序法，规定法院审理民事案件的诉讼程序和制度，保障实体法内容的实现。因此，民事诉讼法与上述民事实体法的关系，是形式与内容、手段与目的的关系，二者密不可分，必须同时存在。如果没有民事诉讼法，民事实体法就没有生命力；相反，如果没有民事实体法，民事诉讼法则因失去了保护的对象和内容，其存在也就失去意义。

二、民事诉讼法与人民法院组织法的关系

人民法院组织法主要规定人民法院的组织原则和活动原则。民事诉讼法主要规定人民法院审理民事案件应遵守的原则、制度和程序。二者调整的对象不同，属于不同的部门法。但人民法院组织法与民事诉讼法又都共同服务于民事案件的审判，被称为审判法或司法法，因此，二者在某些原则和制度的规定上又是相通的，或者是一致的。例如，两审终审、合议、回避、公开审判等制度，独立审判、对当事人在适用法律上一律平等、使用本民族语言文字进行诉讼等原则，在民事诉讼法和人民法院组织法中均作了规定，只是规定的角度有所不同而已。因此，人民法院审理民事案件，既要遵守民事诉讼法的规定，又要遵守人民法院组织法的规定。

三、民事诉讼法与刑事诉讼法、行政诉讼法的关系

民事诉讼法与刑事诉讼法、行政诉讼法同属于程序法，都是对法院行使审判权应当遵守的原则、制度和程序的规定。诉讼活动的共同规律和特点，决定了三者有不少相同或相近的规定。例如，两审终审、合议、回避、公开审判制度，法院独立审判、对当事人在适用法律上一律平等、以事实为根据以法律为准绳、用本民族语言文字进行诉讼等原则，以及一审程序、二审程序、审判监督程序等程序，三大诉讼法中均作了规定，其中民事诉讼法与行政诉讼法的规定更接近一些。但由于三者的具体任务和所要达到的目的不同，因而三者在不少方面又存在差异。例如，三大诉讼法在保障实施的实体法、提起诉讼的主体和条件、诉讼主体的诉讼地位、举证责任的分配、执行方式和措施，以及一些诉讼原则和程序方面均有所不同。

第二章 民事诉讼法的基本原则

■ 第一节 民事诉讼法基本原则概述

一、民事诉讼法基本原则的概念

民事诉讼法的基本原则,是在民事诉讼的整个过程中,或者在重要的诉讼阶段,起指导作用的准则。它体现了民事诉讼法的精神实质,为法院的审判活动和诉讼参与人的诉讼活动指明了方向,概括地提出了要求,因此对民事诉讼具有普遍的指导意义。我国民事诉讼法的基本原则是以我国宪法为根据,从我国社会主义初级阶段的实际情况出发,按照社会主义民主与法制的要求,结合民事诉讼法的特点而确定的。

民事诉讼法的基本原则,是民事诉讼活动的本质和规律以及立法者所奉行的诉讼政策的集中体现,其基本属性有两个:内容的根本性和效力的贯彻始终性。

民事诉讼法基本原则内容的根本性决定了其基本规则的地位。内容的根本性在基本原则与民事诉讼法的目的、基本原则与民事诉讼基本价值之间的关系上得以体现。

我国民事诉讼法的目的反映在《民事诉讼法》第2条的规定上:"中华人民共和国民事诉讼法的任务,是保护当事人行使诉讼权利,保证人民法院查明事实,分清是非,正确适用法律,及时审理民事案件,确认民事权利义务关系,制裁民事违法行为,保护当事人的合法权益,教育公民自觉遵守法律,维护社会秩序、经济秩序,保障社会主义建设事业顺利进行。"民事诉讼法的基本原则,如辩论原则、处分原则等不仅符合民事诉讼法之上述目的,而且最集中、最概括地体现了实现上述目的的手段要求。民事诉讼法的具体程序、制度和规范都是实现民事诉讼法的具体手段,这些手段要形成协调有序的整体,必须借助于一定的根本性的规范,这就是民事诉讼法的基本原则,它是其他具体规范(程序、制度)产生的依据。

民事诉讼的价值是多元的,但公正是最基本的也是最高的价值追求。民事诉讼法的基本原则不仅要求与公正的价值相吻合,而且总是从根本上反映立法者对公正的理解。换句话说,立法者基于其公正观而奉行一定的诉讼政策,基本原则就是立法者所制定的诉讼政策集中、概括的体现。例如，处分原则被一些国家作为民事诉讼法的一条基本原则，立法者认为民事诉讼作为解决私法关系争议的司法形式，应当尊重当事人对自己权利的支配，这样才是公正的，因此允许当事人自由处分自己的民事权利和诉讼权利成为上述原则的内容。

民事诉讼法基本原则的效力是贯彻始终的，就是说基本原则在民事诉讼法中生效的领域是完全的，对民事诉讼法的全部规范具有导向作用。通过基本原则的规制，其他具体制度的规定才能不偏离民事诉讼目的，不偏离诉讼公正的基本价值取向。需要说明的是，民事诉讼法基本原则效力的这种贯彻始终的属性并不表明民事诉讼法中的任何具体规定都是某一基本原则的具体化，民事诉讼作为解决民事争议的活动，是一个复杂的过程，规范这种活动过程的条文也呈现出散乱的表征，很难说所有的条款都与民事诉讼的目的、诉讼的价值相关，有的规定纯属于技术性的问题，与基本原则的政策导向没有什么关系。而且，基本原则效力一以贯之的属性也不排除例外情况，这是由实现民事诉讼目的、价值手段的复杂性决定的。当然，个别的例外情况决不应当与基本原则所倡导的政策性要求同日而语。当某一目的和价值可以通过并列的几种手段实现时，这些手段都不成其为“基本原则”。

二、民事诉讼法基本原则的功能

民事法律制度中确立一定的原则，这种现象的产生可以追溯至古罗马。古罗马存在许多广为传播的司法格言，这些格言既有实体法方面的，也有程序方面的，实际上起到了法律原则的作用。现代立法中，有些国家的法典编纂首先规定一些基本原则，有些国家虽然在法典中不作明文规定，但也通过具体的制度规定加以体现或通过判例加以确定，由于法制观念的社会化以及法学理论者的归纳，法律原则总是比具体的规定更加广为人知，受到社会的普遍推崇和尊重。

民事诉讼法基本原则主要具有两大功能：

1. 规范民事诉讼的具体制度和规则——立法准则的功能。民事诉讼法是一个由多方面具体诉讼制度和规范组成的统一体。各种繁杂的制度、规范要形成一个协调一致、互不矛盾的体系，必须具有一些根本的出发点，由此演绎出法律的全部内容，这就是法律的基本原则。它隐含于具体的法律规定之中，并决定着这些具体法律规定的走向。所以，在制定民事诉讼法时，民事诉讼法的基本原则产生于具体诉讼制度和规范之前，它是各项具体法律规定的基础和来源。

2. 规范诉讼主体的行为——行为准则的功能。由基本原则出发演绎出的其他制度和规范，具有具体性和可操作性，当事人、法官以及其他诉讼参与人在民事诉讼中的活动都应以此为依据。但是，民事诉讼活动的复杂性决定了即使再详尽的法律条文,也不可能毫无遗漏地包容民事诉讼活动的方方面面。也就是说,诉讼中总会遇到一些具体问题,在法条中难以找到据以处理和解决的规定。而且,立法中有的制度和规范可能是比较模糊的,有些相互之间甚至还可能出现似乎自相矛盾的情形。在上述情况下,具体法条的适用就不足以保证诉讼程序的进展,而出现"无法可依"的真空地带。诉讼当然不能因此停滞或者终结,其解决的方法只能是根据基本原则的规定,由承办具体案件的法官确定如何处理,或者由最高司法机关作出司法解释——这也是司法行为的一部分。从另一个角度看,民事诉讼法的基本原则为具体制度和规范之本源,其适用对于帮助人民法院、当事人及其他诉讼参与人正确理解民事诉讼法具体制度和规范的立法意图,更好地规范各种诉讼主体的行为,具有独立的意义。需要说明的是,基本原则的适用过程具有其特殊性。它本身缺乏具体性和可操作性,通常只是为诉讼行为提供导向,其适用往往需要有一个转换装置,即由法官根据这种导向"自由裁量"或者由最高司法机关根据这种导向作出司法解释。正因为如此,也可以说法律的基本原则还具有引导"法官造法"的功能,即它成为法官进行创造性司法活动的理论依据。

由于民事诉讼法基本原则具有上述重要功能,因此其是否完整,成为民事诉讼立法是否科学完善、司法审判是否公正、诉讼法学理论是否成熟的重要标志。

三、民事诉讼法基本原则的分类

《民事诉讼法》第一章规定了一系列基本原则,法学界通常将这些原则分为两大类:

1. 根据宪法原则,参照人民法院组织法有关规定制定的基本原则。这类基本原则的特点是不仅适用于民事诉讼,而且也适用于刑事诉讼和行政诉讼。正因为如此,这些原则就成为宪法、法院组织法、民事诉讼法、刑事诉讼法、行政诉讼法的共有原则,简称共有原则。共有原则在民事诉讼法典中之所以要作规定,是因为其内容对于民事诉讼来说,在适用上有其特殊要求。

2. 根据民事诉讼的特殊要求制定的基本原则。其反映了民事诉讼的特殊规律性,因此是民事诉讼法的特有原则,简称特有原则。特有原则有当事人平等原则、辩论原则、处分原则、调解原则、同等与对等原则、检察监督原则等。

下面分别对民事诉讼法中当事人平等原则、辩论原则和处分原则加以阐述,这几个基本原则是民事诉讼法中最重要的原则。调解原则、同等与对等原则、检察监督原则等则在后面阐述民事诉讼制度的相关章节中加以阐述。

■ 第二节　当事人平等原则

我国《民事诉讼法》第 8 条规定:“民事诉讼当事人有平等的诉讼权利。人民法院审理民事案件,应当保障和便利当事人行使诉讼权利,对当事人在适用法律上一律平等。”法律规定的上述原则,可以概括为当事人平等原则,包含以下几方面的内容:

1. 双方当事人的诉讼地位完全平等。诉讼地位平等,也就是诉讼权利和义务平等。诉讼当事人在民事诉讼中,虽有原告、被告、第三人等不同的诉讼称谓,但在诉讼过程中的诉讼地位是平等的,不分优劣和高低。民事诉讼当事人双方,在民事诉讼中平等地享有诉讼权利,平等地承担诉讼义务。当事人的诉讼权利平等,在民事诉讼中表现为两种情况:①双方当事人享有相同的诉讼权利。如双方当事人都有委托代理、申请回避、提供证据、请求调解、进行辩论、提起上诉、申请执行等权利。②双方当事人享有对等的诉讼权利。如原告有提起诉讼的权利,被告有提出反驳和反诉的权利。诉讼权利和诉讼义务是互相对应的,双方当事人的诉讼权利平等,承担的诉讼义务也平等,如双方当事人都必须依法行使诉讼权利,履行诉讼义务,遵守诉讼秩序等。当然,由于当事人在诉讼中担负的具体角色不同,在某些情况下,他们所承担的诉讼义务也不尽相同,不履行诉讼义务的后果也有差异。因此,无论从诉讼权利,还是从诉讼义务来看,当事人双方平等并不意味着完全相同。

2. 双方当事人拥有同等地行使诉讼权利的手段,同时,人民法院平等地保障双方当事人行使诉讼权利。行使诉讼权利的手段,是实现诉讼权利的具体形式。没有同等地行使诉讼权利的手段,那么,平等的诉讼权利也只是纸上谈兵,得不到实现。行使诉讼权利的具体形式,有口头的或书面的。例如,实现申请回避的权利,就要提出口头的或书面的申请,说明理由;为行使辩论权,就要在法庭上有充分的发言机会等。如果在民事诉讼中,只有一方当事人享有行使诉讼权利的手段,就无法保证双方当事人平等地行使诉讼权利。保障当事人平等地行使诉讼权利,是人民法院的职责。我国民事诉讼法对原告和被告双方当事人的权利和义务作了平等的规定,没有这种规定,就谈不上当事人平等地行使诉讼权利,或者充其量只是对不平等的平等维护。在立法平等的前提下,人民法院为当事人创造平等地行使诉讼权利的机会,并且平等地要求当事人履行诉讼义务,不偏袒或歧视任何一方,这样做具有重要的意义。

3. 对当事人在适用法律上一律平等。对一切诉讼当事人,不分民族、种族、性别、职业、社会出身、宗教信仰、受教育的程度、财产状况、居住期限,在适用法律上一律平等。任何公民,都应毫无例外地遵守法律,享有法律规定的权利,履行法律规定的义务。一切当事人的合法权利都应受到保护,一切当事人的违法行为都应受到制裁。只有这样,才能切实保护当事人的合法权益。

2-1 (多选题) 以下哪种表述体现了当事人平等的内涵?

A. 原告和被告在法律上的权利义务没有差别

B. 任何人作为被告在任何情况下都有权对原告提出反诉

C. 原告和被告的诉讼地位没有优劣之分

D. 法院在诉讼中应当创造条件保证双方当事人能够平等地行使诉讼权利

——应当选择CD。当事人平等并非双方的诉讼权利义务没有差别,被告有反诉的权利,但是需要具备反诉的条件。

■ 第三节 辩论原则

我国《民事诉讼法》第12条规定:"人民法院审理民事案件时,当事人有权进行辩论。"辩论原则是指在人民法院主持下,当事人有权就案件事实和争议问题,各自陈述自己的主张和根据,互相进行反驳和答辩,以维护自己的合法权益。

辩论是当事人维护自身合法权益的诉讼行为。辩论权,是当事人的诉讼权利,又是人民法院审理民事案件、经济纠纷案件的准则。当事人双方就有争议的问题,相互进行辩驳,通过辩论揭示案件的真实情况。只有通过辩论核实的事实才能作为判决的根据。

对于辩论原则,必须掌握以下内容:

1. 辩论权的行使贯穿于诉讼的整个过程。通常的理解为,辩论仅指法庭辩论,实际上这种理解并不全面。固然,法庭辩论是当事人行使辩论权的重要体现,最集中地反映了辩论原则的主要精神,但是,辩论决不仅限于法庭辩论,而是贯穿于从当事人起诉到诉讼终结的整个过程中。原告起诉后,被告即可答辩。起诉与答辩就构成了一种辩论。在诉讼的各个阶段和过程中,当事人双方均可通过法定的形式,开展辩论。因此,在理论上有人主张将法庭辩论称为狭义辩论,而把一般的辩论称为广义辩论,能够全面体现辩论原则的只能是后者。

2. 辩论的内容,既可以是程序方面的问题,也可以是实体方面的问题。

对于程序方面的问题，如当事人是否合格、当事人的某项诉讼行为是否符合法定要求以及代理人是否有代理权等，当事人双方均可依据自己的意志提出否定的或者肯定的意见。实体方面的问题通常是辩论的焦点。一般来说，对实体问题的辩论往往是法庭认定事实的重要依据，因为借助辩论过程，审判人员可以了解双方的观点及各自的论据，进而作出某种评判。

3. 辩论的表现形式及方式是多种多样的。辩论既可以通过口头形式进行，也可以运用书面形式表达。口头形式便于当事人随时阐明自己的主张，随时对他方观点做辩驳，因此口头形式的运用较为普遍。但是，口头形式往往容易失言，表达不当或者表达时不够冷静而为对方贻以口实。同时，口头形式只能在特定场合，向特定对象进行，有一定的局限性。书面形式虽然不够灵便，而且又受当事人文化水平的限制，但能够弥补口头形式的某些缺陷。

民事诉讼中的辩论原则与刑事诉讼中的辩护原则具有一定的区别，不可视二为一。辩护原则建立在公诉权与辩护权分立的基础之上，检察机关代表国家，以公诉人的身份对刑事被告人行使追诉权，被告人处于被控诉和受审判的地位，只能就自己是否犯罪和罪行轻重进行辩护。辩论原则建立在原告和被告诉讼地位平等而又彼此对立的基础之上，双方可以相互反驳、争辩，被告还有权对原告进行反诉。

■ 第四节 处分原则

《民事诉讼法》第13条规定的处分原则，是指民事诉讼当事人有权在法律规定的范围内处分自己的民事权利和诉讼权利。处分即自由支配，对于权利可以行使，也可以放弃。

在民事诉讼中，当事人处分的权利对象是多种多样的，但无非两大类：①基于实体法律关系而产生的民事实体权利；②基于民事诉讼法律关系所产生的诉讼权利。

对实体权利的处分主要表现在三个方面：①诉讼主体在起诉时可以自由地确定请求司法保护的范围和选择保护的方法。在民事权利发生争议或受到侵犯后，权利主体有权决定自己请求司法保护的范围。不仅如此，权利主体还可在一定程度上自行选择所受保护的方法。例如，在侵害财产所有权的纠纷中，被损害者有权就全部损害提出赔偿要求，也有权以部分损害的赔偿作为诉讼标的；同时，有权请求返还原物，也有权要求侵权人作价赔偿。②诉讼开始后，原告可以变更诉讼请求，即将诉讼请求部分或全部撤回，代之以另一诉讼请求；也可以扩大（追加）或缩小（部分放弃）原来的请求范围。③在诉讼中，原告可以全部放弃其诉讼请求，被告可部分或全部承认原告的诉讼请求；当事人双方可以达成或拒绝达成调解协议；在判决未执行完毕之前，双方当事人随时可就实体问题自行和解。

诉讼权利是当事人处分的另一重要对象，诉讼权利虽然属于程序意义上的权利，但往往与实体权利有关，当事人对实体权利的处分，一般是通过对诉讼权利的处分而实现的。对诉讼权利的处分主要体现在以下几个方面：①诉讼发生后，当事人可依自己的意愿决定是否行使起诉权。立法上在起诉方面采取当事人“不告不理”的做法。因此，当事人在其实体权利受到侵犯或就某一实体权利与他人发生争议时，是否诉诸法院，由当事人自行决定。只有在当事人起诉的情况下，诉讼程序才能开始，法院既不强令当事人起诉，更不能在当事人不起诉的情况下主动进行审理。②在诉讼过程中，原告可以申请撤回起诉，从而要求人民法院终结已经进行的诉讼，也就是放弃请求法院审判的诉讼权利。被告也有权决定是否提出反诉来主张自己的实体权利，借以对抗原告的诉讼请求。当事人双方都有权请求人民法院进行调解，以调解方式解决纠纷。当事人还能够依其意愿决定是否行使提供证据的权利。当事人双方都有权进行辩论，承认或否认对方提出的事实。③在一审判决作出后，当事人可以对未生效的判决提起上诉或不提起上诉；对于已生效的判决或调解书认为确有错误时，当事人有权提出申请，请求再审，由人民法院决定；对生效判决或者其他具有执行力的法律文书享有权利的当事人，有权决定是否申请强制执行。④在执行过程中，申请执行人可以撤回其申请，这种撤回申请的处分行为不影响其实体权利的继续存在。

需要注意的是，我国民事诉讼中当事人的处分权不是绝对的，我国法律在赋予当事人处分权的同时，也要求当事人不得违反法律规定，不得损害国家的、社会的、集体的和公民合法的利益，否则，人民法院将代表国家实行干预，即通过司法审判确认当事人某种不当的处分行为无效，在诉讼上不予认可。

2-2 （多选题） 当事人或法院的以下何种做法符合处分原则？

A. 王某起诉丁某损害赔偿5 000元，法院审理后认为王某的实际损失为7 000元，故判决丁某赔偿王某7 000元

B. 甲起诉乙离婚，法院审理查明双方之间的关系为无效婚姻关系，但鉴于双方在诉讼中达成离婚协议，故制作调解书，准许双方离婚

C. 原告对一审判决不服，上诉后又撤回上诉

D. 被告在诉讼中答辩时不承认原告起诉的事实，后来又承认起诉事实

——应当选择CD。A、B项是错误的，当事人的起诉数额体现了其实体请求权上的处分权，法院不应当干预。无效婚姻具有不合法性，法院应当干预，依法判决双方的婚姻关系无效。C、D项是正确的，当事人分别处分了其上诉权和举证权。

第三章　民事审判的基本制度

■　第一节　合议制度

一、合议制的概念

合议制是指由三名以上审判人员组成合议庭对案件进行审理的制度。合议制是我国民事审判的基本组织形式。

合议制与独任制相对。独任制是指由一名审判员独立地对案件进行审理并作出裁判的制度。我国民事诉讼法规定，人民法院审理民事案件以实行合议制度为原则，以实行独任制度为例外，仅在以下两种情况下实行独任制：①适用简易程序审理的民事案件；②适用特别程序审理的多数案件（选民资格案件或者重大、疑难案件除外）。

二、合议制度的组织形式

（一）第一审合议庭

《民事诉讼法》第40条第1款规定："人民法院审理第一审民事案件，由审判员、陪审员共同组成合议庭或者由审判员组成合议庭。合议庭的成员人数，必须是单数。"第一审合议庭有两种组成方式，即由审判员、陪审员共同组成或者只由审判员组成合议庭。合议庭由三名或三名以上的单数成员组成，人民法院采取哪种形式的合议庭，取决于审理案件的需要。

第二审人民法院发回重审的案件，原审人民法院应当按照第一审程序另行组织合议庭。

（二）第二审合议庭

根据《民事诉讼法》第41条第1款的规定："人民法院审理第二审民事案件，由审判员组成合议庭。合议庭的成员人数，必须是单数。"根据这条规定，在第二审的合议庭中不吸收陪审员参加。因为第二审是上诉审，不仅要对当事人之间的争议进行审理，而且还要对下级人民法院的审判活动实行监督，第二审的性质和任务决定了第二审应由审判员组成合议庭进行审理。

（三）再审合议庭

根据《民事诉讼法》第41条第3款规定："审理再审案件，原来是第一审的，按照第一审程序另行组成合议庭；原来是第二审的或者是上级人民法院提审的，按照第二审程序另行组成合议庭。"另行组成合议庭，是指原来审判该案的独任审判员或合议庭成员,一律不得参加再审案件的合议庭。

三、合议庭的活动原则和职责

合议庭是一个审判集体,代表人民法院行使审判权,合议庭按照民主集中制原则进行活动。《民事诉讼法》第 42 条规定:"合议庭的审判长由院长或者庭长指定审判员一人担任;院长或者庭长参加审判的,由院长或者庭长担任。"

合议庭的成员,享有同等的权利。对案件进行评议或作出决定,必须充分发扬民主,共同协商。合议庭成员的意见不一致时,按照少数服从多数的原则,以多数人的意见为合议庭意见,少数人的意见允许保留。评议应当制作笔录,由合议庭成员签名。评议中的不同意见,必须如实记入笔录。合议庭组成人员必须共同参加对案件的审理,对案件的事实、证据、性质、责任、适用法律以及处理结果等共同负责。经过开庭审理,当事人当庭达成调解协议的,由审判长或者独任审判员签发调解书。事实清楚、法律关系明确、是非责任分明、合议庭意见一致的裁判,可以由审判长签发法律文书,但应当由院长签发的除外。合议庭、独任审判员审理决定的案件或者经院长提交审判委员会决定的案件,发现认定事实或者适用法律有重大错误并造成严重后果的,按照有关规定由有关人员承担相应责任。

四、合议庭与审判委员会、院长、庭长的关系

审判委员会是人民法院内部领导审判工作的组织机构,其主要任务是,总结审判工作经验,讨论重大疑难案件。而合议庭则是人民法院实现其审判职能的组织形式,它的任务就是代表人民法院对具体的民事案件行使审判权。审判委员会与合议庭的关系,是指导与被指导、监督与被监督的关系,但这种关系不应是行政领导与被领导的关系,审判委员会在审判业务上对合议庭进行指导和监督。具体表现在:审判委员会虽然不直接开庭审理案件,但它对重大疑难案件享有讨论决定权,其对案件作出的最后处理意见,合议庭必须执行。

合议庭在适用法律方面有重大意见分歧的案件,合议庭认为需要提请审判委员会讨论决定的其他案件,或者本院审判委员会确定的应当由审判委员会讨论决定的案件,合议庭应当提请院长决定提交审判委员会讨论决定。合议庭对审判委员会的决定有异议的,可以提请院长决定提交审判委员会复议一次。

在民事审判活动中,还应正确处理合议庭与院长、庭长的关系。根据最高人民法院《关于人民法院合议庭工作的若干规定》,院长、庭长可以对合议庭的评议意见和制作的裁判文书进行审核,但是不得改变合议庭的评议结论。院长、庭长在审核合议庭的评议意见和裁判文书过程中,对评议结论有异议的,可以建议合议庭复议,同时应当对要求复议的问题及理由提出书面意见。合议庭复议后,庭长仍有异议的,可以将案件提请院长审核,院长可以提交审判委员会讨论决定。本院院长发现合议庭作出的发生法律效力的判决、裁定确有错误,必须提交审判委员会讨论,才能决定再审。

■ 第二节 陪审制度

陪审制度是指审判机关吸收法官以外的社会公众参与案件审判的制度。陪审制具有悠久的历史。在英美法系国家,在有陪审团参与的案件审理过程中,陪审团与法官有着明确的职责分工。陪审团的责任在于案件事实的审理和认定。法官的职责是在陪审团认定的案件事实基础上,对案件如何适用法律作出决定。在大陆法系国家,陪审人员与法官共同组成合议庭,陪审人员既参与案件事实的审理和认定的过程,也参与案件的法律适用过程,这种形态的陪审制度,又被称为参审制。

根据《民事诉讼法》和全国人大常委会《关于完善人民陪审员制度的决定》,陪审制度主要有以下内容:

一、陪审制适用的范围

人民法院审判下列第一审案件,由人民陪审员和法官组成合议庭进行,适用简易程序审理的案件和法律另有规定的案件除外:①社会影响较大的民事案件;②当事人申请由人民陪审员参加合议庭审判的案件。

二、合议庭中陪审员的比例

在由审判员和陪审员共同组成的合议庭中,对二者间的比例未作限制性规定。人民陪审员和法官组成合议庭审判案件时,合议庭中人民陪审员所占人数比例应当不少于1/3。

三、陪审员的任职条件

公民担任人民陪审员,应当具备下列条件:①拥护中华人民共和国宪法;②年满23周岁;③品行良好、公道正派;④身体健康;⑤担任人民陪审员,一般应当具有大学专科以上文化程度。

人民陪审员的任职排除条件:①人民代表大会常务委员会的组成人员,人民法院、人民检察院、公安机关、国家安全机关、司法行政机关的工作人员和执业律师等人员,不得担任人民陪审员。②因犯罪受过刑事处罚的。③被开除公职的。

四、陪审员的权利义务

陪审员在人民法院执行职务过程中,与审判员有同等的权利和义务。陪审员不仅有权参与案件事实的审理,而且有权对事实认定、法律适用独立行使表决权。人民陪审员同合议庭其他组成人员意见有分歧的,应当将其意见写入笔录,必要时,人民陪审员可以要求合议庭将案件提请院长决定是否提交审判委员会讨论决定。

人民陪审员因参加审判活动而支出的交通、就餐等费用,由人民法院给予补助。有工作单位的人民陪审员参加审判活动期间,所在单位不得克扣或者变相克扣其工资、奖金及其他福利待遇。无固定收入的人民陪审员参加审判活动期间,由人民法院参照当地职工上年度平均货币工资水平,按实际工作日给予补助。

■ 第三节 回避制度

回避制度,是指审判人员及其他有关人员,遇有法定情形时,退出对某一具体案件的审理或诉讼活动的制度。回避制度是为了保证案件公正处理所设立的一种制度。现代各国诉讼立法都有规定。我国民事诉讼法中的回避制度,对于解除当事人的顾虑,保护当事人的民事权利和诉讼权利,维护人民法院的信誉,客观公正地审理案件,都具有重要意义。违反回避制度,为重大程序违法,可以依法上诉或者申请再审。

一、回避的原因与回避对象

(一)回避的法定原因

1. 是本案当事人或当事人、诉讼代理人的近亲属。所谓近亲属通常是指配偶、父母、子女、兄弟姐妹。当事人或诉讼代理人的其他亲属,如关系密切,可能影响案件公正审理的,亦应回避。

2. 与本案有利害关系。这是指案件的处理结果会涉及审判人员自身的利益,例如,可能会使他的利益受损或使他获得利益。

3. 凡在一个审判程序中参与过本案审判工作的审判人员,不得再参与该案其他程序的审判。

4. 与本案当事人有其他关系,可能影响对案件公正审理的。所谓其他关系,是指上述两种关系之外的足以影响案件公正审理的某种特殊关系,如师生、同学、同事关系等。依照最高法院的司法解释,与当事人有其他关系还包括以下情形:①未经批准,私下会见本案一方当事人及其代理人、辩护人的;②为本案当事人推荐、介绍代理人、辩护人,或者为律师、其他人员介绍办理该案件的;③接受本案当事人及其委托人的财物、其他利益,或者要求当事人及其委托的人报销费用的;④接受本案当事人及其委托的人的宴请,或者参加由其支付费用的各项活动的;⑤向本案当事人及其委托的人借款、借用交通工具、通讯工具或者其他物品,或者接受当事人及其委托的人在购买商品、装修住房以及其他方面给予的好处的。

（二）回避的适用对象

适用回避的对象包括审判委员会成员、审判员、陪审员、书记员、翻译人员、鉴定人、勘验人等。

此外，根据最高人民法院的司法解释，特定的诉讼代理人也被纳入到回避对象中：①审判人员及法院其他工作人员离任2年内，担任诉讼代理人或者辩护人的，人民法院不予准许。②审判人员及法院其他工作人员离任2年后，担任原任职法院审理案件的诉讼代理人或者辩护人，对方当事人认为可能影响公正审判而提出异议，人民法院应当支持，不予准许本院离任人员担任诉讼代理人或者辩护人，但是作为当事人的近亲属或者监护人代理诉讼或者进行辩护的除外。③审判人员及法院其他工作人员的配偶、子女或者父母，担任其所在法院审理案件的诉讼代理人或者辩护人的，人民法院不予准许。

二、回避的程序

人民法院受理案件后应告知当事人申请回避的权利。合议庭组成人员确定后，应当在3日内告知当事人。开庭审理时，审判长应询问当事人是否提出回避申请。审判人员或其他有关人员自行回避的，应当由审判人员等在知晓回避原因后自动提出回避；当事人及其诉讼代理人申请回避的，则应在案件开始审理时提出；回避事由在案件审理开始后知道的，也可以在法庭辩论终结前向人民法院提出回避的申请。当事人提出回避申请，应当说明理由。当事人申请回避可以采取口头形式，也可以采取书面形式。

审判人员回避应当履行法定的审批手续。院长担任审判长时的回避，由审判委员会决定；审判人员的回避，由院长决定；其他人员的回避，由审判长决定。人民法院对当事人提出的回避申请应在3日内作出决定，并向当事人宣布。被申请回避的人员在法院作出是否回避的决定前，应当暂停参与本案工作，但案件需要采取紧急措施的除外。人民法院决定回避的，审判人员和其他有关人员应退出本案审理；驳回回避申请的，审判人员和有关人员应继续本案的审理。申请人对驳回申请的决定不服，可以在接到决定时申请复议一次。复议期间，被申请回避的人员，不停止参与本案的审理工作。人民法院对复议申请，应当在3日内作出决定，并通知复议申请人。

■ 第四节　公开审判制度

一、公开审判制度概念与内容

公开审判是指法院审理案件和宣告判决一律公开进行的制度。

公开审判是体现社会主义民主的一项诉讼制度，有利于促进和保障司法公正。公开审判将审判活动置于公众的监督之下，提高了审判的透明度。主要表现在：①有利于加强审判人员的责任感，促使人民法院依法公正行使审判权。②使公众和新闻媒介了解审判过程，使公众和新闻媒介能够有效监督审判过程。

公开审判制度的主要内容包括：①人民法院应当在开庭前公告当事人姓名、案由和开庭的时间、地点，以便群众旁听；②庭审过程必须向当事人公开，即当庭举证、当庭质证、当庭辩论、当庭认证，甚至当庭宣判；③除法律规定不公开审理的案件外，审判过程向群众公开，向社会公开，允许公民和记者旁听；④不论是否公开审理的案件，判决都必须公开宣告；⑤判决必须详细说明判决理由，即心证公开。

二、公开审判的例外

公开审判是审判活动的一般原则性规定，实行公开审判，不等于所有民事案件的审理都要公开进行。下列几种案件不应公开审理：

1. 涉及国家秘密的案件。国家秘密关系到国家的安全和利益。对涉及国家秘密的案件，依法不公开审理，目的在于维护国家政治、经济利益和社会公共利益。

2. 涉及个人隐私的案件。个人隐私是指涉及公民私生活但与社会公共利益无关的内容。许多国家法律都规定了对公民隐私权的保护。我国司法实践也主张保护公民隐私权。对涉及个人隐私的案件一般不宜公开审理，目的在于防止个人私生活中不宜公开的内容扩散出去，对个人和社会产生不良影响。

3. 离婚案件，涉及商业秘密的案件，当事人申请不公开审理的。离婚案件涉及双方当事人之间的生活和感情问题，为防止矛盾激化，顺利解决婚姻纠纷，维护双方当事人的尊严，应根据双方当事人意愿决定是否公开审理。所谓商业秘密，主要是指技术秘密、商业情报及信息等，如生产工艺、配方、贸易联系、购销渠道等当事人不愿公开的工商业秘密。商业秘密本身具有一定的经济价值，不适当地加以扩散，会损害当事人的合法经济利益。为了保护当事人的合法权益，鼓励和保护合法商业竞争，对涉及商业秘密的案件可根据当事人的申请不公开审理。

4. 法律规定的其他不公开审理的案件。

3－1 （2003年卷3，多选第79题） 下列有关民事诉讼中实行公开审判的表述哪些是不正确的？

A. 案件的审理、合议庭的评议、判决的宣告应当公开

B. 对于涉及国家秘密的案件不公开审理，但宣判要公开

C. 对于涉及个人隐私的案件，人民法院应当根据当事人申请不公开

审理

D. 离婚案件只能不公开审理

——应当选择 ACD。A 项错误在于合议庭的评议不应当公开，C 项涉及个人隐私的案件不公开审理，D 项离婚案件只有当事人提出申请才能不公开审理。

三、公开审判与新闻监督

实行公开审判制度的国家，一般都允许新闻媒介对民事案件的案情和审理情况进行报道，但如何处理法院审判权与新闻采访权及公众知情权的关系，是各国立法面临的共同问题。一般而言，各国都对新闻媒介报道审判活动作了这样那样的限制。例如，在美国，新闻媒介不适当地进行采访报道，干扰法院的审理工作，可被视为藐视法庭而受到处罚。在我国，如何处理法院审判权与新闻采访报道权之间的关系，法律没有规定。

一般情况下，新闻媒介采访法庭审理，应遵守法庭纪律，听从法庭的指挥，以不干扰庭审正常进行的方式进行采访。新闻媒介对审判活动的报道应坚持客观的原则，如实报道审理过程。在法庭没有对案件作出裁判之前，不应根据自己的判断对案件事实、案件性质及如何适用法律随意下结论并予以报道，否则便构成所谓的“新闻审判”，给审判人员、当事人、证人等造成很大压力，影响他们对案件的认识和正常判断，干扰法庭正确行使审判权。法庭对民事案件作出裁判后，如新闻媒介认为审判中存在错误或审判人员有徇私舞弊、枉法裁判行为的，只要证据充分确凿，可进行报道和评论，或者向法院、人民检察院反映情况，行使舆论监督权。

■ 第五节 两审终审制度

两审终审制是指一个民事案件经两级人民法院审判后，诉讼程序即告终结，当事人一般不得再提起诉讼。

审级的确定取决于一国的政治、经济、文化及法律传统等多种因素。仅从保证案件正确裁判的角度看，审级越多意味着错误裁判得到纠正的机会越多。然而，多审级制度也会带来诉讼拖延、诉讼成本上升、权利义务关系长期处于不确定状态等问题。两审终审制是我国民事审判的基本制度，但两审终审制也有例外。依照民事诉讼法的规定，依特别程序审理的选民资格案件、宣告失踪或者宣告死亡案件、认定公民无民事行为能力或者限制民事行为能力案件和认定财产无主案件、达成调解协议的案件、公示催告案件、督促程序案件以及大部分裁定，均实行一审终审。

我国实行两审终审制是在总结历史经验，结合我国现实情况的基础上确定的，立法之初确立该制度的具体理由有：

1. 可以便利当事人进行诉讼，减少讼累。我国地域辽阔，在一些边远及交通不便的地区，如果审级过多，会浪费当事人的人力、财力和时间，亦使当事人所争议的民事权利义务关系长期得不到确认，不利于经济发展和人民生活。同时，审级过多又加重了人民法院的工作负担，在当前我国民事审判力量较弱的情况下，实行两审终审是较为适宜的。

2. 可以使高级人民法院和最高人民法院摆脱审理上诉案件的工作负担，集中精力搞好审判业务指导和监督工作。

3. 我国的审判监督程序可以弥补审级少的不足。对确有错误的第二审裁判，当事人和上级人民法院可以通过再审或审判监督程序进行纠正。所以说，以两审终审制为基础，以再审和审判监督制度为补充的审级制度，为民事案件的正确及时处理提供了基本保障。

第四章 主管与管辖

第一节 法院的种类及裁判权

一、我国法院的组织体系

我国的人民法院组织体系由最高人民法院、地方各级人民法院和专门人民法院组成。地方各级人民法院又分为高级人民法院、中级人民法院和基层人民法院;专门人民法院有军事法院、海事法院等。各级人民法院由同级权力机关产生,最高人民法院院长由全国人民代表大会选举,副院长、庭长、副庭长和审判员由全国人民代表大会常务委员会任免。地方各级人民法院院长由地方各级人民代表大会选举,副院长、庭长、副庭长和审判员由地方各级人民代表大会常务委员会任免。各级人民法院对同级权力机关负责并报告工作,接受权力机关监督。最高人民法院是国家最高审判机关,有权监督地方各级人民法院和专门人民法院的审判工作,上级人民法院有权监督下级人民法院的审判工作。上下级人民法院之间在审判案件上属审级监督关系,而不是行政隶属关系。上级人民法院应当通过第二审程序或审判监督程序对下级人民法院的审判工作实行监督,纠正其错误裁判,但无权对下级法院正在审理的案件作出有约束力的指示或决定。

(一)最高人民法院

最高人民法院设于首都北京。它是国家的最高审判机关,依法行使国家最高审判权,同时监督地方各级人民法院和专门人民法院的工作。除了对地方各级人民法院和专门人民法院的审判工作进行监督以外,还有权依法审判全国性的重大第一审案件,并对在审判工作中如何具体适用法律问题进行解释。

(二)地方各级人民法院

1. 高级人民法院。按省、自治区、直辖市各设立一个高级人民法院。

2. 中级人民法院。包括:在省、自治区内按地区、自治州、地级市设立的中级人民法院和在直辖市内设立的中级人民法院。

3. 基层人民法院。包括:县人民法院;县级市人民法院;自治县人民法院;市辖区人民法院等。《人民法院组织法》规定,基层人民法院根据地区、人口和案件情况可以设立若干人民法庭。人民法庭是基层人民法院的派出工作机构,不是一级审判机关,而是基层人民法院的组成部分,它的判决和裁定就是基层人民法院的判决和裁定。

(三)专门人民法院

专门人民法院是指根据实际需要在特定部门设立的审理特定案件的法院。专门人民法院的类别主要有军事法院、铁路运输法院、海事法院、林业法院、农垦法院等。与地方人民法院不同,专门人民法院的设置不是按照行政区划,而是按照自身业务的特点设置。如铁路运输法院的设置就是根据铁路运输的线路特点设置,海事法院主要设置在海事、海商案件发生较多的港口城市等。

1. 军事法院。军事法院是基于军队的体制和作战任务的特殊性而设立的。其具体任务是通过审判危害国家与损害国防力量的犯罪分子,保卫国家安全,维护国家法制和军队秩序,巩固部队战斗力,维护军人和其他公民的合法权利。军事法院分设三级:中国人民解放军军事法院;各大军区、军兵种级单位的军事法院;兵团和军级单位的军事法院。分别相当于地方法院的高级、中级、基层人民法院。依照最高人民法院2001年《关于军事法院试行审理军内民事案件问题的复函》,全军各级军事法院试行办理军内民事案件。军事法院审理军内民事案件的范围是:双方当事人都是现役军人、部队管理的离退休干部、军队在编职工或者军内法人的民事案件;申请宣告军人失踪、申请宣告军人死亡的案件,申请人向军事法院提出的,军事法院可以审理;民事案件一方当事人为非军人的,由地方人民法院受理。当事人向军事法院提起民事诉讼实行自愿原则,即原告可以向军事法院起诉,也可以向地方人民法院起诉。

2. 铁路运输法院。铁路运输法院是设在铁路沿线等地的专门人民法院,铁路运输法院主要审理在铁路运输过程中发生的刑事、民事等各类案件。铁路运输法院设铁路运输中级人民法院、铁路运输法院两级,分别相当于地方法院中的中级、基层人民法院。铁路运输法院原来设有铁路运输高级人民法院,于1987年撤销。目前全国共设有14个铁路运输中级人民法院和60个铁路运输法院。按照最高人民法院1990年《关于铁路运输法院对经济纠纷案件管辖范围的规定》,铁路运输法院管辖以下案件:铁路货物运输合同纠纷案件;铁路旅客和行李、包裹运输合同纠纷案件;由铁路处理的多式联运合同纠纷案件;国际铁路联运合同纠纷案件;铁路货物运输保险合同纠纷案件;代办托运、包装整理、仓储保管、接取送达等铁路运输延伸服务合同纠纷案件;国家铁路与地方铁路、专用铁路、专用线在修建、管理和运输方面发生的合同纠纷案件;铁路在装卸作业、线路维修等方面发生的涉外劳务合同纠纷案件;铁路系统内部的经济纠纷案件;违反铁路安全保护法律、法规,对铁路造成损害的侵权纠纷案件;铁路行车、调车作业造成人身、财产损害,原告选择向铁路运输法院起诉的侵权纠纷案件;上级人民法院指定铁路运输法院受理的其他经济纠纷案件。简而言之,铁路运输法院管辖范围为:①发生在铁路运输线上的民事案件;②铁路局在编职工的民事案件;③与铁路运输部门有直接关系的经济纠纷案件。

3. 海事法院。海事法院是为行使海事司法管辖权而设立的专门审判一审海事、海商案件的专门人民法院。海事法院主要审理海事、海商案件。海事法院只设一级,相当于中级人民法院,其上一级法院为其所在地高级人民法院。目前天津、大连、上海、宁波、厦门、青岛、武汉、广州、海口、北海等 10 个城市设有海事法院。海事法院的管辖范围请参见相关章节。1989 年 5 月最高人民法院作出《关于海事法院受案范围的规定》,规定海事法院受理中国法人、公民之间,中国法人、公民同外国或地区法人、公民之间,外国或地区法人、公民之间的海事商事案件,包括:

(1)海事侵权纠纷案件 10 种。主要有:船舶碰撞损害赔偿案件,船舶触碰海上、通海水域、港口的建筑物和设施的损害赔偿案件,船舶排放、泄漏有害物质或污水造成水域污染或他船及货物损害的赔偿案件,海上运输或海上、通海水域、港口作业过程中的人身伤亡事故引起的损害赔偿案件。

(2)海商合同案件 14 种。主要有:水上运输合同纠纷案件,水上旅客和行李运输合同纠纷案件,海员劳务合同纠纷案件,海上救助、打捞合同纠纷案件,海上保险合同纠纷案件等。

(3)其他海事海商案件 11 种。主要有:海运、海上作业中重大责任事故案件,港口作业纠纷案件,共同海损纠纷案件,海洋开发利用纠纷案件,船舶所有权、占有权、抵押权或者海事优先请求权纠纷案件,涉及海洋、内河主管机关的行政案件,海运欺诈案件等。

(4)海事执行案件 5 种。主要有:海洋、内河主管机关依法申请强制执行的案件,当事人申请执行仲裁裁决的案件,依据《承认及执行外国仲裁公约》的规定,当事人申请中国海事法院承认、执行外国或者地区的仲裁机构仲裁裁决的案件,依照中国与外国签订的司法协助协定或者按照互惠原则协助执行外国法院裁决的案件等。

(5)海事请求保全案件 2 种。即诉前申请扣押船舶的案件和诉前申请扣押船载货物或者船用燃油的案件。

4. 林业、农垦法院。林业、农垦法院主要审理发生在林区、垦区的刑事、民事等各类案件。林业、农垦法院各地情况不一,有的设两级、有的只设一级,主要分布在黑龙江、新疆等地区。

二、民事裁判权

民事裁判权又称为民事审判权,是法院对民事案件进行审理并通过审理对案件作出裁判的权力。民事审判权,不仅包括要求当事人服从裁判的权力，还包括当事人应接受法院的送达、要求证人出庭作证等的权力。民事审判权通常分为民事争讼审判权与民事非讼审判权，前者以诉讼事件为审理对象，后者以非讼事件为审理对象。

从作用上讲，民事审判权是国家用以解决民事纠纷的一种国家权力；从形式上讲，它源于国家宪法和法律的规定，来源于国家主权，并由国家法律统一授予司法机构行使。尽管依据我国宪法的规定，最高人民法院由全国人民代表大会产生，地方各级人民法院由同级国家权力机关产生并对其负责，除最高人民法院是由中央设置并由中央财政拨付经费外，其他各级人民法院都分别由各级地方政府对同级法院的人财物进行管理，但这并不是说，最高人民法院所享有的司法权与地方各级人民法院所享有的司法权是完全分开的，或者说地方各级法院的司法权来自于地方权力机构的授予，并应当成为地方的司法权。各级法院所享有的司法裁判权都是国家主权的一部分，司法权是一种国家权力而不是地方的自治权。

民事审判权具体内容包括管辖权、诉讼指挥权、审理权、调查取证权、询问权（询问证人、当事人）、阐明权、事实认定权、裁判权、程序事项裁决权、实体争议裁决权。诉讼指挥权是指法院为了保障诉讼的顺畅进行而对诉讼程序进行控制、指挥的权力。具体包括：①确定有关诉讼参加人参加诉讼；②指挥整个诉讼按法定程序和法定方式进行；③指挥当事人和其他诉讼参与人行使诉讼权利和履行诉讼义务。阐明权的涵义包括：对诉讼中事实关系和法律关系的阐释与说明；法官应该使当事人就案件全部重要的事实进行适当且完全的陈述，当事人对所主张的事实不充分时应当要求其补充，并提交证据；在法官欲将当事人明显疏忽或认为不重要的观点作为裁判的基础时，或者法官欲作出与当事人主张不同的判断时，应就此阐明并给予当事人陈述意见的机会。

■ 第二节 法院的主管

一、民事诉讼主管概述

民事诉讼法的对事效力，指的是法院的民事诉讼主管范围，即哪些民事纠纷和其他案件由我国法院依照我国《民事诉讼法》来解决。我国民事诉讼法第 3 条规定，人民法院受理公民之间、法人之间、其他组织之间以及他们相互之间因财产关系和人身关系提起的民事诉讼。根据民事诉讼法的规定，只要属于平等主体之间的民事纠纷，就属于民事诉讼法的主管范围，但法律另有规定的除外。根据我国《民事诉讼法》第 3 条的精神和我国国情及司法实践经验，民事诉讼法在确定人民法院主管时采用了下列标准：①法律关系的性质;②国家法律规定和最高人民法院规范性文件的规定。

当前实践中争议较大的生育权、亲吻权、贞操权、教育权、日照权、性骚扰案等在性质上均属于平等主体间的纠纷,人民法院应当受理。

二、民事诉讼主管的范围

1. 民法、婚姻法调整的因财产关系及与财产关系相联系的人身关系产生的民事案件。如财产所有权、用益物权、担保物权、无因管理、不当得利、身份权和人格权等纠纷;婚姻、赡养、扶养、抚育和继承等纠纷。

2. 经济法调整的因经济关系所发生的各类纠纷,如因不正当竞争行为引发的损害赔偿案件。

3. 劳动法调整的因劳务关系所发生的纠纷。我国劳动法规定,劳动者与用人单位之间应签订确立劳动关系、明确双方权利和义务的协议。在订立、履行、解除劳动合同过程中所发生的劳动争议,首先向劳动仲裁委员会申请解决,对该委员会裁决不服的可向法院起诉。

4. 其他法规调整的社会关系发生的纠纷,法律明文规定(既包括实体法的规定,也包括程序法的规定)依照民事诉讼法审理的案件。如环境污染所引起的损害赔偿案件,选民资格案件,宣告失踪人失踪和宣告失踪人死亡案件等。

5. 最高人民法院规范性文件规定的案件。如2001年9月1日公布的最高人民法院《关于海事法院受理案件范围的若干规定》将海事法院的受案范围规定为海事侵权纠纷案件、海商合同纠纷案件、其他海事海商纠纷案件、海事执行案件等。

三、人民法院与其他机关、团体主管民事纠纷的关系

人民法院和国家其他机关、社会团体都有权主管一定范围的民事纠纷,这就必然要涉及到人民法院与国家其他机关、团体之间主管民事纠纷的关系问题。因此,有必要对人民法院与其他机关、团体之间主管民事纠纷的关系加以研究,以便各自正确、及时行使其职权,防止对民事纠纷的解决相互推诿或争夺。根据我国的实际情况和多年的司法实践经验,在解决人民法院与国家其他机关、团体主管民事纠纷关系的问题上,原则上采取“司法最终解决原则”的办法。司法最终解决原则的内容是,一切社会组织不能彻底解决的纠纷,均由法院通过审判的方式作为解决纠纷的最后手段。法院的裁判具有最高的权威性和法律效力,对其他机关、团体和个人都具有约束力。当一件纠纷涉及多个法律关系时,其中有属于法院主管的,该纠纷一并归法院主管,采用审判方式解决。

根据民事诉讼法确定的人民法院主管民事案件的范围和“司法最终解决原则”的要求,处理人民法院主管民事纠纷与国家其他机关、社会团体主管民事纠纷的关系,主要采取下列方式:

（一）仲裁和审判由当事人自由选择

此种方式依据法律规定可以分为两种情况：①仲裁与审判相排斥。即当事人依法选择了仲裁方式解决纠纷的，就不得再向人民法院提起诉讼；当事人选择了诉讼方式解决纠纷的，就不得向仲裁机构申请以仲裁方式解决纠纷。但仲裁协议被法院或者仲裁机构确认无效的，当事人可以向法院起诉。②仲裁裁决生效后，当事人不服的，不得向人民法院起诉。《民事诉讼法》第259条规定："经中华人民共和国涉外仲裁机构裁决的，当事人不得向人民法院起诉。"《仲裁法》第9条第1款规定："仲裁实行一裁终局的制度。裁决作出后，当事人就同一纠纷再申请仲裁或者向人民法院起诉的，仲裁委员会或者人民法院不予受理。"

法院审判和仲裁机构仲裁的关系除了对双方都有管辖权的案件，由当事人自由选择外，还有如下特点：①法院主管的范围宽于仲裁委员会主管的范围。按照仲裁法的规定，仲裁委员会仲裁的范围是平等主体的公民、法人或其他组织之间发生的合同纠纷和其他财产权益纠纷，但婚姻、收养、监护、扶养、继承不属于其主管范围。但上述纠纷，均属于法院民事诉讼管辖的范围。②当事人在仲裁裁决被法院依法撤销或裁定不予执行，又未重新达成仲裁协议的情况下向法院提起民事诉讼的，法院应当受理。③当事人间有仲裁协议，但一方向法院起诉后，另一方在答辩期内未提出的，视为放弃仲裁协议。

（二）人民调解不是诉讼的必经程序

根据《民事诉讼法》第16条第2款规定，人民调解委员会依照法律规定，根据自愿原则进行调解。当事人不愿调解、调解不成或者反悔的，可以向人民法院起诉。由此可见，当事人因民事权益发生纠纷，根据自愿原则可以向人民调解委员会申请解决。对调解不成的，仍可以向人民法院起诉。对调解协议不服或者不履行的，可以向法院起诉，由法院确认调解协议的效力。当事人也可以就该纠纷直接向人民法院起诉，人民法院应当依法受理，不得将人民调解作为诉讼的必经程序。

法院与人民调解委员会在主管问题上的关系是：①法院主管范围宽于人民调解委员会主管范围，后者只能受理人民调解范围内的一般的轻微的民事纠纷。②法院主管优先于人民调解委员会的主管。在一方当事人申请人民调解处理，另一方当事人直接向法院提起诉讼的情况下，纠纷由法院主管。③纠纷经人民调解处理后，当事人起诉到法院的，仍然作为民事案件由法院主管。

（三）依照法律规定，应当由其他机关处理的争议，人民法院不予受理

如历次政治运动遗留的属于落实政策引发的房屋纠纷、财产返还纠纷，农村划分责任田、规划宅基地引发的纠纷，离婚登记效力等纠纷。上述纠纷

应由其他机关解决,人民法院对该类纠纷不予主管。

4－1(2002 年卷 3,多选第 73 题) 吴某大学毕业后到武汉自谋职业,由武汉市人才交流服务中心推荐到某信息中心工作。吴某到该中心正式上班后,双方并未签订聘用合同。上班不久,吴某生病住院,花去医疗费若干。该信息中心以未签劳动合同为由拒绝付医疗费。吴某应如何请求解决?

A. 吴某必须首先向该信息中心劳动争议调解委员会申请调解;调解不成,可向劳动争议仲裁委员会申请仲裁

B. 吴某可以直接向劳动争议仲裁委员会申请仲裁,无须先行经过调解

C. 吴某只能向法院起诉,因为其同用人单位未签仲裁协议

D. 吴某必须先向劳动争议仲裁委员会申请仲裁,对此仲裁裁决不服的,方可向法院起诉

——应当选择 BD。劳动争议仲裁是劳动争议诉讼的必经前置性程序,非经劳动争议仲裁程序,不得向法院起诉,而且,申请劳动争议仲裁,无须签订仲裁协议,因此,确定选项 C 错误,而选项 D 正确。此外,根据《劳动法》第 79 条规定,劳动争议发生后,当事人可以向本单位劳动争议调解委员会申请调解,也可以直接向劳动争议仲裁委员会申请仲裁,调解不是必经程序,可以得出选项 A 是错误的,而选项 B 正确。

■ 第三节 管辖概述

一、管辖的概念

民事诉讼中的管辖,是指在法院系统内部,确定各级法院之间以及同级法院之间受理第一审民事案件的分工和权限。法院依法对某一民事案件进行审判的权限则称为管辖权。主管和管辖有着密切的关系。主管是确定管辖的前提和基础,管辖则是主管的进一步落实。确定主管在于划分法院与其他国家机关、社会团体的职权范围,明确哪些纠纷可以由法院受理而进入民事诉讼程序;确定管辖则在于将法院主管的民事案件进一步在法院系统内部的各个法院之间进行分工,以确定不同法院对一审民事案件的受诉权限,最终将案件落实到具体的法院。管辖与审判权也不同。审判权,是国家赋予人民法院审理各类案件的权力,是国家权力的重要组成部分;管辖权,是每个人民法院对于某一具体案件进行审理的权限,即对该案有权行使审判的权力。由此可见,审判权是确立管辖权的前提,而管辖权是对审判权行使的落实。

二、确定管辖的原则

1. 便于当事人进行诉讼、实现实体权利。当事人进行民事诉讼的基本目的是要求法院保护其合法权利,而民事诉讼作为一种保护当事人实体权利的诉讼制度,其设计及司法运作都应当以便于人民接近司法、保护权利为出发点。该原则还要求管辖的确定要有利于实现公正,例如在法院与当事人一方有某种关系将可能影响法院公正判决的情况下,应当允许另一方当事人提出异议或者申请移送其他能够公正审理的法院管辖。

2. 便于法院行使审判权。在确定管辖时应当便于法院进行审判,使诉讼符合效率原则。

3. 兼顾各级法院的职能和工作负担的均衡。我国分为四级法院,上级法院既要审理一审案件,又要审理上诉案件,还要负责指导下级法院审判工作,因此在确定管辖时应当兼顾各级法院的职能和审判工作的均衡。

4. 确定性与灵活性相结合的原则。管辖规则既要明确具体,又要有一定的灵活性,以适应特殊情况。

5. 有利于维护国家主权的原则。

三、管辖的分类

(一)管辖在法律上的分类

我国民事诉讼法将管辖分为级别管辖、地域管辖、移送管辖、指定管辖四大类。其中,地域管辖进一步分为一般地域管辖、特殊地域管辖、专属管辖、共同管辖、选择管辖和协议管辖。

(二)管辖在理论上的分类

1. 法定管辖和裁定管辖。依管辖是由法律直接规定还是由法院裁定确定为标准,可以将管辖分为法定管辖和裁定管辖。级别管辖和地域管辖均由民事诉讼法直接规定,因此为法定管辖。移送管辖、指定管辖、管辖权转移是由法院裁定而确定,因此为裁定管辖。从二者的关系看,法定管辖是针对诉讼管辖的一般情形作出的规定,而裁定管辖是针对特殊情况而确定的管辖。

2. 专属管辖和协议管辖。依管辖是否由法律强制性规定、是否允许当事人协议变更为标准,可将管辖分为专属管辖和协议管辖。专属管辖是指法律规定某类案件只能由特定的法院管辖,其他法院无管辖权,当事人也不能以协议方式变更管辖。协议管辖,是指允许当事人以书面协议的方式选择管辖法院的管辖。

3. 共同管辖和合并管辖。这是以诉讼关系为标准对管辖所作的分类。共同管辖,又称为管辖权竞合,是指两个或两个以上的法院对某一案件均享有管辖权。共同管辖可以因诉讼主体的因素产生,也可以因诉讼客体的因素产生。前者如同一诉讼的几个被告住所地在两个或两个以上法院辖区内，后者如不动产纠纷中作为诉讼标的的不动产在不同法院的辖区内。合并管辖，又称为牵连管辖，是指对某一案件有管辖权的法院，因另一案件与该案件存在牵连关系，而取得其他案件的管辖权。合并管辖的实质是对某案件有管辖权的法院基于牵连关系取得另一原本无管辖权的案件的管辖权。适用合并管辖的主要情形是原告增加诉讼请求，被告提出反诉，第三人提出与本案有关的诉讼请求。

4. 普通管辖和专门管辖。专门管辖是和普通管辖相对而言的，是专门法院和普通法院案件管辖范围的职能划分，是法律规定由专门法院管辖某一类型案件。实践中，专门人民法院的类别主要有军事法院、铁路运输法院、海事法院、林业法院、农垦法院等（专门管辖请参见上节）。

四、管辖恒定

管辖恒定，是指确定案件管辖权，以起诉时为标准，起诉时对案件享有管辖权的法院，不因确定管辖的事实在诉讼过程中发生变化而影响其管辖权。这一原则可以避免因管辖变动而造成的司法资源浪费，减少当事人的讼累，推动诉讼迅速、便捷进行，适应诉讼经济的要求。

我国并未在法律中明确规定管辖恒定，但有关司法解释体现了该原则。最高人民法院《关于适用〈中华人民共和国民事诉讼法〉若干问题的意见》（以下简称《适用意见》）第34条规定："案件受理后，受诉人民法院的管辖权不受当事人住所地、经常居住地变更的影响。"第35条规定："有管辖权的人民法院受理案件后，不得以行政区域变更为由，将案件移送给变更后有管辖权的人民法院。"最高人民法院1996年5月在《关于执行级别管辖规定几个问题的批复》中规定："当事人在诉讼中增加诉讼请求从而加大诉讼标的金额，致使诉讼标的金额超过受诉法院级别管辖权限的，一般不再变动。但是当事人故意规避有关级别管辖等规定的除外。"这些规定体现了级别管辖恒定的原则。

4-2（1997年卷2，单选第18题）　1996年3月，家住B市海河区的郑明明向陈发发居住所在地的B市丹阳区人民法院起诉，要求返还借款1万元。丹阳区人民法院受理了此案。1996年4月，经政府正式批准，陈发发家居所属的街道划归B市正义区。而在1996年5月，陈发发的居所又迁至B市夏浦区，并在该区落入户口。在此情况下，郑明明诉陈发发还款一案应由哪一法院审理？

A. 由B市丹阳区人民法院继续审理

B. 由B市丹阳区人民法院将案件移送到B市正义区人民法院

C. 由B市丹阳区人民法院将案件移送到B市夏浦区人民法院

D. 由B市丹阳区人民法院将案件报送B市中级人民法院指定管辖

——应当选择A。因本案中B市丹阳区人民法院为被告陈发发的住所地法院，故对本题所涉及的借款纠纷案件有管辖权。尽管本题中涉及行政区域的变更以及被告陈发发居所和户口所在地的变化，根据管辖恒定原则，本题的正确选项只能是A项。

■ 第四节 级别管辖

一、级别管辖概述

级别管辖，是指按照一定的标准，划分上下级法院之间受理第一审民事案件的分工和权限。

划分级别管辖必须有一定的标准，从民事诉讼法的有关规定和司法实践来看，我国划分级别管辖采用的是"三结合"标准，即将案件的性质、繁简程度和影响范围三者结合起来确定级别管辖。但司法实践中一般以诉讼标的价额作为级别管辖的标准，经最高人民法院批准，多数省、自治区、直辖市均制定了级别管辖的数额标准。

二、我国关于级别管辖的规定

（一）基层人民法院管辖的第一审民事案件

《民事诉讼法》第18条规定，除法律另有规定外，基层人民法院管辖第一审民事案件。由于《民事诉讼法》规定其他各级法院管辖的一审案件相对较少，因而这一规定实际上是将大多数一审案件划归基层人民法院管辖。我国基层人民法院数量多、分布广，而且当事人住所地、纠纷发生地、争议财产所在地都处于基层人民法院的辖区内，由基层人民法院管辖一审案件，既有利于当事人和其他诉讼参与人参加诉讼，又有利于法院行使审判权。

（二）中级人民法院管辖的第一审民事案件

按照《民事诉讼法》第19条的规定，中级人民法院管辖的第一审民事案件有：①重大涉外案件；②在本辖区有重大影响的案件；③最高人民法院确定由中级人民法院管辖的案件。

1. 涉外案件。民事诉讼法规定中级法院管辖重大涉外案件，最高人民法院2002年发布的《关于涉外民商事案件诉讼管辖若干问题的规定》对涉外民商事案件均实行集中管辖。所谓集中管辖，是涉外民商事案件的一审一般由省会、自治区首府、直辖市所在地的中级人民法院，经济特区、计划单列市中级人民法院或者最高人民法院指定的其他中级人民法院以及高级人民法院管辖，其他法院对涉外案件无管辖权。涉外民商事案件包括：涉外合同和侵权纠纷案件；信用证纠纷案件申请撤销、承认与强制执行国际仲裁裁决的案件；审查有关涉外民商事仲裁条款效力的案件；申请承认和强制执行外国法院民商事判决、裁定的案件。根据规定，有两类涉外案件不适用集中管辖的规定：①发生在与外国接壤的边境省份的边境贸易纠纷案件；②涉外房地产纠纷案件和涉外知识产权案件。此外，根据最高人民法院有关涉外管辖的规定，凡涉及香港、澳门和台湾地区当事人的民商事案件，虽是中国主权范围之内事项，因其所处特殊地位，比照涉外民商事案件的管辖处理。

2. 在本辖区有重大影响的案件，指的是在中级人民法院辖区发生的民事案件，其社会影响超出了基层人民法院的辖区，由基层人民法院管辖会带来一定的困难，因此由中级人民法院进行第一审更为有利。这些案件一般指诉讼标的额大或者诉讼单位属于省、自治区、直辖市以上的经济纠纷案件和其他有重大影响的案件。

3. 最高人民法院确定由中级人民法院管辖的案件。根据最高法院的司法解释，中级法院管辖的案件还包括：①专利纠纷第一审案件，由各省、自治区、直辖市人民政府所在地的中级人民法院和最高人民法院指定的中级人民法院管辖。②商标民事纠纷与著作权纠纷的一审案件，由中级以上人民法院管辖。各高级人民法院根据本辖区的实际情况，经最高人民法院批准，可以在较大城市确定 1 ~ 2 个基层人民法院受理第一审商标与著作权民事纠纷案件。③植物新品种纠纷案件由各省、自治区和直辖市人民政府所在地和最高人民法院指定的中级人民法院管辖。④涉及域名的侵权纠纷案件，由侵权行为地或者被告住所地的中级人民法院管辖。⑤期货纠纷案件由中级人民法院管辖。高级人民法院根据需要可以确定部分基层人民法院受理期货纠纷案件。⑥因证券市场虚假陈述引发的侵权纠纷案件由省、直辖市、自治区人民政府所在的市、计划单列市和经济特区的中级人民法院管辖。⑦海事、海商案件。⑧诉讼标的额大或者诉讼单位属于省、自治区、直辖市以上的经济纠纷案件。

(三)高级人民法院管辖的第一审民事案件

《民事诉讼法》第 20 条规定，高级人民法院管辖在本辖区有重大影响的第一审民事案件。另外，1999 年最高人民法院《关于各高级人民法院受理第一审民事、经济纠纷案件问题的通知》还以诉讼标的额的大小规定了各省、自治区、直辖市高级人民法院受理第一审民事案件的范围，例如，规定北京、上海、广东高级人民法院，受理以财产为内容的第一审民事案件，争议金额不得低于 1 亿元。

(四)最高人民法院管辖的第一审民事案件

按照《民事诉讼法》第 21 条的规定，最高人民法院管辖的第一审民事案件有两类：①在全国有重大影响的案件；②认为应当由最高人民法院审理的案件。

除上述原则性规则外，全国多数高级人民法院已根据本地实际情况制定了本辖区各级人民法院分级受理第一审民事、经济纠纷案件级别管辖标准，并报经最高人民法院批准。这些标准可以详见各高级人民法院的规定。

4－3(2005年卷3，单选第36题) 依据我国民事诉讼法和相关司法解释的规定，下列关于管辖问题的哪一项表述是错误的？

A. 适用督促程序的案件只能由基层人民法院管辖

B. 按级别管辖权限，高级人民法院有权管辖其认为应当由其管辖的第一审案件

C. 协议管辖不可以变更级别管辖

D. 涉外民事诉讼中不动产纠纷由不动产所在地法院管辖

——应当选择B。高级法院管辖的第一审民事案件为本辖区有重大影响的第一审民事案件。其他选项均正确。

三、诉讼标的额的确定

关于诉讼标的价额的计算，《民事诉讼法》和《适用意见》均没有规定。由于不同的计算方法可以得出不同的诉讼标的价额，从而涉及不同级别法院的管辖，这就增加了级别管辖的不确定性。因此，1996年最高人民法院《关于执行级别管辖规定几个问题的批复》规定了诉讼标的额的计算：在当事人双方或一方全部没有履行合同义务的情况下，发生纠纷提起诉讼，如当事人在诉讼请求中明确要求全部履行合同的，应以合同总金额加上其他请求额作为诉讼标的额，并据以确定级别管辖；如当事人在诉讼请求中要求解除合同的，应以其具体的诉讼请求金额来确定诉讼标的额，并据以确定级别管辖。当事人在诉讼中增加诉讼请求从而加大诉讼标的额，致使诉讼标的金额超过受诉法院级别管辖权限的，一般不再予以变动。但是当事人故意规避有关级别管辖等规定的除外。

四、违反级别管辖的后果

司法实践中突破级别管辖权限受理案件的现象可谓是屡见不鲜，突破级别管辖权限受理诉讼可分为两种类型：①初始的违反级别管辖规定，即法院受理诉讼时争议标的数额就明显超出其级别管辖权限。②后发的违反级别管辖规定，即在受理诉讼时，原告主张的争议标的数额在受诉法院级别管辖权限内，但在开庭时，由于原告增加或变更了诉讼请求，争议标的数额发生了变化，超出了受诉法院的级别管辖权限。[1]

关于违反级别管辖的后果，1996年最高人民法院《关于执行级别管辖规

〔1〕 李浩："民事诉讼级别管辖存在的问题及其改进"，载《现代法学》1996年第4期。

定几个问题的批复》规定，在当事人一方或者双方全部没有履行合同义务的情况下，发生纠纷起诉至法院的，如当事人在诉讼请求中明确要求全部履行合同的，应以合同总金额加上其他请求额作为诉讼标的额，并据以确定级别管辖。如当事人在诉讼请求中要求解除合同的，应以其具体的诉讼请求数额来确定诉讼标的额，并据以确定级别管辖。当事人在诉讼中增加诉讼标的额从而加大诉讼标的额，致使诉讼标的额超过受诉法院级别管辖权限的，一般不再予以变动。但当事人故意规避有关级别管辖等规定的除外。按照级别管辖规定应当由上级法院管辖的案件，上级法院交由下级法院审理的，该下级法院不得再交其下级法院审理。这一批复虽然明确了故意规避有关级别管辖规定的，应当变动案件的管辖，但对于违反级别管辖的判决并未规定可以作为上诉的理由或者可以作为撤销判决的事由。如果程序上的制度没有规定任何不利的后果，那么该程序制度必然为一项软性制度，因为违反它并不会带来任何不利的后果。有鉴于此，山东省高级人民法院做出了有益的尝试，特别规定违反级别管辖不能超过标的额的两倍，否则应当撤销判决，但实践中很少有被撤销的。因为我国无论学理还是司法实践均认为管辖仅仅是解决法院之间的分工问题，并不牵涉审判权问题，因此，违背级别管辖的判决并不会遭遇不利后果也就不足为怪了。这样，难免会出现审判级别混乱，或者利用级别管辖的这一漏洞大行地方保护主义，严重影响了法院的执法形象。

■ 第五节　地域管辖

一、地域管辖制度概述

地域管辖，又称为土地管辖、区域管辖或属地管辖，是按照各法院的辖区和民事案件的隶属关系来划分诉讼管辖的，其作用在于确定同一级法院在各自辖区内受理第一审民事案件的分工和权限。

地域管辖与级别管辖既有区别又有联系。①区别：级别管辖是划分上下级法院之间受理第一审案件的权限和分工，是纵向的划分，解决的是案件由哪一级法院管辖；地域管辖是划分同级法院之间受理第一审案件的权限和分工，是横向的划分，解决的是案件应由同级法院中的哪一个法院管辖。②联系：级别管辖是地域管辖的前提，只有明确了级别管辖，才能进一步确定地域管辖；地域管辖是级别管辖的落实，任何一个案件，在级别管辖明确之后，只有进一步通过地域管辖，才能具体落实到特定区域法院。

确定地域管辖的标准主要是：①诉讼当事人的住所地与法院辖区的联系；②诉讼标的、诉讼标的物或法律事实与法院辖区的联系。实际上地域管辖就是按照法院辖区与当事人、诉讼标的或法律事实的隶属关系来确定的。其中,以法院辖区与当事人的隶属关系为标准确定的管辖适用于对该当事人提起的所有诉讼,称为普通地域管辖;以法院辖区与诉讼标的或法律事实的隶属关系为标准确定的管辖,适用于某些具有一定特殊性质的诉讼,称为特殊地域管辖,因此,地域管辖又可分为一般地域管辖和特殊地域管辖。

二、一般地域管辖

一般地域管辖,又称为普通管辖或一般管辖,在国外称为普通审判籍,是以当事人的住所地与法院辖区的联系来确定的管辖。一般地域管辖采取"原告就被告"原则,即由被告所在地法院管辖。按照这一原则,在普通的诉讼中,一般都以被告住所地为标准确定管辖。"原告就被告"作为一般原则,既有利于防止原告滥用诉权,又有利于法院传唤被告参加诉讼,有利于调查取证和判决的执行。

(一)我国关于一般地域管辖规定

1. 对公民提起的民事诉讼,由被告住所地法院管辖,被告住所地与经常居住地不一致的,由经常居住地法院管辖。公民的住所地是指公民的户籍所在地,公民的经常居住地是指公民离开住所地至起诉时已连续居住 1 年以上的地方。但公民住院就医的地方除外,这种排除情况并不指一般性的长期保健疗养。当事人的户籍迁出后尚未落户,有经常居住地的,由该地法院管辖。没有经常居住地,户籍迁出不足 1 年的,由其原户籍所在地法院管辖;超过 1 年的,由其居住地法院管辖。双方当事人都被监禁或被劳动教养的,由被告原住所地法院管辖。被告被监禁或被劳动教养 1 年以上的,由被告被监禁地或被劳动教养地法院管辖。

2. 对法人或其他组织提起民事诉讼,住所地主要指其办事机构或者主要营业地。我国《公司法》第 10 条规定,公司以其主要办事机构所在地为住所。因此,依照公司法的规定,公司的住所为其主要办事机构所在地。被告如为没有办事机构的公民合伙、合伙型联营体,则由注册地法院管辖;没有注册地,几个被告又不在同一辖区的,各被告所在地的法院都有管辖权。

(二)一般地域管辖的例外规定

"原告就被告"原则适用于绝大多数民事案件,但由被告住所地法院管辖,并不完全适应所有民事案件的需要。在某些特殊情况下,为便于原告充分行使诉权,便于法院审理案件,有必要由原告住所地法院行使审判权。按照我国的法律规定和司法解释,下列民事诉讼,由原告住所地法院管辖;原告住所地与经常居住地不一致的,由原告经常居住地法院管辖:

1. 对不在中华人民共和国领域内居住的人提起的有关身份关系的诉讼(身份关系是指与人的身份相关的各种关系,如婚姻关系、亲子关系、收养关系等)。

2. 对下落不明或者宣告失踪的人提起的有关身份关系的诉讼。

3. 对被劳动教养的人提起的诉讼。

4. 对被监禁的人提起的诉讼。

5. 被告一方被注销城镇户口的;但双方均被注销城镇户口的,由被告居住地的法院管辖。

6. 追索赡养费案件的几个被告住所地不在同一辖区的,可以由原告住所地法院管辖,对此类案件各被告住所地法院也都有管辖权。

7. 不服指定监护或变更监护关系的案件,由被监护人住所地法院管辖。

4-4 (2002年卷3,单选第21题) 李平(女)与王坚(男)二人于1993年在A市甲区某街道办事处登记结婚,婚后二人一直居住在B市乙区。1997年,李平与王坚因在C市从事假烟生产被公安机关查获,C市丙区人民法院于同年12月以生产假冒产品罪判处李平与王坚有期徒刑5年。判决生效后李平与王坚被关押在位于C市丁区的监狱。2000年5月,李平拟向法院起诉离婚,请问:下列哪个法院对本案有管辖权?

A. 市甲区法院　　B. 市乙区法院

C. 市丙区法院　　D. 市丁区法院

——应当选择D。本题两个信息对解题非常关键:①双方当事人均被监禁关押在C市丁区监狱。②2000年5月,李平拟向法院起诉离婚时,被告被监禁1年以上。根据《适用意见》第8条的规定,双方当事人都被监禁或者被劳动教养的,由被告原住所地人民法院管辖。被告被监禁或被劳动教养1年以上的,由被告被监禁地或被劳动教养地人民法院管辖。

除了上述例外规定外,我国还规定了离婚案件管辖的例外规定:

1. 非军人对军人提出的离婚诉讼,如果军人一方为非文职军人,由原告住所地法院管辖。离婚诉讼双方当事人都是军人的,由被告住所地或者被告所在的团级以上单位驻地的法院管辖。

2. 夫妻一方离开住所地超过1年,另一方起诉离婚的案件,由原告住所地法院管辖。但夫妻双方都离开住所地超过1年,一方起诉离婚的案件,由被告经常居住地法院管辖;没有经常居住地的,由原告起诉时被告居住地的法院管辖。

3. 在国内结婚并定居国外的华侨,如定居国法院以离婚诉讼须由婚姻缔结地法院管辖为由不予受理,当事人向法院提出离婚诉讼的,由婚姻缔结地或一方在国内的最后居住地法院管辖。

4. 在国外结婚并定居国外的华侨,如定居国法院以离婚诉讼须由国籍所属国法院管辖为由不予受理,当事人向法院提出离婚诉讼的,由一方原住所地或在国内的最后居住地法院管辖。

5. 中国公民一方居住在国外,一方居住在国内,不论哪一方向法院提起离婚诉讼,国内一方住所地的法院都有权管辖。如国外一方在居住国法院起诉,国内一方向法院起诉的,受诉法院有权管辖。

6. 中国公民双方在国外但未定居,一方向法院起诉离婚的,应由原告或者被告原住所地的法院管辖。

三、特殊地域管辖

(一)特殊地域管辖概述

特殊地域管辖,又称为特殊管辖,是指不完全以被告所在地,还根据引起诉讼的法律事实的所在地、诉讼标的物所在地确定诉讼的管辖法院。特殊地域管辖是相对于一般地域管辖而言的,对于财产权的诉讼,与案件有密切联系的地点不仅限于当事人的住所地,而且还存在其他的甚至与案件有更密切联系的地点,如侵权案件中的侵权行为地,合同纠纷案件中的合同履行地,标的物所在地等。因此,特殊地域管辖是指以诉讼标的之特殊性与特定管辖法院的必要性所确定的管辖。

(二)合同纠纷案件的管辖规则

1. 因合同纠纷提起的诉讼,由被告住所地或合同履行地法院管辖。合同履行地,一般是指按照合同规定履行义务的具体地点。但是合同履行地究竟是指民法规定的履行地、约定的履行地还是实际履行地,立法并不明确。由于争议比较大,最高人民法院出台了很多司法解释和批复予以规范。从这些司法解释分析,最高人民法院基本上将履行地界定为实际履行地,而排除了依照实体法规定的履行地确定管辖。这些规定有:

(1)因合同纠纷提起的诉讼,如果合同没有实际履行,当事人双方住所地又都不在合同约定的履行地的,应由被告住所地法院管辖。

(2)买卖合同的当事人在合同中明确约定履行地点的,从其约定;未约定合同履行地的,以约定的交货地为履行地。合同中约定的货物到达地、验收地、安装调试地,均不视为履行地。当事人在购销合同中虽明确约定了履行地点或交货地点,但实际履行中以书面方式或双方一致认可的其他方式变更约定的,以变更后的约定确定合同履行地。当事人在合同中对履行地点、交货地点未作约定或约定不明确的,或虽有约定但未实际交付货物,且双方当事人住所地均不在合同约定的履行地,以及口头购销合同纠纷案件,均不依履行地确定管辖。购销合同的实际履行地点与合同中约定的交货地点不一致的,以实际履行地点为合同履行地。

(3)加工承揽合同,以加工行为地为合同履行地,但合同中对履行地有约定的除外。

(4)财产租赁合同、融资租赁合同以租赁物使用地为合同履行地，但合同中对履行地有约定的除外。

(5)补偿贸易合同，以接受投资一方主要义务履行地为合同履行地。

(6)借款合同是双务合同，标的物为货币，贷款方与借款方均应按合同约定分别承担贷出贷款或偿还贷款及利息的义务，贷款方与借款方所在地均为履行合同约定义务的地点。依借款合同的约定，贷款方应先将借款划出，从而履行其应承担的义务。故应确定贷款方所在地为合同履行地，但当事人另有约定的除外。

(7)证券回购合同，凡在交易场所内进行的证券回购业务，交易场所所在地为合同履行地；在交易场所之外进行的证券回购业务，最初付款一方(返售方)所在地为合同履行地。

(8)当事人在合同中约定的权利义务内容与合同名称不一致的，应以该合同约定的权利义务内容确定合同的性质，从而确定合同的履行地；合同名称与合同约定的内容不一致，而根据该合同约定的内容难以区分合同性质，以及合同的名称与该合同约定的部分内容相符的，则以合同的名称确定合同的履行地。

(9)因联营合同纠纷提起的诉讼，其地域管辖因不同的联营形式而有区别：法人型联营合同纠纷案件，由法人型联营体的主要办事机构所在地法院管辖；合伙型联营合同纠纷案件，由合伙型联营体注册登记地法院管辖；协作型联营合同纠纷案件，由被告所在地法院管辖。由主要办事机构所在地或注册地法院管辖确有困难的，如法人型联合体已办理了注销手续，合伙型联营体应经工商部门注册登记而未办理注册登记，或者联营期限届满已经解体的，可由被告所在地法院管辖。

(10)期货合同，在期货公司的分公司、营业部交易的，以该分支机构住所地为合同履行地。因实物交割发生纠纷的，以期货交易所所在地为合同履行地。

4-5　(2003年卷3，单选第25题)　居住在甲市的吴某与居住在乙市的王某在丁市签订了一份协议，吴某将一幅名人字画以10万元的价格卖给王某并约定双方在丙市一手交钱一手交货，后吴某反悔并电告王某自己已将字画卖给他人。王若想追究吴的违约责任，应向何地法院起诉？

A. 甲市法院　　B. 乙市法院　　C. 丙市法院　　D. 丁市法院

——应当选择A。本案买卖合同并没有履行，双方约定的履行地又都不在双方的住所地，所以根据《适用意见》第18条的规定，应当由被告住所地法院管辖。

2. 因保险合同纠纷提起的诉讼,由被告住所地或者保险标的物所在地法院管辖。因保险合同纠纷提起的诉讼,如果保险标的物是运输工具或者运输中的货物,由被告住所地或者运输工具登记注册地、运输目的地、保险事故发生地的法院管辖。

4－6(2000年卷2,多选第54题) 东方运输公司对其运输车辆向某保险公司投保,后投保车辆发生事故,该运输公司向保险公司索赔,由于双方对保险合同条款的理解有分歧,遂引发诉讼。请问:下列哪些法院对该案有管辖权?

A. 投保车辆购买地法院　　B. 投保车辆运输目的地法院

C. 被告住所地法院　　D. 保险事故发生地法院

——应当选择BCD。只需根据法条即可得出正确判断。

3. 因票据权利纠纷提起的诉讼,由票据支付地或被告住所地法院管辖。票据支付地,是指票据上载明的付款地。票据未载明付款地的,汇票票据付款人(包括代理付款人)的住所地或营业场所或经常居住地,本票出票人的营业场所,支票付款人或者代理付款人的营业场所所在地为票据付款地。对非因票据权利纠纷提起的诉讼,由被告住所地法院管辖。(参见最高人民法院《关于审理票据纠纷案件若干问题的规定》)

4. 因铁路、公路、水上、航空运输和联合运输合同纠纷提起的诉讼,由运输始发地、目的地或被告住所地法院管辖。需注意的是,铁路运输合同纠纷及与铁路运输有关的侵权纠纷,由铁路运输法院管辖。最高人民法院1982年的《关于铁路运输法院办案问题的通知》中指出,对于不属于与铁路运输有关的经济纠纷案件、涉外案件,不属于铁路运输范围的铁道部直属工厂、工程局、勘测设计院、大专院校等地发生的纠纷,仍由地方各级人民管辖。

5. 因侵权行为提起的诉讼,由侵权行为地或被告住所地法院管辖。侵权行为地,包括侵权行为实施地、侵权结果发生地。由于侵权行为地的确定是一个非常复杂的问题,实践与理论上存在着很大的争议,使按照侵权行为地确定管辖变得非常困难。鉴于此,最高法院对知识产权侵权案件、名誉权侵权案件以及网络侵权案件的侵权行为地进行了一定的限制,有些规定排除了以间接结果发生地确定管辖,甚至排除结果发生地来确定管辖。

(1)对于名誉权侵权案件,受侵权的公民、法人和其他组织的住所地,可以认定为侵权结果发生地。

(2)专利侵权案件的侵权行为地包括侵权行为实施地和侵权结果发生地,侵权行为实施地包括:侵犯发明、实用新型专利权产品的制造、使用、许诺销售、销售、进口等行为实施地;专利方法使用行为的实施地;依照该专利方法直接获得的产品的使用、许诺销售、销售、进口等行为的实施地;外观设计专利产品的制造、销售、进口等行为的实施地;假冒他人专利的行为实施地。

(3)因侵犯注册商标专用权行为和侵犯著作权行为提起的民事诉讼,由侵权行为的实施地、侵权商品的储藏地或者查封扣押地、被告住所地人民法院管辖。侵权商品的储藏地,是指大量或者经常性储存、隐匿侵权商品所在地;查封扣押地,是指海关、工商等行政机关依法查封、扣押侵权商品所在地。

(4)网络著作权侵权纠纷案件由侵权行为地或者被告住所地人民法院管辖。侵权行为地包括实施被诉侵权行为的网络服务器、计算机终端等设备所在地。对难以确定侵权行为地和被告住所地的,原告发现侵权内容的计算机终端等设备所在地可以视为侵权行为地。

(5)虚假陈述证券侵权案件,投资人对多个被告提起证券民事赔偿诉讼的,按下列原则确定管辖:①由发行人或者上市公司所在地有管辖权的中级人民法院管辖。②对发行人或者上市公司以外的虚假陈述行为人提起的诉讼,由被告所在地有管辖权的中级人民法院管辖。③仅以自然人为被告提起的诉讼,由被告所在地有管辖权的中级人民法院管辖。法院受理以发行人或者上市公司以外的虚假陈述行为人为被告提起的诉讼后,经当事人申请或者征得所有原告同意后,可以追加发行人或者上市公司为共同被告。人民法院追加后,应当将案件移送发行人或者上市公司所在地有管辖权的中级人民法院管辖。当事人不申请或者原告不同意追加,人民法院认为确有必要追加的,应当通知发行人或者上市公司作为共同被告参加诉讼,但不得移送案件。

(6)涉及域名的侵权纠纷案件,由侵权行为地或者被告住所地的中级人民法院管辖。对难以确定侵权行为地和被告住所地的,原告发现该域名的计算机终端等设备所在地可以视为侵权行为地。

(7)侵犯植物新品种权的民事案件,侵权行为地是指未经品种权所有人许可,以商业目的生产、销售该授权植物新品种的繁殖材料的所在地,或者将该授权品种的繁殖材料重复使用于生产另一品种的繁殖材料的所在地。

6. 因铁路、公路、水上、航空事故请求损害赔偿提起的诉讼,由事故发生地或者车辆、船舶最先到达地、航空器最先降落地或者被告住所地法院管辖。

7. 因船舶碰撞或者其他海损事故请求损害赔偿提起的诉讼,由碰撞发生地、受碰撞船舶最先到达地、加害船舶被扣留地或者被告住所地法院管辖。

8. 因产品质量不合格造成他人财产、人身损害提起的诉讼,产品制造地、产品销售地、侵权行为地和被告住所地的法院都有管辖权。

9. 因海难救助费用提起的诉讼，由救助地或被救助船舶最先到达地法院管辖。

10. 因共同海损提起的诉讼，由船舶最先到达地、共同海损理算地或者航程终止地法院管辖。

4－7（1998 年卷 2，单选第 16 题） 根据我国民事诉讼法的规定，下列哪一法院对因共同海损而提起的诉讼无管辖权？

A. 船舶最先到达地的人民法院　　B. 被告所在地的人民法院

C. 共同海损理算地的人民法院　　D. 航程终止地的人民法院

——应当选择 B。只须简单套用法条即可得出正确答案。

（三）专属管辖

专属管辖是排除其他法院（包括外国法院）管辖的强制性规定，仅承认特定法院管辖权的管辖。专属管辖具有极强的排他性，完全排除了当事人协议变更及适用一般地域管辖和特殊地域管辖的余地。规定专属管辖的出发点在于对公益的追求，但由于专属管辖的强制性，应合理限制其适用范围，对于不涉及公益的案件不宜规定专属管辖，以免违背公正与效率的要求，侵害当事人的程序选择权。根据《民事诉讼法》第 34 条的规定，下列案件为专属管辖：

1. 因不动产纠纷提起的诉讼，由不动产所在地法院管辖。不动产纠纷在此处限定为不动产物权纠纷，而不能把所有的涉及不动产的纠纷都归于专属管辖的范围。所谓不动产，是指不能移动或者移动会丧失或影响其性能和使用价值或耗资过大的财产，如土地、山林、房屋等。关于不动产物权纠纷，世界各国是否规定为专属管辖，做法不一。有些国家规定为专属管辖，有些国家则不规定为专属管辖。但不管是否规定为专属管辖，各国均承认主权国家对其不动产物权纠纷的专属管辖权。

2. 因港口作业中发生纠纷提起的诉讼，由港口所在地法院管辖。

3. 因继承遗产纠纷提起的诉讼，由被继承人死亡时住所地或者主要遗产所在地法院管辖。由被继承人死亡时住所地或主要遗产所在地法院管辖，便于法院查明继承开始的时间、继承人与被继承人间的身份关系、遗产的范围及继承份额等问题，从而有利于法院正确地解决纠纷。继承遗产纠纷，主要包括当事人有无继承权的纠纷及当事人因分割遗产而发生的纠纷。在这类诉讼中，当遗产分布在不同法院辖区时，需要区分主要遗产和非主要遗产，如果遗产既有动产又有不动产的，一般以不动产所在地为主要遗产地；如果动产有多项的，则以价值高的动产所在地作为主要遗产地。

除《民事诉讼法》规定专属管辖外,《海事诉讼特别程序法》也规定了专属管辖,《海事诉讼特别程序法》第7条规定海事案件的专属管辖:

1. 因沿海港口作业纠纷提起的诉讼,由港口所在地海事法院管辖。

2. 因船舶排放、泄漏、倾倒油类或者其他有害物质,海上生产、作业或者拆船、修船作业造成海域污染损害提起的诉讼,由污染发生地、损害结果地或者采取预防污染措施地海事法院管辖。

3. 因在中华人民共和国领域和有管辖权的海域履行的海洋勘探开发合同纠纷提起的诉讼,由合同履行地海事法院管辖。

(四)协议管辖

1. 协议管辖概述。协议管辖,又称合意管辖或约定管辖,是当事人在纠纷发生之前或者发生之后,以书面的形式约定管辖的法院。除了专属管辖公益性较强外,其他管辖都是在考虑法院事务公平分摊和当事人便宜的基础上确定的。当事人因合意选择管辖,往往对当事人更为便宜,并且这种选择不会频繁发生,不至于损害法院之间负担的均衡,因此法律认可当事人以协议选择管辖法院。[1]

根据民事诉讼法理论,协议管辖又可分为明示协议管辖和默示协议管辖。明示协议管辖是指双方当事人以明确的意思表示在合同条款中或在起诉前以书面协议形式确定管辖的法院。默示协议管辖,又称为拟制的协议管辖或者应诉管辖、由于不责问的辩论而产生的管辖、推定管辖,是指原告向无管辖权的法院起诉,被告不对管辖权提出异议并应诉答辩,或者在该法院提出反诉,从而推定双方当事人均同意案件由该法院管辖,是与明示协议管辖相对应的一种协议管辖方式。我国民事诉讼法对于非涉外民事案件规定了明示的协议管辖,对于涉外案件既规定了明示的协议管辖,又规定了默示的协议管辖。涉外案件的协议管辖无论是适用案件的范围还是可选择的法院、协议的方式都与国内案件的协议管辖有很大不同。我国规定涉外协议管辖对涉外合同或者涉外财产权益纠纷,可以用书面协议选择与争议有实际联系的地点的法院管辖。但选择中华人民共和国法院管辖的,不得违反民事诉讼法关于级别管辖和专属管辖的规定。并且涉外案件还有默示的协议管辖,即涉外民事诉讼的被告对法院管辖不提出异议,并应诉答辩的,视为承认该法院为有管辖权的法院。

在国外理论中还有专属性协议管辖和竞合性协议管辖。专属性协议管辖是指当事人约定纠纷的管辖为专属性的,即约定某一法院的管辖而排斥其他法院的管辖。竞合性协议管辖是约定两个或者两个以上的法院管辖。根据我国民事诉讼法的规定,我国的协议管辖应当属于专属性协议管辖。

---

〔1〕 [日]三月章:《日本民事诉讼法》,汪一凡译,五南图书出版公司1997年版,第294页。

2. 协议管辖的适用要件。

(1)可选择的案件只限于合同纠纷。

(2)只能选择第一审法院,而不适用于第二审民事案件及重审、再审、提审民事案件。

(3)协议管辖必须以书面形式,口头协议无效。

(4)当事人必须在被告住所地、合同履行地、合同签订地、原告住所地、标的物所在地人民法院中选择一个,选择必须是唯一的。

(5)不得违反级别管辖和专属管辖的规定。

需要注意的是,关于"守约方所在地法院管辖"、"原告方所在地法院管辖"的管辖协议是否有效?最高人民法院《关于湖南省炎陵县大院农场与江西林港工艺品有限公司包销合同纠纷指定管辖的通知》(法函[1995]86号)认为"原告方所在地法院管辖"的管辖协议是有效的。最高人民法院《关于金利公司与金海公司经济纠纷案件管辖问题的复函》(法函[1995]89号)认为"守约方所在地法院管辖"的管辖协议是无效的。

4-8(2003年卷3,多选第73题) 下列哪些做法不符合民事诉讼法关于协议管辖的规定?

A. 合同当事人约定二审管辖法院

B. 合同当事人口头约定管辖法院

C. 合同当事人共同选定了甲、乙两个与案件有联系的地方基层人民法院为管辖法院

D. 合同当事人约定由合同签订地法院管辖

——应当选择ABC。根据协议管辖的条件,当事人只能约定第一审法院,协议必须是书面,并且选择只能五选一,因此答案为ABC。

■ 第六节 裁定管辖

裁定管辖,是指法院基于一定的事实和理由,以裁定的方式确定案件的管辖法院。在司法实践中,管辖问题纷繁复杂。民事诉讼法在规定法定管辖的同时规定裁定管辖,有利于法院根据具体情况灵活处理在适用法定管辖中出现的问题,从而更好地协调各个法院之间的分工和权限。根据我国民事诉讼法的规定,裁定管辖包括移送管辖、指定管辖和管辖权的转移。

一、移送管辖

移送管辖,是指人民法院在受理民事案件后,发现自己对案件并无管辖

权,依法将案件移送给有管辖权的人民法院审理。移送管辖只是案件的移送,而不是管辖权的转移。移送管辖通常发生在同级人民法院之间,用来纠正地域管辖的错误,但有时也发生在上下级法院之间,用来纠正级别管辖的错误。根据《民事诉讼法》第36条的规定,人民法院发现受理的案件不属于本院管辖的,应当移送有管辖权的人民法院,受移送的人民法院应当受理。

（一）移送管辖的适用要件

1. 人民法院已经受理案件。对案件有管辖权是人民法院受理案件的必要条件,对案件是否有管辖权是受诉人民法院在受理前必须查清的问题。因此,在通常情况下,人民法院在立案前就能够发现自己对某一案件有无管辖权。在此阶段,只要告知原告向有管辖权的人民法院起诉即可,不发生移送问题。只有在人民法院受理后发现不属于自己管辖,才有移送的必要。

2. 移送的人民法院对案件无管辖权。

3. 受移送的人民法院对案件有管辖权。移送的目的在于使民事诉讼法关于管辖的规定得到正确执行,所以只能将案件移送至有管辖权的人民法院。

（二）不得移送管辖的情况

对于符合以上三个条件的案件人民法院应当移送,但在下列三种情况下不得移送:

1. 受移送的人民法院即使认为本院对移送来的案件并无管辖权,也不得再自行将案件移送到其他法院,而只能报请上级人民法院指定管辖。

2. 有管辖权的人民法院受理案件后,根据管辖恒定原则,其管辖权不受行政区域变更、当事人住所地或居所地变更的影响,因此不得以上述理由将案件移送变更后有管辖权的人民法院。判决后上诉的案件和依照审判监督程序提审的案件,由原审法院的上级法院进行审判;第二审法院发回重审或上级法院指令再审的案件,由原审法院重审或再审。

3. 两个以上人民法院对案件都有管辖权时,应当由先立案的人民法院行使管辖权,先立案的人民法院不得将案件移送至另一有管辖权的人民法院。在两个以上人民法院都对案件有管辖权时,法院如在立案前发现其他有管辖权的法院已先立案的,不得重复立案,如在立案后发现其他有管辖权的人民法院已先立案的,应将案件移送到先立案的人民法院。当事人基于同一法律关系或同一法律事实而发生纠纷,以不同诉讼请求分别向有管辖权的不同人民法院起诉的,后立案的人民法院在得知有关法院先立案的情况后,应当将案件移送至先立案的人民法院合并审理。

4-9（2002年卷3,多选第72题） 孔某在A市甲区拥有住房2间,在孔某外出旅游期间,位于A市乙区的建筑工程队对孔某隔壁李某房屋进行翻修。在翻修过程中，施工队不慎将孔某家的山墙砖块碰掉，砖块落入孔某家中，损坏电视等家电物品。孔某旅游回来后发现此情况，遂交涉，但未获结果。孔某向乙区法院起诉。乙区法院认为甲区法院审理更方便，故根据被告申请裁定移送至甲区法院，甲区法院认为由乙区法院审理更便利，不同意接受移送。以下哪些说法是正确的？

A. 甲、乙二区对本案都有管辖权

B. 向何法院起诉，由原告选择决定

C. 乙区法院的移送管辖是错误的

D. 甲区法院不得再自行移送，如果认为无管辖权，应报A市中级人民法院指定管辖

——应当选择ABCD。本题涉及侵权案件的管辖与移送管辖。根据《民事诉讼法》第29条关于"因侵权行为提起的诉讼，由侵权行为地或者被告住所地人民法院管辖"的规定，本题中的选项A是正确的。由于对本案有管辖权的法院是两个，故根据《民事诉讼法》第35条关于"两个以上人民法院都有管辖权的诉讼，原告可以向其中一个人民法院起诉"的规定，选项B是正确的。在本案中，原告孔某向乙区法院起诉后，需要注意两个信息：①乙区法院认为甲区法院审理更方便，故根据被告申请裁定移送至甲区法院；②甲区法院认为由乙区法院审理更便利，不同意接受移送。据此，根据《民事诉讼法》第36条关于"人民法院发现受理的案件不属于本院管辖的，应当移送有管辖权的人民法院，受移送的人民法院应当受理。受移送的人民法院认为受移送的案件依照规定不属于本院管辖的，应当报请上级人民法院指定管辖，不得再自行移送"的规定，选项C和选项D是正确的。

需要注意的是，本题案件是不动产有关的侵权纠纷案件，而不是不动产纠纷案件，因此，不能适用专属管辖的规定。该知识点在1998年试卷与2000年试卷任意选择题以及2002年试卷案例分析题中均涉及。

二、指定管辖

指定管辖，指上级人民法院以裁定方式指定下级人民法院对某一案件行使管辖权。

（一）发生指定管辖的原因

1. 对案件有管辖权的法院因特殊原因而无法行使管辖权。特殊原因既包括事实上的特殊原因，如有管辖权法院所在地区发生了地震、水灾等；也包括法律上的特殊原因，如有管辖权法院的审判人员均需回避而无法组成合议庭等。

2. 两个同级人民法院对同一案件的管辖权发生争议，且协商不成。管辖权争议可分为积极的争议和消极的争议两种情况。积极的争议是指两个

或两个以上人民法院均认为自己对某一案件有管辖权。消极的争议是指两个或两个以上的人民法院认为自己对某一案件无管辖权,均不愿受理该案。

在此情形下,首先由发生争议的人民法院相互进行协商,协商不成的,则报请它们的共同上级人民法院指定管辖。

3. 受移送的人民法院认为不属于本案管辖的,不得再自行移送,只能报请上级人民法院指定管辖。

（二）管辖争议的处理

法律上设立指定管辖制度,目的在于防止法院之间相互推诿或者相互争夺对案件管辖权的行使,或者是使案件在管辖法院不能行使审判权的特殊情况下得到及时的审理,以有效地保障当事人的合法权益。我国学理与司法实践均认为,发生管辖权争议后,应当尽可能通过协商解决,协商不成的,应报请它们的共同上级人民法院指定管辖。如双方为同属一地、市的基层人民法院,由该地、市的中级人民法院指定管辖。如双方为同属一省、自治区、直辖市的两个人民法院,由该省、自治区、直辖市的高级人民法院指定管辖。如双方为跨省、自治区、直辖市的人民法院,先由双方的高级人民法院协商,协商不成的,由最高人民法院指定管辖。上级法院应当在收到下级人民法院的报告之日起30日内作出指定管辖的决定。在审判实务中,法院之间如果对案件的地域管辖产生争议,应立即停止对案件的实体审理。在争议解决前,任何一方人民法院均不得对案件作出判决。违反此要求抢先作出判决的,上级人民法院应以违反程序为由撤销判决,并将案件移送或指定其他法院审理,或者自己提审。上级人民指定管辖后,应通知报送的人民法院和被指定行使管辖权的人民法院,后者应当及时通知当事人。

三、管辖权的转移

管辖权的转移,是指由上级法院决定或同意,将案件的管辖权由上级法院转移给下级法院,或者由下级法院转移给上级法院。管辖权转移在上下级法院之间进行,通常在直接的上下级法院之间进行,是民事诉讼法在某些特定情形下,为便于或有利于诉讼,对级别管辖所规定的变通措施。

管辖权转移与移送管辖在形式上均表现为案件由一个法院转移至另一个法院,但二者实质上却不相同:①管辖权转移是有管辖权的法院将案件的管辖权转移给无管辖权的法院,案件的转移只是形式,管辖权的转移才是本质;移送管辖则是在受诉法院对案件无管辖权却错误地受理案件的情况下,为纠正错误而将案件移送给有管辖权的法院,其移送的仅仅是案件,而不涉及管辖权的变更。②管辖权的转移主要用于调节级别管辖,案件的转移一般在上下级法院之间进行;移送管辖则主要适用于地域管辖,案件的转移一般在同级法院间进行。③管辖权转移须经上级法院的决定或同意;移送管辖则无须上级法院及受移送法院的决定或同意。

根据《民事诉讼法》第39条的规定,管辖权的转移有下列几种情况:

1. 上级法院对下级法院管辖的第一审案件,认为由自己审理为宜,而将案件调上来由自己作为该案的第一审法院进行审理,从而使案件的管辖权由下级法院转移至上级法院。

2. 上级法院对本应由自己管辖的案件,认为交其下级法院审理更为适宜的,而将案件交其下级法院为该案的第一审法院进行审理,从而使案件的管辖权由上级法院转移至下级法院。

3. 下级法院对其所管辖的第一审案件,认为由自己审理不方便或有困难而需要由上级法院审理的,报请上级法院同意后,由上级法院作为该案的第一审法院进行审理,从而使案件的管辖权由下级法院转移至上级法院。

■ 第七节 管辖权异议

管辖权异议,是指法院受理案件后,当事人认为该法院对该案并无管辖权,提出不服该法院管辖的主张和意见。这是当事人依法监督人民法院行使民事审判权的一项法律制度。民事诉讼法确立这一制度的价值在于,体现了对当事人诉权尤其是被告诉权的尊重,在当事人诉权的监督下有利于贯彻落实民事诉讼法规定的管辖制度,有利于克服地方保护主义规避违反管辖制度的情形,保证审判管辖权合法、公正地审理。

管辖权异议的提出应具备的条件主要有:①管辖权异议只能由当事人提出,并通常都是被告人;②案件已由法院受理但尚未进入实体审理;③管辖权异议只能限于向第一审法院提出。

一、管辖权异议的主体

提出异议的主体是本案的当事人,在诉讼实务中提出管辖权异议的通常是被告。至于原告、第三人能否提出异议尚存在争议。

(一)原告是否能够成为管辖权异议的主体

一般认为,原告主动选择法院起诉,视为对其诉讼权利的处分,只要这种选择不违反专属管辖等强制性法律规定,就不应当赋予原告管辖权异议权。如果原告认为起诉不当,可以通过撤诉然后另行起诉的方式来实现自己的愿望。一般情况下,原告既然已经选择诉讼法院,就不应当允许原告任意更换,这也是与民事诉讼中的诚实信用原则相一致的。当然,在例外的情形下,如违背了专属管辖的规定,或者在受诉法院进行诉讼非常不方便,可以赋予原告申请移送其他法院管辖的权利。

(二)第三人是否能够成为管辖权异议的主体

第三人分为有独立请求权第三人和无独立请求权第三人两种。有独立请求权第三人无权提出管辖权异议。有独立请求权第三人是参加诉讼的当事人,不是本诉的当事人,无权对本诉的管辖权提出异议。有独立请求权第三人如主动参加他人已开始的诉讼,应视为承认和接受受诉法院的管辖。并且,即使受诉法院对有独立请求权第三人提起的诉讼原本无管辖权,由于参加之诉与本诉的牵连关系,受诉法院也基于合并管辖取得了对参加之诉的管辖权。如果是受诉法院通知有独立请求权第三人参加诉讼,该第三人如认为受诉法院对他的诉讼无管辖权,可以拒绝参加诉讼,以原告身份另行向有管辖权的法院提起诉讼,而不必提起管辖权异议。

至于无独立请求权第三人,我国司法实践一般认为无独立请求权的第三人参加他人已经开始的诉讼,是通过支持一方当事人的主张,维护自己的利益,由于他在诉讼中始终辅助一方当事人,并以一方当事人的主张为转移,所以,他无权对受诉法院的管辖权提出异议。

4-10(2004 年卷 3,单选第 41 题)　王某与李某因合同发生争议,王向李住所地法院提起诉讼,要求李履行合同。法院受理后,非合同当事人唐某认为自己对原被告之间争议的合同标的物拥有所有权,要求参加诉讼。参加诉讼后,唐某认为受理法院无管辖权,便提出管辖权异议。下列说法哪一个是正确的?

A. 唐某可以提出管辖异议,因为唐是有独立请求权的第三人

B. 唐某可以提出管辖异议,因为管辖错误将损害其实体权利

C. 唐某不能提出管辖异议,因为唐不是本诉的当事人

D. 唐某不能提出管辖异议,因为唐不是本案的当事人

——应当选择 C。有独立请求权的第三人是本案的当事人,但不是本诉的当事人,其参加到诉讼中当然不能提起管辖权异议。

二、管辖权异议的客体

管辖权异议的客体是第一审民事案件的管辖权,当事人只能对第一审民事案件的管辖权提出异议,对第二审民事案件不得提出异议。因为上诉案件的管辖是依据第一审案件的管辖而定的。成为问题的是级别管辖、裁定管辖、专门管辖等能否成为管辖权异议的客体。

(一)级别管辖能否成为管辖权异议的客体

能否对级别管辖提出异议,法律未有明确规定,在实践中有不同的做法。有的按地域管辖的做法,作出书面裁定,允许当事人上诉;有的则口头或书面通知当事人,告知对级别管辖不得提出异议,案件继续由受诉人民法院审理。最高人民法院在《关于当事人就级别管辖提出异议应如何处理问题的函》中认为,级别管辖是上下级法院之间就一审案件审理方面的分工。

各高级人民法院根据经济纠纷案件诉讼标的金额分级确定管辖法院的规定，虽不是法律规定和司法解释，但一经最高人民法院批准，即应当认真执行。当事人就级别管辖权提出管辖异议的，受诉法院应认真审查，确无管辖权的，应将案件移送有管辖权的法院，并告知当事人，但不作裁定。受诉法院拒不移送，当事人向其上级法院反映情况并就此提出异议的，上级法院应当调查了解，认真研究，并作出相应的决定，如情况属实确有必要移送的，应当通知下级法院将案件移送有管辖权的法院；对下级法院拒不移送，作出实体判决的，上级法院应当以程序违法为由撤销下级法院的判决，并将案件移送有管辖权的法院。同时还应以违反审判纪律对有关人员作出严肃处理。笔者认为，根据程序保障原理，应当允许当事人就级别管辖提出异议，并且应当相应提高对级别管辖的审查法院的级别。

（二）裁定管辖能否成为管辖权异议的客体

裁定管辖主要包括移送管辖、指定管辖和管辖权转移。尽管裁定管辖属于法院的内部分工与协调问题，但裁定管辖事实上确定了案件的管辖法院，当事人必须在裁定管辖所确定的法院进行诉讼，裁定管辖对当事人的诉权会产生较大的影响，例如法院通过管辖权的转移，可以将案件转移到下级法院进行审理，这样做：①不可避免地降低了案件的审判水平；②也降低了终审法院的级别，将案件的处理限制在一定的地域内。因此，鉴于管辖权问题在我国诉讼实践中的重要地位，应当将管辖权异议的对象扩展至裁定管辖。

三、提起管辖权异议的时间

我国民事诉讼法规定，管辖权异议只能在第一审法院受理案件后、当事人提交答辩状期间提出。当事人逾期提出管辖权异议的，法院不予审议。当事人在法律规定的答辩期限内对法院的管辖权提出了异议，但是在法院就有无管辖权问题作出裁定前，又以书面或口头形式（须经法院记录在案并经本人签字）表示接受受诉法院管辖的，视为当事人自动放弃了异议。以后，当事人在诉讼中再行提出管辖异议的，法院不再审议。在请求权竞合的情况下，原告在诉讼过程中依法变更诉因后，即使原先的答辩期已过，被告也可以提出管辖权异议。

在司法实践中，原告为了规避级别管辖的有关规定，在起诉时主张较小的标的额，等到开庭审理时再增加诉讼请求，以使得原本应当在上级法院审理的案件得以在下级法院进行审理。此时，如果原告变更、追加诉讼请求从而导致管辖改变的，从保障被告的权利出发应当允许被告提出管辖权异议。

四、管辖权异议的处理

在当事人提出管辖权异议时，一审法院可能做出以下处理：①发现当事人异议成立，法院并无管辖权，裁定将案件移送其他法院管辖；②当事人的异议不成立，裁定驳回异议；③在异议审查过程中发现该案不属于法院主管的范围或者其他不符合起诉条件的情形，裁定驳回当事人的起诉，从而无需对管辖权异议做出处理。

对于上述裁定，当事人均有权提起上诉，上诉法院的处理亦应采用裁定的方式。但是，《民事诉讼法》未对管辖权异议上诉案件的裁定形式作出具体规定。笔者以为，上诉法院可以作出以下几种裁定：

1. 当事人的上诉没有道理，裁定驳回上诉。

2. 当事人的上诉有理，裁定撤销原裁定。这又可以分为几种情况：①上诉法院发现下级法院没有管辖权，但下级法院却裁定有管辖权。上诉法院应当在裁定撤销原裁定后，裁定将案件移送有管辖权的法院。②上诉法院发现下级具有管辖权，但下级法院却误裁定为没有管辖权，裁定移送其他法院管辖。上诉法院应当撤销原裁定，裁定下级法院依法审判案件。③在审理管辖权异议裁定的过程中，上诉法院发现该案件并不属于法院主管的范围或者其他不符合起诉条件的情形，应当裁定直接驳回起诉。

对于生效的管辖权异议裁定能否再审，我国民事诉讼法没有明确规定。由于我国的管辖权制度与大陆法系是基本一致的，因此，无管辖权并非无审判权，无管辖权的法院作出的判决并不能当然被推翻。以此来推论，出于程序安定的考虑，一般不应当允许对管辖权异议进行再审。我国司法实践对此的态度也表明了这一点。1990 年最高人民法院《关于经济纠纷案件当事人向受诉法院提出管辖权异议的期限问题的批复》中指出，法院对案件作出的判决发生法律效力后，如果当事人对驳回管辖权异议的裁定和判决一并申诉的，法院经过复查，发现管辖虽有错误，但判决正确的，应当不再变动；如经复查，认为管辖和判决均确有错误，应按审判监督程序处理。经过再审或者提审，原判决和裁定均被撤销的，应将案件移送有管辖权的人民法院审理。应当说，最高人民法院的上述批复体现了效率与公正的结合，还是比较合理的。当然，如果案件违背了专属管辖，则可以以此作为再审的理由，不过这已经是对整个案件的再审，而非仅对管辖权异议裁定的再审。

第五章　民事之诉

第一节　诉的概念与种类

一、诉的概念与特征

“诉”是诉讼法上的概念,“诉”既可作为名词使用,也可作为动词使用。从名词的角度来说,诉是指当事人依照法律规定向法院提出的保护其实体权益的请求。这种请求的目的是要求法院通过审判来保护当事人受到侵犯或发生争议的实体权利。诉具有以下特征:

1. 诉是当事人期望获得司法保护的一种请求。任何具有民事诉讼主体资格的公民、法人或其他组织认为其民事权益受到非法侵害时,都有权请求法院给予司法上的保护。

2. 诉是当事人用来保护自己民事权益的一种救济手段。人类进入现代文明社会,私人的暴力救济手段被禁止,当事人认为其民事权益受到非法侵害,向相对人提出请求得不到满足时,便只能求助于公力救济。而司法救济是公力救济中最终极的、最权威的救济方式,诉恰恰是当事人寻求司法救济的途径。

3. 诉是法院行使审判权的前提。由于审判权的消极性和被动性,当事人提起诉讼,才能引起法院行使审判权的活动。

二、诉的种类

根据原告诉讼请求的性质和内容,把诉分为给付之诉、确认之诉和形成之诉,分别与实体法上的请求权、支配权和形成权相对应。

(一)给付之诉

给付之诉,是指原告请求被告履行一定给付义务之诉。原告对被告享有特定的给付请求权,是给付之诉成立的基础。原告的给付请求权的享有,是因为原告与被告之间存在着具有给付内容的民事法律关系,被告不履行给付义务,原告可以根据民法上的给付请求权提起给付之诉。依照给付的内容,给付可分为金钱给付、物的给付和行为给付,行为给付中的行为又可分为作为和不作为。依照给付的时间,给付之诉又可分为现在给付之诉和将来给付之诉。现在给付之诉是指在法庭辩论终结时履行期已经到来或者履行期未定的给付之诉。将来给付之诉是指在法庭辩论终结时原告请求履行期未到的给付之诉。对于将来给付之诉法院做出的给付判决通常是命令债务人在将来履行条件成就或者在一定期限到来时履行给付。将来给付之诉只有在“预先提出请求有必要的场合”才能提起,[1]“预先提出请求必要”,是指原告主张履行期即使届满也没有立即履行的指望,或者从义务的性质看不立即履行原告会蒙受显著损失。

(二)确认之诉

确认之诉,是指原告请求法院确认当事人之间有争议的权利或者法律关系是否存在的诉讼。其中,主张法律关系存在的,为积极确认之诉,如原告请求确认其所有权存在。主张法律关系不存在的,为消极确认之诉,例如原告要求确认其与被告之间超出5万元的债务部分不存在。

确认之诉必须具有需要诉讼救济或保护的法律利益,即法律关系是否存在不明确,导致原告感到其法律地位有不妥状态存在,并且这种状态能够通过确认除去,[2]也就是所谓的确认利益。法律之所以规定提起确认之诉必须具有确认利益,是因为如果对于可以请求确认的对象不以法律明文加以限制,那么当事人对于任何事情均可请求予以确认,法院将因此不堪重负而不能发挥其应有的司法功能。一般情况下,当事人若能够通过其他诉讼得到救济,则不能提起确认之诉。但对于将来给付请求权以及对于作为请求权基础的借贷关系、所有权是否存在以及在确认判决足以满足债权的行使情况下则可以提起确认之诉。对于确认的对象,大陆法系认为原告要求确认的必须是法律关系,纯粹事实不得提起确认之诉,占有为事实关系,不得提起确认占有之诉。例外情况是对于能够证明法律关系的证书的真伪可以提起确认之诉,但毕业证书之真伪与民事法律关系无关,不得提起确认之诉。各国为发挥确认之诉预防及解决纠纷的功能,趋向于扩大确认之诉的适用范围,例如对于作为法律关系的基础事实,在原告不能提起其他诉讼时,可以提起确认之诉。确认之诉,限于现在存在的利益,对于将来或过去的法律关系不得提起确认之诉。但如果过去的法律关系现在仍然存在利益,则容许提起确认之诉。此外,确认之诉不限于双方当事人之间的法律关系,对于第三人间的法律关系也可以提起确认之诉。

需要注意的是,争议法律关系的任何一方当事人若具有确认利益均可提起确认之诉,目前我国实务界存在着一种极为有害的观点,即民事法律关系中的义务主体不能作为原告提起确认之诉,只有权利人才能提起诉讼。这是对确认之诉的一种误解。对于确认之诉来说,不论实体法律关系中权利人还是义务人,只要存在确认利益就可提起诉讼。例如侵权法律关系中

---

〔1〕[日]中村英郎:《新民事诉讼法讲义》,陈刚等译,法律出版社2001年版,第104页。

〔2〕陈计男:《民事诉讼法论》,三民书局1994年版,第193页。

的受害人与侵权人达不成赔偿协议，又不提起诉讼，而采取紧跟、纠缠侵权人等方式向侵权人主张赔偿，这时侵权人就可提起确认之诉，请求法院确认双方之间的权利义务，以达到定纷止争的目的。

（三）形成之诉

形成之诉，又称为变更之诉或者创设之诉，是指原告请求法院变更某一法律关系之诉。法律设立形成之诉的目的主要是使法律状态的变动效果不仅对当事人发生效力，而且对第三人也发生法律效力，所以形成之诉必须在法律有特别规定的情况下才可以提起。[1] 形成之诉大多集中在人事诉讼和公司诉讼领域，人事诉讼关涉人类社会生活基本身份关系，有关公司的形成之诉则涉及人数众多的利害关系，因此法律规定由法院以形成判决予以统一变更。

在形成之诉中，当事人对于现存的法律关系并无争议，而对于现存的法律关系应否变更存在争议。原告胜诉的形成判决在确定时，无需强制执行就自动发生法律关系变动的效果，通常是原告与被告之间既存的法律关系解除或消失，如解除婚姻关系、解除共有关系等。形成之诉因其形成效果不同，分为实体法上形成之诉与诉讼法上形成之诉。实体法上形成之诉，是有关实体法上法律状态的变动。形成之诉的形成效果，有只向将来形成实体法上效果的，如撤销婚姻之诉、离婚之诉、撤销收养之诉、终止收养之诉、宣告终止侵权或撤销其宣告之诉、分割共有物之诉等；有溯及既往形成实体法上效果的，如撤销认领子女之诉、撤销股东会决议之诉、债权人请求法院撤销债务人诈害行为之诉等。诉讼法上的形成之诉，如再审之诉、撤销除权判决之诉、撤销商务仲裁之诉等。

（四）各种诉讼类型之间的关系

实践中由于诉讼的复杂性，对于同一争议当事人是提起确认之诉、给付之诉抑或是形成之诉，就产生了诉的竞合问题，因此，研究三者之间的关系重在处理诉的竞合现象。

给付之诉是原告对被告主张给付请求权，请求法院予以确认同时要求被告给付的诉讼，因此，给付之诉的审理须对给付的权利义务关系予以确认，确认之诉是给付之诉的前提。法院作出原告胜诉判决时，就已包含确认原告的请求权存在。如果法院作出原告败诉的判决，即为原告请求权不成立的确认判决。所以，原告已提起给付之诉时，不得就同一权利提起确认之诉或同一权利不存在的反诉。对于在能够提起给付之诉的场合当事人能否提起确认之诉，大陆法系学者一般认为，确认判决不具有强制执行的效力，在需要强制执行的场合确认判决就失去其意义，从而需要重新提起给付之

〔1〕 陈荣宗、林庆苗：《民事诉讼法》，三民书局2002年版，第348页。

诉，因此有很多学者认为在能够提起给付之诉时不能提起确认之诉。笔者认为，出于诉讼经济的考虑，上述观点是合理的。但如果当事人提起确认之诉足以保护自己的合法权益，则应当允许当事人不提起给付之诉而提起确认之诉。

形成之诉也以确认之诉为前提，因此，法院判决原告胜诉时即首先确认了原告形成权存在。在原告败诉时，形成判决就是判决原告形成权不存在的消极确认判决。是否所有形成权的行使都必须提起形成之诉，存在不同的做法。大陆法系诉讼法理论认为，对于民法上的形成权，但如果依照民法的规定，只需以意思表示就可发生形成效果的，并无提起形成之诉的必要，当事人就此种形成权的行使有争议的，只能提起给付或确认之诉。我国实体法规定某些情况下形成权人可以直接以意思表示行使形成权，使既存的法律关系发生变动，例如《合同法》第 96 条规定当事人可以意思表示解除合同，但对方当事人有异议的，可以请求法院或仲裁机构确认解除合同的效力。在这种情况下，当事人不能提起形成之诉，而只能提起确认之诉或者给付之诉。但在多数情况下我国实体法规定形成权的行使须提起形成之诉，如《合同法》第 54、74 条规定当事人应当通过形成之诉撤销合同或者变更合同。

■ 第二节　诉的要素

诉的要素即构成一个诉必须具备的因素。诉的要素具有三方面的意义：①判断诉是否成立主要是看诉的要素是否齐备，从而为法院受理案件提供基本依据。②判断一诉区别于他诉的标准是诉的要素。如果诉的要素同一，则两诉相同，诉的要素不同一，则诉不相同。③根据诉的要素的合并与变更，来确定诉的合并或者变更。

一、当事人

就当事人而言，诉是原告基于实体法目的针对被告提起的。诉首先遇到的问题是当事人是否客观存在以及当事人是否合格。没有当事人，诉就无从提起，当事人不合格，则会直接影响到诉讼程序的有效进行。作为诉的主体，当事人不同，诉自然也就不同。因此，当事人是诉的必备要素。

二、诉的理由

诉的理由又称为事实理由，是指使当事人提出的诉讼请求得以成立的根据，包括事实根据和法律根据两方面的内容。虽然事实理由可以作为诉讼标的的判断标准，但诉讼标的并不包括事实理由，这是两个不同的概念。之所以把案件事实作为诉的要素，是因为很多诉的识别不仅要根据当事人和诉讼标的来判断,还要结合案件事实来判断,所以事实理由应当成为诉的要素。

三、诉讼标的

(一)诉讼标的概述

我国通说认为,诉讼标的是双方当事人之间发生争议并诉请法院审判的民事实体法律关系。诉讼标的在民事诉讼中具有重要的地位,诉讼标的不仅决定着诉的变更、合并、一事不再理和既判力的客观范围,而且还与适格当事人的识别、管辖的确定、证明对象等密切相关。

诉讼标的理论是民事诉讼理论的核心之一。关于诉讼标的的学说有旧实体法理论、新诉讼标的理论和新实体法理论。传统诉讼标的理论又称为旧诉讼标的理论、旧实体法说,认为诉讼标的是原告在诉讼中所提出的一定的实体法上的权利主张,判定诉讼标的的多少,须以原告所享有的实体法上所规定的实体权利为标准。因此,旧诉讼标的理论虽然在概念方面已经认清诉讼标的应与实体法上的权利有所区别,但在识别诉讼标的的方法上仍然以实体法的规定为标准。旧诉讼标的理论因无法合理解释和处理请求权竞合问题而受到批判。新诉讼标的理论是在批判旧诉讼标的理论基础上为解决请求权竞合问题而提出来的。首先出现的是罗森贝克等所提出的二分肢说,即诉之声明与事实理由合并说,认为诉讼标的的内容,不能以实体法请求权为依据,而只能以原告陈述的事实理由和诉之声明为依据加以确认。后来又出现了一分肢说,即以诉的声明来作为识别诉讼标的的标准。目前日本与我国台湾仍旧采取该学说,而德国采取新诉讼标的论。

(二)诉讼标的与相关概念的区别与联系

1. 诉讼标的与诉讼请求。我国民事诉讼法中除了诉讼标的的概念外还有诉讼请求的概念。对于诉讼请求与诉讼标的的含义是否同一,存在不同的观点。我国传统观点认为二者是不同的概念,诉讼请求是当事人在诉讼中提出的具体请求,而诉讼标的则是当事人争议的民事实体法律关系。诉讼标的是当事人之间争议并请求法院裁判的客观对象,诉讼请求则是当事人向法院提出的实体法上的主张,它反映了当事人进行诉讼的实体利益愿望,有较强的主观性。两者的关系是,诉讼标的是诉讼请求的事实基础,诉讼请求是诉讼标的中民事权益争执的反映。

2. 诉讼标的与诉讼标的物。诉讼标的物是指诉讼主体间实体权利义务指向的对象,诉讼标的是双方争议的实体法律关系。诉讼标的有时可能会涉及标的物,也可能不涉及任何标的物。每一个诉都有诉讼标的,但不是每一个诉都有诉讼标的物,诉讼标的物一般存在于有关财产争议的案件中,而在有关身份关系的案件如单纯离婚案件(无财产争议)中就没有诉讼标的物。

5－1（2002年卷3，单选第28题） 王大明将房子租给刘大壮居住，月租金1 200元。现王大明因刘大壮拖欠了5个月的房租未缴而诉诸法院，要求刘大壮给付6 000元房租。问：此案的诉讼标的指的是什么？

A. 王大明租给刘大壮的房子和刘大壮欠王大明的6 000元钱

B. 王大明要求刘大壮支付的6 000元租金

C. 王大明提出诉讼请求所依据的王大明与刘大壮之间存在的房屋租赁关系

D. 王大明、刘大壮与人民法院之间的诉讼法律关系

——应当选择C。本案所涉及的是房屋租赁法律关系，根据民事诉讼理论中对诉讼标的的界定，即当事人之间发生争执并要求法院作出裁判的民事权利义务关系，就自然可以得出正确答案是选项C。

5－2（1998卷2，单选第19题） 张兰起诉陈钢，要求解除双方之间的婚姻关系，并平均分割双方的共有财产（共有房屋4间，共有存款1万元）。问：本案中的诉讼标的是什么？

A. 张兰提出的离婚请求

B. 张兰要求分得的2间房屋

C. 张兰要求分得的5 000元钱

D. 张兰请求法院解除的其与陈钢之间的婚姻关系

——应当选择D。A项为具体的诉讼请求，B项及C项均为离婚诉讼之诉财产分割之标的物，不是诉讼标的。

（三）诉讼标的的识别

由于诉讼标的内含着实体内容和程序内容，因此在对诉讼标的进行识别时，就应当从诉讼法和实体法相结合的角度进行，也就是说，应当将“诉的声明”与“原因事实（或称事实理由）”结合起来进行考察。但这里所说的“原因事实”，并非是“二分肢说”所主张和解释的不受实体法加以评价的自然的历史事实或生活事实，而应当是与实体法相联系的具有法律意义的事实。因此，当事人所提出的原因事实（事实理由），应当是与诉的声明密切相关的法律事实，其中既有法律关系发生、变更和消灭的事实，也包括发生民事争议的事实，这种原因事实是实体法与诉讼法在诉讼标的识别标准上的纽带。[1] 基于以上讨论，应当采用诉讼法说，以诉的声明或者以诉的声明加原因事实作为判断诉讼标的的标准，但是借此并不能解决所有问题，还必须考虑到从充分保护当事人的合法权益和解决纠纷的实践需要来确定诉讼

〔1〕 江伟主编：《中国民事诉讼法专论》，中国政法大学出版社1998年版，第86页。

标的。具体到各种诉讼:

1.给付之诉。给付之诉的诉讼标的应当区分不同的情况。对于特定物和特定行为的给付之诉,由于作为诉讼标的的诉的声明的内容是特定的,所以仅以诉的声明就可以将诉讼标的识别开来。而对于金钱、种类物和内容可以重复的行为的给付之诉,由于诉的声明的内容不具有特定性,所以必须以诉的声明和事实共同作为诉讼标的识别标准。此时,虽然诉的声明相同,但是如果它们所依据的事实不同,则构成不同的诉讼标的;若依据的事实相同,则为重复起诉。因此,在给付之诉,诉讼标的识别标准有两个:①仅以诉的声明一项作为其构成要素,适用于特定物和特定行为给付之诉;②以诉的声明和事实共同作为其构成要素,适用于金钱、种类物和内容可能重复的行为的给付之诉。例如被告曾先后向原告借款两次,每次1万元,原告主张其中的1万元债权,但凭诉的声明无法判断诉讼标的是哪一次的借款债权,必须结合原因事实来判断。在请求权竞合的情形,当事人就同一案件事实根据多个竞合的请求权提起的诉讼,按照新诉讼标的理论应认为只有一个诉讼标的,而不应当认为有多个诉讼标的。

对于实体法上的请求权竞合问题,则应当采取灵活的态度。所谓请求权竞合是指某一违法行为引起两种以上民事法律关系同时产生,该行为的受害人就同一给付内容依法享有多重的、彼此冲突的请求权,在其中一请求权获得满足时,其余请求权应归于消灭。当事人有权在多项请求权中选择一项最有利的、最容易实现目的的请求权加以行使,请求公权予以保护。

我国1999年颁布的《合同法》第122条规定:"因当事人一方的违约行为,侵害对方人身、财产权益的,受损害方有权选择依照本法要求其承担违约责任或者依照其他法律要求其承担侵权责任。"《最高人民法院关于适用〈中华人民共和国合同法〉若干问题的解释(一)》第30条则规定:"债权人依照《合同法》第122条的规定向人民法院起诉时作出选择后,在一审开庭以前又变更诉讼请求的,人民法院应当准许。对方当事人提出管辖权异议,经审查异议成立的,人民法院应当驳回起诉。"因此,从我国合同法和司法解释的规定来看,对于请求权竞合问题,立法上采取的是允许竞合的模式,在发生违约责任和侵权责任竞合时,受损失方可以择一行使,这实际上是采取传统诉讼标的论。但是,对于请求权竞合在诉讼标的上所引发的问题,例如,原告以其中之一请求权起诉但因诉讼时效届满而被驳回时,能否以另一请求权为根据再次提起诉讼?或者一项请求权因无理由而被法院驳回时,是否允许原告以另一请求权再行起诉?或者一项请求权获得了法院的支持而得到实现,但原告认为依该请求权所获得的利益小于依另一请求权所获得的利益,在此情况下,是否允许原告以另一请求权为据提起追加之诉?诸如此类的问题,我国现行合同法等法律并未作出规定,我国实践中一般的做法也是遵循传统标的论的做法，如一请求权经法院判决实现后，不得再行使另一请求权，也不能以未获充分赔偿为由，要求法院以另外责任形式补足赔偿。就可操作性而言，传统理论具有其优势，在解决一事不二诉后，对于案件的管辖、适用法律等均比较明确。而新诉讼标的论不仅会导致案件的管辖、适用法律等问题的模糊，而且也容易造成对权利人的不公正。

2. 确认之诉。确认之诉的诉讼标的是确认法律关系存在或不存在的诉讼请求，由于诉的声明已经表明了要求确认的具体要求，因此，诉讼标的就以诉的声明作为确认标准。但需要注意的是，消极确认之诉的诉讼标的是原告所否认的被告的请求，而非其所承认的部分。例如原告请求确认被告对原告价款请求权超过3万元部分不存在，3万元部分并非是诉讼标的，还应当结合被告的请求来确定，如被告主张价款应为8万元，那么5万元部分应当为该诉讼的标的。

依照传统按照请求权作为识别诉讼标的的学说，原告请求确认就某不动产原告之所有权存在，被告亦反诉请求确认同一不动产被告所有权存在，虽然要求确认的都是所有权，但权利主体不同，诉讼标的也不同。但原告确认其所有权存在与被告反诉确认原告所有权不存在为同一诉讼标的。

3. 形成之诉。形成之诉，原告要求的是法院以判决使当事人之间的法律关系或权利发生变更，原告提起形成之诉的本质在于要求法院确认其所主张的形成效果是否有理由，因此，形成之诉的诉讼标的是原告在诉讼中表明的所欲达到的形成效果。当然，对于离婚诉讼，鉴于其涉及到人身关系，笔者认为应当采取与其他诉讼类型不同的处理原则。如有关司法解释规定，判决不准离婚和调解和好的离婚案件，判决、调解维持收养关系的案件，有新情况或者新理由，或者原告在6个月后又起诉的，法院应当受理。这实际上承认离婚之诉的诉讼标的与其他诉的标的是不同的。

需要注意的是，按照诉讼法说来确定和识别诉讼标的，应当特别注意如何加强当事人的诉权保护和民事权益的保护。在诉讼标的的确定和识别问题上，应当完善法官的释明权（阐明权）制度，以避免或减少当事人因法律知识的欠缺而使其合法权益得不到司法保护的情况发生。

第三节 反诉

一、反诉的概念和特征

反诉，是指在已经开始的诉讼程序中，本诉的被告以本案原告为被告向同一法院提起的诉讼。原告提起的诉，称为本诉。反诉具有以下特征：

1. 反诉是独立的诉讼请求或者独立的诉。反诉是本诉被告针对本诉原告提起的，所以反诉是独立的诉。反诉具有自身的独立性，不因本诉的原告撤回本诉而终结，也不因本诉的原告放弃请求而结束。

2. 反诉与本诉具有一定的牵连关系，不具备一定的牵连关系不得随意提起反诉。

3. 反诉目的的对抗性，即被告提起反诉的目的，在于抵消或吞并原告所提起之诉或者使原告败诉，以保护自己的合法权益。

二、反诉与反驳的区别

反诉与反驳不同，反驳是被告为维护自己的合法权益，提出各种有利于自己的事实和根据，以否定原告提出的诉讼请求的一项诉讼权利。主要分为两种：①程序法上的反驳。被告依据《民事诉讼法》的规定提出原告的起诉不符合法律规定。例如，被告提出原告不符合当事人条件，没有起诉权；本案不属人民法院受理的范围，或者提出受诉人民法院对本案无管辖权；等等。被告的反驳符合民事诉讼法规定的，人民法院应裁定驳回原告的起诉。②实体法上的反驳。被告以实体法为根据，通过实体法所规定的事实和理由，说明原告提出的实体权利的请求全部或部分是不合法的，称为实体法上的反驳。例如，被告用事实证明原告所主张的权利根本就不存在或者已经实现；原告提出的作为诉的理由的事实，根本就未发生过或与事实真相不符；等等。被告的反驳经查是有根据的，人民法院则应作出驳回原告诉讼请求的判决。

反诉与反驳的本质区别是：①性质不同。反诉是被告针对原告的本诉提起的，是一种独立的诉。而反驳则只是被告反驳原告诉讼请求的一种诉讼手段，不是一个独立存在的诉，不具有诉的性质。②目的不同。被告反诉的目的除抵消、吞并原告提起的诉讼请求或者使本诉的原告败诉外，还对本诉的原告提出了独立的反请求，主张独立的权利，而反驳的目的则只是否定原告提出的诉讼请求，没有独立的诉讼请求。③处理结果不同。根据反诉在实体法上是否有理由，法院是判决驳回或者支持其诉讼请求。而反驳有理由的，则裁定驳回对方的起诉或者判决驳回对方的诉讼请求。

三、提起反诉的方式和条件

（一）提起反诉的方式

被告提起反诉的方式，可以随同答辩状提起，也可以另行用反诉状提起。用反诉状提起的，则应按本诉的原告人数提交反诉状副本，便于对方当事人进行答辩。如果被告在开庭审理的法庭上口头提起反诉，则由书记员记入笔录，对方当事人也就在法庭上口头进行答辩。

（二）提起反诉的条件

被告提起反诉，除必须具备诉的要素外，还必须具备以下条件：

1. 反诉的当事人必须是本诉的被告针对本诉的原告提起。有权提起反诉的，只能是本诉中的被告。被告只能向本诉的原告提起反诉，不能向原告以外的人提起反诉。

2. 反诉应当在本诉的进行中提出，一般认为，反诉只能在法庭辩论终结前提出。为了便于当事人双方抗辩，最高法院规定反诉应当在举证期限届满前提出。被告在第一审程序中未提出反诉，能否在第二审程序中提起反诉，在学术研究中有着不同的看法。在第二审程序中，原审被告提出反诉的，应当允许。但是，第二审人民法院不能用判决、裁定的方式来解决反诉，只能用调解的方式解决反诉。如用裁判方式，则涉及审级制度问题，与民事诉讼法的规定相违背。用调解方式解决，经调解，当事人双方如达不成协议，应告知原审被告另行起诉，而不能将本诉与反诉一并发回原审法院重审。

3. 反诉只能向审理本诉的人民法院提起，且受诉法院对反诉具有管辖权。反诉不能属于其他法院专属管辖，也未约定仲裁。

4. 反诉必须与本诉为同一诉讼程序。反诉与本诉必须同属普通程序或简易程序，特别程序不适用反诉制度；本诉与反诉也不能一个适用第一审程序，一个适用第二审程序。

5. 反诉与本诉应有内在的牵连，这种牵连性表现为，反诉与本诉的诉讼请求或者诉讼理由存在着法律上或者事实上的牵连关系。以下情形一般认为属于这种牵连关系：①本诉的请求与反诉的请求系出于同一法律关系，例如原告起诉要求被告承担货物瑕疵的违约责任，被告基于同一买卖合同关系反诉要求原告支付剩余货款。②本诉请求与反诉请求系出于同一原因事实，例如甲与乙因琐事打架，甲诉乙要求损害赔偿，乙反诉要求损害赔偿。③反诉与本诉的诉讼标的相同或者互不相容。例如甲诉乙要求确认某 A 房产的所有权，而乙反诉甲要求确认其对 A 房产的所有权，两诉的标的互不相容。

四、反诉的审理

对被告的反诉，法院应当依起诉的条件及反诉的要件为标准予以审查。符合条件的，而且与本诉合并审理能达到简化诉讼程序目的的，应予受理，与本诉在同一诉讼程序中举证、质证、辩论及审理、裁判。不符合反诉条件但符合起诉条件的，应单独立案审理，一般不予合并审理。

反诉与本诉案件的裁判通常在同一判决中作出。

■ 第四节　诉的合并与分离

一、诉的合并

（一）诉的合并概述

诉的合并，是指法院将两个或两个以上彼此之间有一定关联的诉合并到一个诉讼程序中进行审理和裁判。

在一般情形下,诉讼是由同一原告对同一被告提起的单一的诉讼标的,但在特殊情况下,同一原告对同一被告同时有多项请求权存在,如果原告针对同一被告提起多个诉讼,对当事人和法院来说都意味着时间、费用及精力的浪费,并且可能造成裁判之间的矛盾。从程序节省、减轻当事人和法院诉讼负担的角度,就应当确立诉的合并制度。

当事人一方或者双方为两人以上的合并之诉,称为诉的主观合并,又称为共同诉讼。诉讼标的为多数的,则为诉的客观合并或者诉的客体合并。诉的客观合并在大陆法系尚有单纯的合并、预备的合并、选择的合并和竞合的合并等分类。诉的单纯合并是指在同一诉讼程序中同一原告对同一被告提出多个相互独立的诉。诉的预备合并,也称为顺位合并、假定合并,是指在同一诉讼程序中原告同时提起先位之诉和后位之诉,以备先位诉讼无理由时,要求就后位诉讼作出裁判。大陆法系国家学说与判例均承认预备之诉。选择合并是指在同一诉讼程序中原告主张数个给付不同的诉讼请求,由法院任选其一作出判决。选择合并一般只有在赋予被告选择权的选择之债的情形下才是合法的。竞合合并又称为重叠合并,原告主张数个独立的诉讼标的、数请求的目的同一、诉的声明仅有一个的诉的合并。如原告基于侵权请求权、所有物返还请求权、不当得利请求权合并请求被告返还同一汽车。

诉的合并具有诉讼经济、减轻当事人的诉讼负担以及对于相关联的纠纷一次解决的优点,但若不加任何限制则可能导致法院审理的混乱与诉讼迟延。为避免原告滥用诉讼合并,一般对诉的合并予以一定的限制。

(二)我国诉的合并的情形

根据《民事诉讼法》第53、126条的规定,对下列情形应予合并审理:

1. 诉的主体合并。民事诉讼法规定的共同诉讼,包括必要的共同诉讼和普通的共同诉讼,都属于诉的主体合并,即当事人一方或双方为二人或二人以上,一同在人民法院起诉或应诉的情形。诉讼代表人诉讼,即当事人一方或双方人数众多,由其推选的代表人所进行的诉讼,也属诉的主体合并。从诉的理论上讲,诉的主体合并,又称为主观的诉的合并,或广义上的诉的合并。

2. 诉的客体合并。在同一诉讼程序中同一原告对同一被告提出多个相互独立的诉,法院予以合并审理的,为诉的客体合并。诉的客体合并必须符合三个条件:①由一方当事人针对对方当事人向受诉法院提出了数个诉讼请求(或诉讼标的);②这数个诉的标的之一,受诉法院有管辖权;③这数个诉的标的属同一诉讼程序。只有符合这三个条件,人民法院才能予以合并审理,一并作出判决。诉的客体合并,在理论中又分为:单纯的诉的标的合并、竞合的诉的标的合并、预备的诉的标的合并、选择的诉的标的合并。

3. 第三人参加诉讼的合并。在有独立请求权的第三人参加诉讼中,有独立请求权的第三人是将本诉中的原告、被告作为被告提起诉讼而参加诉讼的,从这个意义上讲,是诉的主体合并。但是,有独立请求权的第三人提起的诉与本诉,又形成了两个诉,诉的标的不同,这又是诉的客体合并的情形。因此,有独立请求权的第三人参加诉讼的为混合的诉的合并。

4. 因被告提起反诉而引起的诉的合并。反诉与本诉合并审理,当事人双方虽未变,但各自的诉讼地位却发生了变化,并且是将数个诉的标的予以合并审理。这种既有诉的主体合并,又有诉的标的合并的,也应单列为一种诉的合并形式。

上述诉的合并形式,除必要的共同诉讼引起的诉的合并必须予以合并审理外,其他情形引起的诉的合并,人民法院既可以将其合并审理,也可以不合并审理,是否合并审理,由人民法院视案件情况而定。即使予以合并审理,对各个诉仍应分别进行审查,分别作出裁判。

二、诉的追加与变更

诉的追加与变更是指诉的任一要素发生追加或变更,广义上诉的变更包括诉的追加,狭义的诉的变更并不包括诉的追加。我国民事诉讼法将追加与变更区分开来使用,如《民事诉讼法》第 52 条规定了诉讼请求的变更,第 126 条规定了诉讼请求的增加。此外,我国还区分了诉的主观变更和诉的客观变更,大陆法系一般认为诉的变更仅指诉的客观变更。依据不同的诉讼标的理论,对于确定诉是否变更会得出不同的结论。例如原告请求被告返还房屋的给付之诉中,将基于所有权请求的理由变更为基于租赁合同解除的请求理由,如果依据旧诉讼标的理论,那么发生诉的变更,但如果依据新诉讼理论,则只是攻击防御方法的变更,不发生诉的变更。

诉的追加与变更制度应当根据对原告的利益、法院的利益以及被告的利益的综合衡量进行设置,而不应仅从原告的利益考虑。从法院方面而言,法院希望彻底迅速地解决当事人之间的所有纷争,从被告的角度言之,被告希望对原告已经在起诉中所特定的诉讼请求以及所提出的证据进行攻击防御,不希望原告任意进行诉的变更。因此,为保护被告的利益以及维护诉讼程序的稳定,诉的追加与变更宜经被告同意并以不影响被告防御以及不会导致诉讼的过度迟延与程序的混乱为要件。

三、诉的分离

诉的分离,是指人民法院受理案件后,将几个诉从一个案件中分离出来,分别作为独立的案件进行审理。诉的分离目的是防止诉讼程序复杂化,加速对案件的审理。诉的分离一般有以下几种情形:

1. 原告向同一被告提出数个诉讼请求,或者在诉讼中又增加诉讼请求,人民法院认为不便于合并审理的。

2. 诉讼标的为同一种类的共同诉讼合并审理后，不能达到简化程序、节省时间和费用的目的的。

3. 第三人提出与本案有关的诉讼请求，合并审理会导致案件复杂化。

诉分离后，人民法院和当事人已经进行的诉讼行为，在分离后的审理中仍然具有效力。

第六章　当事人和代理人

第一节　当事人概述

一、当事人的概念和特征

（一）广义当事人与狭义当事人[1]

民事诉讼主体以是否参加民事案件和是否参加民事争议案件为标准进行划分，可以分为广义当事人与狭义当事人。

1.广义当事人。广义的民事诉讼当事人，是指因民事权利义务的事由、以自己的名义进行诉讼、受法院裁判约束的人。广义的当事人，包括民事诉讼法规定的各种程序的当事人。

广义当事人的特征主要包括：

（1）当事人是因民事权利义务事由进行诉讼。因民事权利义务事由进行诉讼，是民事诉讼当事人的基本特征。非民事权利义务事由不构成民事诉讼案件，其主体也不是民事诉讼的当事人（选民资格案件列入民事诉讼法是特例，其本身不属于民事诉讼）。该特征概括了民事诉讼法规定的所有当事人类型。

（2）当事人必须以自己的名义进行诉讼。只有以自己的名义进行诉讼的人才是当事人，以他人名义进行诉讼的是诉讼代理人。是否以自己的名义进行诉讼是区别当事人与代理人的重要特征。

（3）当事人应受法院裁判的约束。法院对民事案件作出的判决、裁定和调解书发生法律效力后，对当事人有强制力，即法院生效裁判和调解书对当事人有约束力。

依据民事诉讼法的规定，当事人在不同的程序阶段有不同的称谓。当事人的不同称谓，表明其具有不同的诉讼地位、诉讼权利和诉讼义务。在第

---

〔1〕 本文采广狭义新说，与传统广狭义说有根本的区别，从划分标准、范围、类型等方面均不相同。传统广狭义说认为：狭义当事人仅指原告和被告；广义当事人除原告、被告外，还包括共同诉讼人、诉讼代表人、第三人（常怡主编：《民事诉讼法学》，中国政法大学出版社2005年版，第164页；张卫平：《民事诉讼法》，法律出版社2004年版，第137页）。笔者所归纳的广狭义新说，避免了传统当事人概念无法合理包含各种民事诉讼程序中所有当事人的弊端。

一审程序中，称为原告、被告和第三人；在第二审程序中，称为上诉人和被上诉人；在特别程序中，一般只有申请人（选民资格案件中引起该特别程序发生的人称为起诉人）；在督促程序和破产程序中，称为申请人和被申请人；在公示催告程序中，称为申请人和利害关系人。此外，在执行程序中，称为申请执行人和被申请执行人。

再审案件的当事人称谓比较复杂，以案例说明：

6－1（案例题） 甲与乙因借贷发生纠纷诉至某县法院，经法院调解达成调解协议制作调解书送达双方后，甲反悔，认为调解协议支持高额的利息违反法律禁止性规定，遂在调解书生效后两年内向原审法院申请再审。原审法院依法受理，开庭审理后撤销原调解书并另行判决。请指出再审程序中本案当事人的称谓。

——依据《民事诉讼法》第180、184条规定的精神，人民法院按照审判监督程序再审的案件，发生法律效力的判决、裁定或调解书是由第一审法院作出的，一般由原审法院按照第一审程序审理，所作的判决、裁定当事人可以上诉。因为原审中甲是原告、乙是被告，在原审法院的再审中，甲仍称为原告、乙仍称为被告。如果再审判决后当事人上诉的，上诉一方为上诉人、被上诉一方为被上诉人。

假设，该案直接由上级法院提审，依法由上级法院按照第二审程序审理，所作判决为终审判决。当事人甲在提审的再审中称为再审申请人（原审原告）、当事人乙在提审的再审中称为再审被申请人（原审被告）。

进一步假设，发生法律效力的判决、裁定或调解书是由第二审法院作出的，再审应当由原二审法院或者上级法院按照第二审程序审理，所作的判决是终审判决。在该再审中，当事人称为上诉人、被上诉人。

上述原告、被告、第三人和上诉人、被上诉人的称谓，是当事人的基本称谓。共同诉讼人、诉讼代表人，是当事人的特殊称谓，其与当事人的基本称谓不是并列关系，而是交叉关系。例如共同原告或共同被告、共同上诉人或共同被上诉人、作为原告或被告一方的诉讼代表人、作为上诉人或被上诉人一方的诉讼代表人。[1]

2. 狭义当事人。狭义的民事诉讼当事人，是指因民事权利义务发生争

---

〔1〕 传统广义说把原告、被告、共同诉讼人和第三人误列为同一层面（张卫平：《民事诉讼法》，法律出版社2004年版，第137页）。

议或受到侵害、以自己的名义进行诉讼、受法院裁判约束的人。[1]

狭义的当事人,仅指发生民事权益争议案件的当事人。发生民事权益争议案件的当事人包括第一审程序中的原告、被告和第三人,也包括第二审程序中的上诉人和被上诉人,以及再审程序中的当事人。有民事权益争议的案件适用两审终审制,并可适用再审程序。解决民事权益争议案件的程序也称狭义的诉讼程序(广义的诉讼程序则包括所有民事诉讼程序)。

狭义当事人的特征主要包括:

(1)当事人是因民事权益发生争议进行诉讼。民事权益受到侵害,通常也是因为是否侵害、如何赔偿发生争议。民事权益发生争议是狭义当事人进行诉讼的基本原因,也是狭义当事人区别于广义当事人的基本特征。依照特别程序、公示催告程序、督促程序和破产程序参加诉讼的当事人,以及进入执行程序的当事人,虽然为了民事权利义务进入这些程序,但均不存在民事权益争议,所以只是广义上的当事人,不是狭义上的当事人。

(2)当事人必须以自己的名义进行诉讼。只有以自己的名义进行诉讼的人才是当事人,以他人名义进行诉讼的是诉讼代理人。是否以自己的名义进行诉讼是区别当事人与代理人的重要特征。

(3)当事人应受法院裁判的约束。法院对民事案件作出的判决、裁定和调解书发生法律效力后,对当事人有强制力,即法院生效裁判和调解书对当事人有约束力。

(二)形式当事人与实质当事人[2]

以是否是实际当事人和是否是正当当事人为标准进行划分,狭义当事人可以分为形式当事人和实质当事人。

1. 形式当事人。形式当事人,又称实际当事人,是指在民事纠纷中实际进行诉讼的原告、被告和第三人,即不问其实质上是否适格只要在诉状和法院的文书中列入的当事人,均是形式当事人。形式当事人,包括适格当事人也包括不适格当事人。

没有形式意义上的当事人,诉讼程序无法开始。法律或法院不可能事

---

〔1〕 本概念已成通说,只是近年的教材多以此作为当事人的基本概念。以往学界关于当事人概念的学说,主要有传统利害关系说、权利保护说以及程序当事人说等,其研究基本都是围绕狭义当事人进行。参见江伟主编:《民事诉讼法学原理》,中国人民大学出版社 1999 年版,第 375 ~ 381 页;常怡主编:《民事诉讼法学》,中国政法大学出版社 2005 年版,第 157 ~ 179 页;谭兵主编:《民事诉讼法学》,法律出版社 1997 年版,第 149 ~ 163 页;张卫平:《民事诉讼法》,法律出版社 2004 年版,第 137 页。

〔2〕 形式当事人和实质当事人的划分,主要参见谭兵主编:《民事诉讼法学》,法律出版社 1997 年版,第 149 ~ 163 页和张卫平:《民事诉讼法》,法律出版社 2004 年版,第 137 页,但对形式当事人的描述不甚明了。

先确定每一个具体的主体是否可以或应当进行诉讼成为适格的当事人。由于民事案件的多样性和复杂性,当事人是否适格,往往很难预知。通常只有在一方起诉时才会知道,但有时要在法院受理后、另一方应诉时才会知道,有时甚至要到开庭审理以后才会知道。如果要求每一个诉讼都是适格当事人提起,显然不现实。提倡形式当事人的概念,有利于保证诉讼渠道畅通,防止将正当诉讼拒之门外。

没有形式当事人的概念,法院管辖无法确定。由于当事人是否适格、案件如何解决往往需要在诉讼中才能解决,因此无论当事人是否适格、案件如何解决,都必须要由具体的法院受理和审理。我们必须先利用形式当事人的概念来确定法院管辖。民事诉讼法地域管辖"原告就被告"原则中的"原告"和"被告",即为形式当事人。从这个意义上而言,形式当事人的概念可以延伸到法院受理之前,即法院受理之前自认为是原告的人和被认为是被告的人也是形式当事人。

2. 实质当事人。实质当事人,又称正当当事人。详见下文"三、当事人适格"。

二、诉讼权利能力与诉讼行为能力

(一)诉讼权利能力

1. 诉讼权利能力。

(1)诉讼权利能力概念。诉讼权利能力,又称当事人能力,是指能够享有民事诉讼权利和承担民事诉讼义务所必须具备的诉讼法上的资格,即能够成为民事诉讼当事人的法定资格。

诉讼权利能力作为一种法定资格,是成为诉讼当事人的一种可能性。有诉讼权利能力的人,虽然有可能成为诉讼当事人,但能否成为具体案件的当事人,往往还取决于其他的条件。

《民事诉讼法》第49条规定:"公民、法人和其他组织可以作为民事诉讼的当事人。法人由其法定代表人进行诉讼。其他组织由其主要负责人进行诉讼。"依此规定,公民(自然人)、法人和其他组织具有诉讼权利能力,可以成为民事诉讼当事人。

(2)诉讼权利能力的起止期限。公民(自然人)、法人和其他组织的诉讼权利能力,有起止期限的限制。公民(自然人)的诉讼权利能力,始于出生、终于死亡;法人和其他组织的诉讼权利能力,始于成立、终于终止。

6-2(案例题) 甲与乙离婚后发现怀有身孕,生育双胞胎丙和丁,无力独自抚养,起诉要求乙承担抚育费。本案中的丙和丁能否成为诉讼当事人?

——答案是肯定的。本案的原告是丙和丁,因为丙和丁是享有抚育费的主体,虽为婴儿但具有法定的当事人能力;甲是丙和丁的法定代理人。法律规定，未成年人必须由其监护人担任代理人才能进行诉讼。

6－3(2002 年卷 3，单选第 22 题) 周童(5 岁)星期天和祖母李霞去公园玩，游戏过程中周童将林晨(6 岁)的双眼划伤致使林晨的右眼失明、左眼视力下降。林晨的父亲林坷要求周家赔偿林晨的医疗费、伤残费共计 6 万元。周童的父亲周志伟以周童是未成年人为由拒绝赔偿。林家无奈只好诉至法院。下列关于本案诉讼参与人地位的表述哪项是正确的？

A. 本案原告是林晨，其父林坷是林晨法定代理人，被告是周童，其父周志伟是周童的法定代理人，李霞是证人

B. 本案被告是周童，周志伟是其法定代理人，李霞是无独立请求权的第三人

C. 本案原告是林坷，被告是周志伟和李霞

D. 本案原告是林坷和林晨，被告是周志伟、李霞和周童

——应当选择 A。理由：①未成年人有民事诉讼权利能力，具有诉讼当事人资格，可以成为诉讼当事人；林晨与周童是本案有直接利害关系的双方——即受害者与加害者，故分别是本案的原告与被告。②林晨与周童是未成年人，无诉讼行为能力，无亲自实施诉讼行为的资格；未成年人由其监护人担任法定代理人代为诉讼行为(详见下文)。选项 B 之错在于：李霞与本案无利害关系，判决结果也与其无关；李霞不是本案的当事人，不是本案的无独立请求权第三人。选项 C 之错在于：本案原、被告如 A 所述，理由同上。选项 D 之错同上。

2. 诉讼权利能力与民事权利能力的关系。诉讼权利能力与民事权利能力有明显的区别：诉讼权利能力是一种程序法上的权利能力，是作为诉讼主体的资格；民事权利能力是一种实体法上的权利能力，是作为民事主体的资格。

诉讼权利能力与民事权利能力有紧密的联系：通常情况下，当事人的诉讼权利能力与民事权利能力基本相适应，即具有民事权利能力、能够担当民事活动主体的，一般都具有民事诉讼权利能力，能够成为民事诉讼的当事人；反之亦然。法律有特别规定的除外。

(二)诉讼行为能力

1. 诉讼行为能力。诉讼行为能力，又称诉讼能力，是指当事人能够亲自行使诉讼权利、履行诉讼义务并且能够使自己的诉讼行为产生预期法律效果的诉讼法上的资格，即当事人能够亲自进行诉讼活动的法定资格。

诉讼行为能力作为一种法定资格，是当事人亲自进行诉讼的一种可能性。有诉讼行为能力的当事人既可以亲自进行诉讼，也可以依法委托他人

代为诉讼行为。

亲自进行民事诉讼活动的当事人,必须享有民事诉讼行为能力。既享有民事诉讼权利能力,又享有民事诉讼行为能力的人,可以亲自进行民事诉讼活动。只享有民事诉讼权利能力,不享有民事诉讼行为能力的人,虽然可以成为民事诉讼的当事人,但是不能亲自进行民事诉讼活动,即便其为一定的诉讼行为也是无效行为。

法人、其他组织的诉讼行为能力通常与其诉讼权利能力相适应。法人和其他组织因享有诉讼权利能力而同时享有诉讼行为能力。法人、其他组织的诉讼权利能力被中止或消灭,其诉讼行为能力也同时被中止或消灭。例如,在法人、其他组织进入清算,诉讼权利能力被中止,诉讼行为能力也同时被中止,由依法成立的清算组织行使诉讼权利能力和诉讼行为能力。

公民(自然人)的诉讼行为能力与其诉讼权利能力可以发生分离。具有诉讼权利能力的当事人,不一定都具有诉讼行为能力。只有享有完全民事行为能力的当事人,才享有民事诉讼行为能力。无诉讼行为能力人的诉讼活动,由其法定代理人或者法定代理人委托的诉讼代理人代为进行。前述例题6-2中的丙和丁是无民事行为能力人,因而无民事诉讼行为能力,由甲为法定代理人代其进行诉讼活动。

2. 诉讼行为能力与民事行为能力之间的关系。诉讼行为能力与民事行为能力有明显的区别:诉讼行为能力是一种程序法上的行为能力,是当事人亲自进行民事诉讼活动的资格;民事行为能力是一种实体法上的行为能力,是民事主体亲自进行民事活动的资格。

诉讼行为能力与民事行为能力又有密切的联系:尽管两者在分类上有所不同,但也基本相对应。民事行为能力划分为:有民事行为能力、限制民事行为能力和无民事行为能力三种。民事诉讼行为能力划分为:有民事诉讼行为能力和无民事诉讼行为能力两种。由于民事诉讼活动是一种重要的法律活动,所以,民事诉讼法规定,有民事行为能力的人同时享有民事诉讼行为能力;限制民事行为能力人和无民事行为能力人均不享有民事诉讼行为能力。

6-4(案例题) 甲是某高中一年级学生,今年16岁,与同班同学斗殴致使乙同学轻微伤。乙今年17周岁,课余时间组装电脑卖钱养活自己。乙欲向甲起诉索赔。请问甲与乙能否亲自进行诉讼?

——甲不能亲自参加诉讼。民法通则规定已满10周岁未满18周岁的未成年人为限制民事行为能力人。甲未满18周岁,依据民事诉讼法的规定限制民事行为能力人不具有诉讼行为能力因而不能亲自进行诉讼,应由其法定代理人进行诉讼。

乙可以亲自参加诉讼。民法通则规定已满16周岁未满18周岁的公民，以自己的劳动收入为主要生活来源的，视为完全民事行为能力人。依据民事诉讼法的规定乙是完全民事行为能力人，具有诉讼行为能力，因而可以亲自进行诉讼。

三、当事人适格

（一）当事人适格的含义

当事人适格，又称正当当事人，是指在具体的民事案件中，有作为本案当事人起诉或者应诉的资格。诉讼在适格的当事人之间进行，诉讼才有实质意义，才能有效避免不必要诉讼的侵扰，才能最大限度地发挥诉讼资源的效用。

从民事诉讼法和最高人民法院司法解释中对原告、被告以及当事人的有关规定上看，对当事人概念和适格当事人概念没有作出明确的区分，但这些规定实际上主要是针对适格原告、适格被告所作的规定。

（二）当事人适格的标准

通说认为，判断当事人是否适格的基本标准，就是考察当事人是否是所争议的民事法律关系（即本案诉讼标的）的主体。换言之，当事人与本案诉讼标的是否有利害关系，是判断当事人适格与否的标准。根据这一标准，只要是民事法律关系的主体，并以该民事法律关系为诉争的诉讼标的进行诉讼的，就是适格的当事人，成为本案正当的原告或者被告；不是该法律关系的主体，就不是适格当事人，不是本案正当的原告或者被告。

当事人适格的标准也存在某些法定的例外。通常情况下，参加诉讼的当事人是为了自己的民事权利义务，属于民事权利义务的一方主体。但是，有些主体虽然不属于民事权利义务的一方主体，却基于法律规定的义务或职责，对他人的民事权益负有照管、保护之责。所以，法律或司法解释进一步规定的这些非实体权利义务的主体，可以自己的名义为他人的民事权益参加诉讼，成为适格的当事人。

6－5（2003年卷3，多选第72题）　非实体权利义务主体成为民事诉讼当事人须有法律的特别规定。下列哪些主体依法可以成为民事诉讼当事人？

A. 公司清算过程中的清算组织

B. 失踪人的财产代管人

C. 遗产管理人或遗嘱执行人

D. 为保护死亡者名誉提起诉讼的死者的近亲属

——应当选择ABCD。依据法律和司法解释规定，非实体权利义务主体成为当事人的情形主要有：清算组织、失踪人的财产代管人、遗产管理人、遗嘱执行人，以及为保护死亡者名誉提起诉讼的死者的近亲属。

6－6(2005年卷3，单选第46题) 甲被生前工作单位申报为革命烈士，某报对甲的事迹进行了宣传。乙四处散布言论贬损甲。对乙的行为，谁可以向法院提起精神损害赔偿诉讼？

A. 甲生前的工作单位　　B. 甲的子女

C. 宣传甲事迹的某报社　　D. 批准甲为烈士的某省政府

——应当选择B。最高人民法院《关于审理名誉权案件若干问题的解答》中规定："死者名誉受到损害的，其近亲属有权向人民法院起诉，近亲属包括：配偶、父母、子女、兄弟姐妹、祖父母、外祖父母、孙子女、外孙子女。"

(三)当事人适格与诉讼权利能力的关系

当事人适格与诉讼权利能力有明显的区别：诉讼权利能力是抽象的诉讼当事人资格，不直接与具体的诉讼案件关联，通常取决于有无民事权利能力；当事人适格是具体的诉讼当事人资格，直接针对具体的诉讼案件，通常取决于当事人与本案诉讼标的有无直接的利害关系。

当事人适格与诉讼权利能力有比较密切的关系：具备诉讼权利能力是适格当事人的前提，即凡是适格的当事人都具有诉讼权利能力。

但是仅具备诉讼权利能力的主体，却未必都是适格的当事人。通常只有既具备诉讼权利能力，又与本案诉讼标的有利害关系的当事人，才是适格的当事人。

6－7(多选题) 甲乙丙丁均为好友。甲欠乙5万元，丙欠甲5万元，丁是两笔借款的见证人。两笔借款均未按期归还。乙的孩子住院急需用钱，向甲催欠，甲不好意思向丙追讨，所以没钱还乙。乙应当对谁提起追欠诉讼？

A. 起诉甲　　B. 起诉丙　　C. 起诉丁　　D. 同时起诉甲和丙

——应当选择AB。原因是：①乙可以起诉甲，因为甲与乙之间有直接的债权债务关系，属于直接利害关系人。②如果甲没有偿付能力且又不积极向丙追讨到期债权，乙可以依据《合同法》第37条的规定行使代位权直接起诉丙，要求丙为甲向其偿还欠款。③乙不可以起诉丁，因为丁只是一般的见证人，不是担保人。④乙不可以同时起诉甲和丙，同时起诉没有法律依据，甲在直接债权和代位权债权之间只能选择其一起诉。

值得注意的是，《合同法》第37条关于代位权的规定，是一种附条件的特殊规定。不符合法定代位权规定的，当事人不应向无直接利害关系的人起诉;即便起诉,由于当事人不适格,案件也不可能成立。

6-8(2004 年卷 3,单选第 39 题)　章某作为马某的债权人,对马某的债务人林某提起代位权诉讼。马某作为第三人对章某的债权提出异议。经法院审查,异议成立。人民法院应当如何处理?

A. 裁定驳回章某起诉　　B. 判决驳回章某起诉

C. 裁定对章某起诉不予受理　D. 继续审理,作出判决

——应当选择 A。原因是:①章某的直接债务人马某对章马之间的债权债务关系有争议,有争议的代位权诉讼不能成立,章某无法成为适格的当事人。本案无必要继续审理,D 项不可能。②本案是受理后经第三人异议才发现不应继续审理的,故 C 项不可能。③本案要解决的诉讼主体问题不是实体问题,不能适用判决,B 项也排除。最后只能是 A 项。

(四)当事人适格与新型诉讼

近年来,最常见的新型诉讼是公益诉讼。按照诉讼利益划分,民事公益诉讼可以分为三类:①公民虽为自己的利益但可以促进社会公共利益的保护;②公民纯粹为他人的利益没有自己的利益;③公益机关或国家机关为公众的利益。

目前,由于受立法的限制,凡是法律或司法解释没有明确授权的,任何公民、法人和其他组织不得以自己的名义为他人的利益进行民事诉讼。司法实践中,前述第 2、3 类诉讼,均因当事人不适格,法院不予受理(少数有特别规定的除外)。只有第 1 类诉讼,由于当事人为自己的利益起诉,符合形式当事人和适格当事人的要件,法院才予受理。

公益诉讼在学界、民间和舆论上的热度与司法界的冷静形成鲜明对比,其根本障碍在于现行立法上对于适格当事人的限制。

四、当事人的诉讼权利与诉讼义务

(一)当事人的诉讼权利

1. 起诉的权利、反驳的权利和提起反诉的权利。
2. 委托诉讼代理人的权利。
3. 申请回避的权利。
4. 收集和提供证据的权利。
5. 进行陈述、质证和辩论的权利。
6. 选择调解的权利。
7. 自行和解的权利。
8. 申请财产保全和先予执行的权利。
9. 申请顺延诉讼期间的权利。

10. 提起上诉的权利。

11. 申请再审的权利。

12. 申请执行的权利。

13. 查阅、复制本案有关材料的权利。

(二)当事人的诉讼义务

1. 依法行使诉讼权利的义务。

2. 遵守诉讼秩序的义务。

3. 履行生效法律文书的义务。

五、当事人的变更

(一)法定的当事人变更

法定的当事人变更,是指在诉讼过程中由于发生了法定事由,依法更换当事人的诉讼现象。法定的当事人变更主要有以下三种情形:

1. 一方当事人死亡而发生的当事人更换。根据《适用意见》第44条规定,一方当事人在诉讼中死亡,法院应当通知继承人承担诉讼;被继承人已经进行的诉讼行为对承担诉讼的继承人有效。由于死亡者诉讼主体资格已经消灭,由承担诉讼的继承人更换被继承人,继续诉讼。但是,专属于死亡者的民事权利不发生继承、不发生更换当事人现象。

2. 法人、其他组织合并或者分立而发生的当事人更换。法人、其他组织在诉讼中发生合并或者分立的,法院应当通知合并或分立后的法人、其他组织承担诉讼。由于合并或者分立前的法人、其他组织的民事主体已经发生变更,应当依法由承担诉讼的法人、其他组织更换合并或者分立前的法人、其他组织。

3. 法人解散撤销或者宣告破产而发生的当事人更换。法人在诉讼中如果被解散、被撤销或者被宣告破产,法院应当通知其清算组织承担诉讼。即将被解散、被撤销或者被宣告破产的法人的主体资格也同时被中止,应当依法由承担诉讼的清算组织更换被解散、被撤销或者被宣告破产的法人。

由于更换前后的诉讼主体的特殊承继或担当关系,法定的当事人变更情形发生后,并没有发生新的诉讼,还是原来诉讼的继续。原当事人的诉讼行为对新当事人有效,实际上是新当事人继续承担原当事人的诉讼。

(二)任意的当事人变更

任意的当事人变更,是指在诉讼过程中虽没有发生法定的当事人变更事由,但发现原诉讼当事人不适格,适时更换当事人的诉讼现象。任意的当事人变更,现行民事诉讼法尚无规定,但司法实践中普遍施行,有利于提高诉讼效率,减少诉讼资源的浪费。

司法实践中,任意当事人变更的情形主要有:原告不符合当事人条件的,法院通知更换原告,原告不愿意退出诉讼的,裁定驳回;符合条件的原告不愿意参加诉讼的,终结案件的审理;被告不符合当事人条件的,法院通知更换,原告不同意更换被告的,裁定驳回起诉;更换被告后,符合条件的被告应当参加诉讼,如经法院两次传唤,无正当理由拒不到庭的,可以依法拘传或者缺席判决。

在任意的当事人变更中,由于更换前后的诉讼主体往往没有任何承继或担当关系,原当事人的诉讼行为对新当事人无效。实际上更换后的诉讼是一个新的诉讼。

(三)诉讼承担与诉讼担当[1]

在民事诉讼理论中,把以自己的名义、为自己的利益、参加到他人已经开始的诉讼并替代他人诉讼的情形称为当事人的诉讼承担,简称诉讼承担;以自己的名义、为他人的利益、参加到他人已经开始的诉讼并替代他人诉讼的情形称为当事人的诉讼担当,简称诉讼担当。

诉讼承担和诉讼担当都是以自己的名义替代他人进行诉讼。两者主要区别在于:是否为自己的利益进行诉讼。为自己的利益进行诉讼的是诉讼承担,为他人的利益进行诉讼的是诉讼担当。

■ 第二节 原告和被告

一、原告与被告的概念和特征

(一)原告与被告的概念

原告,是指因自己的民事权益或者自己所管理的他人的民事权益,与他人发生争议或受到侵害,以自己的名义向法院起诉,从而引起诉讼程序发生的人。

被告,是指被原告诉称侵犯其民事权益或被原告诉称与其发生民事权益争议,从而被法院通知应诉的人。

原告和被告在民事诉讼中处于相互对应和对立的关系:原告相对于被告而言,被告相对于原告而言;原告和被告是诉讼中的对立双方。原告和被告在民事诉讼中处于相互依存和对等的关系:没有原告就没有被告,没有被告原告也无存在之必要;原告与被告通常享有对等的诉讼权利和诉讼义务,但基于诉讼地位的不同其具体诉讼权利和诉讼义务并不相同。

6-9(案例题) A公司与B公司的诉讼进行了两年多,诉讼没有结束前,B公司被A公司兼并,法院为什么终结诉讼?

[1] 江伟主编:《民事诉讼法学原理》,中国人民大学出版社1999年版,第403~407页。

——因为原来的原告和被告合并成为新的法人，民事主体由双方变成一方，民事诉讼主体也只有一方了，诉讼没有必要也不可能继续进行，所以法院依法终结诉讼。

（二）原告与被告的特征

原告和被告作为民事诉讼的当事人，是最基本的诉讼主体，能够最充分地体现诉讼当事人的基本特征。原告和被告除具备狭义诉讼当事人的基本特征外，还具备以下特别的特征：

1. 原告是引起诉讼程序发生的人。民事诉讼实行"不告不理"，没有原告的起诉，法院不能主动受理任何民事案件，只有原告起诉才能引起诉讼程序的开始。

2. 被告是受法院通知应诉的人。被告是被原告起诉的一方，但是应当在法院受理后被告的诉讼地位才初步确定。原告和被告虽然在实体上存在一定的利害关系，但是在诉讼法律关系上，由法院在受理后通知被告参加诉讼。

（三）原告与被告的适格

原告和被告作为诉讼当事人，存在形式上的原告、被告和实质上的原告、被告。

自称民事权益发生争议或受到侵害，以自己的名义向法院起诉的人是形式上的原告。被原告诉称侵犯其民事权益或与其发生民事权益争议的人，是形式上的被告。

形式上的原告与本案确有利害关系、提起的诉讼应当被法院受理，是适格的原告。形式上的被告被法院通知参加诉讼并且与案件有利害关系的，是适格的被告。

二、原告与被告地位的确定

根据民事诉讼法的规定，公民（自然人）、法人和其他组织，都可以成为诉讼当事人，都可以成为民事诉讼中的原告和被告。但在司法实践中，公民（自然人）、法人和其他组织作为原告和被告的情形比较复杂，最高人民法院在《适用意见》中对此做了详细的解释，有利于正确认定适格原告和被告。

（一）公民（自然人）

我国所有公民（自然人）都有当事人能力，都有成为原告和被告的资格。以下特殊情形，根据最高人民法院的规定按下列办法确认：

1. 个体工商户、农村承包经营户、合伙组织雇佣的人员在进行雇佣合同规定的生产经营活动中造成他人损害的，其雇主是当事人。

2. 个体工商户以营业执照上登记的业主为当事人。有字号的，应同时在法律文书中注明登记的字号。

3. 法人或者其他组织应当登记而未登记即以法人或者其他组织的名义进行民事活动，或者他人冒用法人、其他组织名义进行民事活动的，以直接责任人为当事人。

6-10（单选题） 张某因与本单位发生劳动争议，要求单位工会支持，单位工会下属的调解委员会作出调解意见，张某不同意；向区劳动争议仲裁委员会申请仲裁，仲裁委员会的裁决张某不服；张向法院提起诉讼。张某应以谁为被告？

A. 单位工会　　B. 单位工会调解委员会

C. 区劳动争议仲裁委员会　　D. 单位

——应当选择D。因为上述选项中只有单位是其直接利害关系人。

《适用意见》第48条明确规定："当事人之间的纠纷经仲裁机构仲裁或者经人民调解委员会调解，当事人不服仲裁或调解向人民法院提起诉讼的，应以对方当事人为被告。"此条规定的被告可以是公民，也可以是法人和其他组织。

我国劳动争议纠纷的解决机制比较特别：如果本案原告是法人或其他组织单位的人员，应当先适用劳动争议仲裁程序或人事争议仲裁程序申请仲裁，不服仲裁的适用诉讼程序起诉，单位是被告。如果本案原告是个体工商户、农村承包经营户、合伙组织雇佣的人，则原告可以直接提起诉讼，雇主是被告。

（二）法人

我国所有法人都有当事人能力，都可以成为原告和被告。法人作为民事诉讼当事人，由其法定代表人进行民事诉讼活动。

6-11（案例题） 张某诉某公司侵犯其专利权，某公司的经理为赵某、董事长为李某，营业执照上的法定代表人也是李某，诉讼代理人是办公室主任陈某和律师金某。本案诉状应当如何列明被告及相关主体？并请说明理由。

——本案诉状中必须列明的是被告某公司、法定代表人李某；应当列明的还有委托代理人陈某和赵某。因为法人作为当事人，不仅必须列明单位名称、住址、通讯，同时还必须列明其法定代表人的姓名、职务。起诉时诉讼代理人已经确定的，也应当一并列明。

法定代表人，是法人单位的负责人。法定代表人通常按照法律规定和组织章程产生。法定代表人通常在法人的登记证书上标明。但是如果法人的法定代表人不够明确的,依照最高人民法院《适用意见》第38、39条的规定识别:法人的正职负责人是法人的法定代表人。没有正职负责人的,由主持工作的副职负责人担任法定代表人。设有董事会的法人,以董事长为法定代表人;没有董事长的法人,经董事会授权的负责人可作为法人的法定代表人。在诉讼中,法人的法定代表人更换的,由新的代表人继续进行诉讼,并应向人民法院提交新的法定代表人身份证明书。更换法定代表人,不是进行新的诉讼,原法定代表人进行的诉讼行为仍然有效。

下列特殊情形,根据最高人民法院的规定按下列办法确认:

1. 法人非依法设立的分支机构,或者虽依法设立,但没有领取营业执照的分支机构,以设立该分支机构的法人为当事人。

2. 法人的工作人员因职务行为或者授权行为发生的诉讼,该法人为当事人。

3. 企业法人合并的,因合并前的民事活动发生的纠纷,以合并后的企业为当事人。

4. 企业法人未经清算即被撤销,有清算组织的,以该清算组织为当事人;没有清算组织的,以作出撤销决定的机构为当事人。

(三)其他组织

根据《合同法》第2条[1]、《民事诉讼法》第49条和相关法律的规定,不具备法人资格的其他组织,也有当事人能力,可以成为原告和被告。不具备法人资格的其他组织,以其主要负责人为代表人。其他组织代表人的确定,适用法人的有关规定。

根据最高人民法院《适用意见》第40条的规定,其他组织是指合法成立、有一定的组织机构和财产,但又不具备法人资格的组织。[2] 这些组织包括:

1. 依法登记领取营业执照的私营独资企业、合伙组织。

2. 依法登记领取营业执照的合伙性联营企业。

3. 依法登记领取我国营业执照的中外合作经营企业、外资企业。

4. 经民政部门核准登记领取社会团体登记证的社会团体。

5. 法人依法设立并领取营业执照的分支机构。

---

〔1〕《合同法》第2条第1款规定:"本法所称合同是平等主体的自然人、法人、其他组织之间设立、变更、终止民事权利义务关系的协议。"该规定结束了我国实体基本法中没有其他组织主体资格规定的现象,也在理论上澄清了"其他组织只有诉讼权利能力,没有民事权利能力"的错误认识。法律上一时疏漏没有规定其他组织的地位,并不必然表示它没有民事权利能力、不能成为适格的民事主体;历史上严格的民事主体资格要求,并不表示在高速度发展的今天仍然合理。

〔2〕最高人民法院的这条规定,是对民事实体法的补充,是实体法条款。

6. 中国人民银行、各专业银行设立在各地的分支机构。

7. 中国人民保险公司设在各地的分支机构。

8. 经核准登记领取营业执照的乡镇、街道、村办企业。

9. 符合本条规定条件的其他组织。如清算组织、其他保险公司设在各地的分支机构等。

(四)外国人和无国籍人

外国人、无国籍人,无论是自然人还是法人或者其他组织,可以依法开展民事活动,也可以依法进行民事诉讼活动,成为我国的民事诉讼当事人。

■ 第三节 共同诉讼人

一、共同诉讼人概述

(一)共同诉讼人的概念

共同诉讼人,是指基于共同的或者同一种类的诉讼标的,在同一案件中有两人以上作为同一方共同进行诉讼的当事人。原告一方为两人以上,称为共同原告;被告一方为两人以上,称为共同被告。两人以上,包括两人和超过两人。

根据我国《民事诉讼法》第 53 条的定义:共同诉讼,是指同一案件当事人一方或双方为两人以上,诉讼标的是共同的或者诉讼标的属于同一种类的诉讼,法院认为可以合并审理并经当事人同意的诉讼。我国民事诉讼理论,依据民事诉讼法的有关规定,把共同诉讼分为必要的共同诉讼和普通的共同诉讼。

在民事诉讼理论中,把原告一方为两人以上的共同诉讼,称为积极的共同诉讼;被告为两人以上的,称为消极的共同诉讼;原告和被告均为两人以上的共同诉讼,称为混合的共同诉讼。

共同诉讼和共同诉讼人制度可以避免法院在同一或同类争议中作出不同的判决,从而最大限度地实现公正、公平的诉讼目的;同时可以提高诉讼效率、节约诉讼资源。

(二)共同诉讼人的特征

与原告、被告均为一人的单一诉讼相比,共同诉讼和共同诉讼人具有以下特征:

1. 当事人一方或双方为两人以上。
2. 共同诉讼人在同一案件中作为同一方当事人共同进行诉讼。
3. 共同诉讼人之间的诉讼标的是共同的或者属于同一种类。

(三)共同诉讼人和共同诉讼的区别

共同诉讼人和共同诉讼有密切的联系和一定的区别:①共同诉讼人和共同诉讼具有基本相同的特征。②共同诉讼人是诉讼主体,产生于共同诉讼制度,没有共同诉讼制度便没有共同诉讼人;共同诉讼是诉的合并形成的,属于诉的主体的合并,将数个单个主体合并到同一方进行诉讼。③有共同诉讼人的诉讼一定是共同诉讼,但是共同诉讼的当事人未必都是共同诉讼人。有以下例题为证:

6-12(单选题) 甲向丁借钱与乙、丙合伙做生意,乙、丙未与甲商量就购进大量货物,后货物积压滞销,只能低价甩卖,造成很大损失。甲起诉要求乙、丙赔偿其损失的份额。本案当事人的诉讼地位如何确定?

A. 甲、丁是原告,乙是被告 B. 甲、丁是原告,乙、丙是被告

C. 甲是原告,乙、丙是共同被告 D. 甲是原告,乙、丙、丁是共同被告

——应当选择C。乙、丙在同一案件中被共同起诉,是共同被告,为共同诉讼人;甲认为自己的权利受到侵害提起诉讼,是原告,属甲单一的一方诉讼当事人;丁作为甲的债权人,与本案(合伙人经营权争议)无利害关系,不能成为本案的诉讼当事人。

二、必要共同诉讼人

(一)必要共同诉讼人的概念和特征

必要共同诉讼人,是指基于共同的诉讼标的,在同一案件中有两人以上必须或应当作为同一方共同进行诉讼的当事人。

必要共同诉讼人是必要共同诉讼中的当事人。必要共同诉讼,是指同一案件当事人一方或双方为两人以上、其诉讼标的是共同的、同一方当事人必须或应当共同参加诉讼、法院必须一并审理合一判决的共同诉讼。

必要共同诉讼人,除具有共同诉讼人的一般特征外,还具备以下独有的特征:

1. 必要共同诉讼人对诉讼标的具有共同的权利和义务。数个当事人对同一个有争议的实体法律关系有共同的权利和义务,是必要共同诉讼人的基本特征。例如,数个合伙人共同对某公司主张合伙期间的同一债权,这数个当事人就是必要的共同诉讼人,该案件就是必要的共同诉讼。因为本案的诉讼标的——债权是数个合伙人共同对某公司享有的,不是某一个合伙人个人享有。

必要共同诉讼人对诉讼标的具有共同的权利和义务,但是并不是具有共同权利和义务的人都是必要共同诉讼人。例如,被赡养人起诉要求数个应尽且未尽赡养义务的人赡养自己,被告是数个应尽且未尽赡养义务的人,

诉讼标的是被赡养的权利和赡养义务,共同被告对被赡养人具有共同的赡养义务(不是某一个赡养人单独的义务),所以本案是必要的共同诉讼。但是,如果本案被赡养人只起诉数个赡养义务人中的一人(其余赡养义务人已尽赡养义务),虽然共同义务人有数个,但因其已尽义务且没有被诉,没有必要通知其他的义务人参加诉讼,本案只是单一诉讼。

2. 必要共同诉讼人应当共同参加同一诉讼。数个当事人不能另行单独诉讼,应当共同参加同一诉讼;应当参加而没有参加同一诉讼的当事人,法院应当追加并通知其参加诉讼。上述案例中,数个合伙人因共同的债权而成为必须共同参加诉讼的必要共同诉讼人,当事人不得单个独立提出主张;数个赡养人因均未尽赡养义务而必须共同参加诉讼,除特殊情况外(如被赡养人同意免除其义务),人民法院应当通知所有的义务人参加诉讼。

与必要共同诉讼人的特征有所不同,必要共同诉讼除具有上述特征外,还具有以下第三个特征:

3. 法院对必要共同诉讼应当一并审理、合一判决。法院对必要共同诉讼应当一并审理、合一判决,不能把本案分离为几个案件审理。

(二)必要共同诉讼人的类型及诉讼地位的确定

依据民事诉讼理论和诉讼实务,必要共同诉讼可以分为固有的必要共同诉讼和类似的必要共同诉讼。必要共同诉讼人,因此也可以分为固有的必要共同诉讼人和类似的必要共同诉讼人。

1. 固有的必要共同诉讼,是指同一案件当事人一方或双方为两人以上、其诉讼标的是共同的、同一方当事人必须共同参加诉讼、法院必须一并审理合一判决的共同诉讼。固有的必要共同诉讼中的同一方共同诉讼人为固有的必要共同诉讼人。

2. 类似的必要共同诉讼,是指虽然两人以上对争议的诉讼标的有共同的关系,但有选择权的当事人选择共同诉讼时,同一方当事人必须共同参加诉讼、法院必须一并审理合一判决的诉讼。类似的必要共同诉讼的同一方共同诉讼人为类似的必要共同诉讼人。

类似的必要共同诉讼是否成立,取决于原告起诉时的选择。有程序选择权的当事人,如果选择单一诉讼没有选择共同诉讼,本案就不能成为共同诉讼。在司法实践中,当事人的选择权必须在法律规定的前提下实施。

6-13(2002年卷3,多选第63题) 甲因办厂无资金向乙借款10万元,借期2年,并且由丙担保在甲不还钱时代甲向乙还款。2年后,甲因经营不善无力偿还借款,乙向甲和丙索款未果,向法院提起诉讼。本案中关于甲、丙诉讼地位的判断哪些是正确的?

A. 乙可以同时向甲和丙主张权利,甲丙是共同被告

B. 乙可以只起诉丙，但法院应通知甲作为共同被告参加诉讼

C. 乙可以只起诉甲，人民法院可以只列甲为被告

D. 乙只能起诉甲、丙二人中的一人

——应当选择ABC。依据为最高人民法院《适用意见》第53条的规定。本案A项和C项是典型的按照当事人的选择权形成的必要共同诉讼和单一诉讼，B项是法院依法追加。

（三）必要共同诉讼人诉讼地位的确定

1. 根据最高人民法院《适用意见》第43～56条的有关规定，以下情形当事人作为必要共同诉讼人参加诉讼：

（1）个体工商户、个人合伙或私营企业挂靠集体企业并以集体企业的名义从事生产经营活动的，在诉讼中，该个体工商户、个人合伙或私营企业与其挂靠的集体企业为共同诉讼人。（《适用意见》第43条）

（2）个体工商户营业执照上登记的业主与实际经营者不一致的，以业主和实际经营者为共同诉讼人。（《适用意见》第46条第2款）

（3）个人合伙的全体合伙人，在诉讼中为共同诉讼人。个人合伙有依法核准登记的字号的，应在法律文书中注明登记的字号。全体合伙人可以推选代表人；被推选的代表人，应由全体合伙人出具推选书。（《适用意见》第47条）

（4）企业法人分立的，因分立前的民事活动发生的纠纷，以分立后的企业为共同诉讼人。（《适用意见》第50条）

（5）借用业务介绍信、合同专用章、盖章的空白合同书或者银行账户的，出借单位和借用人为共同诉讼人。（《适用意见》第52条）

（6）在继承遗产的诉讼中，部分继承人起诉的，人民法院应通知其他继承人作为共同原告参加诉讼；被通知的继承人不愿意参加诉讼又未明确表示放弃实体权利的，人民法院仍应把其列为共同原告。（《适用意见》第54条）

（7）因代理行为产生纠纷提起诉讼，被代理人与代理人为代理行为承担连带责任的，列为共同被告。（《适用意见》第55条）

（8）共有财产权受到他人侵害，部分共有权人起诉的，其他共有权人应列为共同诉讼人。（《适用意见》第56条）

（9）因保证合同纠纷提起诉讼，债权人向保证人和被保证人一并主张权利的，人民法院应当将保证人和被保证人列为共同被告；债权人仅起诉保证人的，除保证合同明确约定保证人承担连带责任的外，人民法院应当通知被保证人作为共同被告参加诉讼；债权人仅起诉被保证人的，可只列被保证人为被告。（《适用意见》第53条）

6-14(2003年卷3,单选第26题)　个体工商户崔某从1994年起在某市经营一饭店,领有营业执照,1997年因妻子生病急需用钱因而将饭店转让给赵某经营,但双方并未到工商局办理营业执照的更名手续。赵某经营过程中,致使多名顾客食物中毒,这些顾客决定向法院起诉要求赔偿损失。此案中当事人的诉讼地位应如何确定?

A. 顾客是原告,赵某是被告,崔某与本案无关

B. 顾客是原告,崔某是被告,赵某与本案无关

C. 顾客是原告,崔某与赵某是共同被告

D. 顾客是原告,赵某是被告,崔某是无独立请求权的第三人

——应当选择C。依据为最高人民法院《适用意见》第46条的规定。实际上本案的这些原告也是共同诉讼人,但不属于必要共同诉讼人,而是普通共同诉讼人。

2. 根据最高人民法院《关于适用〈中华人民共和国担保法〉若干问题的解释》的规定,以下情形当事人也作为必要共同诉讼人参加诉讼:

(1)企业法人的分支机构为他人提供保证的,人民法院在审理保证纠纷案件中可以将该企业法人作为共同被告参加诉讼。但是商业银行、保险公司的分支机构提供保证的除外。

(2)一般保证的债权人向债务人和保证人一并提起诉讼的,人民法院可以将债务人和保证人列为共同被告参加诉讼。

(3)债权人向人民法院请求行使担保物权时,债务人和担保人应当作为共同被告参加诉讼。

(4)同一债权既有保证又有物的担保的,当事人发生纠纷提起诉讼的,债务人与保证人、抵押人或者出质人可以作为共同被告参加诉讼。

3. 根据最高人民法院2001年4月16日《关于审理劳动争议案件适用法律若干问题的解释》的规定,原用人单位以新的用人单位和劳动者共同侵权为由向人民法院起诉的,应将新的用人单位和劳动者列为共同被告。

(四)追加必要共同诉讼人参加诉讼

各必要共同诉讼人通常没有独立的诉讼实施权,不能单独进行诉讼,必须一同起诉或一同应诉。必须共同参加诉讼的当事人没有参加诉讼,诉讼便不能依法公正有效地进行。因此,即便当事人没有共同起诉或者共同被诉,法院也应当依法追加这些当事人为共同诉讼人。但是,法院依职权主动追加的共同诉讼人,应当是必须共同参加诉讼的必要共同诉讼人,不是必须参加诉讼的人,不应追加;即便是必须追加的,也应依照法定程序追加。

6-15(2005年卷3,单选第43题)　甲对乙提起财产损害赔偿之诉,一

审法院判决甲胜诉。乙不服，提出上诉。二审法院发现丙是必须参加诉讼的共同诉讼人，便追加其参加诉讼。但丙既不参加诉讼，也不表示放弃权利。在此情况下，二审法院应如何处理？

A. 仍将其列为二审的当事人，依法作出判决

B. 仍将其列为二审的当事人，可以缺席判决

C. 不能将其列为二审的当事人，但可直接根据上诉人的请求作出判决

D. 不能将其列为二审的当事人，可以裁定撤销原判决、发回原审法院重审

——应当选择D。本案第一审法院对共同诉讼及共同诉讼人的事实没有调查认定清楚，依照法律规定必须发回重审，由一审法院追加共同诉讼人。但是，有一种情况是例外的：如果丙愿意参加诉讼，二审法院可以调解，但不能判决；当事人不接受调解的，仍然应当发回重审。因为一审法院没有追加必须追加的共同诉讼人，属于基本事实不清，依法应当发回重审；如果二审直接判决，必将剥夺当事人对这部分事实的上诉权利，同时破坏两审终审制度。调解结案的，调解书送达双方当事人即生效，无上诉问题，所以可以在二审中对新的事实或当事人直接进行调解。

(五)必要共同诉讼人的内部关系

1. 必要共同诉讼人的个人的独立性受制于全体的共同性。必要共同诉讼人在民事诉讼中有其共同的一面，也有其独立的一面：①各共同诉讼人均是具有民事诉讼权利能力的独立民事主体，其民事诉讼行为能力也是相对独立的。②因其诉讼标的共同性，其民事诉讼行为能力又具有一定的共同性，因而必要共同诉讼人的民事诉讼行为能力的独立性是有限制的。

2. 必要共同诉讼人通常应当共同行使诉讼实施权。涉及共同诉讼人的共同权利和共同义务的诉讼行为，由共同诉讼人共同所为时，或者个别共同诉讼人的诉讼行为经全体共同诉讼人同意的，对全体共同诉讼人产生法律效力。不是由共同诉讼人共同所为的，或者个别共同诉讼人的诉讼行为不能代表全体共同诉讼人意志的，其诉讼行为不能对全体共同诉讼人发生法律效力。

3. 个人诉讼行为经过全体承认才对全体有效。经全体共同诉讼人承认的诉讼行为才能对全体共同诉讼人发生法律效力，是处理必要共同诉讼人的内部关系的基本原则(承认原则)。该原则的法律依据是《民事诉讼法》第53条第2款的规定："共同诉讼的一方当事人对诉讼标的有共同的权利义务的，其中一人的诉讼行为经其他共同诉讼人承认，对其他共同诉讼人发生效力。"承认可以包括明示和默示，但默示的前提是知晓、不反对。但是，承认原则也有例外：根据《适用意见》第177条第3项的规定，必要共同诉

讼人中一人或者一部分人提出上诉的，该上诉对双方当事人之间以及共同诉讼人之间权利义务承担有意见的，未提出上诉的其他当事人均为被上诉人。

三、普通共同诉讼人

(一)普通共同诉讼人的概念和特征

普通共同诉讼人，是指由于诉讼标的是同一种类，在同一案件同一方中有两人以上、经过法院许可共同进行诉讼的当事人。

普通共同诉讼人是普通共同诉讼中的当事人。普通共同诉讼，是指同一案件当事人一方或双方为两人以上、其诉讼标的为同一种类、法院认可并且当事人同意合并审理的诉讼。

普通共同诉讼人，除具有共同诉讼人的一般特征外，还具备以下独有特征：

1. 诉讼标的属于同一种类。普通共同诉讼的诉讼标的与必要共同诉讼有很大不同，普通共同诉讼的同一方当事人之间并没有共同的诉讼标的，只是各共同诉讼人与对方当事人之间的诉讼标的属于同一种类。在必要的共同诉讼中，各共同诉讼人与对方当事人之间的诉讼标的是共同的，通常只有一个。而在普通的共同诉讼中，各共同诉讼人与对方当事人之间的诉讼标的，不是一个，而是数个。每一个共同诉讼人分别与对方当事人之间都有一个诉讼标的。

2. 同一方各共同诉讼人有共同的对方当事人。同一方各共同诉讼人有共同的对方当事人，可以表现为各种情形：①表现为一个原告诉数个共同被告。例如，原告只有一个但是被告一方却有五个，即这五个被告的对方当事人——原告，是同一个人。②表现为原告一方为数人，被告一方为同一人。例如，三个独立的消费者共同诉同一个销售商。③数个原告诉数个被告，双方都是普通共同诉讼人。④数个原告诉数个被告，一方为普通共同诉讼人，另一方为必要共同诉讼人。

6-16(案例题)　三个独立的养鱼人共同诉三个合伙人共同兴办的合伙企业排放污水造成养殖损失。三个合伙人，属于共同侵权，具有共同的利害关系，是必要的共同诉讼人，他们作为一个整体是各养鱼人的必要共同被告；三个独立的养鱼人，各自所养的鱼分别遭受损失，他们之间没有共同的利害关系，在同一案件中只是因为同样的请求而属于非必要的共同诉讼人。

3. 普通共同诉讼人既可以单独诉讼也可以共同诉讼。由于对案件的诉讼标的只有同类性没有共同性，各共同诉讼人可以分别与对方当事人进行独立的诉讼。但是，由于这些当事人之间的诉讼标的是同一种类的，为诉讼经济起见,法律规定这些诉讼可以合并在一个案件中进行审理。

6-17(案例题) 某物业管理公司诉其管理的某住宅小区内五户居民拖欠物业管理费一案中,物业公司分别与五户居民发生管理费的纠纷,居民们是各自独立的诉讼当事人。实际上,本案有五个关于管理费的诉讼标的,是由五起纠纷合并成为一个案件的。这五个纠纷能够合并为一个案件的必要条件之一,就是共同诉讼人各自的诉讼标的属于同一种类。

4. 共同诉讼的成立必须经原告同意、法院许可。案件是否成为普通共同诉讼,主要由当事人来选择决定。选择决定权在于提起诉讼的一方当事人。提起诉讼的一方合意由多数人组成,就可以成为共同原告;提起诉讼的一方诉告数个被告,就可以形成共同被告。被告一方在诉讼中通常没有选择权,即无论其同意与否,只要被一同起诉通常就应当一同应诉,成为共同被告;没有被一同起诉的人,不能主动要求参加诉讼。法院可以将数个已经起诉的符合合并条件的案件合并到一个案件中,使之形成普通的共同诉讼;但是,当事人没有起诉或者虽然起诉但没有诉告多数人的,法院不得依职权追加当事人。例如,在上述物业管理纠纷的案例中,物业公司可以分五次起诉,使之变为五个案件;也可以一并起诉,请求人民法院合并为一个案件。物业公司不一并起诉的,人民法院不能依职权通知其他业主参加同一诉讼。被起诉的一方,可以对人民法院的主管与管辖权限依法提出抗辩;但是,在已被人民法院认可的共同诉讼中,共同被告人不得自行退出。

普通共同诉讼的成立,虽然以当事人的选择为前提,但是,当事人自行合并提出诉讼,未经人民法院许可,不能形成共同诉讼;普通共同诉讼的成立,必须经人民法院许可。

(二)普通共同诉讼人的内部关系

由于普通共同诉讼人之间没有共同的权利和义务,所以他们的民事诉讼行为能力也是各自独立的。无论从实体上还是从程序上,任何一个普通共同诉讼人,都可以完全独立地行使自己的权利或者履行自己的义务,这与必要的共同诉讼人之间存在的民事诉讼行为能力的相关性和限制性,有较大的区别。

普通共同诉讼是一种可分之诉。共同诉讼人可以一同起诉,也可以分别起诉。人民法院可以合并审理,也可以分开审理。人民法院合并审理时,应当分别确认每个共同诉讼人的权利和义务;对各共同诉讼人的裁判可以不同时分别作出。

(三)证券市场虚假陈述案件诉讼的共同诉讼适用

最高人民法院规定,证券市场虚假陈述的案件提起的诉讼,可以适用共

同诉讼,但不能适用代表人诉讼。最高人民法院为此先后颁布两个专门的司法解释,[1]规定如下:

对于证券市场因虚假陈述引发的民事赔偿案件,人民法院应当采取单独或者共同诉讼的形式予以受理,但不宜以集团诉讼(见第四节代表人诉讼)的形式受理。

在证券民事赔偿案件中,原告可以选择以单独诉讼或者共同诉讼方式提起诉讼。多个原告因同一虚假陈述事实对相同被告同时提起两个以上共同诉讼的,人民法院可以将其合并为一个共同诉讼。

第四节 诉讼代表人

一、诉讼代表人概念与特征

(一)诉讼代表人的概念

代表人诉讼,是指具有共同或者同类民事权益的一方当事人人数众多,依法推举或者指定代表人进行诉讼,其他当事人不直接参与诉讼活动,但人民法院裁判的效力及于全体当事人的诉讼制度。经人数众多的同一方当事人依法推举或者法院指定、以自己名义为自己利益并代表他人利益而且直接进行诉讼活动的当事人,称为诉讼代表人。

根据《民事诉讼法》和最高人民法院《适用意见》的规定,依照起诉时当事人范围是否确定,我国代表人诉讼可以分为两类:人数确定的代表人诉讼和人数不确定的代表人诉讼。

适用代表人诉讼,一方当事人的人数应当在10人以上(含10人)。共同诉讼超过10人的均应适用代表人诉讼制度。由于代表人诉讼是由众多当事人一同诉讼,固又称集团诉讼。

6-18(单选题) 一学生晚自习放学回家路上在果园里小便,被设伏抓贼的村民误以为贼。在场的12位村民纷纷对其奚落、辱骂并推搡,该学生不久休克。村民拨打急救中心电话,救护车途中与货车刮蹭耽误20分钟,赶到现场时该学生已经死亡。法医解剖证实,该学生有先天性心脏病。学生家长诉告12位村民要求民事赔偿。下列选项哪个是正确的?

A. 家长诉告不当,只能告捆绑的村民

[1] 《关于受理证券市场因虚假陈述引发的民事侵权纠纷案件有关问题的通知》(2002年1月15日颁布)、《关于审理证券市场因虚假陈述引发的民事赔偿案件的若干规定》(2003年1月9日颁布)。

B. 家长诉告不当，只能告果园的村民

C. 家长诉告得当，可以告12位村民

D. 家长诉告得当，也可以告急救中心

——应当选择C。12位村民对引发该学生的心脏病有共同的责任。虽然也可以诉告急救中心，但救护车耽误属于意外事故，诉讼无法胜诉。

本案被告一方人数众多，超过10人，应当适用代表人诉讼制度，推选代表人参加诉讼。

（二）诉讼代表人与共同诉讼、诉讼代理、诉讼代表人的关系

1. 诉讼代表人与共同诉讼和诉讼代理的联系。就其性质而言，代表人诉讼是在共同诉讼制度的基础上，吸收诉讼代理制度的某些特征，解决群体性纠纷的一种有效、经济的诉讼方式。诉讼代表人与共同诉讼和诉讼代理有紧密的联系，也有明显的区别。其联系主要表现如下：

（1）代表人诉讼是共同诉讼的特殊形式。在代表人诉讼中，全体被代表的人是共同诉讼人；全体当事人都有权在诉讼中推选诉讼代表人；诉讼代表人的重大诉讼行为应当经被代表人同意。

（2）代表人诉讼具有诉讼代理的某些特征。代理人经当事人委托，在被代理人授权的范围内进行诉讼代理活动；诉讼代表人经当事人推选，在法律规定和被代表人授权的范围内进行诉讼代表活动。

（3）代表人诉讼是共同诉讼和诉讼代理的有机结合。代表人诉讼既不是纯粹的共同诉讼也不是诉讼代理，是两者的有机结合。

2. 诉讼代表人与共同诉讼的区别。

（1）当事人是否全体参加诉讼不同。代表人诉讼中，诉讼由选定的少数代表人进行，多数被代表的人虽然也是当事人，但通常不直接参加诉讼，不亲自进行诉讼活动；而在共同诉讼中，所有的诉讼当事人都应当直接参加诉讼，并都可以亲自进行诉讼活动。

（2）一人的诉讼行为对他人的效力不同。诉讼代表人实施的一般诉讼行为，对自己及全体被代表人有效。由于诉讼代表人主要是由当事人推选产生，所以在诉讼中实施诉讼行为，通常不需要再征求被代表人的意见，只是在出现重大处分性行为时，才需要被代表人的特别授权或承认；而在必要共同诉讼中，一人的诉讼行为必须经过其他共同诉讼人的授权或者承认，才能对全体共同诉讼人有效；在普通共同诉讼中，各共同诉讼人的诉讼行为只对自己有效。

（3）当事人人数上不同。在代表人诉讼中，有一方当事人的人数为10人以上；在共同诉讼中，有一方或者双方当事人的人数为两人以上。符合共同诉讼其他条件的诉讼人数在10人以上的，必须适用代表人诉讼。

在例题6－18中，虽然12位村民有共同的民事责任，属于诉讼标的共同的案件，但被告一方人数超过10人，不能适用共同诉讼，只能适用代表人诉讼。

3. 诉讼代表人与诉讼代理的区别。

(1)身份不同。诉讼代表人具有双重身份，既是本案的当事人，又是本案的代表人；诉讼代理人只是代理人的身份，不是本案的当事人。

(2)与本案的利害关系不同。诉讼代表人与本案诉讼标的有利害关系；诉讼代理人与本案诉讼标的没有利害关系。

(3)与自己的利益不同。诉讼代表人在诉讼中既保护自己的利益，也保护被代表的当事人的利益；诉讼代理人，没有自己的利益，只保护被代理人的利益。

(4)是否书面授权不同。诉讼代表人经选举或指定即视为授权；诉讼代理人必须经过书面明确授权。人数不确定的代表人诉讼中，部分当事人推选出的代表人，不仅可以代表推选他的当事人，也可以代表将来参加诉讼的当事人；一般诉讼中，委托人没有明确委托授权的，任何人不能自动成为委托代理人。

4. 诉讼代表人与法定代表人的区别。

(1)代表人产生的方法不同。法人或其他组织参加诉讼时，由其主要负责人作为诉讼中的代表人；而在代表人诉讼中，诉讼代表人通常是由当事人自己选举产生的。

(2)被代表的当事人不同。法定代表人只能代表某个法人或其他组织参加诉讼；诉讼代表人代表人数众多一方的当事人进行诉讼，所代表的当事人，通常是公民，也可以是单位。

(3)代表人的特定性不同。法人或其他组织只能由其法定代表人进行诉讼；人数众多的一方当事人可以推选当事人中的任何人作为代表人。

二、诉讼代表人的产生与权限

(一)诉讼代表人的产生

1. 诉讼代表人产生的方法有两种：①通常情况下，诉讼代表人由人数众多的一方当事人选举产生；②当事人推举不出或者无法推举代表人的，可由人民法院在当事人中指定诉讼代表人。

2. 选举诉讼代表人的程序：诉讼代表人可以由全体当事人在当事人中选举产生；一方当事人人数很多时，也可以分成数个小组，分别推举各自的诉讼代表人。

3. 诉讼代表人的法定人数：2～5名。

4. 诉讼代表人的条件：目前无特别的法定条件，结合相关规定和学理条件有：①代表人应当是本案当事人；②应当具有诉讼行为能力；③具有较强的诉讼实施能力；④能善意履行代表人职责。

（二）诉讼代表人的权限和代表行为的效力

诉讼代表人依法享有当事人的诉讼权利，并依法行使被代表人的诉讼权利。依据民事诉讼法的规定，代表人的诉讼行为对所代表的当事人发生效力，但代表人变更、放弃诉讼请求或者承认对方当事人的诉讼请求、进行和解，必须经被代表的当事人同意。

三、两种代表人诉讼的概念及特征

（一）人数确定的代表人诉讼

人数确定的代表人诉讼，是指起诉时人数范围明确的众多共同参加诉讼的人，推选代表人代表全体共同诉讼人进行诉讼的一种诉讼形式。

6－19（单选题） 某县农业科技推广站向本县农民推销新品种高产稻种，316户农民购买并在该站的指导下种植了该新品种。但因该产品不适应本地种植，农民种植的稻子全部绝收。316户农民联名起诉县农科站。本案316户农民如何起诉？按照什么程序进行诉讼？

A. 316户农民应当一同起诉，按照必要共同诉讼的程序进行诉讼

B. 316户农民可以一同起诉，按照普通共同诉讼的程序进行诉讼

C. 316户农民应当一同起诉，按照代表人诉讼的程序进行诉讼

D. 316户农民可以一同起诉，按照代表人诉讼的程序进行诉讼

——应当选择D。本案当事人人数众多，当事人之间的诉讼标的属于同一种类，所以可以适用代表人诉讼的程序，所以D项正确。316户不是同一法律关系发生的争议，而是基于同类法律关系，并不一定要共同起诉，可以分别起诉，所以C项为错误。超过10人的诉讼不能适用共同诉讼制度，只能适用代表人诉讼，所以A项、B项均错。

人数确定的代表人诉讼，具有以下法律特征：

1. 同一方当事人的诉讼标的是共同的或者是同一种类的。基于此特征，人数确定的代表人诉讼类同于共同诉讼，也可以分为必要的和普通的两种。

在例题6－19中，316户农民的诉讼标的虽然不是共同的，但属于同一种类，可以适用代表人诉讼，不是必须适用。假如共同诉讼人的诉讼标的是共同的，就应当选C。

2. 人数众多，起诉时当事人的人数范围明确。人数众多，是指同一方当事人人数在10人以上。人数范围明确，是指人数众多一方的当事人，起诉时当事人的人数范围已经确定。当事人人数是否确定，应从以下几个方面考察：①本案纠纷直接涉及的当事人人数确定；②知道或者应当知道自己权

益受到侵害的当事人人数确定;③应当或可以参加诉讼的当事人人数确定。

在例题6－19中不仅316户受害农民的人数是确定的,而且全部参加了同一诉讼,符合人数确定的代表人诉讼的特征。

3. 诉讼代表人必须由当事人推选产生。根据《适用意见》第60条的规定,在人数确定的代表人诉讼中,诉讼代表人必须经过当事人选举产生,可以由全体当事人推选共同的代表人,也可以由部分当事人推选自己的代表人;推选不出代表人的当事人,在必要共同诉讼中可以由当事人自己直接参加诉讼,在普通共同诉讼中当事人可以另行起诉。

(二)人数不确定的代表人诉讼

人数不确定的代表人诉讼,是指起诉时尚有部分有权参加同一诉讼的人未参加诉讼,登记参加诉讼的共同诉讼人推选代表人代表全体共同诉讼人进行诉讼的一种诉讼形式。

人数不确定的代表人诉讼,具有以下法律特征:

1. 同一方当事人的诉讼标的属于同一种类。基于此特征,人数不确定的代表人诉讼类同于普通的共同诉讼。各当事人的诉讼标的不是同一种类的,不能适用人数不确定的代表人诉讼制度。同一方当事人的诉讼标的如果是共同的,也不能适用人数不确定的代表人诉讼制度,可以适用人数确定的代表人诉讼。

2. 人数众多,起诉时当事人的人数范围尚不明确。人数众多,是指同一方当事人人数在10人以上。人数范围尚不明确,是指起诉时适格当事人的人数范围尚未确定,但是已经登记参加诉讼的当事人的范围应当是确定的。当事人人数不确定,主要有以下不确定因素:①本案纠纷所直接涉及的当事人的范围不明确;②知道自己权益受到侵害的当事人的范围不明确;③愿意一同起诉的当事人的范围不明确。

3. 诉讼代表人主要由当事人推选产生,也可以由人民法院指定。根据《适用意见》第61条的规定,在人数不确定的代表人诉讼中,诉讼代表人应当按照以下方式产生:①由报名参加诉讼的当事人推举产生代表人;②当事人推举不出代表人,可以由人民法院提出人选与当事人协商确定;③当事人推举不出代表人,也可以由人民法院在起诉的当事人中指定代表人。

6－20(单选题) 某进口品牌笔记本电脑由于设计缺陷,经常导致用户存储的资料丢失,给用户造成很多损失和不便。数十位中国某地用户推举三位代表委托律师在我国法院提起退赔诉讼。人民法院受理后发出公告,通知其他中国用户限期登记参加诉讼。本案属于哪一种民事诉讼?

A. 人数确定的代表人诉讼

B. 人数不确定的代表人诉讼

C. 必要的共同诉讼

D. 普通的共同诉讼

——应当选择B。如果没有A、B项,可以选择D项,因为本案原告之间的诉讼标的不是共同的,只是属于同一种类。但是,由于本案人数众多,并且起诉时尚不知道明确的人数范围,属于典型的人数不确定的代表人诉讼。因此,B项是唯一正确的选项。

四、人数不确定的代表人诉讼的特殊程序

(一)受理与公告

众多当事人一同起诉、符合代表人诉讼条件的,人民法院应当依法受理;各当事人分别起诉、符合代表人诉讼条件的,人民法院可以依法并案审理。

与人数确定的代表人诉讼不同,人数不确定的代表人诉讼,有一个受理后公告的特殊程序。根据《民事诉讼法》第55条的规定,人民法院受理诉讼标的是同一种类、人数众多、人数不确定的案件,可以发出公告,说明案件情况和诉讼请求,通知权利人在一定期间内向人民法院登记。

根据《适用意见》第63条的规定,公告期由人民法院根据具体案件的情况决定,最少不得少于30日。此公告期属于法定限制下的指定期间,法定的底限期间比较短。

(二)登记与当事人诉讼地位的确立

权利人应当在公告期内,到发出公告的人民法院去登记。登记的事项主要包括:当事人的基本情况、与对方当事人之间的法律关系以及权利请求,登记的同时应当出具必要的证明材料。

适用人民法院受理后的公告程序,应当注意以下两个问题:

1. 受理公告期限的效力问题。受理公告的期限不是除斥权利人权利的期间,而是为了确定现在参加本诉讼当事人的范围、确定人民法院何时可以对案件进行实体审理的期日。公告期内向人民法院登记的权利人,是加入本案共同诉讼的当事人;公告期内没有向人民法院登记或者人民法院未予登记的,对其实体权利不发生不利的后果,仍然可以另行起诉。

2. 受理公告的程序不是每个案件的必经程序。《民事诉讼法》第55条只规定人民法院可以发出公告,没有规定人民法院必须发出公告;是否进行公告,由人民法院根据案件情况决定。

(三)裁判的效力及于主体的范围

人民法院依照人数不确定的代表人诉讼程序作出的裁判,其效力及于的主体范围,有两个方面:①及于现在已经参诉的当事人;②及于将来起诉的当事人。

在人数不确定的代表人诉讼中，当事人实际上分为两部分：①提起诉讼和登记参加诉讼的当事人；②没有一同参加诉讼的权利人。根据《民事诉讼法》和司法解释的规定，人民法院作出的判决、裁定，对提起诉讼和参加登记的全体权利人发生效力；未参加登记的权利人在诉讼时效期间提起诉讼，人民法院认定其请求成立的，裁定适用该判决、裁定。但是，未在诉讼时效期间内提出诉讼请求，或者其诉讼请求被人民法院认定不能成立的，代表人诉讼的判决、裁定的效力并不自动及于其身。

例如，在例题6－20中，假如到法院登记的当事人共有100位用户，法院经审理作出退赔的判决。判决生效后，同城有一位同品牌用户出现重要数据丢失现象，该用户听说别人为此诉讼过，便委托律师起诉索赔。律师直接向作出原裁判的法院起诉，法院审查了该原告的诉讼请求和诉讼证据后，直接裁定该当事人适用原100人的判决，适用该判决书既定的赔偿原则和赔偿标准。

■　第五节　诉讼第三人

一、第三人的概念和特征

（一）第三人的概念

民事诉讼中的第三人，是指对原告、被告双方的诉讼标的提出独立的请求，或者虽然没有独立请求权但案件审理的结果与其有法律上的利害关系，因而参加到原告、被告已经开始的诉讼中的第三方面的当事人。

6－21（案例题）　甲从乙手里购买一座四合院房产。甲付清房款后，乙迟迟未办理过户手续，并反悔价过低。甲向法院起诉，要求确认买卖行为有效、强制乙办理过户手续。法院受理后，丙请求参加诉讼要求法院确认该房屋买卖行为部分无效，理由是该四合院的南房五间属其所有，法院将丙列为本案第三人。

——本题中，丙为了维护自己的房产权，要求加入甲和乙已经提起的诉讼。丙参加诉讼是因为对本案原告和被告所争议的合同关系提出了独立的请求权，是处于原告、被告以外的第三方面的当事人。法院将其列为本案第三人是正确的。

第三人诉讼制度的目的，在于保障司法公正、防止错误裁判，提高诉讼效率。因第三人参加诉讼的根据不同，依据民事诉讼法的规定，可以将诉讼第三人分为有独立请求权第三人和无独立请求权第三人。

(二)第三人的特征

1. 具有独立的诉讼地位。第三人参加诉讼,无论其是否提出独立的诉讼请求,均以自己的名义参加诉讼。并且,参加诉讼的第三人自己的民事权利或义务与本案有直接或间接的关系,有自己相对独立的诉讼利益。诉讼第三人这种相对独立的诉讼地位区别于共同诉讼人。

例如,在例题6-21中,丙既反对原告又反对被告,以第三人的身份独立参加诉讼,其独立的诉讼地位非常显著。

2. 参加诉讼的原因是与案件有一定的利害关系。第三人参加诉讼的原因,是认为他人之间的诉讼标的与其有利害关系,因而提出了独立的请求;或者与他人之间的诉讼标的没有利害关系,但案件处理的结果与其有利害关系。例如,在例题6-21中,丙对5间房屋主张所有权,对甲、乙之间合同的效力提出了独立的请求。法院对甲、乙的争议如何裁判必然会涉及丙的利益。

3. 参加到他人已经开始的诉讼中。第三人参加诉讼的时间,是在他人之间的诉讼已经开始尚未结束。他人之间的诉讼已经开始,是指诉讼已经提起、人民法院已经受理。尚未结束,是指案件尚未审理结束、人民法院的裁判尚未作出。

4. 由人民法院确定可否合并审理。第三人参加诉讼,通常经第三人请求或者其他当事人提议,特殊情况下也可由人民法院依职权直接通知或追加。在第三人请求或者其他当事人建议的情况下,仍然必须由人民法院决定是否予以合并审理。通常情况下,第三人并不是绝对应当参加诉讼的,人民法院在确定是否合并审理方面的权限比较大。这与必要的共同诉讼不可分开审理的情形有很大不同。

二、有独立请求权的第三人

(一)有独立请求权第三人的概念和诉讼地位

有独立请求权第三人,是指认为对原告、被告双方的诉讼标的有独立请求权,提出诉讼请求,因而参加到原告、被告已经开始的诉讼中来的第三方面的当事人。

通说认为,有独立请求权第三人参加诉讼,实际上是两个诉的合并。①原告与被告之间已经存在的诉讼,是本诉。②第三人对本诉的诉讼标的提出独立的请求,因而其实质上是既反对原告又反对被告,是合并进来的另一个诉讼。在这另一个诉讼中,其诉讼地位是原告;而本诉的原告和被告,在该新诉中则是他的被告。由于两诉合并审理,本诉已经有了原告和被告,就将另一个诉中的原告称为有独立请求权的第三人;也因此将合并进来的诉称为第三人之诉。本诉与第三人之诉合并形成的新诉讼,称为有第三人参加的诉讼。

在例题6－21中，甲、乙之间的房屋买卖合同关系是否有效？甲是否有权主张办理过户手续、乙是否有义务办理过户手续？是甲、乙争议的焦点，也是本诉的诉讼标的。在原告甲、被告乙之间的本诉，可以是一个独立的案件。丙与甲、乙之间事实上存在另一个独立的诉讼，争议焦点和诉讼标的是：部分房屋的所有权归谁所有？房屋买卖合同关系是否有效？在丙诉甲、乙的诉讼中，丙是原告，甲、乙是共同被告。显然，这完全可以是两个案件。[1] 但是，由于丙主张房屋所有权，并进一步主张房屋买卖合同无效。丙对甲、乙提起的这个诉讼，成为甲、乙之间诉讼的前提。如果单独先审理甲、乙之间的诉讼，很有可能作出错误的判决。中止对本诉的审理，先审理丙对甲、乙提起的诉讼，是明智之举；将两案合并审理则是更明智的做法。

有独立请求权第三人，是独立的诉讼当事人。在诉讼中享有与其他诉讼当事人平等的诉讼权利并承担相应的诉讼义务。但是，平等不等于相同。在一定的条件下，其诉讼权利仍受其第三人身份地位的限制。例如，有独立请求权的第三人虽然也享有撤诉权，但是只能撤回其提起的第三人之诉，不能撤回本诉；有独立请求权的第三人，因其主动要求参加他人已经开始的诉讼，因而不能对案件的管辖权提出异议。

在有独立请求权第三人参加的诉讼中，对他人之间的诉讼标的有独立的请求权，包括有全部的独立请求权和部分的独立请求权。因此，有独立请求权第三人，也可以分为有全部独立请求权第三人和有部分的独立请求权第三人。有全部的独立请求权第三人，是指对他人之间的诉讼标的认为有全部的独立请求权，提出诉讼请求参加他人之间诉讼的第三方面的当事人。例如，第三人对原告和被告所争议的10间房屋认为应归自己一人所有，因而对10间房屋提出全部的请求，该第三人属于有全部独立请求权的第三人。有部分的独立请求权的第三人，是指对他人之间的诉讼标的认为有部分的独立请求权，提出诉讼请求参加他人之间诉讼的第三方面的当事人。例如，第三人只对原告和被告所争议的10间房屋中的5间认为应当归自己所有，因而对这5间房屋提出请求，该第三人则属于有部分独立请求权的第三人。

（二）有独立请求权第三人参加诉讼的条件

1. 以起诉的方式参加诉讼。有独立请求权的第三人是以起诉的方式参加诉讼，同时以本诉的原告和被告为起诉对象。所以，其诉讼地位相当于原告。该第三人要求参加诉讼的申请，是作为诉状对待的。在有独立请求权

[1] 也可以看成三个诉的合并：①甲与乙的房屋买卖给付与变更之诉；②丙与甲的房屋产权积极确认之诉；③丙与甲、乙的消极确认之诉。但第二个诉，无争议时无必要存在。

的第三人之诉中，有独立请求权的第三人起诉的对方当事人，必须是本诉的原告和被告，否则不能构成有独立请求权的第三人之诉。

2. 对本诉的诉讼标的认为有独立的请求权。

（1）认为有独立的请求权并提出请求。有独立请求权第三人的称谓，可以包含两层含义：①是指认为有独立的请求权并提出请求的第三人，是形式上的当事人；②是指提出并确有独立请求权的第三人，是适格的当事人。《民事诉讼法》第56条非常明确地规定了形式上的有独立请求权第三人有权参加诉讼。

（2）请求权针对本诉的诉讼标的。有独立请求权的第三人是对本诉原告、被告之间的诉讼标的提出独立的请求权。在例题6－21中，甲和乙所争执的是房屋买卖合同关系；丙基于部分房屋所有权的主张，对甲、乙之间的诉讼标的——房屋买卖合同关系有独立的请求权。

（3）请求权通常独立于本诉。不论是有全部的请求权还是有部分的请求权，其请求权通常独立于本诉当事人，不能与原告或被告中的任何一方共享。与原告或被告共同享有请求权的人，是必要共同诉讼中的共同原告或共同被告，不是第三人之诉中有独立请求权的第三人。

假设，在例题6－21中丙和乙共同共有该四合院，没有正式划分产权。在甲诉乙的诉讼中，如果丙提出请求，仍然可以作为有独立请求权的第三人参加诉讼。因为：①丙虽然与乙存在房屋产权共有关系，但不是房屋买卖合同的一方，不是共同诉讼人。②丙既反对原告、又反对被告，是独立的第三方当事人。③乙没有丙的授权用共有房屋与甲交易，丙有权主张所有权要求认定买卖合同无效，对甲乙之间的诉讼标的有独立的请求权。

第三人独立于本诉的请求权，可以由原告或被告以外的数个主体共享。

再进一步假设，在例题6－21中另有一位丁某与丙、乙共同享有该四合院中5间房屋的所有权。丁和丙是共同享有独立请求权的人，他们可以共同提起第三人之诉。如果丁或丙中的一人起诉要求参加诉讼被法院获准，另一位也必须依照必要共同诉讼的规则参加诉讼，成为共同的有独立请求权的第三人。

3. 提出独立的诉讼请求。有独立请求权第三人参加诉讼必须提出独立、明确的诉讼请求。这个独立的诉讼请求，与原告和被告不是出于同一立场。

（三）有独立请求权第三人与必要共同诉讼中共同原告的区别

有独立请求权的第三人与必要共同诉讼人有很多相似之处，但是两者也有一定的区别。其主要区别如下：

1. 诉讼地位上的区别。必要共同诉讼人，不是作为诉讼中的共同原告，就是成为诉讼中的共同被告。被人民法院通知参加诉讼的共同诉讼人，也必须参加到原告或者被告一方。有独立请求权第三人，是以起诉的方式参加诉讼，通常只能作为相当于原告地位的第三人，但不是本诉的原告，也不能成为被告或者相当于被告地位的当事人。

2. 诉讼标的及实体关系上的区别。必要共同诉讼人之间只有一个共同的诉讼标的，有独立请求权第三人与本诉的原告之间没有共同的诉讼标的。在有独立请求权第三人参加的诉讼中，分别存在两个独立的诉讼标的：①本诉原告与被告之间的诉讼标的；②第三人与本诉原告、被告之间独立的诉讼标的。

必要共同诉讼人之间，在实体上具有共同的权利或义务。有独立请求权第三人与本诉原告、被告之间的诉讼标的，非但没有实体上的共同实体权利和义务，反而是对立的。

3. 请求权及合并审理的强制性上的区别。必要共同诉讼人的请求权是共同的，应当共同行使，通常不能独立行使；即使部分必要共同诉讼人先行提起诉讼，其余共同诉讼人通常也应当一同参加诉讼。有独立请求权的第三人可以独立行使请求权，不以原、被告的意志为转移。即使本诉的原告撤回本诉，也不能撤回有独立请求权的第三人之诉。有独立请求权的第三人之诉可以独立存在。

必要共同诉讼属于不可分之诉，人民法院必须一并审理。有独立请求权第三人之诉与本诉之间，没有必须合并审理的强制性规定，人民法院可以根据实际情况决定是否合并审理。

4. 参诉时间及参诉方式上的区别。必要共同诉讼人可以在诉讼开始时与其他共同诉讼人同时参加诉讼，也可以在诉讼开始后参加或被追加进来。有独立请求权的第三人只能在诉讼开始后、尚未结束前参加。

必要的共同诉讼，可以由共同诉讼人主动请求参加，即共同起诉；也可以经人民法院通知或追加参加诉讼。有独立请求权的第三人参加的诉讼，都是由有独立请求权的第三人主动请求参加的，必须由当事人提出诉讼请求，人民法院不依职权主动通知其参加。

6-22-1（案例题） 甲乙丙是兄弟。甲诉乙独占遗产，要求依法分割。诉讼中丙要求参加诉讼。丙是何诉讼地位？

——丙是共同原告。因为丙与甲有共同的继承权，有共同的诉讼标的，属于必要共同诉讼。

6-22-2（案例题） 甲乙丙是兄弟。甲诉乙独占遗产，要求依法分割。丙不愿意参加诉讼。丙有何诉讼地位？

——如果丙没有放弃继承权，法院应依照《适用意见》第54条的规定，追加丙为共同原告。仍因为有共同的诉讼标的，属于必要共同诉讼。

——如果丙明确放弃继承权，丙与本案没有利害关系，不是本案当事人。

6－22－3（案例题） 甲乙丙是兄弟。甲诉乙独占遗产，要求依法分割。诉讼中丙要求参加诉讼，举出独自继承的遗嘱，认为只有自己有权继承。丙是何诉讼地位？

——丙是有独立请求权第三人。本案存在两个诉讼标的，丙提出了独立的请求。甲乙的诉讼标的是法定继承权，丙对甲乙的诉讼标的是遗嘱继承权；丙既反对原告也反对被告。

——如果遗嘱继承权不能成立，丙虽然在形式上可以保留有独立请求权第三人的诉讼地位，但实质上他应该是法定继承争议中的共同原告。丙独自继承的主张不成立，并不影响其法定继承权。所以，只要丙不放弃继承权，即便遗嘱不被法院采纳，仍然有权参与继承分配。

三、无独立请求权的第三人

（一）无独立请求权第三人的概念和诉讼地位

无独立请求权第三人，是指对原告、被告之间的诉讼标的没有独立的请求权，但案件的处理结果与其有法律上的利害关系，因而参加原告、被告之间诉讼的第三方面的当事人。

6－23（案例题） 甲诉告乙商场的电梯故障给自己造成了损害，被告乙辩称电梯故障与电梯质量有关，应该由丙电梯厂负责。法院综合本案情况，通知丙作为无独立请求权第三人参加诉讼。经法院审理查明丙的电梯存在严重质量问题，致使顾客受到伤害，应承担主要责任；乙未尽勤勉照看和及时救助义务，致使受伤顾客损害扩大，应承担次要责任。丙在本案处于何诉讼地位？

——本案丙电梯厂对甲乙之间的损害赔偿关系没有独立的请求权，但本案判决他承担赔偿责任，属于与案件的处理结果有利害关系。因此，丙是本案无独立请求权的第三人。

关于无独立请求权第三人的诉讼地位，现行《民事诉讼法》第56条的规定非常特别、不甚明了,容易产生歧义。[1] 第三人制度是诉讼当事人的特别制度,无独立请求权第三人的制度又是第三人制度的特别制度。从特别制度异于一般制度的角度就比较容易理解了。

根据《民事诉讼法》第 56 条第 2 款的规定:"对当事人双方的诉讼标的,第三人虽然没有独立请求权,但案件处理结果同他有法律上的利害关系的,可以申请参加诉讼,或者由人民法院通知他参加诉讼。人民法院判决承担民事责任的第三人,有当事人的诉讼权利义务。"因此,无独立请求权第三人可以分为:判决其承担民事责任的无独立请求权第三人和不判决其承担民事责任的无独立请求权第三人。前者有当事人的诉讼权利义务,属于参加诉讼的特别当事人;后者没有完全的当事人诉讼权利义务,属于参加诉讼的辅佐人。

法院直接判决其承担民事责任的无独立请求权第三人,是民事诉讼的特别当事人,具有独立的诉讼地位。理由如下:

1. 具有诉讼当事人的基本特征。为了维护自己的民事权益、以自己的名义参加诉讼,受法院裁判的约束。

2. 与本案有特殊的牵连性利害关系,法院直接判决其承担义务。无独立请求权第三人与本诉的诉讼标的没有直接的利害关系,但是通常与本诉的诉讼标的有牵连性的利害关系。例如,在例题 6 - 23 中的甲、乙之间的诉讼标的与丙没有直接利害关系,甲通常不能直接诉告丙。但丙与乙之间存在合同关系与丙有直接的利害关系,如果乙因质量问题败诉,将来也必然会牵连到丙。本案属于丙与甲、乙之间的诉讼标的有义务性牵连关系,因而判决其承担义务。

3. 法律规定表明其具有独立当事人的诉讼地位。《民事诉讼法》规定:"人民法院判决承担民事责任的第三人,有当事人的诉讼权利义务";《适用意见》第 66 条明确规定"判决承担民事责任的无独立请求权第三人有权提出上诉"。判决承担民事责任并且还能独立上诉,是具有独立诉讼地位当事人的基本特征。

4. 司法解释规定其有特别的诉讼地位,是特别的当事人。《适用意见》第 66 条规定,无独立请求权第三人"在一审中无权对案件的管辖权提出异

---

[1] 田平安先生认为,无独立请求权第三人有独立诉讼地位,是当事人(常怡主编:《民事诉讼法学》,中国政法大学出版社 2005 年版,第 176 页);肖建华先生认为,无独立请求权第三人不都是当事人,依参诉方式和判决承担责任分为:准独立第三人和辅佐第三人(江伟主编:《民事诉讼法学原理》,中国人民大学出版社 1999 年版,第 432 ~ 442 页);张卫平先生认为,无独立请求权第三人可以分为被告型第三人和辅佐型第三人,前者是当事人,后者是广义当事人,但不具独立诉讼地位(张卫平:《民事诉讼法》,法律出版社 2004 年版,第 163 ~ 168 页)。

议，无权放弃、变更诉讼请求或者申请撤诉”。这个规定是与“没有独立的请求权、参加他人之间诉讼”的特别身份相符的。原告、被告、第三人在诉讼中享有的分别与其身份相适应的具体诉讼权利。这些具体的诉讼权利义务，本来就各不完全相同。至于他没有起诉也没有被诉又不是共同诉讼人却参加到诉讼中来，是因为基于《民事诉讼法》的特别规定。所以，无独立请求权第三人是独立的、特别的当事人。

6－24（案例题） 消费者甲诉告销售商乙销售假冒名牌商品侵害其权益，乙辩称：正常进货渠道不可能有假。供货商丙为了维护自己的利益，申请参加诉讼，辅佐乙提供真正名牌的证据。经审理查明，原告所诉没有事实依据。

——本案中，如果乙败诉，一定会追究丙的责任。丙为了自己的利益，辅佐乙进行诉讼。丙是不直接判决其承担民事责任的无独立请求权第三人。

法院不直接判决其承担民事责任的无独立请求权第三人，是形式上的特别当事人，不具有独立的诉讼地位。理由如下：

1. 具有形式当事人的基本特征，但不是被诉对象。不是被诉对象，却以自己的名义、为自己的利益参加诉讼，是由于民事诉讼法的特别规定。

2. 与本案有一定牵连性利害关系，但并不直接判决其承担义务。本案虽然没有判决其承担实体义务，但是本案的判决对其有预决的法律效果，即这个判决是将来相关诉讼的重要依据。

3. 法律规定其无一般当事人完整的诉讼权利。依照民事诉讼法规定，未判决其承担义务的，无当事人的诉讼权利，不能上诉，表明其无当事人的诉讼地位。

4. 在诉讼中主要是辅佐一方当事人诉讼，没有直接的诉讼利益。

（二）无独立请求权第三人参加诉讼的条件

1. 自己申请或者法院通知参加诉讼。法律规定，无独立请求权第三人既可以自己申请参加诉讼，也可以由法院通知参加诉讼。法院通知，往往是由于本诉当事人的要求导致。诉讼实务中，无独立请求权第三人主动申请参加诉讼的情况比较少见。

2. 与案件处理结果有法律上的利害关系。这种利害关系，在实务中包括直接利害关系和间接利害关系。直接利害关系，是指直接判决其承担实体义务；间接利害关系，是指虽然未判决其承担实体义务，但对其将来的利益有重大的影响。这种利害关系，不是指与本诉的诉讼标的的直接关系，而是指第三人与本诉诉讼标的的直接牵连的利害关系。这种利害关系，可以是有利的关系,也可以是不利的关系。

3. 所参加的诉讼正在进行。无独立请求权第三人参加诉讼的时间,通常是在他人的诉讼已经开始,尚未结束。但与有独立请求权第三人略有不同的是,有时原告在起诉时直接列入无独立请求权第三人,经法院受理立案发出通知的,其一开始就参加了诉讼。

6-25(2004 卷 3,不定项第 83 题) 2000 年 2 月,甲公司与乙公司签订施工合同,约定由乙公司为甲建房一栋。乙与丙签订《内部承包协议》,约定由丙承包建设该楼房并承担全部经济和法律责任,乙收取丙支付的工程价款总额 5% 的管理费。丙实际施工至主体封顶。2004 年 1 月,乙向法院起诉请求甲支付拖欠工程款并解除施工合同。甲辩称乙起诉时已超过 2 年诉讼时效,要求法院驳回乙的诉讼请求。

下列关于丙在本案中的诉讼地位的说法,何者正确?

A. 可以作为原告以甲为被告提起诉讼

B. 法院应将其追加为共同原告

C. 法院应将其追加为共同被告

D. 可以作为无独立请求权的第三人申请参加诉讼

——应当选择 D。丙与案件的判决结果有利害关系,符合无独立请求权第三人的特征和条件。与本案的诉讼标的没有直接的或法律上的利害关系,不能成为本案的原告或被告,A、B、C 项均错。

(三)无独立请求权第三人与必要共同诉讼中共同被告的区别

在法院判决其承担实体义务的诉讼中,无独立请求权第三人的地位相当于被告,是指在本诉以外的另一个"诉讼"中。无独立请求权第三人与一般诉讼中的被告有较大区别,主要表现在:

1. 参加诉讼的方式不同。被告是被诉参加诉讼;无独立请求权第三人是自己申请或由法院通知参加诉讼。

2. 诉讼权利和诉讼地位不同。被告处于诉讼当事人地位,有当事人的诉讼权利和诉讼义务;判决承担实体义务的无独立请求权第三人是准当事人地位,也有相应的诉讼权利和诉讼义务;未判决承担实体义务的无独立请求权第三人是诉讼的辅佐人,无当事人的地位,没有独立诉讼当事人的诉讼权利和诉讼义务。

3. 与诉讼标的利害关系不同。适格被告通常与本诉的诉讼标的有直接利害关系;无独立请求权第三人与本诉的诉讼标的没有直接的利害关系,只是判决的结果与其有利害关系。

（四）最高人民法院关于如何确定无独立请求权第三人地位的规定

1. 应作为无独立请求权第三人参加诉讼的几种情形。《关于审理劳动争议案件适用法律若干问题的解释》（2001 年 4 月 16 日）规定，下列主体应作为第三人参加诉讼：

（1）用人单位招用尚未解除劳动合同的劳动者，原用人单位与劳动者发生的劳动争议，可以列新的用人单位为第三人。

（2）原用人单位以新的用人单位侵权为由向人民法院起诉的，可以列劳动者为第三人。

最高人民法院《关于适用〈中华人民共和国合同法〉若干问题的解释（一）》规定，下列主体应作为第三人参加诉讼：

（1）债权人以次债务人为被告向人民法院提起代位权诉讼，未将债务人列为第三人的，人民法院可以追加债务人为第三人。

（2）债权人依照合同法有关撤销权的规定提起撤销权诉讼时只以债务人为被告，未将收益人或受让人列为第三人的，人民法院可以追加该收益人或者受让人为第三人。

（3）债权人转让合同权利后，债务人与受让人之间因履行合同发生纠纷诉至人民法院，债务人对债权人的权利提出抗辩的，可以将债权人列为第三人。

（4）合同第三人一方经对方同意将其在合同中的权利义务一并转让给受让人，对方与受让人因履行合同发生纠纷诉至人民法院，对方就合同权利义务提出抗辩的，可以将出让方列为当事人。

2. 不得追加为无独立请求权第三人的几种情形。《关于在经济审判工作中严格执行〈中华人民共和国民事诉讼法〉的若干规定》明确规定，下列人员不得追加为无独立请求权第三人：

（1）与原被告双方争议的诉讼标的无直接牵连和不负有返还或者赔偿等义务的人。

（2）与原告或被告约定仲裁或有约定管辖的案外人，或者专属管辖案件的一方当事人。

（3）产品质量纠纷案件中，对原被告之间法律关系以外的下列人员：①证据证明其已经提供了合同约定或者符合法律规定的产品的人；②案件中的当事人未在规定质量异议期内提出异议的人；③案件中的收货方已经认可其提供产品质量的人。

（4）已经履行了义务，或者依法取得了一方当事人的财产，并支付了相应对价的原被告之间的法律关系以外的人。

根据最高人民法院的批复，下列情况也不得列为第三人：在工商管理部门进行鉴证、商检局对商品质量进行检验的合同，如果当事人以合同纠纷提起诉讼，并以工商行政管理部门、商检局有过错应承担民事责任为由，要求将他们列为第三人的，法院不宜将工商局、商检局列为第三人。

第六节　诉讼代理人

一、诉讼代理人概述

(一)诉讼代理人的概念

诉讼代理人，是指根据法律规定或者委托人的委托，代理当事人进行诉讼活动的人。

诉讼代理人的诉讼行为根据法律规定或者委托人授权，可以分为：代理实施诉讼行为和代理接受诉讼行为。前者，如起诉、出庭、调查取证等行为；后者，如接受调解、接受诉讼文书等行为。

根据民事诉讼法的规定，诉讼代理人可以分为两种：法定诉讼代理人和委托诉讼代理人。司法实践中，人民法院为无诉讼行为能力人在有监护责任的人中指定的代理人，属于法定诉讼代理人，不是独立的分类。

(二)诉讼代理人的基本资格

1. 有诉讼行为能力的人。代理他人进行诉讼活动，代理人自己必须具有诉讼行为能力。依据法律规定，能够担任诉讼代理人的人，通常是有诉讼行为能力的公民，特别情况下(监护人)也可以是法人或者其他组织。

2. 获得诉讼代理权。诉讼代理权由法律规定或者被代理的当事人授予。无诉讼代理权，不得代理当事人进行任何诉讼活动。根据民事诉讼法规定，担任委托代理人的公民，除须当事人授权外，还需要经过人民法院批准。以律师身份担任代理人的，还必须具有律师执业证书。

3. 只能代理一方当事人进行诉讼。诉讼当事人双方的利益是对立的，一个诉讼代理人不能同时代理双方当事人进行诉讼，只能代理一方。

4. 人民法院认为适宜的人。最高人民法院规定，可能损害被代理人利益的人以及人民法院认为不宜作诉讼代理人的人，不能作为诉讼代理人。

6－26(2004年卷3，单选第47题)　在民事诉讼中，下列何种人可以作为委托代理人？

A. 受过刑事处罚的人

B. 限制行为能力的人

C. 可能损害被代理人利益的人

D. 人民法院认为不宜作诉讼代理人的人

——应当选择A。选项B是无诉讼行为能力人，依法由其法定代理人作为委托代理人;选项C、D是法律和司法解释明确规定禁止担任委托代理人的;法律和司法解释对选项A没有禁止性规定。

(三)诉讼代理人的特征

1. 以被代理人的名义进行诉讼活动。诉讼代理人以被代理的当事人的名义进行诉讼,体现其一切诉讼活动都是为被代理人进行,不是为代理人自己。但是代理人在诉讼中也有自己的名义,例如在诉讼文书中应明确列明代理人某某。

2. 在诉讼代理权限范围内实施诉讼行为。诉讼代理权,是指代理当事人进行诉讼活动的权利和权限范围。诉讼代理人在代理权限范围内实施的诉讼行为,是有效的诉讼行为。

3. 诉讼代理行为的法律后果由被代理人承担。由于诉讼代理人是以代理人名义、为代理人利益进行诉讼活动,其在代理权限范围内进行的诉讼行为的法律后果,不是由代理人承担,而是由被代理人承担。

(四)民事诉讼代理与民事代理的区别

民事诉讼代理与民事代理有共同之处:都是以被代理人的名义、为被代理人的利益进行活动,其代理行为的后果都是由被代理人承担。

但是,民事诉讼代理与民事代理又有较大区别:民事诉讼代理,代理当事人进行诉讼中的特定活动,既包括程序上的代理行为也包括实体上的代理行为;民事代理,泛指在民事领域内的一切实体上的代理活动,但一般不包括诉讼中的代理行为。

(五)诉讼代理制度的作用

1. 与民事实体法衔接,弥补当事人诉讼行为能力之不足。无民事诉讼行为能力人,不能亲自进行诉讼活动,由其法定代理人代理诉讼,弥补了其诉讼行为能力的不足。

2. 节省当事人的时间和精力,弥补当事人诉讼技能之不足。当事人委托诉讼代理人进行诉讼,可以节省时间和精力;委托专业的诉讼代理人进行诉讼,还可以弥补其自身的诉讼技能之不足。

3. 提高诉讼效率、促进司法公正。在有专业诉讼代理人协助参加的诉讼中,可以进行有效的庭前准备工作,可以减少不必要的解释说明环节,提高开庭审理的效率;在专业代理人的有效沟通下,能减少不必要的申诉。专业诉讼代理人凭借其丰富的法律知识,发现事实、提供证据、说服法官,能为当事人争取公平的诉讼结果。

二、法定诉讼代理人

(一)法定诉讼代理人的概念和范围

法定诉讼代理人,是指根据法律规定代理无诉讼行为能力的当事人进行民事诉讼活动的人。

民事诉讼法规定，无诉讼行为能力人由其法定代理人代理诉讼。无诉讼行为能力人包括无民事行为能力人和限制民事行为能力人。无民事行为能力人和限制民事行为能力人的监护人是其法定诉讼代理人。

(二)法定诉讼代理权的取得

法定诉讼代理权是根据法律规定自动取得，监护权人享有法定诉讼代理权。法定诉讼代理权产生的基础是民事实体法规定的监护权制度，没有完善的监护权制度，法定诉讼代理制度无法实施。法定诉讼代理权由法定代理人在发生诉讼时，为无民事行为能力人和限制民事行为能力人行使。

与监护权一样，法定诉讼代理权是监护权人的一项法定权利，同时又是一项不可推卸的法定义务。有监护权的人推卸法定代理责任的，法院可以强制其参加诉讼。数个有监护资格的人，应当协商产生一人担任法定诉讼代理人；互相推诿监护责任、拒绝担任法定诉讼代理人的，人民法院可以依法在他们当中指定一人担任法定代理人。

6-27(案例题)　甲精神病发作打伤邻居乙15岁的儿子丙。甲今年26岁，父母双亡，与兄弟丁、戊共同生活，无其他亲人。乙离婚与丙共同生活。乙与甲的兄弟丁、戊商量赔偿，丁、戊以“谁打人谁负责”为由拒绝协商。乙欲起诉讨回公道。本案诉讼当事人的地位如何确定?

——丙是被打伤的人，与损害赔偿案件有直接利害关系，有民事诉讼权利能力，是本案适格的原告。但是，丙未满18周岁，是限制民事行为能力人，无民事诉讼行为能力，不能亲自进行诉讼。乙是丙的监护人，依法以法定诉讼代理人身份参加诉讼。乙应以丙的名义起诉。

甲虽然是精神病人，但作为自然人，有民事诉讼权利能力；作为打伤丙的直接民事责任人，与本案有直接利害关系，是本案的当事人。乙应以丙的名义起诉甲诉。但是甲有精神病，无诉讼行为能力，不能亲自实施诉讼行为；依法由其监护人丁或戊担任法定诉讼代理人。

如果甲本人没有经济赔偿能力，监护人应当承担赔偿责任。

甲是打伤丙的人，被丙诉告，有民事诉讼权利能力，是本案的被告；与损害赔偿案件有直接利害关系，是适格的被告。但是，甲有精神病，无民事行为能力，也就无民事诉讼行为能力，不能亲自参加诉讼。丁、戊对甲有监护资格和责任，丁、戊应当协商推举一人为法定诉讼代理人参加诉讼。如果丁、戊拒绝协商，法院应当指定丁或者戊为法定诉讼代理人。

(三)法定诉讼代理人的代理权限和诉讼地位

由于无民事行为能力人和限制民事行为能力人完全不能进行任何有效

的诉讼行为，所以，法定诉讼代理人应当全权代理被代理人的诉讼行为。法定代理人的代理权限范围，与有诉讼行为能力的当事人实施的诉讼活动的范围一致。被代理的当事人的诉讼权利和诉讼义务，均由法定诉讼代理人全权代理实施；诉讼中所涉及的被代理人的实体权利和义务，通常也由法定诉讼代理人代理实施。

法定诉讼代理人在诉讼中全权代理被代理人实施法定的权利和义务，可以实施包括处分行为在内的一切行为。为避免法定诉讼代理人在诉讼中损害被代理人利益，人民法院应当依据法律赋予的干预权，对损害被代理人利益的代理行为进行必要的干预。

尽管法定诉讼代理人可以为当事人的一切诉讼行为，但是法定诉讼代理人不是当事人本人，其处于代理人的诉讼地位。法定诉讼代理人与当事人最主要的区别是：诉讼以当事人的名义、为当事人的利益进行，不是以代理人的名义也不是为代理人的利益进行；并且法院裁判直接针对当事人，不直接针对代理人。

（四）法定诉讼代理权的消灭

法定诉讼代理人的监护权消灭，其法定诉讼代理权也随之消灭。司法实践中，有下列情形之一的，法定诉讼代理权消灭：

1. 被代理人取得或恢复了诉讼行为能力。例如，被代理人年满18周岁。被代理人取得或恢复了诉讼行为能力，由被代理人自行诉讼。

2. 法定代理人死亡或丧失诉讼行为能力。法定代理人死亡或丧失诉讼行为能力，由其他有监护资格的人担任法定诉讼代理人。

3. 因法律关系变更导致监护权丧失。例如，由于收养或婚姻关系解除，使法定诉讼代理人失去监护权的，由其他有监护资格的人担任法定诉讼代理人。

4. 诉讼结束。法定诉讼代理权只存在于诉讼期间。

三、委托诉讼代理人

（一）委托诉讼代理人的概念和范围

委托诉讼代理人，是指根据当事人、法定代表人、法定代理人的委托，代为进行诉讼活动的人。

根据《民事诉讼法》第58条的规定，委托人的范围包括：当事人、法定代表人、法定代理人。委托人可以委托1～2名诉讼代理人。

可以接受委托担任代理人的委托诉讼代理人的范围包括：

1. 律师。
2. 当事人的近亲属。
3. 有关社会团体或当事人所在单位推荐的人。
4. 经人民法院许可的其他公民。

我国在民事诉讼中，没有实行强制律师代理制度，律师和公民均可接受委托人的委托，代理当事人、法定代表人、法定代理人进行诉讼活动。

（二）委托诉讼代理权的取得

委托诉讼代理权的取得，来自于被代理人的授权。

当事人、法定代表人、法定代理人委托代理人代为诉讼，必须向人民法院提交授权委托书。该授权委托书，必须写明委托的事项和权限，由委托人亲自签名、盖章。

为了保证授权委托书的真实性，民事诉讼法规定，侨居国外的我国公民从国外寄交或者托交的授权委托书，必须经我国驻该国的使领馆证明；没有使领馆的，由与我国有外交关系的第三国驻该国的使领馆证明，再转由我国驻该第三国使领馆证明，或者由当地的爱国华侨团体证明。

（三）委托诉讼代理人的权限

委托诉讼代理人在委托授权的范围内进行诉讼行为。委托诉讼代理人的权限范围，根据委托人委托授权的权限范围不同而有所不同。委托代理的权限范围分为：一般代理和特别代理两种。

一般代理，也称普通代理，是指委托代理权限只限于一般诉讼行为的代理。一般代理的权限，因未经特别的授权，不包括任何处分权限，通常只包括有权代理出庭发表意见、取证、举证等诉讼行为。

特别代理，是指代理人在委托人特别授权的范围内代为一般及特别诉讼行为的代理。根据《民事诉讼法》第 59 条、最高人民法院《适用意见》第 69 条的规定，特别代理的权限必须由委托人在授权委托书中一一具体写明，仅写“全权委托”、没有写明具体授权内容的，人民法院视其为一般委托。特别授权的范围，除包括一般代理的权限外，还可以包括：代为承认、变更、放弃诉讼请求；代为和解、调解；代为起诉、反诉、上诉等。

通常情况下，民事诉讼委托人可以不必亲自进行诉讼行为，并可以由诉讼代理人代为出庭。但是，离婚案件的当事人应当亲自出庭，通常不能只由代理人代为出庭。《民事诉讼法》第 62 条规定：“离婚案件有诉讼代理人的，本人除不能表达意志的以外，仍应出庭；确因特殊情况无法出庭的，必须向人民法院提交书面意见。”此外，人民法院认为必须亲自出庭的当事人，也不能只由代理人代为出庭。

（四）委托诉讼代理人的诉讼地位

委托代理人处于代理人的诉讼地位，可以在授权范围内代为一切诉讼行为。但是，委托人也可以在诉讼中亲自直接实施诉讼行为。委托人的诉讼行为与代理人的诉讼行为不一致的，一般以委托人的行为为准。但是，关于法律问题的陈述，一般应以委托诉讼代理人的陈述为准。

(五)委托诉讼代理权的变更和消灭

委托诉讼代理权的变更,是指委托代理关系确立后,委托人改变对诉讼代理人的授权范围。委托诉讼代理权的变更,可以由委托人根据自己的意愿增加或减少委托权限。

遇有下列情形之一的,委托诉讼代理权消灭:

1. 诉讼结束。

2. 委托诉讼代理人死亡或者丧失诉讼行为能力。

3. 委托人解除委托或者诉讼代理人辞去委托。

委托人变更代理人的代理权限或者诉讼代理权消灭,委托人必须向人民法院作书面告知,并由人民法院通知对方当事人。

6-28(2004 年卷 3,多选第 73 题) 下列关于民事诉讼中的法定代理人与委托代理人的表述,哪些是正确的?

A. 委托代理人的诉讼权利不可能多于法定代理人

B. 法定代理人可以是委托代理人的委托人

C. 法定代理人的被代理人是无诉讼行为能力的当事人

D. 委托代理人的被代理人是有诉讼行为能力的当事人

——应当选择 ABCD。理由如下:选项 A:法定代理人依法代理行使当事人的一切诉讼权利,委托代理人在委托范围内代理行使诉讼权利。委托代理人可以经过特别授权行使当事人的一切诉讼权利,但是当事人必须亲自行使的诉讼权利,委托代理人不能代理。选项 B:法定代理人有权为被代理人委托诉讼代理人。选项 C:无诉讼行为能力的人必须由法定代理人代理诉讼,是法律规定。选项 D:委托代理人的委托人是有诉讼行为能力的人,包括当事人、法定诉讼代理人、诉讼代表人。但是,委托代理人代理的被代理人,不一定都是有诉讼行为能力的人。例如,法定诉讼代理人作为委托人时,委托诉讼代理人的被代理人是无诉讼行为能力的人。

第七章　民事诉讼证据

■　第一节　民事证据概述

一、民事诉讼证据的概念

民事诉讼证据，是指在民事诉讼中用以证明和确认案件事实的各种证明材料。诉讼中的证据有两层含义：①用作证明案件事实的证明材料；②用作定案的证明材料。前者的范围包含后者。

在民事诉讼中使用的证据，通常由当事人提供，只有在必要时，人民法院才进行调查取证。人民法院应当依据《民事诉讼法》第63条规定，对当事人提供的不同形式的证据，进行查证属实才能予以确认，用作定案根据。

无论是当事人提供的证据材料还是法院调查收集的证据材料，都必须经过法庭质证后，才能进行甄别、确认出用作定案根据的证据。

7－1（案例题）　当事人在诉讼中举出以下证据：①甲的亲属证明其出门前腿上没有任何伤病；②邻居证明一条白狗扑向甲；③医生诊断证明甲腿上有撕裂伤和擦伤；④医疗费用单据及明细；⑤甲提供的美容发票；⑥乙的家人证明自家白狗没有外出；⑦法医鉴定结论证明擦伤不是狗咬直接造成。经过开庭质证，法庭认定了证据②、③、⑥和④的一部分。以上证据，哪些不属于本案证据？哪些属于一般证明材料的证据？哪些属于用作定案根据的证据？

——其中，⑤不属于本案证据；其余6项证据都属于一般证明材料的证据；②、③、⑥和④的一部分属于定案根据的证据。

二、民事诉讼证据的特征

民事诉讼证据的特征，通常是指诉讼证据的本质属性。作为定案根据的任何诉讼证据，无论是民事诉讼证据、刑事诉讼证据还是行政诉讼证据，都毫无例外地应当全部具备下列特征，缺一不可。否则，不能作为定案根据。

（一）证据的真实性[1]

证据的真实性，是指证据能够真实反映客观事实、并能够达到令人确信的真实程度。

证据能够真实反映客观事实，是指证据本身是客观的或者反映的事实是客观的。前者主要是指未经过任何加工的原始证明材料，例如，原始的文书、物件原件等。后者是指对客观发生的事实进行真实再现的证明材料，例如，真实可靠的鉴定、录音、录像、证人证言等。为了保证诉讼证据的真实性，法律规定在诉讼中故意提供不真实证据的人，要承担相应的伪证责任。

证据能够达到令人确信的真实程度，是指事实裁判者内心对证据的真实性达到确信的状态。我国的事实裁判者是法官。再客观的证据材料，都需要经过事实裁判者的主观认识和主观判断的过程，才可能被作为定案根据。某种意义上说，事实裁判者内心是否相信证据材料的真实性，是证据材料能否证明案件事实的关键。对证据的内心确信程度，是一个复杂的主观思维的过程和状态，很难用统一的、具体的标准化的描述予以表示，更难用法律条文具体规制。对证据的内心确信的准确程度取决于事实裁判者的法律素质、办案经验、识别判断能力和道德水准。对证据以及事实的内心确信，通常由法官自由心证与法律规定相结合。最高人民法院《关于民事诉讼证据的若干规定》（以下简称《证据规定》）第64条有明确的规定。

证据能够真实反映客观事实、并能够达到令人确信的真实程度，是两个共同并列、相互依存的要件，缺一不可。这个观念，反映了对证据事实认识的主、客观真实的统一：证据材料提供者用书面、口头或其他方式表述的材料达到主、客观真实的统一；事实裁判者对证据的判断达到主、客观真实的统一。

基于客观世界的无限性、复杂性和人类主观认识的局限性，我们还不可能完全、绝对地认识一切客观真实。所以，审判实践中，会有一些客观事实没有被发现或者没有被认识。

7-2（案例题） 甲诉称借给乙2万元人民币，但既无借据又无证人，全案只有原告甲的陈述。法院认为，原告证据不足，判决驳回诉讼请求。

——本案没有任何其他证据，仅凭原告一方的陈述，法官对借款的事实无法达到内心确信的程度。

---

[1] 作为必不可少的特征，学界却有很大争议。争议较大的观点有三派：客观真实性、主观真实性和法律真实性。主要的争议焦点在于：真实性的标准如何确定？本书持主客观统一的真实性标准。最高人民法院在《关于民事诉讼证据的若干规定》中只规定证据应具有“真实性”，回避了“客观真实性”、“主观真实性”和“法律真实性”之争。

本案说明证据的重要性和证据可信度的重要性：没有证据或者没有可信的证据，客观事实就处于真伪不明状态，无法被法官认识，诉讼请求也无法得到支持。

7－3（案例题） 法院根据当事人甲的请求，委托某会计师事务所丙对另一方当事人乙的涉案账目进行审计鉴定。不料丙的主任丁与乙是老朋友。丙事务所和丁某不仅没有回避，而且在乙的请求下作出了与事实不符的审计鉴定报告。法院和甲某均不知道该内情。甲某也未对审计报告提出异议。法院依据该审计鉴定报告认定了事实、作出了裁判。

——本案的证据不具有真实性，不能作为定案根据；依据不真实的证据材料作出的裁判，是错误的裁判。法院、检察院或者当事人甲某发现该错误后，均可依法启动审判监督程序依法改正该裁判。但是，未发现错误、未经过法定程序改正错误裁判前，原裁判有法律效力。

本案说明法律坚持证据真实性的原则，发现不真实的错误，应当及时改正。同时也说明，我们对证据真实性的认识，会受到各种原因或条件的限制和制约，如被伪证或人为错误所欺骗或迷惑、受科学发现手段的限制等。

一些客观事实在诉讼中没有被发现或者没有被认识，主要原因是没有主客观统一的真实证据的支持。这种现象，并不影响我们对业已发现的证据的真实性的追求。在这里，我们首先追求的是证据材料本身的真实性，并依此把握案件事实的真实性。证据材料反映的事实通常是案件事实，但证据材料本身不能与案件事实划等号。[1]

（二）证据的关联性

证据的关联性，是指证据与本案待证事实之间存在内在的、必然的联系，并且证据所证明的事实属于本案需要证明的事实。

证据与本案待证事实之间存在内在的、必然的联系，是指每一个证据与所要证明的案件事实之间的必要逻辑联系。在现实世界里，不是每一个真实存在的事实材料都能够成为证据的，只有那些与所要证明的案件事实有内在的必然联系的，才可以列入本案证据材料的范围。

证据与待证事实之间的关联性通常有两种现象：①作为证据所反映的事实本身就是待证事实的一部分或者全部；②证据反映的事实仅与待证事实有某种联系，能够为待证事实提供证明。证据与待证事实之间的关联性，能够反映证据的证明力。证据与待证事实之间的内在联系越密切、越直接，其证明力越强；反之，则越弱；没有任何关联性的证据材料，不是本案证据，

[1] 在一些学术描述中，经常混淆证据真实性和案件事实真实性的区别。

应予排除。

证据所证明的事实属于本案争议的事实,实际上是指待证事实或者证明得出的事实应当是本案需要证明的事实。待证事实或者证明得出的事实如果不是需要证明的事实,该证据材料与本案就没有关联性。例如,当事人提供的美容单据,虽然真实,但只能证明美容的开支,不是本案争议的事实。与损害后果的事实毫不相干,不属于本案证据材料的范围,法院应当当庭否定,并交还当事人不列入本案卷宗。

证据与本案待证事实之间存在内在的、必然的联系,并且证据所证明的事实属于本案需要证明的事实,是两个共同并列、相互依存的要件,缺一不可。这一观念,反映了证据关联性的要求,不仅及于证据本身,还及于证据所要证明的事实。践行这一观念,可以提高诉讼效力、降低诉讼成本、减少滥讼缠讼。

(三)证据的合法性

证据的合法性,是指作为民事案件定案依据的证据必须符合各项法律规定的形式、程序和许可性。证据的合法性包括三个方面的含义:①证据的形式合法;②证据的收集、调查、保全和认定程序合法;③证据具有法律上的许可性。

1. 证据的形式合法。《民事诉讼法》第63条明确规定了证据的七种形式,包括书证、物证、视听资料、证人证言、当事人的陈述、鉴定结论和勘验笔录。证据种类是基于证据的表现形式所作的法律上的分类。证据材料只有具备这七种形式,才能成为民事诉讼证据。民事诉讼法除了在宏观上对证据形式作出明确规定外,对每一种证据的具体形式也有一定的要求。例如,鉴定结论必须采用书面形式,并由鉴定部门和鉴定人签名或者盖章。鉴定人鉴定的,应当由鉴定人所在单位加盖印章,证明鉴定人身份。证明材料不具备这些形式,不符合这些要求,便不能作为民事诉讼的定案根据。

2. 证据的取得合法。证据必须合法取得,才可以用作证明案件事实的证据。当事人、代理人、人民法院应当按照法定程序收集、提供、调查证据。《证据规定》第68条规定:"以侵害他人合法权益或者违反法律禁止性规定的方法取得的证据,不能作为认定案件事实的依据。"

3. 证据提交和认定的程序合法。作为定案根据的证据,都应当在法庭上出示,由双方当事人进行质证;对技术性较强的专门性问题需要鉴定的,应当交由法定鉴定部门或者人民法院认可的部门鉴定。未经法定程序取得、认定的证明材料,不能作为认定案件事实的根据。

证据应当在法律规定或者法院指定的期间提交,超过提交证据期间的,为提交程序不合法,将会造成证据失权的后果。

7－4(案例题)　某民事案件的一个事实,在对方当事人的会议记录中有记载,该当事人通过内部人员偷偷撕下了该页笔录,提交给法院。法院认定为非法证据,不予采纳。请问为什么不合法?应当如何取证?

——取证的手段不合法,盗取他人的文件材料属于违法行为。当事人应当要求法院对该证据进行保全,或者向法院申请要求对方提供。

民事诉讼证据的以上三个特征,通常称之为定案证据的“三性”,是从不同的侧面分析民事诉讼定案证据的特性。这些基本特征是民事诉讼证据的构成要件,也是审查判断民事诉讼证据能否确认的标准。

三、民事诉讼证据的证明力

证据的证明力,是指证据材料能够证明案件事实所达到的证明程度,包括证据材料的证明力之有无、证明力之大小以及证明力之独立与补强。

对证据证明力的判断,首先依照法律规定,法律没有规定的由法官依据心证判断。《民事诉讼法》第64条第3款规定,人民法院应当按照法定程序,全面地、客观地审查核实证据。最高人民法院《证据规定》第64条进一步规定:“审判人员应当依照法定程序,全面、客观地审核证据,依据法律的规定,遵循法官职业道德,运用逻辑推理和日常生活经验,对证据有无证明力和证明力大小独立进行判断,并公开判断的理由和结果。”从上述规定可以看出,我国法官审查判断证据的证明力,首先应当依据法律规定,其次由法官自由心证。规定法律规定与法官心证相结合,可以防止法官恣意地使用心证。

■　第二节　民事证据的种类

一、书证

(一)书证的概念与特征

书证,是指用文字、符号、图形等形式记载的内容所表达的意思来证明案件事实的证据。

作为民事诉讼中的证据,书证除了具有一般诉讼证据的三个共有基本特征外,还有以下不可或缺的自有特征:

1. 文字、符号、图形是书证表达意思的基本形式。最常见的书证是用文字书写、印制或刻制的;也有用特定符号或图形作为表达形式,如有特定符号的商标。

2. 文字、符号、图形是以书面及其他物质为载体。最常见的书证是各种各样的纸质书面材料。例如,房契、合同书、结婚证、私人书信等。但有时也用金属、陶瓷、石头、塑料以及竹木等材料为载体。如寄存物品时发给的铜牌等。

3. 书证以其记载的内容直接表达意思证明案件事实。凡不是以其内容表达意思、不能直接表达意思,需要通过说明、考察甚至鉴定,才能解析其信息的,不是书证。以文字、符号、图形等形式所记载的内容直接表达的意思证明案件事实,是书证区别于其他一切证据的基本特征。

4. 书证以其固定不变的意思表示证明案件事实。书证所表达的含义通常固定不变,不随时间、记忆的变化而变化,因而比较真实。对一些比较重要的民事法律行为,法律、法规要求当事人必须采取书面形式予以确认。书证的这个特征也要求书证必须保持原始状态,不能涂改、伪造,否则将影响其证明力。

7-5 (多选题) 下列哪些证据属于书证?

A. 某债务案,在债务人住处收集的笔记本,其中记载其借款的记录

B. 某继承案,为查明遗嘱是否他人涂改而进行鉴定的笔迹

C. 某损害赔偿案,证人书写的书面证词

D. 某知识产权案,载有侵权人抄袭他人作品的论文集

——应当选择AD。

(二)文书的分类

文书是书证最主要的形式,文书在民事诉讼中使用最多,种类和形式也较多。为更好地使用文书书证,按不同的标准,对文书作如下分类:

1. 按制作主体不同,分为公文书和私文书。公文书,是指国家公务人员在其法定的职权范围内依其职权制作的文书。如人民法院制作的判决书、婚姻登记机关制作的结婚证、仲裁机关制作的裁决书、单位开除职工的决定书等。私文书,通常是指公民个人制作的文书。如借据、遗嘱、书信、函电等。

区分公文书和私文书的目的在于,判断文书证明效力的审查判断方式和侧重点有所不同。对公文书的判断侧重于是否是有关单位及其公务人员在职权范围内制作的;对私文书的判断则侧重于是否是制作人本人的签名或印章。司法实践中,由于对私文书的质疑多于对公文书的质疑,对私文书的审查通常严于对公文书的审查。

2. 按照内容不同,分为处分性文书和报道性文书。处分性文书,是指以设立、变更或者消灭一定法律关系为内容,能引起一定法律后果的文书。例如,委托书、合同书、协议书等。报道性文书,是指以报道具有法律意义的事实为内容,通常不能引起法律关系产生的文书。如账簿、日记、告知他人某

种法律事实的信函等。

通常认为,就同一案件事实的认定,处分性书证能够直接证明该事实,因而效力强于报道性书证;报道性书证虽然对该事实也有一定的证明作用,但其证明通常只具有间接性。

3.按形式不同,分为普通文书和特别文书。普通文书,是指只要求有一定的意思表示,不要求特定形式的文书。例如,收据、借条。特别文书,是指不仅有一定的意思表示,而且具有特定形式的文书。例如,海运提单、土地使用权证书、经公证或认证的涉外委托书。

通常情况下,特别形式的文书,制作严谨、内容完善、真实性程度高,其证明力强于普通文书。

4.按制作方式不同,分为原本、正本、副本、节录本、复印件。原本,又称原件,是指制作人制作的原始文本。正本,是指依照原本抄写或印制、对外具有正式文本效力的文书。副本,是指依照正本抄写或印制、具有与正本同样效力的文本。节录本,是指对原本或正本的内容部分摘抄形成的文本。复印件,是指用将原本或正本经复印机复制的文本。

根据民事诉讼法及有关司法解释的规定,书证应当提交原件。提交原件确有困难的,可以提交复制件、照片、副本和节录本。提交节录本的,应当注明文件的名称和出处.并由有关单位盖章证明。提交外文书证的,必须附有中文译本。提交复印件,应当与原件核对无误,必要时须经有关部门认证。例如,无法提交营业执照原本时,应当提交加盖经工商行政机关认证印章的复印件。

二、物证

(一)物证的概念与特征

物证,是指用特定物的存在及其物理特点证明案件事实的证据。物证能够以其存在及其外形、质量、规格和特别的痕迹、色彩等,证明案件事实。如发生质量争议的机器、钢材、建筑物或者其他产品,被撞坏的轮船、车辆等,都属于物证。

与其他证据相比,物证的特征如下:

1. 物证具有较强的客观性。物证表现为物质形态,并以存在为前提。物证是客观存在的物品,其内部和外部的特征又是它本身所固有的,无主观意志的表现,在历史上曾被认为是最可靠的证据之一。

2. 物证一般具有不可替代的特定性。通常情况下,不论是种类物还是特定物,作为物证的物品是不可替代的。一经替换,就难以反映待证事实的本来面目。例如,霉烂变质的稻种、损坏的汽车等。

(二)物证在诉讼中的运用

在民事诉讼中,物证常常可以直接用来认定案件事实,也常被用来鉴别当事人的陈述、证人证言等证据的真伪。所以,我们在诉讼中应当注意收集和使用物证。

依据民事诉讼法的规定,物证应当提交原物。但是,有时确实无法或难以提交原物,也可以提交复制品或照片。如交通事故的现场照片、珍贵文物的照片等。复制品或照片应当是原物的真实写照。

在审判实践中,有时会遇到同一物品既是书证,又是物证的情况。比如原告以书面遗嘱为证,请求人民法院把全部遗产判归他一人继承。被告则以同一书面遗嘱为证,指出被继承人的签字是伪造的。在前一种情况下,该书面遗嘱为书证。在后一种情况下,该书面遗嘱为物证。这是因为,前者用来证明待证事实的是书面遗嘱的内容表示的意思;后者用来证明待证事实的是书面遗嘱的外部形态,即签字的笔迹。

三、视听资料

(一)视听资料的概念与特征

视听资料,是指能用视听设施记录并能再现的视听素材以证明案件事实的证据。视听设施包括:录音机、录像机、电影机、电脑等。视听素材包括:音像、文字、图形、符号或数据资料等。视听素材的载体包括:录音带、录像带、微机硬盘、软盘、光盘等。

与其他证据相比,视听资料具有如下特点:

1. 视听资料的载体特殊。视听资料的载体包括:录音带、录像带、胶片、电脑芯片、磁盘、光盘等特殊介质。这些资料均需要通过特殊的视听设施才能再现。

2. 有些视听资料能够形象地证明案件事实。例如,录音既以其内容证明案件事实,又能以音调、音色等反映出这些内容出自何人之口;录像既能以连续图像反映出人的行为过程,又能显现行为人与周围的人和物的关系,这些功能是书证和物证所不具备的。

3. 视听资料易于保存和使用。多数视听资料体积小、重量轻,易于保存、携带。视听资料可以在视听设施上反复播映、查阅。

4. 视听资料易于被伪造和修改。视听资料一般都可以复制、修改和剪辑,也易于伪造。所以使用视听资料证明案件事实,通常需要其他证据加以佐证。

(二)视听资料的在诉讼中的运用

随着社会经济和科技的高速发展,视听资料在诉讼中的运用越来越普遍。如何合法取得、制作和使用视听资料的问题也日显突出。在诉讼中运

用视听资料,应当注意以下问题:

1. 合法取得视听资料。非法获得的视听资料,不能作为定案证据使用。非法获得的视听资料包括:使用法律、法规禁止的手段窃听、窃拍所获得的视听资料,以侵害他人隐私权的方式取得的视听资料,等等。

司法实践中,未经对方同意,私自录音、录像或者拍摄的视听资料,是否合法、能否作为诉讼证据使用,应当根据具体情况加以判断,不能一概论之。没有侵害他人合法权益并且没有违反法律禁止性规定获得的视听资料,即便未经对方同意,也可以作为合法证据使用;反之,则不是合法证据。

2. 严格审查视听资料的真实性。基于视听资料易于被伪造和修改的特征,对视听资料的审查应当严于其他证据。《证据规定》第 69 条第 3 项规定,存有疑点的视听资料不能单独作为证据使用,需要其他证据加以佐证补强其效力。

四、证人证言

(一)证人证言的概念与特征

证人,是指因了解案件有关情况并在诉讼中作证的人。证人必须是当事人以外的能够证明案件事实的人。能够证明案件事实,是指了解案件事实,对所了解的事实具有辨别能力,并能正确表达的人。证人证言,是指证人向法院就其知晓的案件事实所作的陈述或证词。

证人通常应当是特定的公民,如果机关、团体、企业事业单位了解案件的有关情况,应由其有关负责人或者知情人出庭作证,并由其单位在书面证词上加盖公章。

与其他证据相比,证人证言有以下特征:

1. 证人的资格限制较少。除法律明确规定不能作证的人以外,其他了解案件情况的人,通常都有资格作证。法律没有明确限制证人的年龄、智力,与案件有利害关系或者与当事人有亲疏关系的人也不限制其证人资格。

2. 证人证言通过口头和书面两种形式表达。证人证言主要通过口头方式在法庭上直接表达,也可以口头和书面两种形式同时表达;证人确有困难不能出庭口头陈述的,可依照法律和法院许可的其他方式表达。聋哑人可以以手语或书面方式表达。

3. 证人证言具有一定的主观性。证人证言是对其知道或者经历的事情作回忆性表述,其观察、感受到的事务是否客观、其表述是否客观,受其观察力、记忆力、表达力以及其他因素的影响很大,具有一定的主观性。

(二)证人证言在诉讼中运用

证人证言是诉讼中最常使用的证据形式。基于证人证言的上述特征,与其他证据相比,对证人证言的规范和审查比较严格。

1. 以下人员不能作为证人。

（1）本案审判人员、检察人员、翻译人员、鉴定人员，为保持公正和中立，不能作为证人。

（2）本案诉讼代理人与证人的地位相互冲突，不能作为证人。

（3）不能正确表达意志的人，难以作出客观真实的陈述，不能作为证人。法律和司法解释没有明确列举规定哪些人是不能正确表达意志的人，但是在《证据规定》第 53 条第 2 款作出了概括性的反面规定："待证事实与其年龄、智力状况或者精神健康状况相适应的无民事行为能力人和限制民事行为能力人，可以作为证人。"依此推理，待证事实与其年龄、智力状况或者精神健康状况不相适应的无民事行为能力人和限制民事行为能力人，就不可以作为证人。

2. 当事人可以提供证人证言、申请证人出庭作证。当事人申请证人出庭作证的，应当在举证期限届满 10 日前提出申请，并经人民法院许可。

人民法院对当事人的申请予以准许的，应当在开庭审理前通知证人出庭作证，并告知其应当如实作证及作伪证的法律后果。

证人因出庭作证而支出的合理费用，提供证人的一方当事人先行支付，由败诉一方当事人承担。

3. 证人应当出庭作证、接受质询。证人有按时出庭作证、如实提供证言的义务。证人出庭作证，是为了接受质询。未经质证的证人证言，不能作为定案根据。《证据规定》第 55 条规定："证人应当出庭作证，接受当事人的质询。证人在人民法院组织双方当事人交换证据时出庭陈述证言的，可视为出庭作证。"《证据规定》第 58 条规定，审判人员和当事人可以对证人进行询问。

4. 证人出庭确有困难情况的处理。依据《证据规定》第 56 条的规定，证人确有困难不能出庭的，可以经法院许可提交书面证词或者视听资料或者通过双向视听传输技术手段作证。

"证人确有困难不能出庭"，是指下列情形：①年迈体弱或者行动不便无法出庭的；②特殊岗位确实无法离开的；③路途特别遥远，交通不便难以出庭的；④因自然灾害等不可抗力的原因无法出庭的；⑤其他无法出庭的特殊情况。

5. 证人作证时的禁止用语以及不得旁听。证人作证时，不得使用猜测、推断或者评论性的语言。证人不得旁听法庭审理；询问证人时，其他证人不得在场。但人民法院认为有必要时可以让证人对质。

6. 亲属证言的证明力较小。证人提供的对与其有亲属或者其他密切关系人的当事人有利的证据，其证明力一般小于其他证人证言。

7. 法官对证人证言的审查判断，心证作用比较大。《证据规定》第 78 条规定："人民法院认定证人证言，可以通过对证人的智力状况、品德、知识、经验、法律意识和专业知识和专业技能等的综合分析作出判断。”

7-6(2005年卷3,单选第48题) 下列关于证人及证人证言的表述,哪一项是错误的?

A. 凡是了解案件情况的人都有义务出庭作证

B. 当事人申请证人出庭作证应当经人民法院许可

C. 与当事人一方有亲戚关系的人不能作为证人

D. 无诉讼行为能力的人在一定情况下可以作为证人

——应当选择C。

五、当事人陈述

(一)当事人陈述的概念与特征

当事人陈述,是指当事人就有关案件事实向人民法院所作的叙述。

当事人陈述作为证据,必须同时符合以下两个条件:①只有对案件事实有证明意义的陈述才可以作为证据。当事人在诉讼中所作的陈述可能很多,并不是所有内容都具有证据意义,只有在诉讼中向人民法院所作的对特定案件事实有证明意义的陈述,才能成为诉讼证据。②必须记入法院审理笔录或者收入卷宗的当事人陈述才能作为证据。当事人陈述可以用口头或书面两种形式表达。作为证据,当事人陈述通常应当依法在人民法院开庭时当庭表达,记入法院庭审笔录;也可以用书面形式提交法院,经审查核实后收入卷宗。

与其他证据相比,当事人陈述最主要的特征是其具有两面性:①当事人是案件有关事实的亲身经历者,最了解案件事实,最能够提供案件真实情况;②他们是民事案件的利害关系人,容易从自身利益出发,常常在陈述中夸大或者缩小某些事实,甚至歪曲事实真相,进行虚假陈述。

(二)一般陈述与承认陈述

当事人陈述,可以分为一般陈述和承认陈述两种。当事人不具有承认性质的陈述,为一般性陈述。当事人承认,是指一方当事人就对方当事人提出的诉讼请求或者事实主张表示认可的陈述。一方当事人承认对方当事人的诉讼请求,经人民法院确认,不仅可以免除对方当事人的举证责任,还可能导致案件的实体解决。因此,当事人承认是民事诉讼中有特殊价值的证据。

当事人在诉讼上的承认分为认诺和自认。认诺是指对对方诉讼请求的承认。自认是指对对方主张事实的承认。

当事人的承认有诉讼上的承认和诉讼外的承认。诉讼上的承认,指当事人在审理过程中所作的承认。这种承认经人民法院记录,可以作为定案的根据。诉讼外的承认,指当事人在诉讼程序之外所作的承认。这种承认可以作为其他形式的证据但不属于当事人陈述。但是,如果当事人在诉讼中追认,则可成为当事人陈述。此外,还可以通过其他形式在诉讼中举证。例如,通过书证、视听资料、证人证言等证据形式,证明对方当事人对某种法律事实的承认。

当事人承认通常应当是明示,法定情况下默示也能成立。当事人的承认通常应当是明确肯定的意思表示。但是,依据《证据规定》第8条第2款的规定:"对一方当事人陈述的事实,另一方当事人既未表示承认也未否认,经审判人员充分说明并询问后,其仍不明确表示或者否定的,视为对该项事实的承认。"当事人在场但对其代理人的承认不作否认表示的,视为当事人的承认。

当事人在法庭辩论终结前撤回承认并经对方当事人同意,或者有充分证据证明其承认行为是在受胁迫或者重大误解情况下作出且与事实不符的,不能免除对方当事人的举证责任。

(二)当事人陈述的效力

由于当事人陈述有两面性特征,当事人陈述通常需要借助其他证据与之相互印证。因此,人民法院对当事人的陈述,既要重视其证明价值,又不能轻信,应当结合其他证据,进行综合分析。

《证据规定》第76条规定:"当事人对自己的主张,只有本人陈述而不能提出其他相关证据的,其主张不予支持。但对方当事人认可的除外。"

除当事人承认外,当事人陈述的证明力弱于其他证据。

7-7(2004年卷3,单选第46题) 当事人对自己的主张只有本人陈述而不能提出其他相关证据的,在下列哪一情况下,法院对其主张可予以支持?

A. 对方当事人认可 B. 本人陈述前后没有矛盾
C. 陈述人具有较高的诚信度 D. 陈述人具有完全的民事行为能力
——应当选择A。

7-8(2005年卷3,多选第70题) 下列关于民事诉讼自认及其法律后果的说法,哪些是错误的?

A. 老张诉小张的赡养纠纷案件中,小张对老张陈述的收养事实明确表示承认,老张对形成收养关系的事实无需举证

B. 对原告甲陈述的事实,被告乙不置可否,法官充分说明并询问后,乙仍不予回答,视为对该项事实的承认

C. 经当事人特别授权的代理律师在诉讼中对案件事实的承认,视为当

事人的承认,但因此而导致承认对方诉讼请求的除外

D. 被告只要在法庭辩论终结前声明撤回承认,其在庭审过程中的承认即无效

——应当选择 AD。

六、鉴定结论

(一)鉴定结论的概念与特征

鉴定结论,是指用鉴定人对与案件有关的专门性问题进行科学分析研究后所作的判断意见来证明案件事实的证据。鉴定人,是指受法定部门或法院指定的部门指派对专门问题进行科学鉴定的专家。

在民事诉讼中,常常会遇到审判人员难以判断的专门性问题。为了查明案件事实,必须由具有专门知识的专家,对专门性问题进行科学鉴定。随着法制和科技水平的不断发展,诉讼中可以鉴定的种类不断增加,鉴定结论所起的作用越来越大。

鉴定结论的最主要特征,是其具有专业性、科学性和中立性以及法定程序:①鉴定结论的专业性,是指鉴定结论由专业的部门专业人员对专门问题鉴定得出的专门结论。②鉴定结论的科学性,是指鉴定结论是运用科学原理使用科学手段鉴定得出的科学结论。③鉴定结论的中立性,是指鉴定结论是由完全中立的部门和人员鉴定得出的中立结论。④鉴定结论的法定程序,是指其严格依照法定的程序确定鉴定部门和鉴定人员、依照法定的程序进行鉴定、依照法定的程序制作鉴定结论。

(二)申请鉴定和选定鉴定部门

依据法律和司法解释的规定,当事人在诉讼中有权向法院申请就专门性问题进行鉴定。当事人申请鉴定应当在举证期限内提出。当事人申请鉴定经人民法院同意后,由双方当事人协商确定有鉴定资格的鉴定机构、鉴定人员,协商不成的,由人民法院指定。

从《民事诉讼法》第 72 条的规定精神看,人民法院也可以依职权直接提交鉴定。人民法院对专门性问题认为需要鉴定的,应当交由法定鉴定部门鉴定;没有法定鉴定部门的,由人民法院指定的鉴定部门鉴定。

当事人一方在起诉前或者诉讼中,自行委托有关单位和人员作出的鉴定,如医疗诊断书、产品检验单等,如果对方当事人承认或同意,经人民法院确认,可以作为定案根据。但这些只是一般书证而已,不是法定的鉴定结论。其与法定的鉴定结论最大的不同在于,鉴定结论不必经当事人承认或同意,法院可以直接用作定案根据。

(三)鉴定结论的形式要求和鉴定人的权利义务

鉴定部门和鉴定人员应当提出鉴定结论,在鉴定书上签名或者盖章。

鉴定人鉴定的,应当由鉴定人所在单位加盖印章,证明鉴定人的身份。

为了保证鉴定结论的科学性、权威性和公正性,不仅要求鉴定人是有关方面的专家,而且必须是与本案无任何利害关系的专家。常见的鉴定通常有医学鉴定、技术鉴定、文书鉴定、审计鉴定、物理鉴定等。

按照《证据规定》的规定,鉴定书应当具有下列内容:①委托人姓名或者名称、委托鉴定的内容;②委托鉴定的材料;③鉴定的依据及使用的科学技术手段;④对鉴定过程的说明;⑤明确的鉴定结论;⑥对鉴定人鉴定资格的说明;⑦鉴定人员及鉴定机构签名盖章。

鉴定人享有下列权利:①有权了解进行鉴定所需要的案件材料;②有权询问当事人和证人;③有权获得报酬和其他费用,如差旅费、误工工资等。

鉴定人应履行下列义务:①不得弄虚作假。鉴定人故意提供虚假鉴定结论应负法律责任。②应当出庭接受当事人的质询。鉴定人确因特殊原因无法出庭的,经人民法院准许,可以书面答复当事人的质询。

(四)申请重新鉴定的情形

当事人对鉴定结论有异议,有权向人民法院申请重新鉴定。依据《证据规定》的规定,当事人对人民法院委托的部门作出的鉴定结论有异议申请重新鉴定,提出证据证明存在下列情形之一的,人民法院应予准许:①鉴定机构或者鉴定人员不具备相关的鉴定资格的;②鉴定程序严重违法的;③鉴定结论依据不足的;④经过质证认定不能作为证据使用的其他情形。

对于有缺陷的鉴定结论,可以通过补充鉴定、重新质证或者补充质证等方法解决的,不予重新鉴定。

一方当事人自行委托有关部门作出的鉴定结论,另一方当事人有证据足以反驳并申请重新鉴定的,人民法院应予准许。

(五)鉴定结论的效力

鉴定结论的特征,决定了鉴定结论具有很强的权威性,也决定了鉴定结论具有强大的证明力。人民法院对鉴定结论,通常不作实质审查,通过法庭质证和形式审查便可以作为定案的证据。

七、勘验笔录

(一)勘验笔录的概念

勘验笔录,是指人民法院工作人员对民事案件涉案现场或物证进行实地或实物勘查检验时所作的记录,包括笔录、照片、示意图等。在民事诉讼中,双方当事人争执的标的物、用以证明案件事实的物证,有许多是不便或根本无法提交法庭的。比如,争执山林或者土地使用权的案件、宅基地纠纷案件等。人民法院为查明案件真实情况,应当由审判人员或法院委派的人亲临现场,进行勘查、检验、丈量或测试,取得勘验笔录。

（二）勘验笔录的形成和程序

勘验是一种由人民法院收集证据的活动，也是对证据的固定和保全。因此，勘验必须由人民法院的审判人员和其他工作人员，严格按照民事诉讼法规定的程序进行。根据《民事诉讼法》第 73 条的规定，勘验物证或者现场，必须出示人民法院的证件，并邀请当地基层组织或者当事人所在单位派人参加。勘验时，当事人或者当事人的成年家属应当到场，拒不到场的，不影响勘验的进行。有关单位和个人根据人民法院的通知，有义务保护现场，协助勘验工作。勘验情况和结果，应当制作笔录，由勘验人、当事人和被邀请参加人签名或者盖章。上述人员拒不到场，不影响勘验进行及勘验笔录的效力。勘验笔录，应当由法院工作人员认真、准确地制作。勘验笔录是对物证或者现场的真实反映，必须客观，不能掺杂审判人员的分析判断。

（三）勘验笔录的效力

勘验笔录的证明力，取决于是否如实地反映了物证或者现场的真实情况。如果勘验时粗心大意，勘验笔录就不能如实反映物证或者现场的真实情况，这样的勘验笔录不能作为认定案件事实的根据。因此，遇到当事人对勘验笔录提出确有理由的质疑时，应当对勘验笔录进行核查。通常情况下，人民法院制作的勘验笔录具有较强的证据效力。

■ 第三节　民事证据的分类

一、本证与反证

按照证据对于证明责任承担者是否有利，可以划分为本证和反证。本证是指负有证明责任的一方当事人提出的用于证明自己所主张事实的证据。反证是指没有证明责任一方当事人提出的用于证明对方主张事实不成立的证据。通说认为，本证和反证与当事人在诉讼中是原告还是被告没有关系，而与证据是否由承担证明责任的人提出有直接关系。

例如，原告起诉要求被告偿还 1 000 元借款，原告是对借款的事实负有证明责任的一方，其提交被告亲笔书写的借据作为证据，该借据是本证。被告举出证人证明：被告事先写好借据但原告不愿借款，被告当时撕毁借据扔在地上，原告持有的借据是事后拼贴伪造的，该证人证言意在证明对方的债权主张不成立，是反证。

假如，被告主张上述债务虽然存在但早已还清，被告对已经还债的事实负有证明责任，其举出原告亲笔书写的收据予以证明，该收据属于本证。再如，原告指出被告提供的收据是伪造的，经过鉴定确属伪造。该鉴定结论证明被告的还款主张不成立，属于反证。

应当注意的是，反证与证据抗辩不同。证据抗辩是一方当事人就对方当事人提供的证据，指出它的不合法或者不真实，从而否定其证明作用，但是并没有举出证据。例如，甲以房产证上的产权人是甲本人为由，请求人民法院确认其房产权并令乙归还房屋使用权。乙答辩称，房屋是甲乙双方共同购置的，甲无权一人登记产权。乙的这种答辩为证据抗辩，不是反证，因为乙并没有提出新的证据，而反证是一种新的证据。对当事人的证据抗辩，人民法院可以令其说明理由并提出根据，以便对发生争议的证据材料进行审查，辨别真伪。如果乙能够提出证据证明共同购房的事实，则该证据为反证。

学理上把证据分为本证和反证，主要是为了解决谁有责任提出证据证明案件事实。本证与反证的区分，与其证明力大小一般没有直接关系。证明力大小，主要取决于证明所能达到的确信程度，有时也取决于证明责任的负担。

《证据规定》第 73 条规定，双方当事人对同一事实分别举出相反的证据，但都没有足够的依据否定对方证据的，人民法院应当结合案件情况，判断一方提供证据的证明力是否明显大于另一方提供证据的证明力，并对证明力较大的证据予以确认。

因证据的证明力无法判断导致争议事实难以认定的，人民法院应当依据举证责任分配的规则作出裁判。

二、直接证据与间接证据

依照证据能否直接证明案件事实，可以分为直接证据和间接证据。直接证据，是指能够直接证明案件事实的证据。例如，结婚证能够直接证明夫妻关系存在；房产证能够直接证明房屋产权归属；借条能够直接证明借贷关系成立。都是直接证据。间接证据，是指不能单独、直接证明案件事实、只能间接证明案件事实的证据。直接证据的证明力强于间接证据。只要经过查证属实，单凭一个直接证据就可以认定有关案件事实。但是，任何一个间接证据都不能直接确定有关案件事实。因为一个间接证据往往会得出很多可能性，无法确定某个事实。只有将若干间接证据综合在一起，经过推理和分析，才能确定有关案件事实。

在民事诉讼中，运用直接证据比较容易，而运用间接证据则比较困难。但是，间接证据也具有不可忽视的作用。间接证据可以用来鉴别直接证据，是审查直接证据是否真实的手段。有些民事案件没有直接证据，或者由于各种原因一时收集不到直接证据，在这种情况下，只能从收集间接证据入手，依靠间接证据查明案件事实。

例如，原告认为与被告之间存在房屋买卖关系，被告认为与原告之间存在房屋租赁关系。原告所举证据如下：未经双方当事人签字的房屋买卖合同文本;知情人证明合同文本条款是双方协商拟订的;被告通知其入住房屋的通知书;被告亲笔书写的“第一个月房款收据”。被告提供的证据则有:写有被告姓名的房产证;知情人证明双方房屋买卖合同没有谈成。同时被告答辩:写有收到第一个月房款2 000元的收据是房屋月租金收据;未签字的合同文本原约定首付购房款10万元。本案双方当事人提供的证据,都不是直接证据,而每一个间接证据又都无法单独证明双方存在的是买卖关系还是租赁关系。但是,综合正反两方面的间接证明材料,进行比较、分析和推理,就不难得出以下结论:现有证据不足以认定房屋买卖合同关系的存在,而被告主张的租赁关系应当是存在的。

运用间接证据应当注意以下几个问题:①每一个间接证据都必须查证属实。如果间接证据本身不真实,据此得出的关于案件事实的结论也不可能真实。②若干间接证据必须形成一个完整的证明体系。一个间接证据是不能证明案件事实的,必须收集到足够数量的间接证据。在这个基础上,还要注意若干间接证据之间有没有逻辑联系,是否形成了一个完整的证明体系。③若干间接证据之间必须协调一致。如果若干间接证据之间有互相矛盾的现象,应当排除矛盾,继续收集新的间接证据。④从若干间接证据形成的证明体系中,只能得出唯一结论。如果从若干间接证据形成的证明体系中,可以推导出两个以上的结论,说明间接证据的数量不足,证明体系尚不完善。应当继续收集新的间接证据,以使证明体系形成一条“证据锁链”,锁定唯一的结论。

三、原始证据与传来证据

依照证据是否直接来源于原始出处,可以分为原始证据和派生证据。原始证据,是指直接来源于原始出处的证据,通常称为“第一手材料”。例如,遗嘱的手稿、合同书的原本、耳闻目睹案件事实的证人证言等,都属于原始证据。派生证据,是指从原始出处衍生出来的证据,通常称为“第二手材料”。如遗嘱的抄本,合同书的复印件,从他人那里听到的有关案情所作的证人证言等。

通常认为,原始证据的证明力强于派生证据的证明力。因为,原始证据与派生证据相比,由于它是直接来源于原始出处,其可靠程度较高,证明作用也就较大。派生证据则不然,由于在复制、传抄、转述过程中可能会出现差错,其可靠程度差;特别是几经转手的派生证据,其可靠程度更差;有些派生证据还很容易被伪造、变造,如在复印文件时对原件内容进行变造。因此,在诉讼中应当尽量收集、运用原始证据。但是,派生证据也不是一无是处,仍有其一定的作用:如果一时无法取得原始证据,可以通过派生证据进一步寻找原始证据;派生证据还可以用来审查和确认原始证据的可靠性。所以,重视原始证据的同时,也不能忽视派生证据的作用。为了减少差错,我们应当尽量收集转手次数较少的派生证据。

在诉讼中,经过与原始证据核对无误的复印件、复制品,也可以作为定案根据。

把民事诉讼证据分为本证和反证、直接证据和间接证据、原始证据和派出证据,是以不同标准、从不同角度来区分的。也就是说,根据证据分类得出的各种证据之间可以有交叉重叠。例如,同一诉讼证据,可能既是原始证据又是直接证据。

7-9(单选题) 在一起银行告储户不当得利的案件中,下列哪一个证据既是原始证据又是直接证据:

A. 银行提交的证明被告取款的录像

B. 银行职员证明被告取款前收支平衡的证言

C. 目击证人证明被告从银行取走2万元的证言

D. 银行存款资料证明被告取走1万元的记录

——应当选择C。

■ 第四节 证据保全

一、证据保全的概念和意义

民事诉讼证据保全,是指人民法院对于可能灭失或者以后难以取得的证据,根据当事人的申请或者依职权主动对该证据采取固定和保护措施。

证据保全有如下特征:

1. 民事诉讼中证据保全的主体是人民法院。证据保全有两种情况:①诉讼中的证据保全;②诉讼前的证据保全。诉讼中的证据保全,由人民法院依据《民事诉讼法》的规定进行。

由于职权范围所限,对诉讼以外需要保全的证据材料,人民法院一般不可以采取保全措施。诉讼前的证据保全,可以由公证机关依据公证法规进行;必要时,也可以由工商、税务、公安等机关依据其他法律规定进行。

2. 当事人申请和法院依职权并行。通常情况下,证据保全是人民法院根据当事人的申请进行的;但是,遇有紧急、必要的情况,也可以由人民法院依职权主动进行。法律规定人民法院可以依职权主动采取证据保全措施,是为了防止证据的灭失,保证实质意义上的司法公正。审判实践中,有些当事人认为自己“有理”,但是由于“无据”,最终导致败诉。事先把可能灭失的证据保全起来,可以避免这种“有理无据”的事情发生。

3. 证据保全属司法行为，必要时可采用强制手段。由于证据保全是人民法院行使审判权的一种具体职权，属于民事诉讼中的司法活动。在人民法院保全证据的过程中，遇到阻碍的，可以采取强制手段进行；对妨害证据保全的行为人，可以采取强制措施。

4. 被保全的证据是认定案件事实的重要证据。应予保全的证据必须是认定案件事实的重要证据。证据如不予以保全，可能影响案件事实的认定。如果该证据不予保全. 即使将来无法采集，也不会影响案件事实的认定，则无保全的必要。

5. 证据保全应当及时进行。证据保全的时间性要求较强。人民法院应当抢在证据灭失或者难以取证的事实发生前采取保全措施。证据保全通常应当在开庭审理前进行。

二、证据保全的适用情形

根据《民事诉讼法》第 74 条规定，人民法院适用证据保全措施，主要有以下几种情形：

1. 证据随时都有可能灭失。例如，证人因年老或者患病，随时都有可能死亡的紧急情况；作为证据的物品，属于容易腐坏、变质消灭的东西，随时可能失去证明作用等紧急情况。

2. 如不及时取证，以后将难以取得。例如，证人将长期出国远行，以后难以联系、询问、出庭等紧急情况。

三、证据保全的程序和方法

（一）证据保全的开始

1. 当事人申请证据保全。当事人应当向人民法院提交书面保全申请书。申请书应当记明下列事项：①申请保全的证据种类和内容；②申请保全的证据与案件事实的关系，即能够证明什么案件事实；③申请保全此项证据的理由。

当事人的申请经人民法院审查批准，制发批准证据保全的裁定书；人民法院认为没有保全必要的，裁定驳回申请，并说明理由。

2. 人民法院依职权保全证据。人民法院根据案件的具体需要，可以不经当事人的申请，直接裁定对有关证据予以证据保全。证据保全的裁定，由合议庭或者独任审判员制作、署名，并加盖人民法院印章。

（二）证据保全的效力

由人民法院裁定保全的证据，与人民法院依职权收集调查的其他证据有同等效力。诉讼证据一经保全，即免除了当事人提供该项证据的责任。但是，被保全的证据并不一定必然成为定案根据，还需要进一步地综合审查判断，才能得出结论。

(三)证据保全的措施和方法

在审判实践中,依被保全的证据种类和具体情形不同,分别依法采用不同的保全措施。

人民法院对需要保全的证据,根据需要可以分别采取笔录、录音、录像、照相、实物提取、责令使用人保管、查封、扣押等措施。例如,对证人证言,一般用询问证人,取得证言笔录的方法,也可以用录音、录像的方法。对物证,一般用勘验,取得勘验笔录的方法,也可以根据需要采取交由鉴定部门鉴定,取得鉴定结论的方法。对书证,一般用复印、拍照的方法。能够由法院保管的证据,如某些文书、证照或物证等,则应及时调取到法院附卷保存。

证据保全通常由人民法院的审判人员、书记员进行;也可由法警或专门的执行组织进行。必要时采取强制手段完成保全措施。

第八章　民事诉讼中的证明

第一节　证明对象

一、证明对象的概念及其范围

(一)证明对象的概念

民事诉讼的证明对象,是指在民事诉讼中需要用证据加以证明的有关案件事实,也称为证明客体或证明标的。

需要证明的有关案件事实,主要是指由实体法规范规定的法律要件事实。根据某一实体法规范的规定,当存在一定法律要件事实时,就会引起某种民事权利义务关系的发生、变更和消灭。在民事诉讼中,是否存在这些法律要件事实,必须由当事人提出主张并加以证明;法院在审理中对这些争议的事实进行认定,作出裁判。当事人依据实体法规范主张的法律要件事实,是证明对象的主要内容和范围。但是,依据现行的法律规定,程序事实、证据事实、外国法和特定的经验法则,也需要使用证据加以证明,它们也是证明对象的内容和范围。

(二)证明对象的范围

在不同类别的民事案件中,甚至同一类别不同民事案件中,其证明对象都会有所不同。依据法律规定和审判实践的经验,民事诉讼的证明对象可以概括为以下几个方面:

1. 实体法上的事实。实体法上的事实,是指由民事实体法规定的,能够引起民事法律关系发生、变更或者消灭的事实。实体法上的事实主要有以下四种:

(1)发生民事权利义务关系的法律事实。例如,合同纠纷案件中,原、被告之间订立合同的事实;收养关系纠纷案件中,原、被告之间存在收养的事实;损害赔偿纠纷中,被告侵权给原告造成损害的事实;等等。

(2)变更民事权利义务关系的法律事实。例如,债务纠纷案件中,原告已经转让或者混同部分债务的事实;合同纠纷案件中,双方已经变更合同的事实。

(3)妨碍民事权利义务关系产生的法律事实。例如,追究违约责任的案件中,合同无效或者不可抗力的事实;医疗事故纠纷案件中,患者正常死亡的事实或者正常医疗风险范围的事实;等等。

(4)消灭民事权利义务关系的法律事实。比如,债务纠纷案件中,债务人已经偿还全部债务的事实;合同纠纷案件中,合同已经双方协商解除的事实;继承纠纷案件中,继承人放弃继承权的事实;肖像权纠纷案件中,肖像权人已经死亡的事实;等等。

2. 程序法上的事实。程序法上的事实,是指由民事诉讼法规定的,能够引起民事诉讼法律关系发生、变更或者消灭的事实。例如,案件不属于人民法院主管或者不应由受诉人民法院管辖的事实;原告不是本案利害关系人的事实;当事人申请审判人员回避所根据的事实;生效裁判严重违反法定程序应予再审的事实;当事人申请顺延诉讼期间的合法理由事实;等等。

3. 证据事实。证据事实也就是民事诉讼证据材料本身。依据《民事诉讼法》第 63 条的明确规定,"证据必须查证属实,才能作为认定事实的根据"。在民事诉讼中,一方当事人常常会对对方当事人举出的某一证据材料提出合理的质疑,如果不对这一证据材料本身加以证明,便不能据此作出认定案件事实的结论。因此,证据事实本身也是证明对象。

4. 与案件有关的其他事实。由于民事案件种类繁多,情况复杂,有些案件还存在上述三种事实之外的证明对象。如专门性的科学知识、特别领域里的经验常识、其他地区的风俗习惯、地方性法规、外国法的有关规定等。这些事实,是通常不为常人所知的事实,需要经过证明使法官确信。

二、无需证明的事实

依据《证据规定》第 8、9 条的规定,下列事实,无需当事人举证证明,法院即可认定:

1. 众所周知的事实。众所周知的事实,是指在一定范围内为人们所广为知晓的事实。包括生活常识、道德、习俗或者有重大影响的事件等广为人知的事实。这些事实通常没有必要再去证明。但是,对方当事人有相反的证据足以推翻的,不能免除其证明责任。

2. 自然规律及定理。自然规律、自然现象、科学定理,已经为人们普遍认识或者早已证明过了。不可能被当事人推翻,所以无需证明。

3. 推定的事实。《证据规定》规定,根据法律规定或者已知事实和经验法则,能够推定出另一事实,无需证明。

推定的事实包括法律上推定的事实和事实上推定的事实。法律上推定的事实,是指运用法律规定推定得出的事实。即法律规定以某一事实的存在为基础,并直接根据该事实认定待证事实是否存在,因此当事人对待证事实也无需加以证明。

事实上推定的事实,是指运用已知事实和经验法则推论得出的事实。即利用已知的事实为前提,以经验法则推论待证事实的存在。由于经验法则反映了已知事实与推定事实之间的高度盖然性联系，可以免除当事人的证明责任。

法律上的推定，只要其前提事实成立，推定就成立，对方当事人通常不能推翻。事实上的推定，由于其具有高度盖然性，对方当事人可以提出足够的相反证据予以推翻。

4. 已为人民法院发生法律效力的裁判所确认的事实。已为人民法院发生法律效力的裁判所确认的事实，又称预决的事实。已经为生效法律文书确定的事实没有必要另行证明。但是，如果对方当事人有相反的证据足以推翻已为生效裁判所确认的事实，主张该事实的当事人仍然要负举证责任。

5. 已为仲裁机构的生效裁决所确认的事实。法律明确规定，仲裁机构的生效裁决与法院生效裁判具有同样的法律效力。因此，已为仲裁机构的生效裁决所确认的事实，也无需证明。但是，如果对方当事人有相反的证据足以推翻已为生效裁决所确认的事实，主张该事实的当事人仍然要负举证责任。

6. 已为有效公证文书所证明的事实。公证机关及其公证员依照法定程序所作的公证证明，是具有法律效力的证明。已为有效公证文书所证明的事实，在诉讼中也不需要另行证明。但是，有相反证据足以推翻公证证明的案件除外。

7. 当事人在诉讼上承认的事实。当事人在诉讼上的承认，属于自认。《证据规定》对当事人在诉讼上的承认，规定如下：

诉讼过程中，一方当事人对另一方当事人陈述的案件事实明确表示承认的，另一方当事人无需举证。但涉及身份关系的案件除外。

对一方当事人陈述的事实，另一方当事人既未表示承认也未否认，经审判人员充分说明并询问后，其仍不明确表示肯定或者否定的，视为对该项事实的承认。

当事人委托代理人参加诉讼的，代理人的承认视为当事人的承认。但未经特别授权的代理人对事实的承认直接导致承认对方诉讼请求的除外；当事人在场但对其代理人的承认不作否认表示的，视为当事人的承认。

当事人在法庭辩论终结前撤回承认并经对方当事人同意，或者有充分证据证明其承认行为是在受胁迫或者重大误解情况下作出且与事实不符的，不能免除对方当事人的举证责任。

■ 第二节 证明责任

一、证明责任概述

证明责任，又称举证责任，《证据规定》第2条对此有明确规定。依据该规定证明责任可以区分为行为责任与结果责任。行为责任是指："当事人对自己提出的诉讼请求所依据的事实或者反驳对方诉讼请求所依据的事实有责任提供证据加以证明。"结果责任是指："没有证据或者证据不足以证明当事人的事实主张的，由负有举证责任的当事人承担不利后果。"

我国民事诉讼中的举证责任具有以下特征：

1. 证明责任的主体是诉讼当事人。①只有在诉讼中的当事人才负有举证责任；法院只有查证的职责，没有举证的责任。②对某一个诉讼请求或者事实的证明责任，只能由一方当事人承担，不能由双方当事人同时承担。③提出主张的诉讼当事人，通常应当承担举证责任。但是，也不尽如此，举证责任的具体分配由法律和司法解释规定。

2. 举证责任的客体是当事人所主张的诉讼请求或者事实。当事人承担举证责任的客体或者称对象，是当事人在诉讼中主张的需要证明的事实，主要包括实体法上的事实、程序法上的事实以及证据事实和其他事实。

3. 举证责任的性质属法律责任。依据《民事诉讼法》第64条第1款的规定，"当事人对自己提出的主张，有责任提供证据"。"责任"一词，无论从法理上还是从词义上，通常都与"义务"相联系。但是，责任又不仅仅是义务，还应包括不尽义务的后果。现行民事诉讼法只规定了举证的行为责任，没有直接规定不举证或者举证不足、举证不能的后果责任。《证据规定》补充规定了应"承担不利后果"。

《民事诉讼法》第50条规定，当事人有权收集、提供证据。把当事人提供证据，作为一项"权利"予以规定，似与该法第64条"义务"性的规定有所冲突。其实不然，第50条的规定，着眼于保障当事人的诉权，赋予当事人广泛的诉讼权利。而第64条的规定，则着眼于举证行为责任的负担，以区分当事人和人民法院在证明过程中的不同责任。在立法中，集权利与义务于一身的概念，并不鲜见。

4. 不履行举证责任的后果为主张不成立。不履行举证责任，是指提出主张的当事人不举证、举证不能或者所举证据不足以证明案件事实。不举证属于完全的不履行举证责任义务。举证不能属于因客观原因无法举证。所举证据不足以证明案件事实，属于未能完全履行举证责任义务。对于当事人举证不足的，人民法院可以依职权调查收集证据；对于当事人举证不能的，人民法院应当依职权调查收集证据。在没有足够的证据可以证明当事人所主张的事实能够成立的情况下，当事人的主张便不能成立。主张不成立是法律上所称的“不利后果”。

当事人不履行举证责任，可能会导致败诉的后果，并不必然导致败诉。败诉危险的存在，不能等同于败诉后果的发生。理由有两个：①当事人的主张并不都与胜诉有关，比如有些程序意义上的主张；②当事人不履行举证责任，法律规定人民法院有一定的查证职责。

二、证明责任的分配

（一）证明责任分配的原则

通常情况下，民事诉讼由提出主张的一方当事人承担举证责任，即“谁主张，谁举证”。“谁主张，谁举证”的原则，其根据是《民事诉讼法》第 64 条第 1 款的规定。但是，这个规定不够具体明确。

《证据规定》对证明责任的分配借鉴“法律要件分类说”作了进一步的规范。法律要件分类说把待证事实分为：产生或者存在权利的事实、妨碍权利产生的事实和权利消灭的事实等。谁主张相应的事实，谁就应当对该事实加以证明，否则承担不利的后果。《证据规定》对合同纠纷案件、劳动争议案件和特殊侵权案件的证明责任的分配作出了如下规定：

1. 在合同纠纷案件中，主张合同关系成立并生效的一方当事人对合同订立和生效的事实承担举证责任；主张合同关系变更、解除、终止、撤销的一方当事人对引起合同关系变动的事实承担举证责任。

对合同是否履行发生争议的，由负有履行义务的当事人承担举证责任（产生或者存在权利的事实）。

对代理权发生争议的，由主张有代理权一方当事人承担举证责任（产生或者存在权利的事实）。

2. 在劳动争议纠纷案件中，因用人单位开除、除名、辞退、解除劳动合同、减少劳动报酬、计算劳动者工作年限等决定而发生劳动争议的，由用人单位负举证责任（权利消灭或妨碍权利产生的事实）。

3.《证据规定》没有对侵权纠纷案件的证明责任分配作出一般性规定，只对几类特殊的侵权纠纷案件的证明责任分配作了规定。但是，从规定的精神和法律要件分类说的理论出发，在侵权纠纷案件中，主张损害赔偿的人应当对损害赔偿请求权产生的事实加以证明。也就是要对损害赔偿法律关系产生的法律要件事实加以证明，包括存在侵害事实、侵害行为与侵害事实之间存在因果关系、行为具有违法性以及行为人存在过错。此外，主张免责事由的，应由主张的人证明。

在法律没有具体规定、依《证据规定》及其他司法解释无法确定举证责任的承担时，人民法院可以根据公平原则和诚实信用原则，综合当事人举证能力等因素确定举证责任的承担。

8－1(2003 年卷 3,单选第 21 题) 甲与同事丙路过一居民楼时,三楼乙家阳台上的花盆坠落,砸在甲的头上,致其脑震荡,共花费医疗费 1 万元。甲以乙为被告诉至法院要求赔偿,而乙否认甲受伤系自家花盆坠落所致。对这一争议事实,应由谁承担举证责任?

A. 甲承担举证责任　　B. 甲、乙均应承担举证责任

C. 乙承担举证责任　　D. 丙作为证人承担举证责任

——应当选择 A。

(二)证明责任的倒置

证明责任作为一种法律上的责任,不是法律上的权利,不能随意变更或者转移。但是,有时依据证明责任的一般原则进行责任分配时,存在不合理、不公正的现象。为避免不合理、不公正的现象,在一些特殊情况下,提出主张的一方当事人举证有一定困难,改由对方当事人对其否认的事实进行举证更容易些,法律规定对方当事人承担举证责任,即实行所谓的举证责任倒置。

证明责任倒置是相对于正置而言的,是证明责任分配一般原则的例外。证明责任倒置必须由法律明确规定,法官不得任意将证明责任的分配加以倒置。《证据规定》第 4 条的部分规定属于证明责任倒置:

1. 因新产品制造方法发明专利引起的专利侵权诉讼,由制造同样产品的单位或者个人对其产品制造方法不同于专利方法承担举证责任。此条规定不是由主张侵权的人证明,而由被主张侵权的人证明其不侵权;制造同样产品的单位或者个人对其产品制造方法不同于专利方法,证明不了的,承担侵权的不利后果。

2. 因环境污染引起的损害赔偿诉讼,由加害人就法律规定的免责事由及其行为与损害结果之间不存在因果关系承担举证责任。此条规定侵权行为的因果关系不是由受害人举证证明,改由加害人证明;加害人就其行为与损害结果之间不存在因果关系,证明不了的,承担赔偿的不利后果。法律规定的免责事由的证明责任原本就应由加害人承担,不属于倒置。

3. 因共同危险行为致人损害的侵权诉讼,由实施危险行为的人就其行为与损害结果之间不存在因果关系承担举证责任。危险行为与损害结果之间存在因果关系本应由提出损害主张的人承担举证责任,此处为倒置。

4. 因医疗行为引起的侵权诉讼,由医疗机构就医疗行为与损害结果之间不存在因果关系及不存在医疗过错承担举证责任。正置时该因果关系应由主张侵权的人举证,此处倒置为医疗机构承担举证责任。

值得注意的是,民事诉讼中的举证责任倒置,并非全部的证明责任倒置,只是部分责任发生倒置。例如,在损害赔偿案件中,是否存在损害事实的证明全都没有发生倒置,仍由主张权利的人承担。

《证据规定》第4条的以下规定是否属于证明责任倒置存在争议:

1. 高度危险作业致人损害的侵权诉讼,由加害人就受害人故意造成损害的事实承担举证责任。反对者认为,主张故意损害承担举证证明责任,没有倒置。

2. 建筑物或者其他设施以及建筑物上的搁置物、悬挂物发生倒塌、脱落、坠落致人损害的侵权诉讼,由所有人或者管理人对其无过错承担举证责任。反对者认为,无过错属于免责事由,主张免责事由的,属于正置。

3. 饲养动物致人损害的侵权诉讼,由动物饲养人或者管理人就受害人有过错或者第三人有过错承担举证责任。反对者认为,主张受害人有过错或者第三人有过错也属于主张免责事由,未发生倒置。

4. 产品缺陷致人损害的侵权诉讼,由产品的生产者就法律规定的免责事由承担举证责任。反对者认为,此处属于主张免责事由,未发生倒置。

8-2(2005年卷3,多选第78题) 甲工厂的生产污水流入李某承包的鱼塘,致使鱼虾死亡,损失2万元。李某起诉,请求甲工厂赔偿。下列哪些事实应当由甲工厂承担举证责任?

A. 甲工厂的生产污水是否流入李某承包的鱼塘

B. 李某承包的鱼塘鱼虾死亡造成损失的具体数额

C. 鱼虾死亡的原因是否为甲工厂污水所致

D. 是否具有免责事由

——应当选择CD。

■ 第三节 证明标准

一、证明标准的概念

证明标准,是指在诉讼中认定案件事实所应达到的证明程度,是法院判断待证事实是否成立的基准。

证明标准与证明责任、诉讼结果、法院裁判有密切的关系。待证事实是否达到证明标准,主要通过对证据的判断得出结论。待证事实达到证明标准的,法院应当据此裁判。待证事实未达到证明标准的,处于真伪不明状态,法院可以依据证明责任分配的原则,作出对负有举证责任的人不利的裁判。

明确证明标准,对当事人、法院均有重要意义。对当事人而言,可以有目的地收集、准备达到证明标准的证据进行诉讼,避免盲目诉讼、避免有利的诉讼失利。对不负有举证责任一方的当事人,可以适时提出达到证明标准的反证,反败为胜。当负有举证责任一方的当事人提出达到证明标准的证据时,对方当事人就必须适时提出足以推翻本证的反证,以使裁判的结果有利于自己。对人民法院而言,判断待证事实是否成立是以证明标准为基准的。无论待证事实是否达到证明标准,法院都应当作出裁判。当确认待证事实达到证明标准时,法院应当认定该事实成立;当待证事实未达到证明标准时,法院应当依照法定程序指导当事人或者依职权补充证据,仍然达不到标准的,认定该事实不成立。

二、民事诉讼的证明标准

(一)民事诉讼的证明标准为高度盖然性

民事诉讼的证明标准,无法用具体的尺度衡量,而是运用抽象的盖然性的证明要求。盖然性,是指从证据资料上判断待证事实是否存在的某种可能性。待证事实存在与否的可能性从高到低,有不同的程度,有较低盖然性、较高盖然性和高度盖然性之分。较低盖然性,是指证明只达到较低的可信程度,以至于法官无法认定该事实是否可能如此。较高盖然性,是指证明达到较高的确信程度,法官相信该事实如此有较大的可能性。高度盖然性,是指证明达到高度确信程度,法官相信该事实如此有极大的可能性或者非常可能的程度。

民事诉讼中一般实行高度盖然性证明标准。但是,有时对于举证特别困难的案件,仅要求较高的盖然性。这是为了减轻举证特别困难当事人的举证负担,有利于实体权利的保护。

(二)与刑事诉讼证明标准的主要区别

民事诉讼与刑事诉讼的证明标准有所不同:民事诉讼实行高度盖然性证明标准;刑事诉讼的证明标准要求达到使法官确信并能排除一切合理怀疑的程度。刑事诉讼证明标准的要求高于民事诉讼证明标准的要求。这种区别是基于两种诉讼的目的、手段和结果不同。刑事诉讼往往动用国家机器收集定罪量刑的证据,并且涉及人的生命与自由,需要特别谨慎地防止误判。民事诉讼中的人身和财产关系通常涉及不到人的生命与自由,并且还需要毫无有力侦查手段的当事人自己收集证据。如果要求民事诉讼与刑事诉讼具有一样高的证明标准,很多民事权利就难以得到保护,民事秩序必将混乱不堪。

第四节　证明程序

一、证据的调查、收集与提供

（一）当事人及其诉讼代理人收集提供证据

1. 收集、提供证据是当事人的诉讼权利也是诉讼义务。《民事诉讼法》第50条第1款规定，当事人有权“收集、提供证据”；第61条规定：“代理诉讼的律师和其他诉讼代理人有权调查收集证据。”法律赋予当事人及其诉讼代理人调查收集证据和提供证据的诉讼权利，是为了保障当事人充分地行使诉权，同时也是为了保证当事人及时有效地承担举证责任。

当事人依法提供证据，是其法定的诉讼义务。民事诉讼基于当事人承担证明责任的原理，实行当事人举证的制度，即证据应当由当事人向人民法院提供。当事人在起诉前和诉讼中应当充分准备好证据材料，及时向法院提交必要的证据。依据《证据规定》第1、2条的规定，当事人应当准备的证据材料，包括两个方面：①与起诉或反诉条件有关的证据；②与诉讼请求有关的证据。

2.《证据规定》对当事人提供证据的要求。当事人及其诉讼代理人调查收集证据应当符合法定的证据形式，应当使用合法的手段获取证据。依据《证据规定》，当事人向人民法院提供的证据应当符合一定的要求。

当事人向人民法院提供证据，应当提供原件或者原物。如需自己保存证据原件、原物或者提供原件、原物确有困难的，可以提供经人民法院核对无异的复制件或者复制品。

当事人向人民法院提供的证据系在领域外形成的，该证据应当经所在国使领馆予以认证，或者履行相关的证明手续。当事人向人民法院提供的证据是在香港、澳门、台湾地区形成的，应当履行相关的证明手续。当事人向人民法院提供外文资料或者外文说明资料，应当附有中文译本。

当事人应当对其提交的证据材料逐一分类编号，对证据材料的来源、证明对象和内容作简要说明，签名盖章，注明提交日期，并依照对方当事人人数提出副本。人民法院收到当事人提交的证据材料，应当出具收据，注明证据的名称、份数和页数以及收到的时间，由经办人员签名或者盖章。

根据民事诉讼法的规定，调查收集证据的主体有两类：①当事人及其诉讼代理人；②人民法院。

（二）人民法院依职权调查收集证据

1. 依法主动调查收集必要的证据。按照民事诉讼的基本原理，法院不宜主动依职权调查收集证据，调查收集证据是当事人的基本权利和义务。

法院主动调查收集证据违背当事人平等原则、处分原则和辩论原则。但是，在程序事项的职权范围内，法院应当依职权调查收集证据。此外，对于有损国家利益、社会利益、社会公共利益或者他人合法权益的行为，人民法院有权主动干预，对于相关事实的证据，人民法院也应当依职权调查收集。

根据《民事诉讼法》第 64 条第 2 款的规定："人民法院认为审理案件需要的证据，人民法院应当调查收集"。依据《证据规定》第 15 条的解释，"人民法院认为审理案件需要的证据"，是指以下情形：①涉及可能有损国家利益、社会公共利益或者他人合法权益的事实；②涉及依职权追加当事人、中止诉讼、终结诉讼、回避等与实体争议无关的程序事项。"前述第一项"涉及可能有损国家利益、社会公共利益或者他人合法权益的事实"，强调的是"可能有损"这些"利益"或者"权益"的情形。如果不存在"可能有损"的情形，仍须当事人举证，即便双方没有争议的，依据《证据规定》第 13 条，"对双方当事人无争议但涉及国家利益、社会公共利益或者他人合法权益的事实，人民法院可以责令当事人提供有关证据"。

2. 根据当事人申请调查收集证据。除法律、司法解释特别规定的以外，人民法院不得主动调查收集证据。但是，由于民事诉讼当事人及其诉讼代理人调查收集证据的手段和权限有限，有些证据无法自行获得，为了体现诉讼的公平和正义，《民事诉讼法》第 64 条规定，当事人及其诉讼代理人因客观原因无法自行收集的证据，人民法院应当调查收集。《证据规定》第 16、17 条进一步规定，人民法院调查收集证据，应当依当事人的申请进行。符合下列条件之一的，当事人及其诉讼代理人可以申请人民法院调查收集证据：①申请调查收集的证据属于国家有关部门保存并须人民法院依职权调取的档案材料；②涉及国家秘密、商业秘密、个人隐私的材料；③当事人及其诉讼代理人确因客观原因不能自行收集的其他材料。

当事人及其诉讼代理人申请人民法院调查收集证据，应当提交书面申请。申请书应载明被调查人的姓名或者单位名称、住所地等基本情况、所要调查收集的证据的内容、需要由人民法院调查收集证据的原因及其要证明的事实。当事人及其诉讼代理人申请人民法院调查收集证据，不得迟于举证期限届满前 7 日。

人民法院对当事人及其诉讼代理人的申请不予准许的，应当向当事人或其诉讼代理人送达通知书。当事人及其诉讼代理人可以在收到通知书的次日起 3 日内向受理申请的人民法院书面申请复议一次。人民法院应当在收到复议申请之日起 5 日内作出答复。

3.《证据规定》对调查书证、物证、视听资料的要求。这些规定主要是为了保证证据的合法性，并主要是针对人民法院的调查人员提出的。但是，当事人及其诉讼代理人在调查证据时也应当注意参照这些要求进行，以确保证据的合法有效。

(1)调查人员调查收集的书证,可以是原件,也可以是经核对无误的副本或者复制件。是副本或者复制件的,应当在调查笔录中说明来源和取证情况。

(2)调查人员调查收集的物证,应当是原物。被调查人提供原物确有困难的,可以提供复制品或者照片。提供复制品或者照片的,应当在调查笔录中说明取证情况。

(3)调查人员调查收集计算机数据或者录音、录像等视听资料的,应当要求被调查人提供有关资料的原始载体。提供原始载体确有困难的,可以提供复制件。提供复制件的,调查人员应当在调查笔录中说明其来源和制作经过。

二、举证时限

(一)举证时限的概念

举证时限,是指当事人向人民法院提交有效证据的时间限制。在诉讼中向人民法院提交证据,是当事人的权利。超过举证时限没有提交证据的,当事人失去提交证据的权利。所以,举证时限又称证据失权。

民事诉讼实行举证时限,具有以下重要意义和功能:

1. 追求公平诉讼防止诉讼突袭。诉讼中,一方当事人利用民事诉讼法的漏洞,故意不在起诉时和开庭前提交证据,而在开庭时突然举出大量证据,致使缺乏诉讼经验的对方当事人无法当庭开展有力的反击,就此给法官留下深刻的印象,以至于影响法官的判断和裁判。这样的诉讼违背公平诉讼的原则,在学理上称之为诉讼突袭或证据突袭。要求当事人在规定的时限内提交证据,证据材料在开庭前对双方当事人公开,可以使当事人在法庭上有准备、有针对性地进行质证,有利于法官了解事实全貌,作出正确的判断和裁判。《证据规定》规定的举证时限,是对民事诉讼法的重要补充。

2. 提高诉讼效率防止拖延诉讼。有经验的当事人及其诉讼代理人,面对诉讼突袭通常会采取拖延战术,要求鉴定、补充证据。法院对突如其来的证据材料通常也会同意对方当事人的请求,择期另行开庭,致使原定的开庭目标无法实现。在限定的时间内举证可以避免无谓的诉讼拖延提高开庭的效率。

3. 有利于法院及时整理诉讼争点,及时、准确地对证据材料进行认证。在我国广大的地区,当事人的法律常识和诉讼经验普遍比较缺乏,很多当事人无法聘请律师,举证时限对这些当事人的限制可能使其失去胜诉的机会。为避免这种现象,人民法院除了应当严格依据《证据规定》第33条按时向当事人送达举证通知书以外,还应当有针对性地进行明确的口头告知和指导。否则,举证时限有可能变成新的不公。

(二)举证时限的确定

1. 当事人协商确定。依据《证据规定》,举证期限可以由当事人协商一致,并经人民法院确认。当事人协商确定的举证期限的长短,没有明确规定,由人民法院视当事人协商的结果作出确认与否的决定。

2. 人民法院指定。举证期限可以由人民法院指定。人民法院指定举证期限有两种情形:①当事人无法就举证时限协商一致的,由人民法院指定;②人民法院直接指定。审判实践中,后者居多。依据《证据规定》,由人民法院指定举证期限的,指定的期限不得少于30日,自当事人收到案件受理通知书和应诉通知书的次日起计算。

3. 当事人申请延长举证期限。依据《证据规定》,当事人在举证期限内提交证据材料确有困难的,应当在举证期限内向人民法院申请延期举证,经人民法院准许,可以适当延长举证期限。当事人在延长的举证期限内提交证据材料仍有困难的,可以再次提出延长申请,是否准许由人民法院决定。

8-3(2004年卷3,单选第40题) 民事诉讼中的举证期限是如何确定的?

A. 可以由当事人协商一致,并经人民法院认可

B. 可以由原告指定

C. 可以由被告指定

D. 如果当事人协商一致,不必经人民法院认可

——应当选择A。

8-4(2002年卷3,单选第27题) 据有关司法解释,人民法院规定了民事诉讼当事人举证期限,下列哪一说法符合有关司法解释的规定?

A. 举证期限一经确定,在任何情况下,当事人都不可以申请延长举证期限

B. 当事人在举证期限内提交证据确有困难的,经法院允许,可以适当延长举证期限,但只允许延长一次

C. 当事人在举证期限内提交证据确实有困难的,经法院允许,可以适当延长举证期限,延长举证期限后,当事人提交证据材料还有困难的,当事人可以再次提出延期申请,是否准许由人民法院决定

D. 当事人在举证期限内提交证据确有困难的,可以多次申请延长举证期限,但自第二次申请起,是否准许由人民法院决定

——应当选择C。

（三）举证时限的效力

依据《证据规定》，当事人应当在举证期限内向人民法院提交证据材料，当事人在举证期限内不提交的，视为放弃举证权利。对于当事人逾期提交的证据材料，人民法院审理时不组织质证。这就意味着，当事人逾期提交的证据材料无法用于证明自己主张的事实，失去了证据材料应有的价值和功能。举证期限具有使逾期举证的证据失权的效力。

依据《证据规定》，举证期限证据失权的效力有以下例外：

1. 对方当事人同意对逾期提交的证据材料进行质证的，人民法院应当组织质证。

2. 诉讼过程中，当事人主张的法律关系的性质或者民事行为的效力与人民法院根据案件事实作出的认定不一致的，人民法院应当告知当事人可以变更诉讼请求。当事人变更诉讼请求的，人民法院应当重新指定举证期限。但是，当事人通常情况下增加、变更诉讼请求或者提起反诉的，应当在举证期限届满前提出，人民法院是否另行指定举证期限，可以按照具体情形决定。

3. 当事人发现新的证据。根据民事诉讼法的规定，当事人发现新的证据可以不受举证期限的限制。关于新的证据的界定和运用，请看下文。

（四）新的证据的界定和提交

《民事诉讼法》第125条第1款规定："当事人在法庭上可以提出新的证据。"《民事诉讼法》第179条第1款第1项规定，当事人申请再审，有新的证据，足以推翻原判决、裁定的，人民法院应当再审。《证据规定》对"新的证据"作出了如下解释和规范：

1. 第一审程序中新的证据的界定和提交。一审程序中的新的证据包括：当事人在一审举证期限届满后新发现的证据；当事人确因客观原因无法在举证期限内提供，经人民法院准许，在延长的期限内仍无法提供的证据。当事人在一审程序中提供新的证据的，应当在一审开庭前或者开庭审理时提出。

2. 第二审程序中新的证据的界定和提交。二审程序中的新的证据包括：一审结束后新发现的证据；当事人在一审举证期限届满前申请人民法院调查取证未获准许，二审法院经审查认为应当准许并依当事人申请调取的证据。当事人在二审中提供新的证据的，应当在二审开庭前或者开庭审理时提出；二审不需要开庭审理的，应当在人民法院指定的期限内提出。

3. 再审程序中新的证据的界定和提交。再审中的新的证据，与一、二审中的新的证据有明显不同，仅指原审庭审结束后新发现的证据。当事人在再审程序中提供新的证据的，应当在申请再审时提出。

4. 逾期举证的重要证据视为新的证据。当事人举证期限届满后提供的证据不是新的证据,人民法院不予采纳。当事人经人民法院准许延期举证,但因某种原因未能在准许的期限内提供(不必证明其确有客观原因),且不审理该证据可能导致裁判明显不公的,其提供的证据可视为新的证据。

5. 对方当事人对新的证据反证的期限。一方当事人提出新的证据的,人民法院应当通知对方当事人在合理期限内提出意见或者举证。

8－5(2002 年卷 3,多选第 75 题) 《民事诉讼法》第 125 条第 1 款规定"当事人在法庭上可以提出新的证据"。该"新的证据"所指的是下列哪些情形?

A. 当事人在诉讼之前就持有,但在一审诉讼过程中一直没有向人民法院提供,到二审程序时,当事人才向人民法院出示的证据

B. 当事人在举证期限届满后才发现的证据

C. 当事人在二审中向人民法院提供在一审庭审结束后才发现的证据

D. 当事人在举证期限内因主观原因未能在举证期限内提供,但在法庭开庭时向法庭出示的证据

——应当选择 BC。

三、证据交换

(一)证据交换的概念

证据交换,是指举证期限届满后开庭审理前人民法院组织双方当事人公开并交换各自提交的证据材料。我国的证据交换制度,吸收了国外相关制度并加以改造,有明显的特点。例如,由法院主持交换,不是由当事人自行交换;当事人自愿举证与交换,没有强制性证据开示。

证据交换制度的意义在于:①有利于人民法院在开庭前确定双方当事人争议的主要问题,提高庭审效率;②有利于当事人之间明确争议焦点,在庭审前做好充分的准备;③有利于促使双方当事人明辨是非,达成和解或者调解协议。

(二)证据交换的启动

按照《证据规定》的规定,证据交换不是每一个案件的必经程序。证据交换适用于以下情形:

1. 证据较多或者复杂疑难的案件。人民法院对于证据较多或者复杂疑难的案件,应当组织当事人在答辩期届满后、开庭审理前交换证据。

2. 当事人提出申请。经当事人申请,人民法院可以组织当事人在开庭审理前交换证据。当事人申请交换证据,不受证据是否较多或者案件是否复杂疑难的限制。但是,对当事人的申请,人民法院可以根据案件实际情况,决定是否进行证据交换。

(三)证据交换的期间和时间

人民法院组织当事人交换证据的,交换证据之日为举证期限届满日。当事人申请延期举证经人民法院准许的,证据交换日相应顺延。

当事人申请交换证据的,交换证据的时间可以由当事人协商一致并经人民法院认可,也可以由人民法院指定。

(四)证据交换的程序和次数

证据交换应当在审判人员的主持下进行。在证据交换过程中,审判人员对当事人无异议的事实、证据应当记录在卷;对有异议的证据,按照需要证明的事实分类记录在卷,并记载异议的理由。通过证据交换,确定双方当事人争议的主要问题。

当事人收到对方交换的证据后提出新的证据的,人民法院应当通知当事人在指定的时间进行交换。

证据交换一般不超过两次。但重大、疑难和案情特别复杂的案件,人民法院认为确有必要再次进行证据交换的除外。

四、质证

(一)质证概念

质证,是指当事人及其诉讼代理人在法庭主持下,围绕证据的真实性、合法性、关联性以及证明力的有无、大小,进行质疑、说明与辩驳。

质证的意义在于,使法官通过了解双方当事人对证据的态度和意见,进一步全面了解案件事实,形成正确的事实判断。《证据规定》第 47 条第 1 款规定:“证据应当在法庭上出示,由当事人质证。未经质证的证据,不能作为认定案件事实的依据。”

在民事诉讼中,质证与对质、询问不同。

对质,是指案外人对案件有关事实或专门问题在法庭上相互进行说明或者质疑。例如,《证据规定》第 58 条规定的证人之间进行对质;第 61 条规定的由当事人各自申请的具有专门知识的人员就有关案件中的问题进行对质。

询问,是指在法庭上就有关事项提出问题要求对方回答。例如,法官对当事人、证人的询问,当事人对对方当事人、证人、鉴定人员的询问。当事人有权在质证时对对方当事人、证人、鉴定人员进行询问,但询问前须征得法官的同意。并且《证据规定》第 60 条第 2 款还规定:“询问证人、鉴定人、勘验人不得使用威胁、侮辱及不适当引导证人的言语和方式。”询问是质证程序中的一项重要的常见内容,对质只有在必要时才进行。

(二)质证主体

质证主体,是指质证活动中对证据进行质疑、说明与异议的当事人及其诉讼代理人。质证主体的范围主要包括一审中的原告、被告、第三人及其诉讼代理人,有时也包括二审中的上诉人、被上诉人及其诉讼代理人等。

人民法院是质证程序的主持人,不是质证的主体。

(三)质证客体

质证客体,是指质证活动的对象,即证据。质证客体的范围包括当事人向人民法院提交的证据和经当事人申请由人民法院调查收集的证据。《证据规定》第51条第2款规定:"人民法院依照当事人申请调查收集的证据,作为提出申请一方当事人提供的证据。"

质证客体的内容包括书证、物证、视听资料,也包括证人证言、当事人陈述、鉴定结论、勘验笔录。

人民法院调查收集的证据也属于质证的范围。依据《证据规定》第51条第3款的规定,"人民法院依照职权调查收集的证据应当在庭审时出示,听取当事人意见,并可就调查收集该证据的情况予以说明"。当事人有权对人民法院调查收集的证据发表异议。当事人提出的意见确有理由的,人民法院应当认真听取,及时撤销该证据的证明资格。

(四)质证程序

1. 质证顺序

(1)原告出示证据,被告、第三人与原告进行质证。

(2)被告出示证据,原告、第三人与被告进行质证。

(3)第三人出示证据,原告、被告与第三人进行质证。

2. 对原件、原物进行质证。对书证、物证、视听资料进行质证时,当事人有权要求出示证据的原件或者原物。但有下列情况之一的除外:

(1)出示原件或者原物确有困难并经人民法院准许出示复制件或者复制品的。

(2)原件或者原物已不存在,但有证据证明复制件、复制品与原件或原物一致的。

3. 出示说明与一诉一质、一事一质和一证一质。

(1)当事人出示证据,应当说明该证据要证明什么事实,必要时还应当说明该证据为什么能够证明该事实。提供证据的一方应当依照法官的指示,回答和回应对方当事人就该证据的提问和质疑。

(2)一诉一质,是指案件有两个以上独立的诉讼请求的,当事人可以逐个出示证据进行质证。一诉一质有利于分别说明哪些证据证明哪个诉讼请求。

(3)一事一质,是指当事人就某一事实提供的证据,可以一并出示,一并质证。一事一质有利于提高质证效率。

(4)一证一质,是指人民法院应当要求当事人对另一方当事人提供的证据,一一发表质证意见。发表质证意见的内容主要有两类:①无异议,认可;

②有异议,不认可。对对方当事人提供的证据有异议的,应当就证据的"真实性、合法性、关联性以及证明力的有无、大小"提出具体意见。一证一质有利于明确当事人的意见。

质证程序中以一证一质为基本原则。

4. 当事人已经认可的证据免于质证。当事人在证据交换过程中认可并记录在卷的证据,经审判人员在庭审中说明后,可以作为认定案件事实的证据。不必再行质证。

5. 应当保密的证据不公开质证。涉及国家秘密、商业秘密和个人隐私或者法律规定的其他应当保密的证据,不得在开庭时公开质证。但是,可以在不公开开庭时质证。

8-6(2005 年卷 3,单选第 42 题) 在某一民事案件的审理过程中,原告一方因无法获得作为档案材料存放在某单位的证据,申请法院进行调查。庭审中对该证据的质证,应当如何进行?

A. 应当由原、被告双方进行质证

B. 应当由被告与法院进行质证

C. 应当由被告与保管该证据的某单位进行质证

D. 法院对该证据进行说明,无需质证

——应当选择 A。

五、认证

(一)认证概念

认证,是指人民法院对经过质证或者当事人无异议的证据,公开确认其有无证明资格、能否证明相关事实。

认证的主体是人民法院。认证的内容是确认证据有无证明力、证明力大小。认证的形式包括:当庭口头认定,并记录在卷;在判决书中一并认定。

(二)认证要求

《证据规定》第 64 条规定了认证的要求:"审判人员应当依照法定程序,全面、客观地审核证据,依据法律的规定,遵循法官职业道德,运用逻辑推理和日常生活经验,对证据有无证明力和证明力大小独立进行判断,并公开判断的理由和结果"。

(三)认证方法

1. 对单一证据的审核认定。

(1)证据是否为原件、原物,复印件、复制品与原件、原物是否相符。

(2)证据与本案事实是否相关。

(3)证据形式、来源是否符合法律规定。

(4)证据的内容是否真实。

(5)证人或者提供证据的人,与当事人有无利害关系。

2. 对全案证据的综合审查认定。审判人员对案件的全部证据,应当从各证据与案件事实的关联程度、各证据之间的联系等方面进行综合审查判断。

(四)对有关证据证明力的认定

1. 提出异议但没有足以反驳的相反证据。一方当事人提出的下列证据,对方当事人提出异议但没有足以反驳的相反证据的,人民法院应当确认其证明力:

(1)书证原件或者与书证原件核对无误的复印件、照片、副本、录像资料等。

(2)物证原物或者与物证原物核对无误的复制件、照片、录像资料等。

(3)有其他证据佐证并以合法手段取得的、无疑点的视听资料或者与视听资料核对无误的复制件。

(4)一方当事人申请人民法院依照法定程序制作的物证或者现场的勘验笔录。

人民法院委托鉴定部门作出的鉴定结论,当事人没有足以反驳的相反证据和理由的,可以认定其证明力。

2. 对方认可或者提出的相反证据不足以反驳的。一方当事人提出的证据,另一方当事人认可或者提出的相反证据不足以反驳的,人民法院可以确认其证明力。一方当事人提出的证据,另一方当事人有异议并提出反驳证据,对方当事人对反驳证据认可的,可以确认反驳证据的证明力。

3. 双方当事人同时举出相反证据的。双方当事人对同一事实分别举出相反的证据,但都没有足够的依据否定对方证据的,人民法院应当结合案件情况,判断一方提供证据的证明力是否明显大于另一方提供证据的证明力,并对证明力较大的证据予以确认。

因证据的证明力无法判断导致争议事实难以认定的,人民法院应当依据举证责任分配的规则作出裁判。

4. 数个证据证明力的比较。人民法院就数个证据对同一事实的证明力,可以依照下列原则认定:

(1)国家机关、社会团体依职权制作的公文书的证明力一般大于其他书证。

(2)物证、档案、鉴定结论、勘验笔录或者经过公证、登记的书证,其证明力一般大于其他书证、视听资料和证人证言。

(3)原始证据的证明力一般大于传来证据。

(4)直接证据的证明力一般大于间接证据。

(5)证人提供的对与其亲属或者其他密切关系的当事人有利的证言,其证明力一般小于其他证人证言。

(五)不能单独作为定案依据的证据

1. 未成年人作出的与其年龄和智力状况不相当的证言。

2. 与一方当事人或者其代理人有利害关系的证人出具的证言。

3. 存有疑点的视听资料。

4. 无法与原件、原物核对的复印件、复制品。

5. 无正当理由未出庭作证的证人证言。

8-7(2002年卷3,多选第76题) 下列哪些证据不能单独作为认定案件事实的证据?

A. 当事人李某的妻子袁某向法院作出的有利于李某的证据

B. 原告陈某向法院提交的采用偷录方法录下的用以证明被告刘某欠其5 000元人民币的录音带,该录音带部分关键词的录音听不清楚

C. 由未成年人所作出的各类证言

D. 原告提出的字迹清晰的合同文书复印件,但该合同文书的原件已丢失,且被告不承认其与原告存在有该合同文书复印件所表述的法律关系

——应当选择ABD。

8-8(2005年卷3,多选第77题) 下列哪些证据不能单独作为认定案件事实的依据?

A. 未成年人所作的与其年龄和智力状况不相当的证言

B. 与一方当事人的代理人有利害关系的证人出具的证言

C. 存有疑点的视听资料

D. 无正当理由未出庭作证的证人证言

——应当选择ABCD。

(六)可以反悔的认可

1. 诉讼调解与和解中的认可。在诉讼中,当事人为达成调解协议或者和解的目的作出妥协所涉及的对案件事实的认可,不得在其后的诉讼中作为对其不利的证据。

2. 诉讼中的其他认可。诉讼过程中,当事人在起诉状、答辩状、陈述及其委托代理人的代理词中承认的对己方不利的事实和认可的证据,人民法院应当予以确认,但当事人反悔并有相反证据足以推翻的除外。

8-9(2003年卷3,不定项第98~100题) 患者甲某与医院发生医疗

纠纷。甲认为由于该医院误诊，导致其疾病没有及时得到治疗，造成了财产和精神上的损害，故向法院提起诉讼，要求医院承担相应的民事责任。甲提出病历和X光片保存在医院，只要医院出示病历和X光片就可以证明医院对此负有责任。请回答以下98～100题。

98. 原告对以下何种争议事实负有举证责任？

A. 甲在该医院就诊的事实

B. 医疗行为与损害事实之间是否存在因果关系的事实

C. 损害数额

D. 医生诊断时是否存在过错的事实

——应当选择AC。

99. 如果X光片在本案作为证据，则该证据属于民事诉讼法规定的何种证据？

A. 物证　　B. 书证　　C. 视听资料　　D. 鉴定结论

——应当选择C。

100. 假设医院提出甲的病历等有关资料因医院工作人员保管不善而丢失，无法提供，以下何种说法是正确的？

A. 原告不能提出其他证据证明医院有责任时，原告应当承担败诉的后果

B. 法院不考虑病历等有关资料的证据意义，根据其他有关证据认定事实

C. 由于病历等有关资料保存在医院，在医院无正当理由拒不提供该资料时，法院就可以推定原告的相关主张成立

D. 法院只有在查清案件的事实基础上才能作出判决，如果由于该资料丢失，导致案件主要事实不清，法院应当裁定驳回起诉

——应当选择C。

第九章　法院调解与诉讼和解

■　第一节　法院调解概述

一、法院调解的概念和特征

民事调解是指在中立第三方的主持下，民事纠纷双方当事人通过相互协商，对其争议的民事权利义务关系达成协议的活动。民事调解包括诉讼中的调解和诉讼外的调解，法院调解即诉讼中的调解，是指在人民法院审判人员的主持协调下，民事诉讼各方当事人经过自愿协商，达成协议，解决民事纠纷的活动。诉讼外的调解是指由人民法院以外的主体主持的调解，包括人民调解委员会的调解、仲裁机构的调解、行政机关的调解以及公民个人的调解等。

法院调解在我国司法制度中具有悠久的传统。早在抗日战争时期，在总结人民法院审判工作经验的基础上，各根据地和解放区的政权组织就把调解作为处理民事案件的重要制度加以规定。著名的“马锡五审判方式”便是这一时期法院调解适用的典型代表。“马锡五审判方式”强调的是依靠群众和调查研究，实行审判与调解相结合，并将调解作为解决民事纠纷的主要方式。新中国成立后，我国民事审判工作继承和发扬了根据地人民司法工作的优良传统，仍然把调解作为审理民事案件的基本方法。自新民主主义革命时期至1982年《民事诉讼法（试行）》颁布之前，我国民事审判工作的一大特点便是调解在解决民事纠纷中有重要作用，奉行“调解为主”的原则。1982年颁布的《民事诉讼法（试行）》在总结我国民事审判工作经验的基础上，将“调解为主”改为“着重调解”原则，即人民法院审理民事案件，应当着重调解，调解不成的，应当及时判决。鉴于1982年《民事诉讼法（试行）》的“着重调解”原则仍然体现了调解优于审判的观念，再加上“着重调解”这一提法缺乏科学性，1991年颁布的《民事诉讼法》将这一原则修改为“自愿、合法调解”原则，即人民法院审理民事案件，应当根据自愿和合法原则进行调解，调解不成的，应及时判决。

法院调解制度是当事人行使处分权与人民法院行使审判权相结合的产物，与诉讼外调解和诉讼和解相比，法院调解具有以下特征：

1. 法院调解是由审判人员主持的，是一种诉讼活动。与诉讼外调解和诉讼和解不同,法院调解是在法院审判人员的主持下进行的,通过审判人员的疏通和劝导,促使双方当事人分清是非、知晓法理,最终达成解决纠纷的协议。法院调解具有诉讼性质,既是人民法院审理案件的一种活动,也是当事人的一种诉讼活动。[1]

2. 法院调解要遵循一定的法律原则和程序。根据我国民事诉讼法的规定,法院调解要遵循自愿和合法的原则,应当在事实清楚、责任分明的基础上进行,法院组织调解还需要遵循一定的程序。

3. 法院调解是人民法院解决民事纠纷、结束诉讼程序的一种方式。在审判人员的主持下,双方当事人经过协商,如能自愿达成调解协议并经法院审查认可,调解书送达双方当事人后即发生法律效力,诉讼程序终结。

4. 生效的法院民事调解书具有强制执行力。法院调解如果成功,其所形成的调解协议或调解书生效后具有与生效的判决相同的法律效力。当事人一方不履行调解协议的,另一方可申请人民法院强制执行。

二、法院调解的适用范围

(一)适用的案件

法院调解是解决民事纠纷的一种重要的方式,一般而言,凡属于民事权益争议性质、存在调解可能的案件,人民法院都可以进行调解。但根据最高人民法院《关于人民法院民事调解工作若干问题的规定》(以下简称《调解规定》)第2条的规定,适用特别程序、督促程序、公示催告程序、破产还债程序的案件,婚姻关系、身份关系确认案件以及其他依案件性质不能进行调解的民事案件,人民法院不予调解。此外,执行程序中也不适用调解,因为这时法院的裁判已经发生法律效力,非经再审程序,人民法院不能变更生效裁判所确定的内容。

此外,最高人民法院《关于适用简易程序审理民事案件的若干规定》第14条规定,下列民事案件,人民法院在开庭审理时应当先行调解,但是根据案件的性质和当事人的实际情况不能调解或者显然没有调解必要的除外:①婚姻家庭纠纷和继承纠纷;②劳务合同纠纷;③交通事故和工伤事故引起的权利义务关系较为明确的损害赔偿纠纷;④宅基地和相邻关系纠纷;⑤合伙协议纠纷;⑥诉讼标的额较小的纠纷。

9-1(2004年卷3,多选第76题) 下列哪些民事案件适用简易程序进行诉讼,人民法院在开庭审理时应当先行调解?

A. 劳务合同纠纷 B. 宅基地纠纷

C. 著作权纠纷 D. 继承纠纷

---

[1] 田平安主编:《民事诉讼法原理》,厦门大学出版社2005年版,第186页。

——应当选择 ABD。根据最高人民法院《关于适用简易程序审理民事案件的若干规定》第 14 条规定的在开庭审理时应当先行调解的六类案件，ABD 项可选，C 项被排除。

（二）适用的程序

法院调解原则适用于解决民事权利义务争议的审判程序的全过程，包括第一审程序、第二审程序和再审程序。人民法院对受理的第一审、第二审和再审民事案件，可以在答辩期满后裁判作出前进行调解。在征得当事人各方同意后，人民法院可以在答辩期满前进行调解。

9－2（2003 年卷 3，多选第 67 题）　在民事诉讼中，下列哪些程序不适用法院调解？

A. 公示催告程序

B. 发回重审后的诉讼程序

C. 由人民检察院提起抗诉引起的再审程序

D. 执行程序

——应当选择 AD。由于法院调解是在人民法院主持下，双方当事人自愿协商，达成协议，解决民事权利义务争议的活动方式，因此，在非诉讼程序、执行程序、婚姻关系、身份关系确认案件以及其他依案件性质不能进行调解的民事案件中不得适用法院调解。

三、法院调解的意义

法院调解是我国人民法院解决民事纠纷的一种重要方式，也是长期以来我国民事审判工作的成功经验。实践证明，法院调解在解决民事纠纷方面具有重要意义：

1. 有利于彻底解决当事人之间的民事纠纷。法院调解是在人民法院的主持下，双方在自愿的基础上平等协商，消除分歧和隔阂，相互谅解，自觉让步，达成解决纠纷的协议。调解的过程，就是尽可能使双方当事人对争议的问题消除分歧达成一致的过程，调解的结果体现着双方当事人的合意。与判决相比，当事人对调解结果的不服和抵触心理较小，一般情况下，大多数当事人都能自觉履行调解协议，不必通过法院强制执行来实现。因此，调解有利于彻底解决当事人之间的民事纠纷。

2. 有利于简化诉讼程序，及时化解矛盾。①调解手段的运用比较灵活，按照现行法律的规定，法院调解可以贯穿于审判的全过程。不仅庭审前可以进行调解，开庭审理中也可以进行调解；不仅第一审程序中可以调解，第二审、再审程序中也可以进行调解。审判人员可以根据案件的具体情况适时地利用调解方式解决纠纷，终结诉讼程序。②调解达成协议的，调解书经双方当事人签收后立即生效,不存在上诉的问题,可以提高诉讼效率。

3. 有利于预防纠纷、减少诉讼。法院调解的过程既是当事人平等协商、达成协议的过程,也是人民法院对当事人进行法制宣传和教育的过程。通过法院调解,能够使诉讼当事人、旁听群众以及其他群众了解法律、法规的相关规定,增强和提高法律意识,从而可以调解一案,教育一片,有利于预防纠纷的发生,减少诉讼。

■ 第二节 法院调解的原则和程序

一、法院调解的原则

法院调解的原则,是指人民法院在进行调解时应遵循的行为准则。根据《民事诉讼法》第 9 条、第 85 条和第 88 条的规定,人民法院在进行调解时应遵循以下三个原则:

(一)自愿原则

自愿原则,是指人民法院在以调解方式解决民事纠纷时,必须尊重当事人的意愿,调解活动的进行和调解协议的达成,都必须以当事人自愿为前提,不得强迫调解。自愿原则包含两方面的含义:

1. 程序上的自愿,即是否以调解方式解决纠纷取决于双方当事人的意愿,人民法院不能在未征得双方当事人同意的情况下自行依职权进行调解,也不得在当事人不愿进行调解的情况下强迫当事人接受调解。

2. 实体上的自愿,即是否能够达成调解协议以及达成什么内容的调解协议,也要取决于双方当事人的意愿,经过调解所达成的调解协议的内容必须是双方当事人真实的意思表示。

程序上的自愿和实体上的自愿还意味着当事人有反悔的权利。当事人在申请或接受调解后,可以随时拒绝继续进行调解;达成调解协议的,在签收调解书之前,可以随时反悔。

在法院调解的原则中,自愿原则居于核心地位,具有非常重要的意义。自愿原则的本质在于尊重当事人的处分权,其目的是为了使达成的调解协议能够得到当事人的自觉履行。调解制度在实践中出现的问题,大都根源于对自愿原则的违反。

(二)查明事实、分清是非原则

查明事实、分清是非原则,是指人民法院对民事案件进行调解,应当在事实清楚、是非分明的基础上进行。该原则的目的在于保证调解的质量,使调解协议生效后经得起时间的考验。法院调解不仅仅是当事人行使处分权的行为,而且是法院行使审判权的过程,这就要求审判人员在主持调解的过程中必须查明案件的基本事实，分清是非曲直，明确当事人各自的责任，在此基础上对当事人双方进行劝导和说服，使当事人消除分歧和隔阂，相互作出让步，达成调解协议解决纠纷。只有在基本的事实清楚、是非分明的基础上达成的协议，才能让双方当事人心悦诚服地自觉履行。如果在案件事实未清、是非不分明的情况下进行调解，审判人员就会心中无数，无法对当事人进行合情合理的说服教育，就可能出现无原则的"和稀泥"，容易造成久调不决，使诉讼迟延。

（三）合法原则

合法原则，是指人民法院进行调解必须依法进行，调解的过程和调解协议的内容必须符合有关法律、政策的规定。合法原则包含以下几个方面的含义：

1. 人民法院进行调解，必须符合法院调解的适用范围。法院调解适用于民事权益争议案件的一审、二审和再审程序，不适用于特别程序、督促程序、公示催告程序、破产还债程序的案件和婚姻关系、身份关系确认案件以及其他依案件性质不能进行调解的民事案件。

2. 人民法院进行调解，必须符合法律规定的调解程序。调解的开始、调解的方式、调解的步骤、调解的组织形式、调解协议的形式以及调解书的送达等，都要符合法律的规定。

3. 经法院调解达成的调解协议的内容必须符合法律的规定。调解协议内容的合法性，应当理解为调解协议的内容不违反法律的强制性和禁止性规定，不损害国家、社会和他人的合法权益。可见，调解协议内容的合法性并不意味着必须严格适用实体法的规定，这一点与判决内容的合法性的要求有所不同。调解协议内容的合法性的法律基础主要是国家干预主义，当事人处分其权利必须在法定范围内进行，若超出了这个范围，人民法院就必须制止。

9-3（多选题） 人民法院审理民事案件，应当根据自愿和合法的原则进行调解。对此，下列哪些理解是正确的？

A. 人民法院只能在双方当事人都同意的情况下才能进行调解

B. 无民事行为能力人的离婚案件，无民事行为能力人的法定代理人与对方达成协议并要求发给判决书的，人民法院可以制作判决书结案

C. 人民法院审理离婚案件，应当进行调解

D. 当事人为达成调解协议对案件事实的自愿认可，在调解不成的情况下，可以作为判决认定事实的根据

——应当选择 ABC。《适用意见》第 92 条规定，人民法院审理民事案件，应当根据自愿和合法的原则进行调解。当事人一方或双方坚持不愿调

解的，人民法院应当及时判决。人民法院审理离婚案件，应当进行调解，但不应久调不决，A、C项正确；《适用意见》第94条规定，无民事行为能力人的离婚案件，由其法定代理人进行诉讼。法定代理人与对方达成协议要求发给判决书的，可根据协议内容制作判决书。B项正确；《证据规定》第67条规定，当事人为达成调解协议或者和解的目的作出妥协所涉及的对案件事实的认可，不得在其后的诉讼中作为对其不利的证据，D项错误。

二、法院调解的程序

法院调解的程序，是指在调解过程中，人民法院、当事人及其他诉讼参与人各自应当遵守的行为规范。其中，主要是人民法院主持调解的操作规程。人民法院在调解过程中，除了应当遵守民事诉讼的一般原则和制度外，还应当遵守有关调解的特殊行为规范。从实践的角度看，法院调解可以划分为开始、进行和结束三个阶段：

（一）调解的开始

根据现行法律的规定，法院调解在民事权益争议案件的各审级、各阶段中均可进行。具体来讲，除适用特别程序、督促程序、公示催告程序、破产还债程序的案件和婚姻关系、身份关系确认案件以及其他依案件性质不能进行调解的民事案件外，对于普通民事权益争议案件，只要有调解的可能和必要，人民法院就可以进行调解。法院调解可以在一审程序中进行，也可以在二审、再审程序中进行。人民法院可以在答辩期满后裁判作出前进行调解，也可以在征得当事人各方同意的情况下，在答辩期满前进行调解。

关于调解开始的方式，按照我国现行法律规定和司法实践，调解可以因当事人的申请而开始，也可以因法院依职权主动提出并经当事人双方同意而开始。如当事人双方要求法院进行调解，法院应当进行调解。如果仅有一方当事人申请调解，法院应当征求另一方的意见，另一方同意调解的，可以进行调解，反之则不得进行调解。对于双方当事人均未提出调解申请的，法院如认为案件有调解的可能和必要的，也可依职权试行调解，但必须征得双方当事人的同意。

（二）调解的进行

法院调解应该在审判人员的主持下进行。人民法院应当在调解前告知当事人主持调解人员和书记员的姓名以及是否申请回避等有关诉讼权利和诉讼义务。人民法院可以邀请与当事人有特定关系或者与案件有一定联系的企业事业单位、社会团体或者其他组织，和具有专门知识、特定社会经验、与当事人有特定关系并有利于促成调解的个人协助调解工作。经各方当事人同意，人民法院可以委托以上单位或者个人对案件进行调解，达成调解协议后，人民法院应当依法予以确认。

调解过程可以公开，也可以不公开，但当事人申请不公开进行调解的，人民法院应当准许。法院调解应该在当事人的参加下进行，调解时当事人各方应当同时在场，根据需要也可以对当事人分别做调解工作。调解的进行，当事人可以亲自参加，也可以委托诉讼代理人代为进行调解。无诉讼行为能力的当事人进行调解，应当由其法定代理人代为进行。离婚案件原则上应由当事人亲自参加调解，确有困难无法亲自参加调解的，当事人应就离与不离问题出具书面意见。

在答辩期满前人民法院对案件进行调解，适用普通程序的案件在当事人同意调解之日起15天内，适用简易程序的案件在当事人同意调解之日起7天内未达成调解协议的，经各方当事人同意，可以继续调解。延长的调解期间不计入审限。

法官进行调解时，应当首先查明有争议的案件事实，然后根据有关法律、法规分清是非与责任，在此基础上，对双方进行宣传教育，做双方的思想工作，引导双方就如何解决争议进行协商，使双方在互谅互让的基础上达成调解协议。

调解协议通常是在调解方案的基础上形成。当事人可以自行提出调解方案，主持调解的人员也可以提出调解方案供当事人协商时参考。双方当事人经过调解达成协议的，法院应当将调解协议记入笔录，并由当事人或经授权的代理人签名。

（三）调解的结束

调解因当事人拒绝继续调解或双方达成调解协议并经人民法院认可而结束。当事人拒绝继续调解而未能达成调解协议的，人民法院应当及时终止调解程序，对案件进行审理和判决，不得久调不决、以拖压调。调解达成协议的，应要求双方当事人在调解协议上签字，并根据情况决定是否制作调解书。调解协议生效的，调解程序终止。

9-4（2005年卷3，不定项第98题）　李大民（男）与张小丽（女）于1998年登记结婚。1999年张小丽由于做生意亏损、夫妻感情恶化等原因，患精神病，丧失民事行为能力。2000年2月，李大民向某市河海区人民法院提起诉讼，请求判决与张小丽离婚。张小丽的母亲马雨霞作为张小丽的法定代理人参加了诉讼。假设在诉讼中，法院对案件进行调解，下列何种行为是合法的？

A. 法院对案件主动进行调解

B. 马雨霞代张小丽作出了同意离婚的意思表示

C. 应马雨霞的要求，法院根据调解协议的内容制作判决书

D. 本案调解达成离婚协议，法院可以不制作调解书和判决书

——应当选择ABC。按照我国现行法律规定和司法实践，调解可以因当事人的申请而开始，也可以因法院依职权主动提出而开始。A项正确；无民事行为能力人的诉讼案件由其法定代理人全权代理，B项正确；《适用意见》第94条规定，无民事行为能力人的离婚案件，由其法定代理人进行诉讼。法定代理人与对方达成协议要求发给判决书的，可根据协议内容制作判决书。C项正确；《民事诉讼法》第90条只规定调解和好的离婚案件人民法院可以不制作调解书，但没有规定调解离婚的案件可以不制作调解书，D项错误。

■ 第三节 调解协议和法院调解的效力

一、调解协议与调解书

（一）调解协议

调解协议，是指在人民法院主持下，当事人双方就他们之间的争议及权利义务所达成的，并经人民法院确认的协议。调解协议的表现形式一般分为两种：①当事人自行制作书面调解协议，将各方协商的内容记录下来；②由法院在法庭笔录中，将当事人各方的协议内容记录在卷，由各方当事人签字，当事人之间不另行制作调解协议。

调解协议一般是当事人双方围绕诉讼请求的内容所达成的合意，但调解协议的内容也可以超过诉讼请求的范围，就没有请求的事项进行调解并达成协议。《调解规定》规定，当事人双方可以在调解协议中约定一方不履行协议应当承担的民事责任，这种责任相当于双方约定的违约责任。调解协议还可以约定一方提供担保或者案外人为当事人提供担保。案外人提供担保的，人民法院制作调解书应当列明担保人，并将调解书送交担保人。担保人不签收调解书的，不影响调解书生效。当事人或者案外人提供的担保符合担保法规定的条件时生效。

调解协议的内容必须符合法律的规定，调解协议具有下列情形之一的，人民法院不予确认：①侵害国家利益、社会公共利益的；②侵害案外人利益的；③违背当事人真实意思的；④违反法律、行政法规禁止性规定的。主持调解的人员发现当事人之间的调解协议的内容不合法的，应当告知当事人另行协商，达成协议。

（二）调解书

调解协议经人民法院认可后，一般情况下，人民法院应当根据调解协议的内容制作调解书。调解书既是对各方当事人协商结果的记录，又是法院批准当事人调解协议的法律文书。调解书送达双方当事人后即发生法律效力。

调解书由首部、正文和尾部三个部分组成。首部除依法写明制作调解书的法院的全称、标题、案件编号外,还要写明双方当事人及诉讼代理人的基本情况、案由和主持调解的人员的姓名。调解书正文的主要内容,需要写明各方的诉讼请求、案件的基本事实、调解理由以及协议的内容。尾部要写明本调解书经双方当事人签收后即具有法律效力,由审判人员署名,写明签发日期,并加盖人民法院印章,最后由书记员署名。

一般民事案件经调解达成协议后,人民法院都应制作调解书,送达给双方当事人。但根据《民事诉讼法》第 90 条的规定,下列案件经法院调解达成调解协议,人民法院可以不制作调解书,而将协议的内容记入笔录,由双方当事人、审判人员、书记员签名或者盖章后,即具有法律效力:①调解和好的离婚案件;②调解维持收养关系的案件;③能够即时履行的案件;④其他不需要制作调解书的案件。

9-5(2003 年卷 3,多选第 70 题) 对下列哪些案件调解达成协议的,人民法院可以不制作民事调解书?

A. 被告拖欠原告贷款 10 万元,双方达成协议,被告在 1 个月内付清,原告不要求被告支付拖欠期间的贷款利息

B. 赔偿案件中的被告人在国外,与原告达成赔偿协议,同意在 2 个月内赔付

C. 赡养案件中当事人双方达成协议,被告愿意每月向原告支付赡养费 200 元,原告申请撤诉

D. 收养案件中当事人双方达成协议,维持收养关系

——应当选择 CD。根据《民事诉讼法》第 90 条的规定,不需制作调解书的案件有:调解和好的离婚案件、调解维持收养关系的案件、能够即时履行的案件和其他不需要制作调解书的案件。A、B 项不可选,D 项可选;双方当事人在诉讼中达成协议一方申请撤诉的,人民法院准许撤诉后诉讼程序终结,无须制作调解书。故 C 项也可选。

二、法院调解的效力

(一)调解书生效的时间

《民事诉讼法》第 89 条规定,调解书经双方当事人签收后,即具有法律效力。这一规定包含两层含义:①调解书必须经当事人签收,当事人拒绝签收的,应视为调解不成立,调解书不发生法律效力。根据这一要求,调解书应以直接送达当事人本人为原则,对调解书不适用留置送达和公告送达的

方式。②调解书必须经双方当事人签收才能生效。如果只向一方当事人送达并由该方当事人签收,而没向另一方当事人送达或另一方当事人拒绝签收的,调解协议不发生法律效力,人民法院应当及时通知对方当事人。《适用意见》第96条规定:“调解书不能当庭送达双方当事人的,应以后收到调解书的当事人签收的日期为调解书生效日期。”对于不需要制作调解书的调解协议,人民法院将协议的内容记入笔录,调解笔录在当事人、审判人员、书记员签名或盖章后即产生法律效力。

在调解书和调解笔录生效前,当事人有权反悔。如调解书送达时一方或双方当事人拒绝签收的,或者不制作调解书的案件一方或双方当事人拒绝在调解笔录上签字的,表明双方当事人不同意按调解协议解决他们之间的纠纷,此时,调解宣告失败,人民法院应对案件及时审理和判决。但《调解规定》第13条规定,根据《民事诉讼法》第90条第1款第4项规定,对于“其他不需要制作调解书的案件”,当事人各方同意在调解协议上签名或者盖章后生效,经人民法院审查确认后,应当记入笔录或者将协议附卷,并由当事人、审判人员、书记员签名或者盖章后即具有法律效力。当事人请求制作调解书的,人民法院应当制作调解书送交当事人。当事人拒收调解书的,不影响调解协议的效力。《调解规定》还规定,当事人不能对诉讼费用如何承担达成协议的,不影响调解协议的效力。人民法院可以直接决定当事人承担诉讼费用的比例,并将决定记入调解书。对调解书的内容既不享有权利又不承担义务的当事人不签收调解书的,不影响调解书的效力。

9-6(案例题) 某化工厂排放污水,污染了农民甲、乙、丙、丁的农田,使四户农民所种庄稼不同程度减产,经诉前协商索赔未果,四位农民向人民法院提起诉讼。在法院审判人员主持下通过调解,化工厂同农民甲、乙、丙三户达成赔偿协议,丁拒绝调解。当人民法院向农民丁送达调解书时,丁以未参加调解和赔偿数额偏低为由不服,向人民法院提起诉讼。

请问:①调解书对丁是否有效?②农民丁是否可以再行起诉?

——①该调解书对农民丁无效。因为调解必须在当事人参加下,在自愿、合法的基础上达成协议,在当事人接收调解书或在调解笔录上签字后发生法律效力。在本案中,农民丁既未参加调解,也不同意调解协议确定的赔偿数额,所以化工厂同农民甲、乙、丙所达成的调解协议,对农民丁不具有法律效力。②农民丁无需再次向人民法院提起诉讼。因为农民丁已经就化工厂污染造成其庄稼损害而向人民法院提起诉讼,在当事人拒绝调解的情况下,法院应及时审理和判决,丁不必就同一诉讼请求和理由再行起诉。

（二）调解书的效力

生效的调解书或调解笔录具有同生效判决相同的效力，其效力主要表现为：

1. 确定当事人之间民事法律关系的效力。在人民法院的主持下，双方当事人在自愿的基础上达成了一致意见，又经人民法院予以确认，调解书送达当事人或调解笔录依法生效后，当事人之间的民事权利义务关系已经确定。根据一事不再理原则，双方当事人不得以同一诉讼标的、同一事实和理由再向人民法院起诉。但调解和好的离婚案件和调解维持收养关系的案件除外。

2. 结束诉讼程序的效力。法院调解生效后，说明人民法院最终从法律上解决了双方当事人之间的纠纷，双方当事人的权利义务的争执状态已经消除，正常的法律关系得到了恢复，民事诉讼程序也因调解书或调解笔录的生效而宣告终结。法院调解是人民法院的结案方式之一，与法院判决一样，都是人民法院行使审判权的体现。以调解的方式结束诉讼程序，同以判决的形式结束诉讼程序一样，都是人民法院进行审判活动的结果。

3. 强制执行的效力。民事调解书和调解笔录生效后，具有与民事判决书同等的执行力，可以作为强制执行的根据。负有履行义务的一方当事人如不履行生效的调解书和调解笔录中确定的义务，权利人有权向人民法院申请强制执行。

9-7（多选题）　关于法院调解的效力，下列说法哪些是正确的？

A. 二审程序中，双方当事人达成调解协议时，法院应当制作调解书，原审法院的判决在调解书送达后即视为撤销

B. 当事人不能对诉讼费用如何承担达成协议的，视为调解失败

C. 当事人经调解达成协议后，可以请求人民法院按照调解协议的内容制作判决书

D. 调解书不能当庭送达双方当事人的，应以后收到调解书的当事人签收的日期为调解书生效日期

——应当选择 AD。《民事诉讼法》第 155 条规定，第二审人民法院审理上诉案件，可以进行调解。调解达成协议，应当制作调解书，由审判人员、书记员署名，加盖人民法院印章。调解书送达后，原审人民法院的判决即视为撤销。故 A 项正确；《调解规定》第 14 条规定，当事人不能对诉讼费用如何承担达成协议的，不影响调解协议的效力。人民法院可以直接决定当事人承担诉讼费用的比例，并将决定记入调解书。故 B 项错误；对于 C 项，《适用意见》第 94 条规定："无民事行为能力人的离婚案件，由其法定代理人进行诉讼。法定代理人与对方达成协议要求发给判决书的，可根据协议内容制

作判决书。”而《调解规定》第 18 条又规定：“当事人自行和解或者经调解达成协议后，请求人民法院按照和解协议或者调解协议的内容制作判决书的，人民法院不予支持。”对此可理解为，除无民事行为能力人的离婚案件外，其他的案件当事人达成调解协议的，只能以制作调解书方式结案，或不需要制作调解书的案件通过将调解协议内容记入笔录由双方当事人、审判人员、书记员签名或者盖章后即视为生效的方式结案，而不能制作判决书。故 C 项错误；D 项正确，因为《适用意见》第 96 条对此已作了明确规定。

■ 第四节 诉讼和解

一、我国诉讼和解制度概述

诉讼和解是指当事人在诉讼过程中，自行达成协议，解决纠纷的活动。诉讼和解是双方当事人合意解决民事纠纷、结束诉讼的一种制度。由于诉讼和解具有体现当事人合意，尊重当事人的处分权，能及时、彻底解决纠纷，节约司法资源等优点，因而，本着私法自治的精神，私法功能发达国家的民事诉讼法中几乎无一例外地都规定有诉讼和解制度。诉讼和解制度成为私法自治精神在诉讼领域内的延伸，是民事诉讼处分原则的体现。

我国《民事诉讼法》第 51 条规定：“双方当事人可以自行和解。”但没有规定和解的程序、和解的效力、法院如何对和解协议进行确认、和解后应以何种方式结案等问题。可见我国民事诉讼法虽然对和解作了原则规定，但只是作为当事人的诉讼权利而不是作为一项诉讼制度规定的。

关于法院如何对和解协议进行确认以及和解后如何结案的问题，在司法实践中，通常有两种做法：①当事人之间达成和解协议的，由一方当事人向法院提出撤诉的申请。法院经审查认为撤诉符合法律规定的，裁定准许撤诉，从而结束诉讼程序。但以这种方式结案存在的问题是，由于当事人之间达成的和解协议没有强制执行的效力，一旦一方当事人反悔不履行和解协议，无法强制义务方履行义务。权利人为了维护自己的权利，只能再行起诉。这不仅造成当事人的诉累，而且也加重了法院的负担，造成司法资源的浪费。②由审判人员将当事人的和解协议记入笔录并在双方当事人同意的情况下制作调解书送达当事人，从而获得调解结案的效力。这种做法保证了当事人之间达成的协议可以得到强制执行，但这种做法实际上与法院调解没什么区别。正是因为这个原因，当事人和解制度在我国诉讼实践中无法得到充分利用。最高人民法院的《适用意见》肯定了司法司践中的这些做法。该意见第 191 条规定：“当事人在二审中达成和解协议的，人民法院可以根据当事人的请求，对双方达成的和解协议进行审查并制作调解书送达当事人；因和解而申请撤诉，经审查符合撤诉条件的，人民法院应予准许。”

9－8（多选题） 1999年10月，张某向S市甲区人民法院起诉，请求法院判令被告赵某还欠款1万元。诉讼过程中，双方达成和解协议：赵某在15日内一次性向张某还欠款1万元。张某向法院申请撤诉，法院裁定准许。在此情况下，从法律上产生的后果是什么？

A. 该案民事诉讼法律关系消灭

B. 该诉讼费用由张某承担

C. 若赵某不履行和解协议，张某可以向法院申请执行

D. 在任何情况下，张某都不可以再次以相同请求向法院起诉

——应当选择AB。诉讼中当事人之间达成和解协议，一方当事人向法院提出撤诉的申请，法院经审查认为撤诉符合法律规定从而裁定准许撤诉的，诉讼程序终结，诉讼法律关系也随之消灭，故A项正确；撤诉的案件，诉讼费用由原告负担，其中案件受理费减半征收，故B项正确；和解协议不具有执行力，故C项不正确；当事人撤诉之后还可以再行起诉，故D项不正确。

二、诉讼和解的社会功能

在民事纠纷的解决上，诉讼和解与诉讼外和解及法院调解有着很多的相似之处，因而，从诉讼和解与两者的比较上来看可以明确诉讼和解独有的社会功能。

（一）与诉讼外和解相比较

与诉讼外和解相比较，诉讼和解具有以下的优点：

1. 解决纠纷更为高效、迅速。一般来说，由于当事人对民事纠纷的认识很难在事实和法律上达成统一，诉讼外和解往往很难达成或拖延时间较长。但是进入诉讼程序后，法官会向当事人讲解相关的法律规定，并且双方当事人也会因害怕承担败诉的后果而更加积极的学习相关的法律知识，这样双方当事人就能更快地了解各自的立场，并对一些事实和法律问题达成共识，当事人选择以和解解决纠纷以及最终达成和解协议的可能性增加，因此，诉讼和解较诉讼外和解更容易达成。而且由于诉讼程序的推进和法院审理期限的制约，当事人达成和解协议也更迅速。

2. 诉讼和解协议的内容更具有合法性。诉讼外和解是一个当事人自觉消除自身冲突的过程，双方在完全没有第三方介入的情况下进行协商，双方当事人对相关的法律可能相当的无知，最终达成的和解协议常常与严格的实体法有一定的距离，而且出于利益的考虑，当事人可能有意的把自己的意志置于法律原则之上。而在诉讼中进行的和解，因为当事人对相关的法律

有了一定的了解,并且和解协议最终要经法院的审查,故诉讼和解协议的内容相对就更符合法律的规定。

(二)与法院调解相比较

与法院调解相比较,诉讼和解具有的优点为:法院调解是法院作为第三方促使当事人达成调解协议终结诉讼的过程,生效的调解协议与确定判决具有同等的法律效力。与诉讼和解比较而言,在调解过程中,法院积极主动的介入和促成协议的达成,所以,在纠纷解决的高效性和合法性上,法院调解要优于诉讼和解。也正是因为法院在调解中扮演的积极角色,使得法院调解出现了这样那样的弊端,最常见的表现是:由于调解人员的双重身份——既是调解人员又是审判人员——及地位上的优势,以合意为基础的调解常常演变成大量渗入调解人员主观意志的强制型调解,从而违背了法院调解制度所追求的正义价值,最终使法院调解陷入尴尬的境地。而诉讼和解协议的最初达成避免了法院作为第三方的主动介入,纯粹由当事人自主协商,因此避免了法院调解的弊端,真正使诉讼上的合意成为可能。在这种意义上,诉讼和解有着法院调解的高效性、合法性,又避免了法院调解的弊端,具有更优越的社会功能。

第十章　民事诉讼保障制度

■　第一节　财产保全

一、财产保全的概念和种类

(一)财产保全的概念

财产保全,是指人民法院为保障将来的生效裁判能够执行或避免财产遭受损失,在诉讼前或诉讼过程中采取的,限制当事人处分其财产或争议标的物的强制措施。

财产保全是民事诉讼法的重要制度之一,世界各国的民事诉讼法中几乎都规定有财产保全的内容。财产保全制度可以防止义务人隐匿、转移、挥霍其财产,逃避依法应当履行的民事、经济责任,从而保证人民法院生效判决能顺利执行,维护当事人的合法权益。

(二)财产保全的种类

大陆法系民事诉讼中的保全制度包括假扣押和假处分两种。其中针对金钱或者可以转换为金钱的请求而采取的保全措施,称为假扣押;针对金钱以外(例如物、权利和行为)的请求而采取的保全措施,称为假处分。我国民事诉讼法规定了诉前财产保全制度和诉讼财产保全制度两种,由于我国财产保全制度中的“财产”包括金钱和非金钱财产两类,因此我国财产保全制度实际上包括了大陆法系民事诉讼中的假扣押和假处分制度。[1]

1. 诉前财产保全。诉前财产保全,是指在起诉前,人民法院根据利害关系人的申请,对被申请人的财产或争议标的物所采取的限制处分的强制措施。

在现实生活中,常有当事人之间因民事权利义务关系发生纠纷后尚未起诉到人民法院前,义务人为了逃避履行义务的责任,预先转移或者处分其财产,这就会给对方当事人权利的实现带来极大的威胁,会导致即使纠纷诉诸法院之后权利人胜诉,生效判决也难以执行。诉前财产保全就是为了避免这一不利局面的出现。利害关系人在出现紧急情况时,可以首先向法院申请财产保全,然后再依法起诉,使其合法权利得到及时保护。

---

〔1〕 张卫平:《民事诉讼法》,法律出版社2004年版,第241页。

诉前财产保全措施属于应急性的保全措施,只能在特定条件下使用。根据《民事诉讼法》第93条的规定,诉前财产保全应具备下列条件:

(1)案件必须具有给付性,即将来提起的诉讼必须是给付之诉,生效裁判具有执行性。

(2)具有采取财产保全措施的必要性,即必须是情况紧急,不立即采取保全措施将会使申请人的合法权益受到难以弥补的损失。所谓情况紧急,是指被申请人正在或立即要转移、隐匿、挥霍或处分其财产,或者因为某种客观原因,财产可能发生毁损、灭失,申请人来不及起诉,若不采取应急措施限制其行为,将会使申请人的合法权益遭受无法挽回的损失。所谓遭受难以弥补的损失,是指财产一旦被挥霍、转移或处分,申请人的财产权利将难以或无法实现。

(3)由利害关系人向有管辖权的法院提出申请。所谓利害关系人,即认为自己的民事权益正在受到他人侵害或与他人发生了争议,纠纷处理结果与其有法律上的利害关系的人。诉前财产保全只能由利害关系人提出申请,人民法院不能依职权主动采取财产保全措施。根据民事诉讼法的规定,诉前财产保全应由财产所在地人民法院管辖。

(4)申请人提供担保。提供担保是诉前财产保全必备的条件,申请人不提供担保的,法院应当驳回申请人的财产保全申请。

申请人在人民法院采取保全措施后15日内应当起诉。超过15日不起诉的,人民法院应当解除财产保全。

2. 诉讼财产保全。诉讼财产保全,是指人民法院在受理案件后执行程序发生前,为了保证将来生效裁判的执行,对被申请人的财产或双方争议的标的物采取的限制处分的强制措施。

从当事人起诉到生效裁判的执行需要经过一段时间。在这段时间内,个别当事人可能会为了逃避债务而转移、隐匿、毁损、挥霍财产,使生效的判决因无可供执行的财产而无法得到执行,有些争议的标的物,如水果、水产品等,容易腐烂,必须及时处理,保存价款,减少损失。所以在诉讼过程中,为了保证生效判决的执行,防止损失的扩大,保护当事人的合法权益,有必要对相关的财产采取保全措施。

根据《民事诉讼法》第92条的规定,诉讼财产保全应具备下列条件:

(1)申请诉中财产保全的案件属于给付之诉。如果案件没有给付内容,将来的判决也就不具备执行性,法院也就没有必要采取财产保全措施保障判决的执行。

(2)须有进行财产保全的必要性。根据《民事诉讼法》第92条第1款的规定,所谓进行财产保全的必要性,是指"可能因当事人一方的行为或者其他原因,使判决不能执行或者难以执行"。所谓"当事人一方的行为",是指当事人的主观故意，如行为人擅自将其财产或争议的标的物转移、隐匿、毁损、挥霍和出卖等。所谓“其他原因”，是指客观上的事由，如诉讼标的物或有关财产属于鲜活物品，易腐烂或易变质，不宜长期保存，需要变卖或拍卖保存其价款。

(3)诉中财产保全应由当事人提出申请，当事人没有提出申请的，人民法院在必要时也可依职权采取保全措施。

(4)法院责令申请人提供担保的，当事人应提供担保，不提供担保的，法院有权驳回其申请。

二、财产保全的范围和措施

(一)财产保全的范围

财产保全制度的目的固然是为了使权利人的合法权益得以实现、保证人民法院生效判决能顺利执行，但任何一项诉讼制度的设计都应该兼顾双方当事人的利益。如果财产保全措施不当，同样也会损害被采取财产保全措施一方当事人的利益。对财产保全范围加以明确限定，将会起到同时兼顾双方当事人利益的目的。《民事诉讼法》第 94 条第 1 款规定：“财产保全限于请求的范围，或者与本案有关的财物。”所谓“限于请求的范围”，指被保全的财物的价额应当与财产保全申请人的诉讼请求或者利害关系人的权利请求的价额大致相等。所谓“与本案有关的财物”，是指被保全的财物应是本案的诉讼标的物，或者虽不是双方当事人争议的财物但却是与本案的标的物有牵连的其他财物。对于案外人的财产不得采取保全措施，对案外人善意取得的与案件有关的财产，一般也不得采取财产保全措施。

(二)财产保全的措施

根据《民事诉讼法》第 94 条的规定，财产保全采取查封、扣押、冻结或者法律规定的其他方法。司法实践中最高人民法院的《适用意见》和《关于在经济审判工作中严格执行〈中华人民共和国民事诉讼法〉的若干规定》中，对上述保全措施进行了补充规定，以适应审判实践的需要。

1. 查封。查封是指人民法院将需要进行保全的财物清点后，加贴封条，就地封存，或异地封存。该措施适用于不动产或者不宜移动的其他财物。

2. 扣押。扣押是指人民法院将需要保全的财物移置到一定场所予以扣留，在一定期限内不允许被申请人动用和处分。该措施主要适用于便于移动的较为贵重的财物。

人民法院对不动产和特定的动产(如车辆、船舶等)进行财产保全，可以采用扣押有关财产权证照并通知有关产权登记部门不予办理该项财产的转移手续的保全措施，必要时可以查封、扣押该项财产。人民法院对抵押物、留置物采取保全措施的，抵押权人、留置权人可以享有优先受偿权。

人民法院在财产保全中采取查封、扣押措施时，应当妥善保管被查封、扣押的财产。当事人、负责保管财物的有关单位包括人民法院,不得使用被查封或扣押的财物。

3. 冻结。冻结是指人民法院依法通知有关银行、信用合作社及其他金融机构,不准被申请人提取或处分其存款的措施。人民法院依法冻结的款项,任何人都不准动用,包括银行等金融机构。财产已被冻结的,不得重复冻结。冻结的期限为6个月,6个月的冻结期限届满之后,人民法院没有重新办理冻结手续的,原冻结措施视为自动撤销,权利人有权自由处分冻结的款项。

4. 法律规定的其他方法。除以上财产保全的主要方法外,法律和司法解释还规定了其他保全方法。最高人民法院《适用意见》第99条规定:"人民法院对季节性商品、鲜活、易腐烂变质以及其他不宜长期保存的物品采取保全措施时,可以责令当事人及时处理,由人民法院保存价款;必要时,人民法院可予以变卖,保存价款。"人民法院对债务人到期应得的收益,可以采取财产保全措施,限制其支取,通知有关单位协助执行。债务人的财产不能满足保全请求,但对第三人有到期债权的,人民法院可以依债权人的申请裁定该第三人不得对本案债务人清偿。该第三人要求偿付的,由人民法院提存财物或价款。

三、财产保全的程序与解除

(一)财产保全的程序

1. 申请与担保。诉前财产保全只能由利害关系人申请,人民法院不得依职权决定,并且利害关系人必须提供担保。利害关系人提供的担保的数额相当于请求保全的数额。申请人不提供担保的,法院依法驳回申请。诉中财产保全可以由当事人提出申请,也可以由人民法院依职权决定。法院可以责令申请人提供担保,法院责令申请人提供担保的,申请人必须提供担保,否则法院将依法驳回申请。

我国民事诉讼法没有对诉前财产保全、诉中财产保全的管辖作出规定。最高人民法院《适用意见》第31条规定,诉前财产保全,由当事人向财产所在地的人民法院申请。对于诉中财产保全的管辖,法律没有规定,实践中的做法是向审理本案的法院申请。

2. 财产保全的裁定和执行。人民法院对财产保全申请经过审查,认为不符合法定条件的,应裁定驳回申请;经审查认为符合法定条件的,必须及时采取保全措施。诉前财产保全人民法院接受申请后,必须在48小时内作出裁定;裁定采取保全措施的,应当立即开始执行。诉中财产保全人民法院接受申请后,对情况紧急的,必须在48小时内作出裁定;裁定采取保全措施后,应当立即执行。人民法院作出财产保全裁定后,承办案件的审判人员应当立即将裁定书移交给执行组织,由执行员依法执行。

当事人对财产保全裁定，可以向作出裁定的法院申请复议一次，复议期间不停止裁定的执行。对当事人不服财产保全裁定提出的复议申请，人民法院应及时审查，裁定正确的，通知驳回当事人的申请；裁定不当的，作出新的裁定变更或撤销原裁定。

（二）财产保全的解除

财产保全措施是民事诉讼的一种应急措施，只要保全的条件和原因不存在了，达到了保全的目的，就应解除财产保全。根据《民事诉讼法》第93条第3款和第95条的规定，有下列情形之一的，人民法院应裁定解除财产保全措施：

1. 诉前财产保全的申请人在法定期限内不起诉的。诉前财产保全申请人在人民法院采取保全措施后15日内不起诉的，人民法院应当解除财产保全。

2. 被申请人提供担保的。

3. 财产保全申请人经法院同意撤回财产保全申请的。

4. 当事人不服财产保全裁定提出的复议申请，经人民法院审查认为申请有理而作出新裁定，撤销原财产保全裁定的。

5. 被申请人依法履行了人民法院判决的义务，财产保全已经没有存在的意义的。

四、申请财产保全错误的赔偿

一般而言，申请财产保全错误的情形主要有：①申请人不具有保全请求权而申请保全，即被申请人与申请人之间不存在法律上的权利义务关系，或者被申请人对申请人并不负有债务或没有侵权行为等。申请人是否有保全请求权，主要以申请人最终是胜诉还是败诉作为判断标准。②不存在保全的必要性，即不存在因被申请人一方的行为或其他原因，使判决不能执行或难以执行的情况。③采取保全措施的对象错误，如把属于与被申请人无关的第三人的财产误认为是被申请人的财产采取保全措施、在争执标的物为特定物时对特定物之外的财产采取了保全措施等。④申请人超出自己应有的请求权范围而扩大了财产保全的数额，即采取保全措施的财产的价值远远高于申请人的请求。在司法实务中通常以法院最终判决确定的数额作为申请人应有的请求额。⑤其他程序方面的事由，如申请人在财产保全之后，又提出了撤诉，或者申请人在诉前财产保全之后未在规定期限内起诉而被人民法院解除保全等。

《民事诉讼法》第96条规定："申请有错误的，申请人应当赔偿被申请人因财产保全所遭受的损失。"最高人民法院《关于在经济审判工作中严格执行〈中华人民共和国民事诉讼法〉的若干规定》第19条规定："因申请错误造成被申请人损失的，由申请人予以赔偿；因人民法院依职权采取保全措施错误造成损失的,由人民法院依法予以赔偿。”人民法院在民事诉讼过程中违法采取财产保全措施造成损害的,应当根据国家赔偿法的规定进行赔偿。最高人民法院《关于当事人申请财产保全错误造成案外人损失应否承担赔偿责任问题的解释》规定,当事人申请财产保全错误造成案外人损失的,应当依法承担赔偿责任。

10－1(2003年卷3,多选第71题) 关于民事诉讼财产保全制度,下列哪些说法是正确的?

A. 诉前保全必须由当事人提出申请并提供担保,人民法院方可作出保全裁定

B. 财产保全申请确有错误的,申请人应当赔偿被申请人因财产保全所遭受的损失

C. 财产保全限于请求的范围,或者与本案有关的财物

D. 当事人对财产保全裁定不服的,可以申请复议一次

——应当选择ABCD。A项正确,诉前保全的条件之一是必须由利害关系人向财产所在地的人民法院提出申请,并提供担保。B项正确,人民法院根据申请人的申请而采取保全措施的,如果由于申请人的错误而导致被申请人因财产保全而受损失的,申请人应承担赔偿责任。C项正确,财产保全限于请求的范围或与本案有关的财物。D项正确,当事人不服人民法院财产保全裁定的,可以申请复议一次,复议期间不停止裁定的执行。

10－2(多选题) 关于民事诉讼财产保全,下列哪些说法不正确?

A. 人民法院对房产进行财产保全,可以扣押房产证,也可以查封房产

B. 人民法院对于扣押的车辆,除人民法院基于工作需要可以使用外,其他人均不得使用

C. 诉讼中,法院根据原告A公司的请求对B公司进行财产保全,但后来发现采取了保全措施的财产乃是C公司的财产,并因此对C公司造成了损害。对此损失应由人民法院按国家赔偿法进行赔偿。

D. 财产保全可基于当事人的申请而发生,也可由法院依职权主动采取

——应当选择BCD。最高人民法院《适用意见》第101条规定:“人民法院对不动产和特定的动产(如车辆、船舶等)进行财产保全,可以采用扣押有关财产权证照并通知有关产权登记部门不予办理该项财产的转移手续的财产保全措施;必要时,也可以查封或扣押该项财产”,故A项正确;《适用意见》第100条规定:“人民法院在财产保全中采取查封、扣押财产措施时,应当妥善保管被查封、扣押的财产。当事人、负责保管的有关单位或个人以及人民法院都不得使用该项财产。”故B项不正确;根据民事诉讼法及有关司

法解释，财产保全中，因申请错误造成被申请人损失的，由申请人予以赔偿；因人民法院依职权采取保全措施错误造成损失的，由人民法院依法予以赔偿；当事人申请财产保全错误造成案外人损失的，应当依法承担赔偿责任，故C项错误；根据民事诉讼法的规定，诉前财产保全只能由利害关系人提出申请，人民法院不能依职权主动采取财产保全措施；诉讼中财产保全可由当事人提出申请，人民法院在必要时也可依职权采取保全措施，故D项错误。

■ 第二节 行为保全

一、行为保全的概念和意义

行为保全，是指为了保证法院将来的裁判能够得到执行或者为了使当事人、利害关系人的权益在判决前免受进一步的损害，人民法院根据利害关系人或当事人的申请，裁定被申请人为一定行为或不为一定行为的保全措施。

我国1991年颁布的《民事诉讼法》并未规定行为保全制度，[1] 1999年12月25日颁布的《海事诉讼特别程序法》对海事诉讼中的行为保全即海事强制令作了规定，2000年8月25日修订的《专利法》及2001年10月27日修订的《商标法》、《著作权法》则对诉前责令停止侵犯知识产权行为作了规定，从而确立了我国民事诉讼中的行为保全制度。之后最高人民法院有关司法解释对"诉前责令停止侵犯知识产权行为"作了进一步细化的规定。2002年国务院颁布的《计算机软件保护条例》也增加了类似的规定。

确立行为保全制度的意义在于，通过裁定禁止被申请人为一定行为或不为一定行为，可以防止申请人的权益受到侵害，或减少其所受到的损害，以便将来裁判能得到顺利执行，从而可以弥补现行财产保全和先予执行制度的不足。因为，财产保全的对象仅限于有关财产，对行为给付之诉则无法发挥其作用，而且，对于很多侵权行为，即使对财产进行保全，也并不能达到充分保护当事人或利害关系人合法权益以及保证将来判决得以执行的目的。先予执行的对象尽管包含了被申请人的行为，但该制度仅能在诉讼中适用而不能在诉前适用，而且其适用的条件与行为保全的条件也不同，故先予执行制度也无法替代行为保全制度。

---

〔1〕 现在不少学者和法官认为我国民事诉讼法中也存在着行为保全的内容。理由为：《民事诉讼法》第97条规定了可以裁定先予执行的三种情况，最高法院的《适用意见》第107条规定，《民事诉讼法》第97条第3项规定的紧急情况，包括：①需要立即停止侵害、排除妨碍的；②需要立即制止某项行为的；③需要立即返还用于购置生产原料、生产工具货款的；④追索恢复生产、经营急需的保险理赔费的。其中第①、②项属于行为保全。

二、行为保全的适用范围和条件

完整的行为保全制度,应该是既包括诉前行为保全,也包括诉讼中的行为保全;既包括为保护专利权、商标权、著作权等知识产权而进行的行为保全,也应包括为保护其他财产权、人身权而进行的行为保全。但由于目前我国民事诉讼法并未对行为保全作出系统性、一般性规定,而仅仅是在有关法律中对海事强制令和诉前停止侵犯知识产权行为作了规定,故本节关于行为保全的阐述主要围绕这两类行为保全措施展开。

(一)发布海事强制令

海事强制令是指海事法院根据海事请求人的申请,为使其合法权益免受侵害,责令被请求人作为或者不作为的强制措施。根据《海事诉讼特别程序法》第51条等条款的规定,海事请求人为使其合法权益免受侵害,可以在诉前或诉讼中申请海事法院作出责令被申请人作为或不作为的海事强制令。

根据海事诉讼特别程序法的规定,法院裁定采取海事强制令措施,应具备以下条件:①请求人有具体的海事请求;②需要纠正被请求人违反法律规定或者合同约定的行为;③情况紧急,不立即发出海事强制令将造成损害或者使损害扩大;④由利害关系人或当事人向有管辖权的法院提出申请,人民法院不能依职权主动采取海事强制令措施;⑤法院责令申请人提供担保的,申请人应提供担保,否则法院将驳回其申请。

(二)诉前责令停止侵犯知识产权行为

我国于2000年开始陆续修改的《专利法》、《商标法》和《著作权法》及其相关的司法解释都对诉前责令停止侵犯专利权、商标专用权、著作权行为作了规定。《专利法》第61条规定:"专利权人或者利害关系人有证据证明他人正在实施或者即将实施侵犯其专利权的行为,如不及时制止将会使其合法权益受到难以弥补的损害的,可以在起诉前向人民法院申请采取责令停止有关行为和财产保全的措施。人民法院处理前款申请,适用《中华人民共和国民事诉讼法》第93条至第96条和第99条的规定。"《商标法》第57条规定:"商标注册人或者利害关系人有证据证明他人正在实施或者即将实施侵犯其注册商标专用权的行为,如不及时制止,将会使其合法权益受到难以弥补的损害的,可以在起诉前向人民法院申请采取责令停止有关行为和财产保全的措施。人民法院处理前款申请,适用《中华人民共和国民事诉讼法》第93条至第96条和第99条的规定。"《著作权法》第49条规定:"著作权人或者与著作权有关的权利人有证据证明他人正在实施或者即将实施侵犯其权利的行为,如不及时制止将会使其合法权益受到难以弥补的损害的,可以在起诉前向人民法院申请采取责令停止有关行为和财产保全的措施。人民法院处理前款申请,适用《中华人民共和国民事诉讼法》第93条至第96

条和第 99 条的规定。”

有关法律与司法解释规定的诉前责令停止侵害知识产权行为的条件基本相同，包括：①有证据证明被申请人正在实施或即将实施侵犯其专利权、商标专用权、著作权的行为。②如不及时制止将会使申请人的合法权益受到难以弥补的损害。③由权利人或者利害关系人向有管辖权的法院提出申请，人民法院不能依职权主动采取海事强制令措施。④申请人必须提供担保。

三、行为保全的程序

（一）申请

申请海事强制令或诉前停止侵犯知识产权行为的，申请人应当向法院递交书面申请状（申请书），并应提交相关的证据。

海事强制令的申请人为海事诉讼特别程序法所规定的海事请求人。

申请诉前责令停止侵犯专利权行为的申请人为专利权人或者利害关系人。利害关系人包括专利实施许可合同的被许可人、专利财产权利的合法继承人等。

申请诉前责令停止侵犯商标专用权行为的申请人为商标注册人或者利害关系人。利害关系人包括商标使用许可合同的被许可人、注册商标财产权利的合法继承人。

申请诉前责令停止侵犯著作权行为的申请人为著作权人或者与著作权有关的权利人。

权利人或者利害关系人向人民法院提出申请，应当递交书面申请书；申请书应当载明当事人及其基本情况、申请的具体内容、范围和理由等事项。申请的理由包括有关行为如不及时制止会使申请人合法权益受到难以弥补的损害的具体说明。

（二）管辖

《海事诉讼特别程序法》第 52、53 条规定，当事人在起诉前申请海事强制令，应当向海事纠纷发生地海事法院提出。海事强制令不受当事人之间关于该海事请求的诉讼管辖协议或者仲裁协议的约束。诉讼中申请海事强制令的，法律对管辖法院没有作出规定，司法实践中一般是由正在审理本案的法院管辖。

诉前责令停止侵犯专利权行为的申请，应当向对专利侵权案件有管辖权的人民法院提出。诉前责令停止侵犯注册商标专用权行为或责令停止侵犯著作权行为的申请，应当向侵权行为地或者被申请人住所地对商标案件、著作权案件有管辖权的人民法院提出。

（三）提供担保

海事法院受理海事强制令申请时，可以责令海事请求人提供担保。海事请求人不提供的，驳回其申请。

诉前请求法院责令停止侵犯知识产权行为的申请人，在提出申请时必须提供担保，申请人不提供担保的，驳回申请。当事人提供保证、抵押等形式的担保合理、有效的，人民法院应当准许。人民法院确定担保范围时，应当考虑责令停止有关行为所涉及产品的销售收入、合理的仓储保管等费用、被申请人停止有关行为可能造成的损失、人员工资等合理费用支出等因素。在执行停止侵犯知识产权行为裁定过程中，被申请人可能因采取该项措施遭受更大损失的，人民法院可以责令申请人追加相应的担保。申请人不追加担保的，人民法院有权解除有关行为保全裁定。停止侵犯知识产权行为裁定所采取的措施，不因被申请人提供反担保而解除，但申请人同意的除外。

（四）作出裁定与执行

海事法院接受海事强制令申请后，应当在48小时内作出裁定。裁定作出强制执行令的，应立即执行；对不符合海事强制令条件的，裁定驳回其申请。当事人对裁定不服的，可以在收到裁定书之日起5日内申请复议一次，海事法院应当在收到复议申请之日起5日内作出复议决定。复议期间不停止裁定的执行。

人民法院接受申请人提出的责令停止侵犯知识产权行为的申请后，应当在48小时内作出书面裁定。裁定责令被申请人停止侵犯知识产权行为的，应当立即执行。人民法院作出诉前责令被申请人停止有关行为的裁定，应当及时通知被申请人，至迟不得超过5日。当事人对人民法院的裁定不服的，可以在收到裁定书之日起10日内申请复议，复议期间不停止裁定的执行。

专利权人或者利害关系人在人民法院采取停止有关行为的措施后15日内不起诉的，人民法院解除裁定采取的措施。

四、申请错误时的赔偿

海事请求人申请海事强制令错误的，应当赔偿被请求人或者利害关系人因此遭受的损失。法院裁定诉前责令停止侵犯知识产权行为后，申请人不起诉或者申请错误造成被申请人损失的，被申请人可以向有管辖权的人民法院起诉请求申请人赔偿，也可以在专利权人、商标注册人、著作权人或者利害关系人提起的有关诉讼中提出损害赔偿的请求，人民法院可以一并处理。

10－3（多选题） 关于行为保全，下列说法哪些是错误的？

A. 有权受理海事强制令申请的是中级人民法院

B. 申请人申请法院采取行为保全措施的，必须提供担保

C. 人民法院依职权主动采取行为保全措施给被保全人造成损害的，由法院按国家赔偿法进行赔偿

D. 当事人不服行为保全裁定的，可以上诉

——应当选择 BCD。《海事诉讼特别程序法》第 52 条规定，当事人在起诉前申请海事强制令，应当向海事纠纷发生地海事法院提出。诉讼中申请海事强制令的，司法实践中一般是由正在审理本案的海事法院管辖。按照我国法院体系设置，海事法院在级别上属于中级人民法院，故 A 项正确；申请人申请海事强制令时，可以提供担保，也可以不提供的担保，是否提供由人民法院决定。诉前请求法院责令停止侵犯知识产权行为的申请人，在提出申请时必须提供担保，申请人不提供担保的，驳回申请，故 B 项错误；由于行为保全措施只能基于当事人或利害关系人的申请而采取，人民法院不能依职权主动采取行为保全措施，所以也就不存在人民法院依职权采取行为保全措施错误的赔偿问题，故 C 项错误；对于法院的行为保全措施，当事人不服的，只能提请复议而不能上诉，故 D 项错误。

■ 第三节　先予执行

一、先予执行的概念

先予执行，指人民法院在审理民事案件过程中，因权利人的生活和生产的需要，根据权利人的申请，裁定一方当事人预先给付另一方当事人一定数额的财物，或者立即实施或停止某种行为的诉讼制度。

先予执行是人民法院为了及时而切实地保护当事人的合法权益所采取的一种强制措施。通常而言，债务人的义务应当由终审判决来确定并在终审判决生效后才履行。但现实生活中案件的审理和判决需要经过较长时间，在有些案件中，如果要等人民法院作出判决后再由义务人履行义务，就会使权利人无法正常生活或生产下去。例如，原告因身体受到伤害住院治疗，急需缴纳大笔医疗费用，自己无力负担，而侵权人又拒绝交纳，致使原告诉至人民法院，向被告追索医疗费用。在诉讼中如不先予执行，必使原告的伤情因交不起医疗费而得不到及时的救治。为了及时解决原告的困难，人民法院可以依法裁定先予执行。先予执行的意义就在于解决这部分人在生活或生产方面的迫切需要，保障诉讼的顺利进行。

二、先予执行的适用范围和适用条件

（一）先予执行的适用范围

根据《民事诉讼法》第 97 条的规定，人民法院对下列案件，根据当事人

的申请,可以裁定先予执行:

1. 追索赡养费、扶养费、抚育费、抚恤金、医疗费用等案件。这几类民事案件都直接涉及到申请人的正常生活与身心健康,先予执行有利于解决申请人在生活方面的迫切需要,保证诉讼的顺利进行。

2. 追索劳动报酬的案件。这类案件与权利人的生活和工作有着密切联系,先予执行有利于解决权利人本人及家庭的生活困难,使其安心工作,也有利于社会的稳定。

3. 因情况紧急需要先予执行的案件。民事纠纷多种多样,人民法院应该在遵守国家法律的前提下,为及时维护当事人的合法权益,适时地运用先予执行制度。

最高人民法院《适用意见》第107条规定,《民事诉讼法》第97条第3项规定的"紧急情况"包括以下几个方面:

(1)需要立即停止侵害、排除妨碍的。

(2)需要立即制止某项行为的。

(3)需要立即返还用于购置生产原料、生产工具货款的。

(4)追索恢复生产、经营急需的保险理赔费的。

10-4(2005年卷2,多选第89题)　对下列哪些案件人民法院可以适用先予执行?

A. 10岁孤儿王某起诉要求乡人民政府颁发孤儿生活供养证

B. 伤残军人罗某起诉要求县民政局发放抚恤金的

C. 张某被工商执法人员殴打致残起诉要求赔偿的

D. 某服装厂因某商场拖欠其所供服装货款而起诉要求支付的(王某因公致残起诉要求某市社会保险管理局支付保险金的)

——应当选择BCD。根据《民事诉讼法》第97条和《适用意见》第107条的规定,A项被排除,BCD项可选。

(二)先予执行的适用条件

根据《民事诉讼法》第98条的规定,人民法院裁定先予执行的,应当符合下列条件:

1. 当事人之间的诉讼属于给付之诉,具有可执行性。只有具有给付性的给付之诉才谈得上先予执行,确认之诉和变更之诉都不具有执行性,不存在先予执行的问题。

2. 当事人之间的权利义务关系明确。当事人之间权利义务关系明确,是指案件未审理完毕前凭基本的社会经验就可以判断原告是享有权利的一方,被告是负有义务的一方,且原被告之间不存在对等的给付问题。例如,原告是被告的父亲,因生活来源无着落起诉被告。根据一般的生活经验可知儿子有赡养父亲的义务,对此无需经过法院审理来确定,对这种权利义务关系非常明确的案件,人民法院裁定让被告先为一定的给付行为,是不会发生错误的。

3. 申请人确有困难,不先予执行将严重影响申请人的生活或生产经营。如果申请人无生活来源,不先予执行申请人可能就无法维持正常的生活,就有裁定先予执行的必要。如果申请人缺少生产经营资金,急需义务人返还货款,用于购置生产原料,如不先予执行就将使申请人停工停产,甚至破产,这种情况下也应及时裁定先予执行。

4. 当事人提出申请。先予执行措施必须以当事人的申请为前提,人民法院不能依职权主动采取先予执行措施。

5. 被申请人有履行能力。先予执行的目的在于裁定被申请人给付申请人一定数额的金钱或其他财物,以解申请人的燃眉之急,及时解决申请人的生活或生产困难。如果被告没有能力现行给付,自己也存在生活或生产困难,即使法院裁定先予执行,也只是一纸空文,没有实际意义。因此,被告有履行能力也是先予执行的必备条件之一。

6. 人民法院责令提供担保的,申请人提供了担保。人民法院采取先予执行措施,可以责令申请人提供担保,一旦法院作出决定责令申请人提供担保的,提供担保即为先予执行的必备要件。申请人不提供担保的,人民法院裁定驳回先予执行的申请。

10－5(多选题) 民事诉讼中,裁定先予执行应当符合的条件包括:

A. 案件属于给付之诉

B. 双方当事人争议的法律关系中,权利义务明确

C. 权利人生活困难或生产急需

D. 申请人必须提供担保

——应当选择 ABC。先予执行适用于给付之诉。因为给付之诉的一个特点是具有执行性,而只有具有执行性的诉才谈得上先予执行。确认之诉、变更之诉都不具有执行性。所以,不是给付之诉的案件不适用先予执行的制度。因此,A 项是正确的。《民事诉讼法》第 98 条规定,人民法院裁定先予执行的,应当符合下列条件:①当事人之间权利义务关系明确,不先予执行将严重影响申请人的生活或者生产经营的;②被申请人有履行能力。人民法院可以责令申请人提供担保,申请人不提供担保的,驳回申请。申请人败诉的,应当赔偿被申请人因先予执行遭受的财产损失。因此,B 项是正确的,D 项是错误的。《适用意见》第 106 条规定,民事诉讼法规定的先予执行,人民法院应当在受理案件后终审判决作出前采取。先予执行应当限于

当事人诉讼请求的范围,并以当事人的生活、生产经营的急需为限。因此,C项是正确的。

三、先予执行的程序

1. 当事人申请。先予执行应当由当事人提出书面申请,并应提供证据证明其申请符合民事诉讼法先予执行的法定条件。人民法院不能依职权采取先予执行措施。

2. 责令申请人提供担保。人民法院应视案件的具体情况来决定是否要求当事人提供担保。如果认为必要,可责令其提供担保,不提供担保的,裁定驳回其申请。

3. 先予执行的裁定。对于符合先予执行案件范围和条件并依法提供担保的申请,人民法院应裁定先予执行并立即执行。对不符合先予执行条件和范围的,或拒绝提供担保的,人民法院应当裁定驳回申请人的申请。裁定一经送达当事人,即发生法律效力。当事人对先予执行裁定不服的,可以向作出裁定的法院申请复议一次,复议期间不停止裁定的执行。

4. 先予执行错误的补救。如果最终申请人败诉,或者虽然申请人胜诉但判决所确定的赔偿额小于先予执行的数额,那么法院应当责令申请人返还因先予执行而获得的利益。如果申请人拒不返还的,被申请人可以申请法院强制执行。如果是因为申请人申请先予执行错误造成被申请人损失的,由申请人予以赔偿。

■ 第四节 对妨害民事诉讼的强制措施

一、对妨害民事诉讼的强制措施概述

(一)概念

对妨害民事诉讼的强制措施,是指人民法院在民事诉讼程序包括审判和执行程序中,为了排除干扰,保证诉讼的顺利进行,对故意实施妨害民事诉讼行为的人,依法采取的强制排除妨害和惩戒的措施。

民事诉讼要求当事人及其他诉讼参与人正确行使诉讼权利,自觉履行诉讼义务,按照法定程序进行各项诉讼活动,同时也要求案外人遵守诉讼秩序,配合人民法院的审判和执行活动,不得以任何方式阻碍诉讼活动的进行。否则,对实施妨害民事诉讼行为的人,人民法院有权按照民事诉讼法的规定采取强制措施,排除干扰,保证诉讼的顺利进行。

(二)特征

对妨害民事诉讼的强制措施,是一种保障民事诉讼与执行的制度。它

是民事诉讼与执行活动顺利进行的保障手段,是民事诉讼法律规范中必不可少的组成部分。从性质上讲,它是一种排除妨害的强制性手段,是对妨害民事诉讼行为人的一种教育手段;从目的上讲,是为了维护民事诉讼秩序;从直接功能上讲,是对妨害民事诉讼行为的排除。对妨害民事诉讼的强制措施既不同于刑事制裁、民事制裁和行政制裁,也不同于刑事诉讼中的强制措施,而有自己的特征,这些特征主要有:

1. 对妨害民事诉讼的强制措施的作出,根据的是民事诉讼法的相关规定,针对的是妨害民事诉讼秩序的行为。刑事制裁、民事制裁和行政制裁,都是因为被制裁者违反了有关实体法的规定,制裁的作出根据的是有关的实体法,针对的是违反实体法的行为;刑事诉讼的强制措施的作出,根据的是刑事诉讼法的相关规定,针对的是有关人员可能逃脱刑事追究或刑事制裁的情形。

2. 采取对妨害民事诉讼的强制措施的目的是为了排除妨害,惩戒妨害民事诉讼的行为人,保证民事审判、执行活动的顺利进行,为人民法院正确、合法、及时地解决民事纠纷创造条件。刑事制裁、民事制裁和行政制裁,都具有对行为人进行惩罚的目的,维护的是社会生活、民事、经济和管理秩序;刑事诉讼的强制措施的目的,是为了保证有关人员在必须被追诉或受到刑事制裁时能受到应有的追诉或制裁。

3. 对妨害民事诉讼的强制措施是人民法院依职权主动采取的强制手段,并不因任何人的申请而发生。在民事诉讼中,除人民法院之外,任何个人和单位都无权采取对妨害民事诉讼的强制措施。刑事制裁由人民法院适用,民事制裁可能由法院决定,也可能由仲裁机构裁决,还可能由当事人根据合同的约定自觉接受,行政制裁则由行政机构决定。有权适用刑事诉讼强制措施的,则包括人民法院、人民检察院和公安机关。

4. 对妨害民事诉讼的强制措施的适用对象比较广泛,既适用于当事人及其他诉讼参与人,也适用于案外人。刑事制裁、民事制裁和行政制裁适用于违反实体法的相关人员;刑事诉讼中的强制措施只能适用于刑事诉讼中的被告人、犯罪嫌疑人,对其他人不能适用。

此外,在适用的条件、适用的具体措施等方面,对妨害民事诉讼的强制措施也有不同于刑事制裁、民事制裁、行政制裁和刑事诉讼的强制措施的地方。

二、妨害民事诉讼行为

妨害民事诉讼行为,是指民事诉讼当事人、其他诉讼参与人或者案外人,在民事诉讼过程中故意实施的,扰乱诉讼秩序、妨碍诉讼活动正常进行的行为。

(一)妨害民事诉讼行为的构成

对妨害民事诉讼的强制措施针对的对象是妨害民事诉讼行为,其直接目的在于排除妨害民事诉讼行为。所以,正确认定妨害民事诉讼行为是准确适用强制措施的前提条件。而要正确认定妨害民事诉讼的行为,就要掌握其构成要件。妨害民事诉讼行为的构成要件为:

1.行为人必须实施了妨害民事诉讼的不法行为。这是构成妨害民事诉讼行为的客观要件。这一要件意味着客观上已经有妨害民事诉讼的行为发生,如当事人提供伪证,指使、贿买他人作伪证,变卖已被查封、扣押的财产,金融机构无视人民法院的冻结措施而向其客户支付已冻结的存款等。如果行为人只存在妨害民事诉讼的意图而未付诸实施,则不构成妨害民事诉讼的行为。

违法行为从表现形式上包括作为和不作为。"作为"是行为人积极实施法律所禁止的行为,如不遵守法庭纪律,哄闹、冲击法庭,侮辱、诽谤、威胁、殴打审判人员,向法庭作伪证,指使、贿买他人作伪证等;"不作为"是行为人消极地不履行法律要求履行的义务,如经两次传票传唤拒不到庭,拒不履行人民法院的生效裁判等。

2.行为人的行为必须是在民事诉讼期间实施的。这是妨害民事诉讼行为的时间要件。此处所说的民事诉讼期间,既包括民事案件审判过程,也包括执行过程。只要是行为人在法院受理案件后执行结束之前实施了妨害民事诉讼的不法行为,都构成妨害民事诉讼行为。而如果行为人是在诉讼开始之前或案件执行完毕之后实施了不法行为,则不构成妨害民事诉讼行为。

3.行为人所实施的行为必须是出于主观故意,而不是过失的行为。这是构成妨害民事诉讼行为的主观要件。行为人要具有明知其行为将造成妨害民事诉讼的后果而偏要作为的主观心理,行为人的意图就是要使诉讼发生障碍。凡不是以妨害民事诉讼为目的的过失行为,不构成妨害民事诉讼行为。

4.行为人的行为足以妨害民事诉讼的进行,但尚未构成犯罪。行为人所实施的行为已经妨害和干扰了诉讼的顺利进行,破坏了诉讼秩序或者严重地阻碍了司法工作人员正常执行职务,但尚未构成犯罪。如果该行为已经构成犯罪,则应当通过追究刑事责任的方式予以排除,而不是适用民事诉讼中的强制措施。

(二)妨害民事诉讼行为的种类

妨害民事诉讼行为的种类,是指妨害民事诉讼行为的具体表现形态,这些具体表现形态是由法律明确列举的。根据《民事诉讼法》第100~103条及相关司法解释的规定,妨害民事诉讼行为可分为以下几种:

1.依法必须到庭的被告,经两次传票传唤,无正当理由拒不到庭的。对于某些特定类型的案件,如追索赡养费、扶养费、抚育费的案件等,只有被告到庭参加诉讼,人民法院才能查清案情,正确作出裁判。此类案件的被告经两次传票传唤,无正当理由拒不到庭的,为妨害民事诉讼行为。

2. 违反法庭规则,扰乱法庭秩序的。依据《民事诉讼法》第 101 条的规定,这类行为是指违反法庭规则,哄闹、冲击法庭,侮辱、诽谤、威胁、殴打审判人员,扰乱法庭秩序,但情节较轻的行为。开庭审理是人民法院行使审判权,审理民事案件的重要诉讼阶段,在法庭审理中要调查、核实各种证据,正确认定案件事实,而这一切都需要一个良好的法庭秩序。未经法庭允许在开庭时录音录像,哄闹、冲击法庭,侮辱、诽谤、威胁、殴打审判人员等行为都会干扰或者影响诉讼正常进行,均属于妨害民事诉讼行为。

3. 妨害诉讼证据的收集、调查和阻拦、干扰诉讼进行。

(1)伪造、毁灭重要证据,妨碍人民法院审理案件但尚未构成犯罪的。证据是人民法院认定案件事实的依据,有的行为人为了使自己或他人在诉讼中获胜或者为了逃避履行义务,故意制造并向人民法院提供虚假证据,或者销毁能够证明案件事实的重要证据,致使人民法院无法查清案件事实真相,拖延了诉讼,严重的甚至会导致人民法院作出错误的裁判,这些行为属于妨害民事诉讼的行为,必须及时被排除。

(2)以暴力、威胁、贿买方法阻止证人作证,或者指使、贿买、胁迫他人作伪证但尚未构成犯罪的。这是指以武力、殴打、拘禁、恐吓、金钱引诱等方式阻止本案证人向法庭提供证言;或者以强迫、逼使、金钱引诱、要挟方式让不是本案的证人作证,或者让本案证人作虚假证明。这些行为都会影响人民法院对案件事实的认定,干扰审判工作的顺利进行,构成妨害民事诉讼行为。

(3)隐藏、转移、变卖、毁损已被查封、扣押的财产,或者已被清点并责令其保管的财产,转移已被人民法院冻结的财产但尚未构成犯罪的。查封、扣押、冻结是人民法院根据案件需要对本案财产所采取的保全措施,限制了当事人的处分权。任何人未经法院允许擅自隐藏、转移、变卖、毁损法院已采取措施的财产,均属妨害民事诉讼行为。

(4)对司法工作人员、诉讼参加人、证人、翻译人员、鉴定人、勘验人、协助执行的人,进行侮辱、诽谤、诬陷、殴打或者打击报复但尚未构成犯罪的。这些行为直接指向正在执行职务的司法工作人员及有关人员,阻碍了司法工作人员执行职务和诉讼参与人行使诉讼权利,干扰和破坏了诉讼秩序,使审判和执行活动无法进行,故这些行为都构成妨害民事诉讼行为。

(5)以暴力、威胁或者其他方法阻碍司法工作人员执行职务但尚未构成犯罪的。司法工作人员是指审判人员、执行人员、书记员、司法警察等。这些行为直接指向人民法院的司法工作人员,目的在于阻碍人民法院司法工作人员执行职务。

(6)拒不履行人民法院已经发生法律效力的判决、裁定但尚未构成犯罪的。人民法院制作的生效法律文书,对当事人和社会具有普遍约束力,具有强制性,当事人应当履行。有能力履行法律文书中规定的义务而有意藐视法律,拒不履行已生效判决、裁定的,构成妨害民事诉讼的行为。根据最高人民法院《适用意见》第 123 条的规定,拒不履行人民法院已经发生法律效力的判决、裁定但尚未构成犯罪的行为包括:①在法律文书发生法律效力后隐藏、转移、变卖、毁损财产,造成人民法院无法执行的;②以暴力、威胁或者其他方法妨碍或抗拒人民法院执行的;③有履行能力而拒不执行人民法院发生法律效力的判决书、裁定书、调解书和支付令的。

4. 有义务协助调查、执行的单位或组织拒绝协助或者妨碍调查、执行的。人民法院在调查和执行过程中,经常需要有关单位的协助,如需要银行等金融机构协助冻结当事人的存款、需要到档案管理部门调取档案材料、需要房屋管理部门办理房屋产权过户手续等。协助人民法院的调查和执行是这些单位的义务,如果拒绝协助或者妨碍人民法院的调查和执行的,构成妨害民事诉讼行为。

根据《民事诉讼法》第 103 条的规定,有义务协助调查、执行的单位有下列行为之一的,构成妨害民事诉讼行为:

(1)有关单位拒绝或者妨碍人民法院调查取证的。

(2)银行、信用合作社和其他有储蓄业务的单位接到人民法院协助执行通知书后,拒不协助查询、冻结或者划拨存款的。

(3)有关单位接到人民法院协助执行通知书后,拒不协助扣留被执行人的收入、办理有关财产权证照转移手续、转交有关票证、证照或者其他财产的。

(4)其他拒绝协助执行的。如接到法院协助执行通知书后,给当事人通风报信,协助其转移、隐匿财产的行为等。

三、强制措施的种类及其适用

根据《民事诉讼法》的规定,对妨害民事诉讼行为采取的强制措施包括:拘传、训诫、责令退出法庭、罚款和拘留。

(一)拘传及其适用

拘传,是指人民法院对必须到庭参加诉讼的被告,采取强制性手段使其到庭的一种措施。

采取拘传措施应具备以下条件:

1. 拘传的对象是必须到庭的被告。根据最高人民法院《适用意见》第 112 条,必须到庭的被告主要是指负有赡养、抚育、扶养义务和不到庭就无法查清案情的被告。给国家、集体或他人造成损害的未成年人的法定代理人,如其必须到庭,经两次传票传唤无正当理由拒不到庭的,也可以适用拘传。此外,根据最高人民法院《关于人民法院执行工作若干问题的规定(试行)》第97条的规定,对必须到人民法院接受询问的被执行人或被执行人的法定代表人或负责人,也视为是必须到庭的被告,经两次传票传唤,无正当理由拒不到场的,人民法院可以对其进行拘传。只有必须到庭的被告,经两次传票传唤,无正当理由拒不到庭的,人民法院才可以对其进行拘传。不是必须到庭的被告,虽经两次传唤无正当理由拒不到庭的,以及原告经传票传唤,无正当理由拒不到庭的,都不可以拘传,人民法院可以缺席判决或按撤诉处理。

2. 经过两次传票传唤。必须用法院传票,依照法定的程序和送达方式,对经过两次传唤,拒不到庭的被告方能适用拘传。

3. 无正当理由拒不到庭。所谓正当理由,即指不可抗力,是当事人无法预见、无法避免也无法克服的困难,如自然灾害、突然病重等情况。如果必须到庭的被告有正当理由不能到庭的,人民法院应该采取延期审理等措施,而不应采取拘传措施。只有必须到庭的被告拒不到庭又无正当理由的,才可以拘传。

以上三个条件必须同时具备,才能适用拘传措施。

人民法院对必须到庭的被告采取拘传措施的程序是:

1. 制作拘传票。由合议庭或独任审判员提出意见,报经本院院长批准,填写拘传票。拘传票应写清被拘传人的姓名、性别、住所地及单位、拘传的理由、到庭的时间、制作拘传票的单位和负责人的签名。

2. 送达拘传票并拘传。拘传票应由法警直接送达被拘传人,由被拘传人签字或盖章。在拘传前,应向被拘传人说明拒不到庭的后果,如果被拘传人认识到错误,并能主动到庭参加诉讼,可以撤销拘传决定。如果被拘传人经批评教育后仍拒不到庭的,可拘传其到庭。

10-6(多选题) 关于拘传,下列说法哪些是正确的?

A. 对精神病人的法定代理人可以拘传

B. 法官两次打电话通知被告王某出庭参加诉讼,王某无正当理由不出庭,这时法院可以拘传王某到庭

C. 必须到庭的被告因身患重病无法出庭的,不适用拘传

D. 采取拘传措施须经法院院长批准

——应当选择CD。对于拘传适用的对象,法律有严格的规定。拘传只适用于必须到庭的被告,必须到庭的被告主要是指负有赡养、抚育、扶养义务和不到庭就无法查清案情的被告。关于当事人的法定代理人的拘传,《适用意见》第112条只是规定,给国家、集体或他人造成损害的未成年人的法

定代理人，如其必须到庭，经两次传票传唤无正当理由拒不到庭的，也可以适用拘传。由此判断，精神病人的法定代理人不适用拘传，故A项不正确；拘传的适用条件之一是：经过两次传票传唤，无正当理由拒不到庭的方能适用拘传。打电话通知不是传票传唤，故B项不正确；只有被告无正当理由不出庭的才能适用拘传。身患重病属于正当理由，故不适用拘传，C项正确；《民事诉讼法》第105条规定，拘传、罚款、拘留必须经院长批准，D项正确。

（二）训诫及适用

训诫，是指人民法院对妨害民事诉讼行为情节较轻的人，予以批评教育并责令其不得再犯的方法。通过这种方法，指出行为人行为的违法性以及给诉讼造成的危害，可以促使其提高法制观念，自觉遵守诉讼秩序。

根据《民事诉讼法》第101条的规定，适用训诫的对象是违反法庭规则的人。采取训诫这一措施，一般是当庭进行。经合议庭或独任审判员决定，由审判长或独任审判员以口头方式提出批评、警告，并对其提出具体要求，责令其认识并改正错误。训诫的内容应记入笔录，由被训诫人签字或盖章。

（三）责令退出法庭及其适用

责令退出法庭，是指人民法院对违反法庭规则的人，为排除妨害，使诉讼活动继续进行，采取的责令其离开审判法庭的一种强制措施。

责令退出法庭的适用对象，也是违反法庭规则的诉讼参与人或其他人。它与训诫的强度不同：训诫只是口头的批评、教育，还允许行为人留在法庭；而责令退出法庭则强行命令行为人退出法庭，比训诫更为严厉。责令退出法庭也是当庭进行，先是对行为人进行批评教育，即对其进行训诫，经训诫后仍不悔改的，经合议庭或独任审判员当庭宣布，责令其离开法庭。并将训诫内容和被责令退出法庭者的姓名记入笔录。

（四）罚款及其适用

罚款是指人民法院对妨害民事诉讼行为人（公民、法人或其他组织）所采取的强令其在指定期间内缴纳一定数额金钱的措施。罚款是人民法院对妨害民事诉讼情节较为严重的人所采取的一种经济上的惩罚手段。这种强制措施不仅适用于有妨害民事诉讼行为的公民，还适用于法人或其他组织及有关的责任者。对公民个人的罚款金额，为人民币1 000元以下，对法人或其他组织的罚款金额，为人民币1 000元～30 000元。

行为人有《民事诉讼法》第101、102、103、106条规定的妨害民事诉讼行为的均可根据情节轻重适用罚款措施。人民法院对于有上述行为之一的单位，可以对其主要负责人或者直接责任人员予以罚款。对有义务协助调查、执行的单位拒不协助的，还可以向监察机关或者有关机关提出予以纪律处分的司法建议。

罚款措施先由合议庭或独任审判员提出一个具体罚款的意见，经人民法院院长批准后，制作《罚款决定书》。被罚款的单位或个人对罚款决定不服的，可以向上一级人民法院申请复议一次。上级人民法院应在收到复议申请后5日内作出决定，并将复议结果通知下级人民法院和被罚款人。复议期间不停止罚款决定的执行。

（五）拘留及其适用

拘留是指人民法院对严重妨害民事诉讼的行为人采取的，在一定时间内限制其人身自由的强制性手段。拘留是所有妨害民事诉讼的强制措施中最重的。拘留的适用对象，主要是实施了《民事诉讼法》第101、102、106条所规定的妨害民事诉讼行为的人。

适用拘留措施的程序是：

1. 制作《拘留决定书》。由合议庭或独任审判员提出意见，报人民法院院长批准，由人民法院制作《拘留决定书》。被拘留人对决定不服的，可以向上一级人民法院申请复议一次。上级人民法院应当在收到复议申请后5日内作出决定，并将复议结果通知下级人民法院和当事人。复议期间不停止决定的执行。

2. 执行《拘留决定书》。人民法院作出《拘留决定书》的，被拘留的人由人民法院交公安机关看管。拘留的期限不得超过15日。在拘留期间，被拘留人承认并改正错误的，人民法院可以决定提前解除拘留。

以上五种强制措施中，罚款、拘留可以单独适用，也可以合并适用。对同一妨害民事诉讼行为的罚款、拘留不得连续适用。但发生了新的妨害民事诉讼的行为，人民法院可以重新予以罚款、拘留。

对妨害民事诉讼的行为人，不但可以采取民事诉讼法所规定的五项强制措施，对于情节严重构成犯罪的，还可以追究其刑事责任。《民事诉讼法》第101、102、106条的规定为此提出了法律依据。按照《适用意见》第125、126、127条的规定，追究有关人员刑事责任的程序有三种：①依照《民事诉讼法》第101条的规定，应当追究有关人员刑事责任的，由审理该案件的审判组织直接予以判决；在判决前，应当允许当事人陈述意见或者委托辩护人辩护。《民事诉讼法》第101条规定的哄闹、冲击法庭，侮辱、诽谤、威胁、殴打审判人员，严重扰乱法庭秩序的行为，因这类行为事实清楚、情节单一，无需适用刑事诉讼程序即可判明事实真相，由审理该案的审判组织直接作出判决。②依照《民事诉讼法》第102条第1款第6项的规定，对拒不履行人民法院已经发生法律效力的判决、裁定，应当追究有关人员刑事责任的，由人民法院刑事审判庭直接受理并予以判决。③依照《民事诉讼法》第102条第1～5项和第106条的规定，应当追究有关人员刑事责任的，依照刑事诉讼法的规定办理。

10－7(多选题) 对人民法院的下列裁定或决定不服，当事人只能向上一级人民法院申请复议而不能提起上诉的是哪些?

A. 罚款决定　　B. 先予执行裁定

C. 管辖权异议裁定　　D. 拘留决定

——应当选择AD。根据民事诉讼法的规定，当事人对于人民法院的罚款决定和拘留决定不服的，可以向上一级人民法院申请复议一次，复议期间不停止决定的执行。当事人对人民法院的财产保全或先予执行裁定不服的，只能向作出裁定的人民法院申请复议一次，不能向上一级人民法院申请复议，也不能提起上诉。而对于人民法院作出的管辖权异议裁定，当事人不服的，可以向上一级人民法院提出上诉。

第十一章　期间、送达

第一节　期　　间

一、期间的概念和种类

（一）期间的概念

期间，是指人民法院、当事人或者其他诉讼参与人进行诉讼行为时依法应遵守的期限。期间包括法定期间和指定期间。

（二）期间的种类

1. 法定期间，是指法律明确规定的诉讼期间。法定期间原则上为不变期间，但法律明文规定允许变动的除外。例如，《民事诉讼法》第 147 条规定，当事人不服地方各级人民法院第一审判决、裁定的，提起上诉的期间分别为 15 日、10 日。如果当事人超过了上诉期间，其上诉行为就不会引起第二审程序的开始。

2. 指定期间，是指人民法院依职权指定当事人或者其他诉讼参与人进行某种诉讼行为的期限。指定期间都是可变期间。如人民法院指定当事人限期补正起诉状中的欠缺，就属于指定期间。人民法院对指定期间的行使既不能超越法律允许的期间范围，更不能与法定期间相冲突。同时，指定期间要明确而具体，指定期间长短应与实施行为的难易程度相适应。

二、期间的计算

根据《民事诉讼法》第 75 条的规定，期间按下列方法进行计算：

1. 期间以时、日、月、年为计算单位。

2. 以时、日为单位计算期间的，开始的时间不计算在内，而是以下一个小时、次日起计算。如民事诉讼法规定，人民法院采取诉讼中财产保全措施，在接受当事人的申请后，情况紧急的，应当在 48 小时内作出裁定，并开始执行。如果当事人提出申请是在某日的 10 时，那么计算这一期间时，就应当从该日的 11 时开始起算。又如当事人不服第一审人民法院判决，提起上诉的期间为 15 日，期间的计算就应当从判决书送达的次日开始起算。

期间以月计算，不分大月、小月；以年计算的，不分平年、闰年。例如，在一起宣告失踪的案件中，人民法院于 2002 年 2 月 28 日公告寻找下落不明人，公告期间为 3 个月，公告期届满日期在 2002 年 5 月 28 日。在该日期下落不明人还未出现的，人民法院就可以判决宣告下落不明人失踪。

3. 期间届满的最后一日是节假日的，以节假日后的第一日为期间届满的日期。节假日是指国家规定的公共休息日。

4. 期间不包括在途时间，诉讼文书在期满前交邮的，不算过期。所谓在途时间，是指人民法院通过邮寄送达的诉讼文书，或者是当事人通过邮寄递交的诉讼文书，在途中所用去的时间。确定期满前是否交邮，应当以邮局的邮戳为准。

三、期间的顺延

《民事诉讼法》第76条规定，当事人因不可抗拒的事由或者其他正当理由耽误期限的，在障碍消除后的10日内，可以申请顺延期限，是否准许，由人民法院决定。由此可见，当事人顺延期间应当符合如下的法定条件：

1. 因不可抗拒的事由或者其他正当理由造成期间耽误。
2. 当事人应当在障碍消除后10日内申请期间的顺延。
3. 顺延期限的申请经人民法院决定准许。

另外需要注意的是，顺延期限是指把耽误了的诉讼期间如实补上去，不是重新开始计算。

四、期日

期日，是指人民法院、当事人以及其他诉讼参与人会合在一起进行诉讼行为必须遵守的时日。民事诉讼中常见的期日有庭审日、调解日、宣判日、证据交换日等等。期日一般由人民法院根据案件的具体情况指定。

期间和期日有着明显的区别：①期日是一个固定的时间点，只规定开始的时间，不规定终止的时间；而期间是一个时间段，有起始和结束的明确期限。②期日被确定后，要求人民法院和当事人及其他诉讼参与人，必须在该期日会合在一起进行某种诉讼行为；而在期间内则是人民法院、当事人或其他诉讼参与人单独进行诉讼行为。③期日都是由人民法院指定的；而期间有的由法律规定，有的由人民法院指定。

期间和期日一般统称“诉讼期间”或者“期间”。

11-1（案例题） 甲于05年12月16日收到人民法院的一审民事判决书，于06年1月2日将上诉状通过邮局寄往原审人民法院，法院于06年1月4日收到，认为甲的上诉状已过上诉的期限，不予受理。该人民法院对此案的处理是否正确？为什么？

——人民法院的处理不正确。依民事诉讼法规定，当事人对民事判决不服，可于收到判决书后15日内向人民法院提起上诉。该上诉期应从收到判决书后的第二天开始计算。本案应从12月17日起算，第15天是1月1日，而1月1日是法定假日，依民事诉讼法规定期间届满的最后是节假日时以节假日后的第一日为期间届满的日期。同时法律又规定期间不包括在途期间，诉讼文书期满前交邮的，不能算过期。为此，该案上诉期间的届满日期应为5月2日。当事人于5月2日通过邮局发出上诉状属于法定的上诉期间，故人民法院应予受理。

11－2（多选题） 我国民事诉讼法规定的审限不包括下列哪些期间？

A. 公告期间

B. 鉴定期间

C. 审理当事人提出的管辖异议期间

D. 处理人民法院之间的管辖权争议期间

——应当选择ABCD。适用最高人民法院《适用意见》第164条的规定。

11－3（单选题） 当事人因不可抗拒的事由耽误期限的，在障碍消除后的多少日内，可以申请顺延期限？

A. 7日　　B. 15日　　C. 10日　　D. 30日

——应当选择C。适用《民事诉讼法》第76条的规定。

第二节 送　达

一、送达的概念

送达，是指人民法院依照法律规定的程序和方式，将诉讼文书送交当事人或者其他诉讼参与人的行为。

送达的特点是：

1. 送达的主体是法院。只有人民法院依照法律规定的程序和方式，将诉讼文书送交当事人或者其他诉讼参与人的行为称为送达，当事人或者其他诉讼参与人向人民法院递交诉讼文书，不能称其为送达。

2. 送达的对象是当事人或者其他诉讼参与人。当事人和其他诉讼参与人之间、法院之间相互递送材料以及法院对其他单位或者个人发送材料，不是送达。

3. 送达的客体是各种诉讼文书，如起诉状副本、开庭通知书、判决书、裁定书等。诉讼文书以外的材料不是送达。

4. 送达必须按法定的程序和方式进行。

向当事人及其他诉讼参与人履行送达义务的人，称为送达人；接受法院送达的诉讼文书的当事人或者其他诉讼参与人，称为受送达人。

诉讼文书一经送达,就会产生一定的法律后果。当事人及其他诉讼参与人可以在规定的期间内行使某种诉讼权利,履行某种诉讼义务。否则,就可能丧失进行该项诉讼行为的权利,或者要承担法律规定的后果。例如,一审法院的判决书送达当事人后,当事人有权在收到判决书的15天内提起上诉;调解书送达双方当事人签收后,即具有与生效判决同等的法律效力,一方当事人如不自动履行,对方当事人有权申请执行。

二、送达的方式

依法将诉讼文书交给受送达人的方法,称为送达方式。送达必须依法定方式进行。根据《民事诉讼法》第七章第二节的规定,送达的方式有以下六种:

(一)直接送达

直接送达,是送达人将应当送达的诉讼文书,直接交付给受送达人签收的送达方式。受送达人在送达回证上签收日期即为送达日期。直接送达是诉讼文书最基本的送达方式。根据民事诉讼法规定,直接送达应注意以下问题:

1. 受送达人是公民的,应当由本人签收;本人不在的,交他的同住成年家属签收。

2. 受送达人是法人或者其他组织的,应当由法人的法定代表人、其他组织的主要负责人或者该法人、组织负责收件的人签收。

3. 受送达人有诉讼代理人的,可以送交其代理人签收。

4. 受送达人已向人民法院指定代收人的,送交代收人签收。

另外,离婚诉讼的诉讼文书的送达有特殊性,即夫妻双方为案件的双方当事人,因此,如果受送达的一方当事人不在时,不得交由对方当事人代为签收。

(二)留置送达

留置送达,是指受送达人或者他的同住成年家属拒绝接收诉讼文书时,送达人把诉讼文书留在受送达人住所即视为送达的一种送达方式。

留置送达与直接送达具有同等的效力并带有一定的强制性。

根据《民事诉讼法》第79条的规定,受送达人或者他的同住成年家属拒绝接收诉讼文书时,送达人应当邀请有关基层组织或者其所在单位的代表到场,说明情况,在送达回证上记明拒收事由和日期,由送达人、见证人签名或者盖章,将诉讼文书留在受送达人的住所,即视为送达。

适用留置送达应当注意以下问题:

1. 向法人或者其他组织送达诉讼文书,应当由法人的法定代表人、该组织的主要负责人或者办公室、收发室、值班室等负责收件的人签收或者盖章,拒绝签收或者盖章的,适用留置送达。

2. 受送达人有诉讼代理人的，人民法院既可以向受送达人送达，也可以向其诉讼代理人送达。法院向诉讼代理人送达时，适用留置送达。

3. 调解书不适用留置送达。当事人或者其指定的代收人拒绝签收调解书，说明当事人已反悔，不能将调解书留在受送达人的住所。

（三）委托送达

委托送达，是指受诉人民法院直接送达诉讼文书有困难时，委托受送达人所在地的人民法院代为送达的一种送达方式。

委托送达一般是在受送达人不在受诉人民法院的辖区，直接送达有困难的时候适用。接受委托的只能是相应的人民法院，其他任何单位和个人都不能成为受托主体。人民法院需要委托送达时，应当出具委托函，将委托的事项和要求明确地告知受托的人民法院，并附需要送达的诉讼文书和送达回证，以受送达人在送达回证上签收的日期为送达日期。

（四）邮寄送达

邮寄送达，是指人民法院直接送达有困难时，将诉讼文书附送达回证交邮局用挂号信寄给受送达人的送达方法。

根据《民事诉讼法》第 80 条的规定，挂号信回执上注明的收件日期为送达日期。挂号信回执上注明的收件日期与送达回证上收件日期不一致的，或者送达回证没有寄回的，以挂号信回执上注明的收件日期为送达日期。

邮寄送达方式是在前述几种送达方式不能实施的情况下，才能采用的一种送达方式。

（五）转交送达

转交送达，是指人民法院将诉讼文书送交受送达人所在单位，由单位转交受送达人的一种送达方式。

转交送达，是指在特定情况下，即在受送达人身份特殊，不宜或者不便直接送达时适用的一种送达方式。根据《民事诉讼法》第 81、82、83 条的规定，转交送达的适用如下：

1. 受送达人是军人的，通过其所在部队团以上单位的政治机关转交。

2. 受送达人是被监禁的，通过其所在监所或者劳动改造单位转交。

3. 受送达人是被劳动教养的，通过其所在劳动教养单位转交。

代为转交的机关、单位在收到诉讼文书后，必须立即交受送达人签收，以受送达人在送达回证上的签收日期为送达日期。

（六）公告送达

公告送达，是指法院以公告方式将诉讼文书的内容公之于众，经过法定期间，即视为送达。公告送达是一种推定送达，无论受送达人是否知悉公告内容，经过法定的公告期限，即视为已经送达。适用公告送达应注意以下几个问题：

1. 公告送达的前提条件是受送达人下落不明，或者采用其他方式无法送达的，才能采用公告送达。

2. 公告送达的方式，可以在法院的公告栏、受送达人原住所地张贴公告，也可以在报纸上刊登公告；对公告送达方式有特殊要求的，应按要求的方式公告。

3. 公告的法定期限是60日。自公告之日起，经过60日，即视为送达。

4. 公告的内容。公告送达起诉状或者上诉状副本的，应当说明起诉或者上诉要点、受送达人答辩期限以及逾期不答辩的法律后果；公告送达传票，应当说明出庭地点、时间以及逾期不出庭的后果；公告送达判决书、裁定书的，应当说明裁判的主要内容，属于一审判决的，还应当说明上诉权利、上诉期限和上诉的人民法院。

5. 采用公告送达的，应当在案卷中记明公告送达的原因和经过，并将情况附卷备查。

三、送达回证和送达效力

（一）送达回证

送达回证，是人民法院按照法定格式制作的，用以证明完成送达行为的书面凭证。其内容包括：实施送达的法院，受送达人的姓名、职务、住所或者居住地，应当送达文书的名称和案件编号，送达方式，送达人、受送达人或者见证人签名、盖章、签收日期等。

根据《民事诉讼法》第77条的规定，送达诉讼文书必须有送达回证，由受送达人在送达回证上记明收到日期，签名或者盖章。受送达人在送达回证上的签收日期为送达日期，它是计算期间的主要根据。

人民法院向当事人或者其他诉讼参与人送达诉讼文书，除采用公告送达方式的以外，都应当有送达回证，让受送达人在送达回证上签收，以便附卷存查。接受委托代为完成或者代为转交诉讼文书的单位，应当依法将送达回证及时寄回送达的人民法院。

在公告送达中，公告期间届满的日期即是送达日期，由其送达方式的特殊性所决定，不可能有也无需有送达回证。

（二）送达效力

送达效力，是指法院送达诉讼文书后所产生的法律后果。送达效力主要表现在程序效力和实体效力两个方面：

1. 程序效力。程序效力是指诉讼文书送达后对民事诉讼程序所产生的法律后果。诉讼文书送达后，在程序上具体表现为对当事人及其他诉讼参与人行使诉讼权利，履行诉讼义务的影响作用。

2. 实体效力。实体效力是指诉讼文书送达后在民事实体上产生的法律后果。诉讼文书送达后，在实体上具体表现在对当事人民事实体权利和民事实体义务的影响作用。

四、对不在中华人民共和国领域内居住的当事人送达的特别规定

根据《民事诉讼法》第 247 条的规定，人民法院对在中华人民共和国领域内没有住所的当事人送达诉讼文书，可以采用下列送达方式：

1. 依照受送达人所在国与中华人民共和国缔结或者共同参加的国际条约中规定的方式送达。

2. 通过外交途径送达。

3. 对具有中华人民共和国国籍的受送达人，可以委托中华人民共和国驻受送达人所在国的使领馆代为送达。

4. 向受送达人委托的有权代其接受送达的诉讼代理人送达。

5. 向受送达人在中华人民共和国领域内设立的代表机构或者有权接受送达的分支机构，业务代办人送达。

6. 受送达人所在国的法律允许邮寄送达的，可以邮寄送达，自邮寄之日起满 6 个月，送达回 证没有退回，但根据各种情况足以认定已经送达的，期间届满之日视为送达。

7. 不能用上述方式送达的，公告送达，自公告之日起满 6 个月，即视为送达。

11－4（多选题）　在民事诉讼中，可以适用留置送达的诉讼文书和法律文书包括哪些？

A. 人民法院的判决书　　B. 人民法院的裁定书

C. 人民法院的调解书　　D. 出庭通知书

——应当选择 ABD。根据是《民事诉讼法》第 79 条，《适用意见》第 84 条。

11－5（单选题）　甲收到一份人民法院的判决书，其送达日期为下列哪个日期？

A. 法院发出判决书的日期　　B. 邮递员送达到甲家的日期

C. 甲在送达回证上的签收日期　　D. 法院收到送达回证的日期

——应当选择 C。根据是《民事诉讼法》第 77 条第 2 款规定：“受送达人在送达回证上的签收日期为送达日期。”

11－6（单选题）　根据我国民事诉讼法的规定，公告送达视为送达的期限？

A. 30 日　　B. 60 日　　C. 90 日　　D. 45 日

——应当选择 B。根据是《民事诉讼法》第 84 条。

第十二章 第一审程序

第一节 普通程序概述

一、普通程序的概念

普通程序，是指人民法院审理第一审民事案件所适用的一种基本诉讼程序，又称为第一审普通程序。民事案件有简单的，有复杂的，基层人民法院审理简单的民事案件适用简易程序，审理疑难复杂的民事案件适用普通程序，中级人民法院、高级人民法院和最高人民法院审理第一审民事案件不论繁简一律适用普通程序。

12-1（案例题） A公司与B公司因履行他们之间签订的买卖合同发生纠纷，合同标的额高达1 500万元人民币，根据级别管辖的规定，此案应当由某地的中级人民法院管辖，A公司向该地的中级人民法院提起诉讼。此案虽然诉讼标的额较大，但是实际上争议不大。问中级人民法院应当适用什么程序审理？

——应当适用第一审普通程序审理。因为这是一宗第一审案件，由中级人民法院管辖，中级人民法院不可以适用简易程序审理案件，只能适用普通程序。

二、普通程序的特点

1.普通程序是民事诉讼程序中规定得最为完整的程序，具有程序的完整性。普通程序在民事诉讼法中内容之多居各种民事诉讼程序与非讼程序之首，包括了起诉与受理、审理前的准备、开庭审理、判决和裁定，以及对诉讼中特殊情况的处理制度，这是其他诉讼程序以及其他非诉讼程序所不具有的。民事诉讼法中规定的各种诉讼和非讼程序各不相同，各有其适用对象，但是它们之间必然有许多相同之处，如果每一个程序都做出规定，势必重复，为了避免这种重复，就要选择一种基础程序予以全面规定，对与其他程序相同的部分，其他程序援引适用基础程序。普通程序就担当了这种角色。

2.普通程序的规定在民事诉讼程序和非诉讼程序中适用最广，具有广泛的适用性。普通程序广泛的适用性具体表现是:①在各级人民法院都可以适用这一点上,根据民事诉讼法级别管辖的规定,各级人民法院都可以受理一定范围内的民事案件,除了基层人民法院及其派出法庭审理简单的民事案件适用简易程序外,中级以上的人民法院审理第一审民事案件都应当适用普通程序。②在当法院适用其他程序审理案件时,必然援引普通程序中那些普遍适用于其他程序的规定。例如,《民事诉讼法》第 157 条规定:"第二审人民法院审理上诉案件,除依照本章规定外,适用第一审普通程序"。

3. 在民事诉讼法中普通程序的规定最为完整,具有相对的独立性。相对的独立性这一特征与程序的完整性、广泛的适用性两个特征密切相关,因为普通程序规定得完整,可以独立适用,而其他程序侧重于规定其特别之处,不及普通程序完整,适用其他程序时往往需要适用普通程序中那些各程序共同适用的规定。

■ 第二节 普通程序的基本阶段

适用普通程序,根据我国民事诉讼法的规定应当依照以下程序进行:当事人起诉、法院受理、法院进行审理前的准备、法院开庭审理。

一、起诉与受理

(一)起诉

起诉是指公民、法人或其他组织认为自身的权益,或者依法由其管理的民事财产权益受到侵害或与他人发生争议,以自己的名义向法院提出司法保护请求的诉讼行为。向法院提起诉讼的称为原告,被提起诉讼的称为被告。起诉的前提是当事人的权益受到侵害或者与他人发生争议,起诉的目的是请求法院行使审判权对他们之间的争议做出裁判。

起诉是当事人行使诉权的民事诉讼法律行为。起诉权是民事诉讼主体依法享有的一项重要的诉讼权利。起诉权是指民事诉讼当事人请求法院行使审判权,以保护其所享有的或所管理的财产权或人身权。当事人依法行使起诉权提起诉讼可以引起诉讼程序的发生。但是,起诉必须符合法定条件。

1. 起诉的条件。起诉的条件狭义地理解是指起诉必须具备的实质要件,广义地理解既包括实质要件,又包括形式要件。通说认为起诉必须同时具备实质要件与形式要件。我国《民事诉讼法》第 108 条的规定是起诉的实质要件,第 107、109 条规定的是起诉的形式要件。

(1)起诉应当具备的实质要件:

第一，原告是与本案有直接利害关系的公民、法人或其他组织。当事人应当与本案有直接利害关系，即原被告之间有权利义务争议，或者由原告依法管理的财产上的实体法律关系与被告有争议。若不具备这一要件，法院会因原告不具备主体资格而不予受理。

第二，有明确的被告。原告起诉时应当明确表示出被告的名称、住址等自然情况，在诉状中载明与具体哪一个民事诉讼主体发生了民事权益争议，以便法院传唤被告，向被告送达诉讼文书等。如果原告起诉时没有明确的被告，仅声明其民事权益受到侵害，或者被告不明确，法院则不予受理。

第三，有具体的诉讼请求和事实、理由。原告起诉时应当有具体的诉讼请求，以便被告应诉答辩，以便法院了解并确定当事人之间的争议点，以便法院在当事人诉讼请求范围内审理。另外，原告在提出诉讼请求的同时，还应当提出支持其诉讼请求的根据和理由。

第四，属于人民法院主管和受诉法院管辖。属于人民法院主管是指原告提起的诉讼属于人民法院受理民事诉讼案件的范围之列，否则法院在立案前审查时就不予受理。属于受诉人民法院管辖是指根据民事诉讼法关于级别管辖和地域管辖的规定，根据各地高级人民法院关于级别管辖的补充规定，对原告起诉的案件，受诉人民法院具有管辖权。如果原告起诉的案件仅仅属于法院主管，但并不属于受诉法院管辖的，法院就不应当受理，而应当告知原告向有管辖权的人民法院提起诉讼。

以上四方面的条件，原告起诉时必须同时具备，缺一不可。

（2）起诉应当具备的形式要件：

第一，提交起诉状。当事人起诉应当向人民法院递交起诉状，并按照被告人数提出副本。

第二，预交案件受理费。原告起诉应当向法院预交案件受理费，预交案件受理费确有困难的，可以依法向法院申请缓交、减交或免交。原告若在规定期内未交，法院通知后仍不预交的，或提出缓交、减交或免交申请未获得法院批准的，法院将作出裁定按自动撤诉处理。

2. 起诉的方式。起诉原则上采用书面形式，特殊情况下可采用口头方式。原告书写起诉状确有困难的，也可以口头起诉，口头起诉的，由人民法院将口头起诉的情况记入笔录，并告知对方当事人。

3. 起诉状的主要内容。起诉状主要应当载明以下内容：①双方当事人的基本情况。如自然人的姓名、性别、年龄、民族、职业、工作单位和住所；法人或其他组织的名称、住所、法定代表人或主要负责人的姓名、职务。②原告的诉讼请求及其所根据的事实与理由。③原告提供的证据和证据来源，证人姓名和住所。民事诉讼法虽然这么规定，但是实践中的习惯方式是当事人在诉状之外另行向法院提交书证、物证、证人证言等证据，并提出证人的姓名、住址等情况，以便法院通知证人出庭。④结尾。结尾要求写明原告诉诸哪一个法院，具状人签名或者盖章，具状时间。

(二)受理

受理是指人民法院以起诉的条件为标准，审查原告的起诉，决定立案审理的诉讼行为。受理与起诉的性质不同，受理是法院行使司法权的一种诉讼行为，而起诉是当事人行使诉讼权利的一种行为。在我国，原告的起诉并不一定引起诉讼程序的发生，原告的起诉只有经过法院审查，认为符合条件，决定受理之后才能引起诉讼程序的发生。

12-2(2002年卷3，单选第23题) 根据《民事诉讼法》的规定，下列哪一案件法院不应当受理?

A. 1999年3月张洋诉至法院要求解除与妻子林秀虹的婚姻关系，法院审理后判决不准离婚。同年6月林秀虹向法院起诉离婚。

B. 王昆与邓洁因合同履行发生纠纷，王昆要求法院确认合同中的仲裁条款无效。

C. 邹某12岁时与邻居陆某(当时13岁)玩耍，被陆某不慎刺伤左眼，导致失明。当时由于两家关系甚好，邹家未提出赔偿要求。15年后，陆某成了远近闻名的企业家，邹却因身有残疾生活窘迫，邹某以陆某伤害了其眼睛为由起诉至法院要求陆某赔偿其经济损失。

D. 赵永顺以其养子不尽赡养义务为由向法院起诉要求解除收养关系，法院判决维持了收养关系，3个月后赵永顺又以相同的理由向法院起诉。

——应当选择D。理由如下:①判决不准离婚的案件，被告起诉的不受6个月内新情况、新理由的限制，故选项A为应当受理。②根据《仲裁法》，当事人有权请求法院确认仲裁协议的效力，故选项B为应当受理。③当事人超过诉讼时效起诉的，法院应当受理，故选项C为应当受理。④判决、调解维持收养关系的案件，没有新情况、新理由，原告在6个月内又起诉的，法院不予受理，故选项D为本题的正确答案。

1. 法院审查起诉。审查的主体是法院，审查的客体是原告的起诉，审查的目的是看起诉是否符合法定条件。法院审查以起诉的条件为标准，主要是实质要件。审查是受理的前提，受理与不予受理是审查的后果。受理引起的法律行为是立案。根据《民事诉讼法》第112条的规定，法院对原告的起诉经审查，认为符合起诉条件的，应当在7日内立案，并通知当事人；认为不符合起诉条件的，应当在7日内裁定不予受理。

2. 受理的法律后果。

(1)受诉人民法院对该案件行使审判权。受理的结果说明该法院对该案件享有管辖权,可以行使审判权审理裁判。

(2)当事人及其他诉讼参与人与受诉法院之间的民事诉讼法律关系产生。法院审理原告的起诉后,诉讼程序开始,民事诉讼法律关系在当事人、其他诉讼参与人和法院之间产生。当事人、其他诉讼参与人根据民事诉讼法的规定,享有其诉讼权利并承担其诉讼义务;法院根据民事诉讼法的规定行使审判权,履行其诉讼义务或职责。

(3)当事人的诉讼时效中断。《民法通则》第140条规定,诉讼时效因当事人提起诉讼,当事人依法提出要求或者同意履行义务而中断。原告起诉使诉讼时效中断,受理是因原告的起诉而发生的行为,因此当然使诉讼时效中断。

(4)当事人不得重复起诉。根据"一事不再理"的原则,当事人之间的民事纠纷被法院受理后,该当事人任何一方不得就同一诉讼标的、同一事实和理由、相同的诉讼请求向法院再行起诉,法院也不得重复受理。

3. 最高人民法院对受理的司法解释规定。针对法院审查起诉,决定受理时遇到的一些疑难情况,最高人民法院通过司法解释予以具体规定,根据《适用意见》,下列案件应当按照符合起诉条件受理:

(1)裁定不予受理、驳回起诉的案件,原告再次起诉的,如果符合起诉条件的,法院应当受理。

(2)当事人撤诉或人民法院按撤诉处理后当事人以同一诉讼请求再次起诉的,法院应予受理。

(3)当事人在书面合同中订有仲裁条款,或者在发生纠纷后达成书面仲裁协议,该仲裁条款或者仲裁协议无效、失效或者内容不明确无法执行,当事人向法院起诉的,法院应当受理。

(4)当事人在仲裁条款或仲裁协议中选择的仲裁机构不存在,或者仲裁裁决的事项超越仲裁机构权限,当事人一方起诉的,法院有权依法受理。

(5)当事人一方向人民法院起诉时未声明有仲裁协议,法院受理后,对方当事人又应诉答辩的,视为该法院有管辖权。

(6)病员及其亲属对医疗事故技术鉴定委员会作出的医疗事故结论没有意见,仅要求医疗单位就医疗事故赔偿经济损失向人民法院起诉的,法院应予受理。

(7)判决不准离婚、调解和好的离婚案件以及判决、调解维持收养关系的案件的被告向人民法院起诉的,不受《民事诉讼法》第111条第7项规定条件的限制,法院应当受理。

(8)夫妻一方下落不明,另一方起诉至人民法院只要求离婚,而不申请下落不明人失踪或死亡的案件,法院应当受理,对下落不明人送达诉讼文书采用公告方式。

(9)赡养费、扶养费、抚育费案件,裁判发生法律效力后,因新情况、新理由,一方当事人再行起诉要求增加或减少费用的,法院应作为新案受理。

(10)当事人超过诉讼时效期间起诉的,法院应予受理,受理后查明无中止、中断、延长事由的,判决驳回其诉讼请求。

4. 对不符合法定条件的起诉的处理。原告的起诉经过法院审查,符合起诉条件的予以受理;不符合条件的,应当裁定不予受理;如果属于其他机构解决的纠纷、其他法院受理的案件、其他类型的诉讼等,应告知当事人。根据《民事诉讼法》第 111 条的规定和最高人民法院《适用意见》,对不符合法定条件的起诉按照以下方法处理:

(1)依照行政诉讼法的规定,属于行政诉讼受案范围的,告知原告提起行政诉讼。

(2)依照法律规定,双方当事人对合同纠纷自愿达成书面仲裁协议向仲裁机构申请仲裁、不得向人民法院起诉的,告知原告向仲裁机构申请仲裁。

(3)依照法律规定,应当由其他机关处理的争议,告之原告向有关机关申请解决。

(4)对不属于本院管辖的案件,告之原告向有管辖权的法院起诉。

(5)对判决、裁定已经发生法律效力的案件,当事人又起诉的,告之原告按照申诉处理,但人民法院准许撤诉的裁定除外。

(6)依照法律规定,在一定期限内不得起诉的案件,在不得起诉的期限内起诉的,不予受理。

(7)判决不准离婚和调解和好的离婚案件,判决、调解维持收养关系的案件,没有新情况、新理由,原告在 6 个月内又起诉的,不予受理。

(8)原告撤诉或者按撤诉处理的离婚案件,没有新情况、新理由,6 个月内又起诉的,不予受理。

(9)当事人在书面合同中订有仲裁条款,或者在发生纠纷后达成书面仲裁协议,一方向人民法院起诉的,法院裁定不予受理。

5. 不予受理的裁定及其救济。法院决定不予受理的,应当依法在 7 日内做出裁定。不予受理的裁定书由负责审查立案的审判员、书记员署名。原告不服不予受理裁定的,有权提起上诉。

二、审理前的准备

审理前的准备,是指法院受理案件以后,至开庭审理之前,为保证诉讼的顺利进行,所做的审查诉讼文书,了解案件争议焦点,收集证据或组织当事人交换证据,通知诉讼当事人及参加人等一系列的准备活动。做好审理前的准备工作,可以保障诉讼快捷、顺利地进行,避免因准备不足造成的重复或多次开庭,避免诉讼拖延。根据我国《民事诉讼法》第 113 ~ 119 条的规定,根据最高人民法院《证据规定》,审理前的准备工作如下:

（一）送达起诉状副本与被告提交答辩状

1. 法院向被告送达起诉状副本。原告起诉向法院提交起诉状，并按照被告人数提交起诉状副本。法院立案后，应当在立案之日起5日内将答辩状副本送达被告。

2. 被告提出答辩状。

（1）答辩，是指被起诉的当事人，即被告以及无独立请求权的第三人，针对原告的诉讼请求和事实、理由，为维护其自身的利益而提出对答、辩驳意见，以对抗原告诉讼请求的诉讼行为。答辩权是被告依法享有的一项重要的诉讼权利，是辩论原则的最重要的体现。被告的答辩权与原告的起诉权相对应，原告、被告分别享有这两项不同的权利体现了民事诉讼当事人在诉讼中的平等性。人民法院应当保障诉讼当事人充分地行使答辩权。

（2）答辩的方式。答辩的方式有书面形式与口头形式两种。被告提交的答辩状就是书面答辩形式。口头答辩主要体现在法庭审理过程中，被告及其诉讼代理人针对原告的起诉进行的口头辩驳。如果被告书写有困难的，可以不提供书面答辩，仅以口头方式答辩即可，答辩内容由书记员记入笔录。

（3）答辩的程序。被告应当在收到原告的起诉状副本之日起15日内提供答辩状。从我国民事诉讼法及最高人民法院以往的司法解释的规定来看，提供答辩状是被告的诉讼权利，而不是诉讼义务。被告在答辩期内提出答辩状的，法院应当在收到之日起5日内将答辩状副本发送给原告。被告不提供答辩状的，不影响法院审理案件。但是，这种权利常常被被告滥用，越来越多的被告在答辩期内不提供答辩状，法庭审理时对原告搞证据突袭，造成诉讼拖延，重复开庭的情况。针对这一问题，最高人民法院在《证据规定》第32条中规定了要求被告限期答辩的制度，即“被告应当在答辩期间届满前提出书面答辩，阐明其对原告诉讼请求及所依据的事实和理由的意见”。

此外，最高人民法院《证据规定》还要求，法院受理案件之后，应当在向当事人送达案件受理通知书和应诉通知书的同时，向当事人送达举证通知书。

（二）法院向当事人告知当事人的诉讼权利和诉讼义务及合议庭组成人员

在民事诉讼中，当事人依法享有其各种诉讼权利并承担其诉讼义务，为了保障当事人在诉讼过程中充分行使其权利，依法履行其义务，法院在审理前的准备程序中应当告知当事人这些诉讼权利和诉讼义务。对法院审判人员，若有法定情形，当事人享有申请回避的权利。为了保障当事人申请回避的权利的及时行使，法院在案件审理之前，应当告诉当事人合议庭的组成人员。

（三）审阅诉讼材料

根据民事诉讼法的规定和最高人民法院1998年发布的《关于民事经济审判方式改革问题的若干规定》，法官在案件正式开庭审理之前，需要初步了解案件的基本情况，为开庭审理做好准备。了解案情是通过审阅当事人提交的起诉状和答辩状进行的，被告反诉的，还要审阅其反诉状，以便法官掌握原告的请求及其根据，被告的反驳及其根据。同时还应当了解当事人双方争执的焦点，了解案件适用的法律、法规、部门规章，以及司法解释。

（四）调查收集必要的证据

根据民事诉讼法及最高人民法院的司法解释的规定，当事人对自己提出的主张有责任提供证据，当事人及其诉讼代理人因客观原因不能自行收集的证据，或者法院认为审理案件需要的证据，法院应当依职权收集调查。法院可以自行调查，也可以委托外地法院调查。当案件涉及专业性比较强的问题时，当事人应当申请法院委托鉴定部门鉴定。当需要勘验现场或物证的，应当由法院派员勘验并制作勘验笔录。最高人民法院2002年实施的《证据规定》中规定了法院认为审理案件需要的证据的范围，规定了法院调查收集证据应当依照当事人的申请进行。要求当事人及其诉讼代理人申请法庭调查收集证据，不得迟于举证期限届满前7日，当事人申请鉴定，应当在举证期限内提出。

（五）组织交换证据

民事诉讼法中没有关于交换证据的规定，以致在过去的庭审中当事人会随时提出新证据，令对方当事人毫无准备而要求休庭以针对这些新证据再行收集反驳的证据，造成多次开庭，客观上拖延了诉讼。开庭前由法院组织交换证据，可以使双方当事人针对对方的诉讼请求和证据做好充分准备，使庭审中的举证、质证顺利进行，避免多次开庭造成的耗费，避免诉讼拖延。1998年最高人民法院发布的《关于民事经济审判方式改革问题的若干规定》中规定了对案情比较复杂，证据材料较多的案件，法院可以组织当事人在开庭审理前交换证据。最高人民法院《证据规定》中对证据交换又进一步规定：经当事人申请，人民法院可以组织当事人在开庭审理之前交换证据。对证据较多或者疑难复杂的案件，法院应当组织当事人在答辩期届满后，开庭审理前交换证据。证据交换应当在审判人员的主持之下进行，证据交换一般不超过两次，但重大、疑难的案件和案情特别复杂的案件，法院认为确有必要再次交换的可以不限于两次。

（六）追加当事人

法院在案件受理后开庭审理前，如果发现有必须共同诉讼的当事人未参加诉讼的，应当依职权通知其参加诉讼或者经过当事人的申请依职权追加。必须共同进行诉讼的当事人包括共同原告和共同被告,因此追加的共同诉讼人可能是共同原告,也可能是共同被告。如果有无独立请求权的第三人应当参加诉讼而未参加的,法院也可以依职权通知其参加诉讼。追加当事人的方式有两种:①由当事人向法院提出申请,由法院审查后决定追加,并以书面形式通知被追加的当事人参加诉讼;②由法院依职权主动做出决定,追加应当共同参加诉讼的当事人。

三、开庭审理与裁判

(一)开庭审理概述

开庭审理又称法庭审理,是指在当事人及其他诉讼参与人的参加下,法院依照诉讼程序,在法庭上对案件当事人所争议的事实问题和法律问题进行审理的全部诉讼活动。

开庭审理是普通程序中最基本、最重要的阶段,也是整个民事审判活动的基本形式。法院审理一审民事案件,不论是适用普通程序还是适用简易程序,不论是判决结案还是调解结案,除案件在庭审前被调解结案的以外,其他都要开庭审理。案件开庭审理是法院行使审判权,当事人行使诉权的重要形式和重要阶段。

法官在开庭审理阶段的任务主要是依职权主持当事人以言辞方式陈述案情,提出诉讼请求,围绕争议点举证、质证,相互辩论,从而审查案件争议点,审查判断证据,以便适用法律作出裁判或主持调解。

开庭审理在理论上可以根据不同的标准分类如下:

1. 以是否公开为标准分为公开审理与不公开审理。公开审理,是指法院审理案件的活动过程,除了合议庭评议程序以外,依法向当事人和社会公开的审理方式。不公开审理,是指对法律规定的涉及国家机密和个人隐私的案件,其审理过程对当事人公开,对社会不公开;对离婚案件和涉及商业秘密的案件,如果当事人申请不公开审理的,其审理过程对当事人公开,对社会不公开。对当事人公开,是指当事人对自己的诉讼案件有权参与审理、质证、辩论等,有权阅读法院笔录,有权获得对方当事人提交的诉讼材料和法院调取的证据,对法院所进行的诉讼行为有知情权。对社会公开,是指法庭审理的过程允许公众旁听,允许媒体采访报道。

2. 以案件审理地点是否在法院内分为法院内审理与就地审理。在法院内开庭审理的,称为法院内审理。法院内审理是诉讼案件开庭审理的通常方式,与此相对应的开庭审理方式是在法院外,案件纠纷发生地就地开庭审理,这种开庭审理方式称为就地审理。就地审理的目的是为了实现法律对公众的教育作用,将有代表性或者典型性的案件庭审置于纠纷发生地或当事人住所地,以便群众旁听。就地审理、就地办案本是我国人民法院早期经常采取的审理方式,曾经在实现法律的教育价值方面发挥过良好的作用,但是在如今诉讼案件激增,普法教育的方式和途径形式多样的社会背景下,就不经常采用了。

3. 以是否以言辞审理方式审理分为言辞审理和书面审理。言辞审理,是指在开庭审理时,法院、当事人及其他诉讼参与人的诉讼行为必须以言辞方式进行,当事人提出诉讼主张、陈述,举证、质证,反驳、辩论等必须以言辞方式进行。法院审理第一审民事案件,一律以言辞方式开庭审理。书面审理,是指法院审理案件不进行开庭,不主持当事人进行言辞陈述、言辞辩论,不当面询问当事人,仅通过审查当事人提交的诉讼文书,审核当事人提交的证据,即行裁判的审理方式。我国民事诉讼法没有规定书面审理的方式,我国民事诉讼法规定对符合条件的上诉案件可以径行判决的方式审理。径行判决,是指上诉法院对某些上诉审案件不主持双方当事人到庭开庭审理,仅对案卷材料进行审查及对当事人做必要的调查之后直接裁判的审理方式。

12－3(2003 年卷 3,多选第 79 题)　下列有关民事诉讼中实行公开审判的表述哪些是不正确的?

A. 案件的审理、合议庭的评议、判决的宣告应当公开

B. 对于涉及国家秘密的案件不公开审理,但宣判要公开

C. 对于涉及个人隐私的案件,人民法院应当根据当事人申请不公开审理

D. 离婚案件只能不公开审理

——应当选择 ACB。理由如下:①根据《民事诉讼法》第 120 条的规定,法院审理民事案件,除涉及国家秘密、个人隐私或者法律另有规定的以外,应当公开进行。离婚案件,涉及商业秘密的案件,当事人申请不公开审理的,可以不公开审理,因此,选项 B 是正确的,而选项 C、D 是错误的。②因为合议庭评议案件不应当公开进行,因此,选项 A 也是错误的。

(二)开庭审理的程序

适用普通程序开庭审理依照以下程序进行:

1. 开庭准备。开庭准备是审理前准备程序的延续,但又与审理前的准备程序的具体任务不同,是开庭审理的前奏,根据民事诉讼法的规定,庭审准备需要完成以下三项工作:

(1)通知当事人和其他诉讼参与人开庭的日期及发布公告。根据民事诉讼法的规定,法院应当在开庭前 3 日通知当事人和其他诉讼参与人开庭的时间、地点。通知当事人用传票,通知其他诉讼参与人用通知书。案件公开审理的,应当发布公告。

(2)书记员检查当事人及其他诉讼参与人是否到庭,宣布法庭纪律。若

有未到庭者，书记员应当向审判长报告，由审判长酌情依法决定缺席审理、延期审理或者按撤诉处理。

(3)审判长核对当事人身份，宣布案由、合议庭组成人员姓名及书记员姓名，再次告知当事人有关的诉讼权利与义务，询问当事人是否申请回避。

2. 法庭调查。法庭调查阶段的任务是听取当事人的陈述，由当事人举证并互相质证，由法官认证，以查清案件事实。最高人民法院1998年的《关于民事经济审判方式改革问题的若干规定》对法庭调查做了比《民事诉讼法》更具体的规定。根据这些规定，法庭调查的内容包括以下五个方面：

(1)当事人分别陈述诉讼请求及其理由。当事人陈述时依原告先，被告后，案件有第三人的则第三人再后的顺序依次进行。首先由原告陈述事实或宣读起诉状，再由被告陈述事实或宣读答辩状。被告对原告的诉讼请求提出异议或者反诉的，需要具体陈述其请求及理由。案件有第三人的，再由第三人陈述或答辩。有独立请求权的第三人陈述诉讼请求和理由，无独立请求权的第三人针对原被告的陈述提出承认或否认的答辩意见，然后，由原告或者被告对第三人的陈述进行答辩。

(2)审判长根据当事人分别陈述的诉讼请求及其理由，归纳案件争议焦点或者法庭调查重点，并征求当事人的意见，以便当事人确认法庭归纳的争议焦点是否全面准确。

(3)当事人各自举证及互相质证。当事人举证及质证按下列顺序进行：①由原告出示证据，被告及第三人对原告出示的证据质证；②由被告出示证据，原告及第三人对其所出示的证据质证；③由第三人出示证据，原被告对第三人出示的证据进行质证。未经质证的证据不得作为法院裁判的依据。

(4)法院出示其依职权调查收集的证据及当事人质证。根据《民事诉讼法》的规定、最高人民法院1998年关于《民事经济审判方式改革问题的若干规定》以及2002年《关于民事诉讼证据的若干规定》，对涉及可能有损害国家利益、社会公共利益或者他人合法权益的事实，以及对涉及依职权追加当事人、中止诉讼、终结诉讼、回避等与实体争议无关的程序事项，法院可以依职权调查收集证据。法院调查收集的证据，法庭应当当庭向当事人出示，鉴定结论及勘验笔录应当当庭宣读，当事人有权对这些证据质证。

(5)审判人员认证及就法庭调查认定的事实和当事人争议的问题予以归纳总结。法院审判方式改革要求当事人当庭举证、质证，同时还要求审判人员对当庭能够认定的证据予以确认。认证的工作是一项复杂的、综合性比较强的工作，有些证据认定不太复杂的，审判人员可以当庭认定的就当庭认定；有些证据一时难以认定，需要休庭后综合全案所有证据考虑及商议的，就需要庭审后认定。

法庭调查结束前，审判长应当就当庭认定的事实和当事人争议的问题予以归纳总结。庭审时当事人要求补充证据或者申请重新鉴定、勘验,或者一次法庭调查未能结束的,法庭可以决定再次开庭。决定再次开庭的案件,审判长对本次开庭情况应当进行小结,指出庭审已经确认的证据,并指明下次开庭调查的重点。

3. 法庭辩论。法庭辩论,是指诉讼当事人在审判人员主持下就案件争议焦点,根据已经质证的证据及法律规定,陈述各自观点并予以论证,以及相互辩驳的诉讼活动。法庭辩论权是当事人依法享有的一项重要的诉讼权利,由当事人双方平等地享有。按照《民事诉讼法》第 127 条的规定,法庭辩论按下列顺序进行:①原告及其诉讼代理人发言;②被告及其诉讼代理人答辩;③第三人及其诉讼代理人发言或答辩;④互相辩论。

按照最高人民法院 1998 年《关于民事经济审判方式改革问题的若干规定》,辩论应当由审判人员引导当事人围绕争议焦点进行,审判人员不得对案件性质、是非责任发表意见,不得与当事人辩论。法庭辩论终结,审判人员应当按照原告、被告及第三人顺序征询各方最后意见,并可以依法进行调解,调解不成的应当及时判决。

4. 合议庭评议。法庭辩论终结后,当庭达成调解协议的,由审判长签发调解书;经调解未达成协议的,应当及时判决。合议庭评议不公开进行,实行少数服从多数的原则。合议庭评议的全部过程由书记员记入笔录,评议的不同意见也应当记入笔录。笔录由合议庭成员签名。

5. 宣告判决。案件审理结果经合议庭评议后作出判决书,判决书一律公开宣告。宣告判决的方式有当庭宣判和定期宣判两种,当庭宣判的应当在 10 日内向当事人发送判决书。定期宣判的,宣判后立即向当事人发送判决书。

宣判的注意事项:①宣告判决时必须告知当事人上诉的权利、上诉期限和上诉法院,以保障当事人及时行使上诉权。②离婚案件与一般的民事案件有不同之处,宣告离婚案件判决,必须告知当事人在判决发生法律效力前不得另行结婚。③一审宣判后,原审法院发现判决有错误,当事人在上诉期内提出上诉的,原审法院可以提出原判决有错误的意见,报送第二审法院按照二审程序审理;当事人不上诉的,按照审判监督程序处理。

四、法庭笔录

法庭笔录是书记员制作的开庭审理全过程的如实记录。法庭笔录的内容包括开庭的时间、地点;合议庭组成人员及书记员姓名;到庭的当事人及其诉讼代理人姓名;到庭的其他诉讼参与人姓名及其自然状况;庭审中双方当事人的请求,双方当事人的举证、质证过程,当事人的辩论过程,审判人员的认定及其归纳总结,合议庭评议等全部过程。合议庭评议笔录必须另行制作,因为合议庭的评议不得公开。

根据民事诉讼法的规定,合议庭笔录应当当庭宣读,也可以告知当事人及其他诉讼参与人当庭阅读,或者在5日内阅读。实践中,当事人或者其诉讼代理人多数当庭阅读。当事人和其他诉讼参与人认为对自己的陈述,法庭笔录有遗漏或差错的,有权申请补正。法庭笔录宣读或阅读后,应由当事人及其他诉讼参与人签名或者盖章。若有当事人拒绝签名或者盖章的,应当由书记员记明情况附卷。

五、普通程序的审结期限

审结期限,即审限,是指法院适用审理民事案件的最长时限。民事诉讼法规定法院适用普通程序审理案件的,应当在立案之日起6个月内审结,但是遇有特殊情况6个月内无法审结需要延长的,可以报本院院长批准延长6个月。一次延长后由于情况特殊,在6个月内仍无法审结还需要延长的,可以报上级人民法院批准。根据1992年最高人民法院的《适用意见》,案件的公告期间、鉴定期间、法院审理当事人提出管辖异议的期间及处理法院之间的管辖争议期间不应当计算在审限之内。

■ 第三节 撤诉和缺席判决

案件审理过程中,往往会发生一些特殊情况影响诉讼的正常进行,《民事诉讼法》针对这些情况设立了几种制度,其中有撤诉和缺席判决。

一、撤诉

(一)撤诉的概念与性质

撤诉,是指原告在人民法院受理案件后至宣告判决或做出驳回起诉的裁定前,主动要求撤回其诉讼请求的行为。

撤诉是当事人依法享有的一项诉讼权利。当事人可以通过行使这项权利以达到处分其起诉的诉讼权利和请求司法保护的实体权利的目的。但是,在我国,当事人的民事处分权并不是绝对的,而是相对的,即当事人行使这项权利会受到法院的干预。我国《民事诉讼法》规定,原告申请撤诉是否准许,要由人民法院裁定。法院裁定不准许撤诉的,原告经传票传唤,无正当理由拒不到庭的,可以缺席判决。《民事诉讼法》第131条规定,当事人撤诉的时间限于法院宣判前。

(二)撤诉的学理分类

按照民事诉讼的一般原理,撤诉根据不同的标准有以下几种不同的分类:

1. 以撤诉是否由当事人提出为标准,分为申请撤诉与按撤诉处理。申请撤诉,是指当事人主动向法院提出撤回其起诉的要求,这种行为对撤诉者而言是一种积极的行为，故诉讼理论上称之为积极处分。按撤诉处理，是指当法定原因出现时，法院依职权自行撤销案件不予审理，推定视为当事人撤诉的行为。这种行为非当事人主动的行为，故诉讼理论上称之为消极处分。

2. 以诉的性质为标准，分为撤回起诉与撤回反诉。撤回起诉，是一审原告在起诉后至法院宣告判决或者做出驳回起诉的裁定前，主动要求撤回其诉讼请求的行为。撤回反诉，是指本诉的被告将其对本诉的原告提出的反请求的行为撤回的行为。

3. 以诉讼程序为标准，分为撤回起诉与撤回上诉。撤回起诉，是发生在第一审程序中的行为。撤回上诉，是发生在第二审程序中的行为，是指提起上诉的当事人请求撤回其上诉请求的行为。

（三）申请撤诉的条件

1. 撤诉必须是原告自愿的行为，任何人不得强迫或变相强迫，法官不得以任何借口动员原告撤诉。

2. 撤诉必须在法定期限内提出，即原告申请撤诉必须在法院宣判以前提出，宣判以后，因为法院的裁判已经做出，原告就不得行使撤诉权了。因为，在法院宣判后撤诉，需要取消的行为不仅仅是当事人提出诉讼请求的行为，还涉及取消法院审理裁判的行为，对法院审理裁判的行为，当事人无权撤销。

3. 撤诉的申请应当以书面或口头的方式提出，具体方式由法院根据案情决定。

4. 撤诉的目的必须合法。根据我国民事诉讼中处分原则的特点，当事人行使的撤诉权不是绝对的，而是受到国家干预权的制约，当事人申请撤诉必须目的合法，不得有规避法律的行为，不得损害国家、集体或他人的合法利益，否则，法院有权裁定不准撤诉或者不按撤诉处理。

（四）按撤诉处理

按撤诉处理，是指法院将当事人的一些行为推定为当事人申请撤诉的诉讼制度。按撤诉处理与撤诉的结果相同，但原因不同。根据民事诉讼法及最高法院司法解释的规定，诉讼中有下列情况之一的，法院可按撤诉处理：

1. 原告经传票传唤，无正当理由拒不到庭或未经许可中途退庭。

2. 无民事行为能力的原告的法定代理人，经传票传唤拒不到庭。

3. 有独立请求权的第三人经法院传票传唤，无正当理由拒不到庭或未经许可中途退庭。

4. 原告应当预交而未预交案件受理费，法院通知后仍不预交或者申请减、缓、免未获法院批准而仍不预交的。

12-4(2000年卷2,多选第55题) 下列选项中,哪些情况在民事诉讼中应视为撤诉?

A. 无民事行为能力的原告的法定代理人,经法院传票传唤无正当理由拒不到庭

B. 原告申请缓交诉讼费,法院未批准,原告仍不交的

C. 有独立请求权的第三人经法院传票传唤,无正当理由拒不到庭,或者未经法庭许可中途退庭的

D. 上诉人未按期缴纳诉讼费用

——应当选择ABCD。A、B、C项理由略。D项的理由是,在上诉程序中,上诉人有权撤回上诉,上诉人未按期缴纳上诉费的,视为撤回上诉。

(五)撤诉的法律后果

原告申请撤诉,不论法院允许或不允许,在程序上均应做出裁定。裁定的形式可以是书面的,也可以是口头的。口头裁定的内容由书记员记录在案卷中。法院做出的准予撤诉的裁定应当通知对方当事人。法院裁定不准撤诉的,申请撤诉的当事人还应当继续参加诉讼,如果经传票传唤无正当理由拒不到庭的,法院有权缺席审理后判决。

法院裁定准予撤诉,或者裁定按撤诉处理会产生以下法律后果:①诉讼程序终结。②诉讼法律关系消灭。③当事人的诉讼时效重新开始计算。

二、缺席判决

(一)缺席判决的概念

缺席判决,是指在法庭审理中因部分当事人无故未参加诉讼或者无故中途退庭的情况下,法院依职权进行审理并作出判决的一种诉讼制度。缺席判决与对席判决相对称。

12-5(案例题) A公司向银行贷款100万元,约定一年后归还。一年以后,A公司逾期未还,银行向其催收未果,银行向法院提起诉讼。法院开庭审理前依法向双方当事人送达了传票,开庭审理时,被告A公司未到庭,也未声明未到庭的理由。本案将如何进行?

——法院可以缺席审理后做出缺席判决。因为未到庭的是被告,该被告经过了法院的合法传唤,无正当理由拒不到庭。

(二)缺席判决的适用情形

根据《民事诉讼法》第129~131条的规定,以及最高人民法院《适用意见》的规定,以下情况,法院可以缺席判决:

1. 在被告反诉的情况下,原告经传票传唤,无正当理由拒不到庭或者未

经法庭许可中途退庭。

2. 被告经传票传唤,无正当理由拒不到庭或者未经许可中途退庭。

3. 宣判前,原告申请撤诉,法院裁定不准撤诉,原告经传票传唤,无正当理由拒不到庭。

4. 无民事行为能力的被告的法定代理人,经传票传唤无正当理由拒不到庭。

5. 无独立请求权的第三人经法院传票传唤,无正当理由拒不到庭,或者未经许可中途退庭的。

我国民事诉讼法要求法院适用缺席判决时应当依法进行,并注意保护缺席一方当事人的合法权益,公正裁判。

(三)缺席判决的法律后果

缺席判决与对席判决有相同法律效力,当事人不得以其未到庭为由对裁判的效力提出异议。

第四节　延期审理、诉讼中止和诉讼终结

一、延期审理

(一)延期审理的概念

延期审理是指由于出现法定原因,法院将已指定或者已公告的开庭审理的日期延至另一日期,或者将正在庭审的案件延至另一日期继续审理的诉讼制度。延期审理不同于审限期限的延长,它是在案件的审理期限内变更具体的开庭审理的日期。审限的延长是指由于某些原因,案件无法在法律规定的审理期限内审结,经法定程序予以延长的制度。

开庭审理的期日是由受诉法院指定的,诉讼法律关系各主体都应当遵守。但当有特殊情况发生,当事人或其他诉讼参与人不能按时到庭时,根据民事诉讼法的规定,法院可以灵活处理,改期开庭。

12-6(案例题)　刘母因儿子刘子不尽赡养义务而诉至法院,请求法院判令儿子履行赡养义务。开庭审理当天,刘母在去法院途中因郁闷而犯病被送医院救治。法院如何处理?

——法院应当延期审理。因为,刘某不到庭是因为其犯病被送医院救治,其不到庭有正当理由,因此法院应当延期审理。

(二)延期审理的适用

在法庭审理中,遇有下列情形之一的,应当延期审理:

1. 必须到庭的当事人和其他诉讼参与人有正当理由没有到庭。必须到庭的当事人通常是指负有赡养、扶养、抚育义务的当事人,以及不到庭就无法查清案件事实的当事人。必须到庭的其他诉讼参与人通常是指翻译人员等。

2. 当事人临时提出回避申请。当事人申请回避的权利可以在开庭前行使,可以在开庭审理时行使,也可以在得知有可以申请回避的情形时行使。如果当事人在开庭审理时提出回避的申请时,是否回避,法院需要审查并决定,法庭审理无法继续进行,法院可以决定延期审理。

3. 需要通知新的证人到庭,调取新的证据,重新鉴定、勘验,或者需要补充调查的。根据诉讼案件的需要,如果法院还需要通知新的证人到庭,或者允许当事人提出新的证人,法院需要调取新的证据,或者需要重新委托鉴定、勘验的,诉讼案件无法进行,法院可以决定延期审理。

4. 其他应当延期审理的情况。诉讼案件情况繁多复杂,法律规定这一弹性条款,以便法院根据具体情况、根据审判需要,酌情决定延期审理。

二、诉讼中止

(一)诉讼中止的概念

诉讼中止,是指在诉讼进行中,由于特定原因的发生,诉讼程序有必要暂时停止,待停止的障碍消除后,诉讼再行进行的制度。诉讼中止与延期审理不同,诉讼中止后,案件所有的诉讼活动全部暂时停止,待诉讼程序恢复后,案件的诉讼活动再恢复进行。而延期审理,仅仅是开庭审理活动的延期,其他的诉讼活动并不停止。

12-7(2000年卷4,第6题) A县甲借给B县乙10万元,B县乙借给C县丙20万元,此两项借款均已届还款期限,甲急于用款,但经调查了解乙无力还款,便多次催促乙向丙索还欠款,乙置之不理。问:

1~5(略)

6. 假设甲提起代位权诉讼,诉讼过程中法院得知乙与丙之间的借贷关系存在争议,并根据双方签订的仲裁协议正在进行仲裁,法院对甲提起的诉讼应当如何处理?为什么?

——假设甲提起代位权诉讼,诉讼过程中法院得知乙与丙之间的借贷关系存在争议,并根据双方签订的仲裁协议正在进行仲裁,法院对甲提起的诉讼应当裁定中止诉讼。因为甲所提起的代位权诉讼应当以乙与丙之间仲裁案件的审理结果为依据,而该案件尚未审结,根据民事诉讼法“本案必须以另一案的审理结果为依据,而另一案尚未审结”的规定,应当裁定诉讼中止。

(二)诉讼中止的适用情形

根据民事诉讼法的规定，诉讼中有下列情况之一的，诉讼中止：

1. 一方当事人死亡，需要等待继承人表明是否参加诉讼的。

2. 一方当事人丧失诉讼行为能力，尚未确定法定代理人的。

3. 作为一方当事人的法人或者其他组织终止，尚未确定权利义务承受人的。

4. 一方当事人因不可抗拒的事由，不能参加诉讼的。

5. 本案必须以另一案的审理结果为依据，而另一案尚未审结的。

6. 其他应当中止诉讼的情形。

7.《适用意见》中还规定，诉讼中，当事人的利害关系人提出该当事人患有精神病，要求宣告该当事人无民事行为能力或限制民事行为能力的，应由利害关系人向法院提出申请，由受诉法院按照特别程序立案审理，原诉讼中止。

法院决定中止诉讼的，应当依法作出裁定，裁定应送达或通知当事人和其他诉讼参与人。裁定中止的原因消除后，恢复诉讼程序的，根据《适用意见》的规定，原裁定不必撤销，法院依职权通知当事人恢复诉讼即可，原中止诉讼的裁定因此而自动失效。

三、诉讼终结

(一)诉讼终结的概念

诉讼终结，是指在诉讼进行中，由于特定原因的发生，诉讼程序继续进行已无意义，因而终结诉讼程序的制度。诉讼终结与诉讼中止不同，法院决定案件诉讼终结后，诉讼程序不会再恢复，案件的诉讼程序终止了结。而诉讼中止的案件，在中止的事由消灭后，诉讼恢复进行。

12－8(案例题) 张三与李四系夫妻关系，因感情不和，无法继续共同生活，张三向法院提起诉讼，要求与李四解除婚姻关系、分割夫妻共同财产、女儿由李四抚养。在法院审理过程中，张三不幸遇车祸死亡。问法院如何处理？

——法院应当裁定诉讼终结。婚姻关系中一方死亡，婚姻关系自然消亡，请求解除婚姻关系的诉讼没有继续进行的意义。根据民事诉讼法的规定，“离婚案件一方当事人死亡的”诉讼终结。

(二)诉讼终结的适用情形

根据民事诉讼法的规定，诉讼中有下列情况之一发生的，诉讼终结：

1. 原告死亡，没有继承人或者继承人放弃继承权的。

2. 被告死亡，没有遗产，也没有应当承担义务的人的。

3. 离婚案件一方当事人死亡的。

4. 追索赡养费、扶养费、抚育费以及解除收养关系案件的一方当事人死亡的。

法院决定诉讼终结,应当做出裁定。裁定以书面方式或口头方式做出。口头裁定的,书记员将裁定内容记录在卷,并告知当事人;书面裁定的,法院应将裁定书送达当事人或者其他诉讼参与人。

■ 第五节 简易程序

一、简易程序的概述

简易程序,是指基层人民法院及其派出法庭审理简单的民事案件所适用的民事诉讼程序。简单的案件适用简易程序,其他的案件适用普通程序,这样可以节约诉讼成本,提高审判效率。简易程序虽然是简化了的第一审程序,但两者裁判的效力是完全一样的,当事人的诉讼权利同样应当受到应有的保障。

简易程序与普通程序同属第一审程序,但是他们是不同的一审程序,他们之间的关系是既有联系,又有区别,它们的关系主要体现在以下两方面:

1. 简易程序是在普通程序的基础上简化了的一种简便易行的程序,它在起诉的方式、传唤证人的方式、开庭审理的程序等方面规定得简单实用、机动灵活,用以审理裁判简单的民事案件。

2. 简易程序与普通程序的转换。适用简易程序审理的案件,在审理过程中,如果法院发现双方当事人争议较大,案件比较复杂时,可以转为普通程序审理。或者当事人对适用简易程序有异议的有权向法院提出,法院经审查认为异议成立的,可以将案件转入普通程序审理,案件由合议庭进行审理,审理期限从立案的次日起算。决定应当在简易程序的审限届满前及时作出,并书面通知当事人。普通程序原则上不能向简易程序转换,即已经适用普通程序审理的案件,在审理过程中通常不可转为适用简易程序审理。但是,双方当事人自愿选择适用的不在此限,最高人民法院《关于适用简易程序审理民事案件的若干规定》第2条规定,对基层人民法院适用普通程序审理的民事案件,当事人各方自愿选择适用简易程序的,经法院同意,可以转为适用简易程序审理。

12-9(2000年卷2,单选第17题) 张三和李四是邻居。1998年5月张三到法院起诉,要求李四还其借款6 000元。法院受理后,适用简易程序由审判员王二审理。在审理过程中,王二发现案情复杂,不是简单的借贷纠纷,而是因合伙购买引发的纠纷,需要进一步调查取证并进行书证笔迹鉴定。在此种情况下,案件如何处理?

A. 报请院长批准延长案件的审理期限

B. 终结简易程序,告知当事人提起普通程序之诉

C. 将简易程序直接转为普通程序,审理期限另行计算

D. 将简易程序直接转为普通程序,审理期限从立案的次日起计算

——应当选择 D。根据《适用意见》第 170 条的规定,适用简易程序审理的案件,审理期限不得延长。在审理过程中发现案情复杂,需要转为普通程序审理的,可以转为普通程序审理,审理期限从立案之日的次日起计算。可见 A、C 项不符合规定。如果选择 B 项,会造成当事人的讼累。因此应当选择 D 项。

二、简易程序的特点

1. 起诉方式简便。在简易程序中,原告本人不能书写起诉状,委托他人代写起诉状确有困难的,可以口头起诉。

2. 受理程序简便。在简易程序中,当事人双方可以同时到基层人民法院或者其派出法庭,请求解决纠纷,法院可以当即受理并审理或调解,也可以另外指定日期审理,而不必像普通程序那样经历起诉、受理、答辩、传唤、审理的程序以及期间。

3. 传唤当事人和证人的方式简便。适用简易程序时,根据《民事诉讼法》及《适用意见》的规定,基层人民法院或者其派出法庭可以用口头或其他简便方式传唤当事人、证人。最高人民法院 2003 年的《关于适用简易程序审理民事案件的若干规定》又进一步规定:法院可以采取捎口信、电话、传真、电子邮件等简便方式随时传唤双方当事人、证人。

4. 审判组织采用独任制。与普通程序不同,适用简易程序审理案件采用独任制,即由审判员一人独任审理。但是,独任审判员仍然应当配备书记员担任记录,独任审判员不得自审自记。

5. 审理程序简便。适用简易程序审理民事案件,根据《民事诉讼法》第 145 条的规定,在审理程序上不受《民事诉讼法》第 122、124、127 条的限制。《民事诉讼法》第 122 条规定,法院应当在开庭 3 日前通知当事人和其他诉讼参与人。第 124、127 条规定,法庭调查和法庭辩论应当按顺序进行。适用简易程序审理案件不必受以上 3 条规定的约束,法官可以酌情灵活掌握。根据《经济纠纷适用简易程序开庭审理的若干规定》,适用简易程序审理民事案件,经过当事人陈述,权利义务明确、事实清楚的,经当事人同意的,法院可以直接进行调解。最高人民法院《关于适用简易程序审理民事案件的若干规定》又规定,当事人对案件事实无争议的,审判人员可以在听取当事

人就适用法律方面的辩论意见后径行判决、裁定。

6. 判决书可以简化。根据最高人民法院《关于适用简易程序审理民事案件的若干规定》,对适用简易程序审理的某些类型的案件,法院在制作裁判文书时对认定事实或者判决理由部分可以适当简化。

7. 当事人可以选择适用简易程序,根据最高人民法院《关于适用简易程序审理民事案件的若干规定》,适用普通程序审理的第一审民事案件的当事人,可以协商同意后自愿选择适用简易程序。

8. 案件的审限较短,且不得延长。适用简易程序审理民事案件,应当在立案之日起3个月内审结,与普通程序的审限不同。而且,简易程序的审限不得延长。如果在审理过程中,发现案情复杂,审判人员可以决定将简易程序转为普通程序。

三、简易程序的适用范围

(一)简易程序的适用范围

根据《民事诉讼法》第142条的规定:"基层人民法院和它派出的法庭审理事实清楚、权利义务关系明确、争议不大的简单的民事案件,适用本章规定。"由此可见,简易程序的适用范围包括三方面的内容:①简易程序适用的法院;②简易程序适用的审级;③简易程序适用的案件类型。

1. 简易程序适用的法院。从《民事诉讼法》第142条的规定来看,简易程序适用的法院,仅限于基层人民法院及其派出法庭,而不适用于其他法院。派出法庭是法院的派出机构,是指人民法院在法院之外的地点设立的固定的法庭和法院就地审理案件设立的临时法庭。派出法庭制作的法律文书就是法院制作的法律文书,《适用意见》第173条规定:"人民法庭制作的判决书、裁定书、调解书,必须加盖基层人民法院印章,不得用人民法庭的印章代替基层人民法院的印章"。

2. 简易程序适用的审级。简易程序仅适用于审理第一审民事案件,当事人上诉的二审案件不可使用简易程序审理。而且根据《适用意见》第174条的规定,发回重审和按照审判监督程序再审的案件,虽然仍然是第一审案件,但不得适用简易程序,应当适用普通程序。

3. 简易程序适用的案件范围。《民事诉讼法》第142条规定了简易程序适用的案件范围,即简易程序适用于审理事实清楚、权利义务关系明确、争议不大的简单的民事案件。《适用意见》第168条对此作了解释,所谓"事实清楚",是指当事人双方对争议的事实陈述基本一致,并能提供可靠的证据,无须人民法院调查收集证据即可判明事实、分清是非;所谓"权利义务关系明确",是指谁是责任的承担者,谁是权利的享有者的关系明确;所谓"争议不大",是指当事人对案件的是非、责任以及诉讼标的的争执无原则性分歧。

另外,最高人民法院的《关于适用简易程序审理民事案件的若干规定》

第2条规定,基层人民法院适用普通程序审理的一审案件,当事人各方可以自愿选择适用简易程序。即简易程序的案件适用范围除了限于事实清楚、权利义务关系明确、争议不大的简单的民事案件外,当事人双方自愿选择适用简易程序的案件也在简易程序的案件适用范围之内。

12-10(2002年卷3,多选第64题) 下列哪些案件适用简易程序审理是错误的?

A. 甲欠乙借款2万元,现甲不知去向,乙向法院提起诉讼,要求偿还贷款,法院决定适用简易程序

B. 丙与丁因加工承揽合同发生纠纷,法院组成合议庭审理该案,审理中审判长认为此案事实清楚,双方当事人争议不大,决定将该案改为简易程序审理

C. 法院对戊与乙离婚案件作出一审判决,乙不服提起上诉,上诉法院认为一审判决并无错误,决定适用简易程序审理乙的上诉案件

D. 适用简易程序审理的某案件在判决生效后,法院发现判决确有错误,决定对该案件进行再审,并决定对该案的再审仍然适用简易程序

——应当选择ABCD。①根据《适用意见》第169条的规定,起诉时被告下落不明的案件,不得适用简易程序,故A项错误。②根据《适用意见》第171条规定,已经按照普通程序审理的案件,在审理过程中无论是否发生了情况变化,都不得改用简易程序审理的规定,故B项错误。③根据《民事诉讼法》第142条的规定,基层人民法院和他派出的法庭审理事实清楚、权利义务关系明确、争议不大的民事案件,适用简易程序,故C项错误。④根据《适用意见》第174条的规定,发回重审和按照审判监督程序再审的案件,不得适用简易程序,故D项错误。

(二)适用简易程序案件的排除规定

关于简易程序的适用范围,最高人民法院《适用意见》中作了一些排除性的规定,《关于适用简易程序审理民事案件的若干规定》又作了进一步的规范,根据上述司法解释及《民事诉讼法》的规定,以下案件不得适用简易程序审理:

1. 起诉时被告下落不明的案件。

2. 发回重审的案件。

3. 共同诉讼中一方或者双方人数众多的案件。

4. 法律规定应当适用特别程序、审判监督程序、督促程序、公示催告程序和企业法人破产还债程序的案件。

5. 人民法院认为不宜适用简易程序审理的案件。

6. 另外，根据民事诉讼法的规定，二审法院发回重审的案件和按照审判监督程序再审的案件不得适用简易程序。

四、简易程序的具体规范

（一）起诉与答辩

1. 适用简易程序审理的案件，当事人起诉的方式可以是书面方式，也可以是口头方式。原告以书面方式起诉的应当提交起诉状，原告本人不能书写起诉状，委托他人代写起诉状确有困难的，可以口头起诉。起诉状应当按照民事诉讼法的要求撰写。口头起诉的，由法院书记员将当事人的基本情况、联系方式、诉讼请求、事实及理由准确记录，对原告提供的证据予以登记。对以上记录事项向原告当面宣读，由原告确定无误后签名或者捺印。

2. 被告答辩可以以书面形式，也可以以口头形式。双方当事人被法院传唤到庭后，被告可以口头答辩，法院可以当即开庭审理；这种情况下，被告要求书面答辩的，法院应当允许其书面答辩，并告知其提交答辩状的期限。同时告知双方当事人开庭的日期，并向他们释明逾期举证的后果和拒不到庭的后果。

3. 诉讼文书的送达。为了实现简易程序的效率目标，为了敦促当事人积极行使诉讼权利和主动履行诉讼义务，最高人民法院《关于适用简易程序审理民事案件的若干规定》对诉讼文书的送达特别规定如下：

当事人应当在起诉和答辩时向法院提供自己准确的送达地址、收件人、电话号码等联系方式，并以签名或者捺印方式确认。送达地址应当写明受送达人住所地的邮政编码和详细地址；受送达人是有固定职业的自然人的，其从业的场所可以视为送达地址。

法院按照原告提供的被告的送达地址或者其他联系方式无法通知被告应诉的，应当按以下方式处理：①原告提供了被告准确的送达地址，但是法院无法向被告直接送达或者留置送达应诉通知书的，应当将案件转入普通程序审理；②原告不能提供被告准确的送达地址，法院经查证后仍不能确定被告送达地址的，可以被告不明确为由裁定驳回原告的起诉。

被告到庭后拒不提供自己的送达地址和联系方式的，法院应当告知其拒不提供的后果，经法院告知后仍不提供的，可以按照以下方式处理：①被告是自然人的，以其户籍登记中的住所地或者经常居住地为送达地址；②被告是法人或者其他组织的，应当以其工商登记或者其他依法登记、备案中的住所地为送达地址。法院应当将以上告知的内容记入笔录。

法院应当在原告起诉或者被告答辩时以书面或口头方式告知当事人下述事项及其法律后果：因当事人自己提供的送达地址不准确、送达地址变更未及时告知人民法院，或者当事人拒不提供自己的送达地址而导致诉讼文书未能被当事人实际接收的，按下列方式处理：①邮寄送达的，以邮件回执上注明的退回之日为送达之日;②直接送达的,送达人当场在送达回证上记明情况之日为送达之日。

受送达的自然人以及他的同住成年家属拒绝签收诉讼文书的,或者法人、其他组织负责收件的人拒绝签收诉讼文书的,送达人应当邀请有关基层组织或者所在单位的代表到场见证,被邀请的人不愿到场见证的,送达人应当在送达回证上记明拒收事由、时间和地点以及被邀请人不愿到场见证的情形,将诉讼文书留在受送达人的住所或者从业场所,即视为送达。如果受送达人的同住成年家属或者法人、或者其他组织负责收件的人是同一案件的对方当事人的,不适用此规定。

(二)审理前的准备

除当即开庭审理的案件以外,对定期开庭的案件,开庭审理前法院应当做审理前的准备:阅读双方当事人的诉状,审查当事人提交的证据材料,了解当事人之间争议的事项等。对有些准备事项在简易程序中特别规定如下:

1. 举证期限的特别规定。当事人申请法院调查取证以及申请证人出庭作证,应当在举证期限届满前提出,但是适用简易程序的案件,当事人提出这些申请不受最高人民法院《证据规定》第 19 条第 1 款和第 54 条第 1 款规定的期限的限制,即不限于在举证期限届满前 7 日的限制和举证期限届满前 10 日提出的限制。

2. 当事人对适用简易程序的异议及其处理。《关于适用简易程序审理民事案件的若干规定》中确定了当事人对案件适用简易程序审理有异议的,可以行使程序异议权。当事人在开庭审理前对案件适用简易程序提出异议的,法院应当审查。经审查,法院认为异议成立的,应当将案件转入普通程序审理,并将合议庭组成人员及相关事项以书面形式通知双方当事人。经审查异议不成立的,法院将口头告知双方当事人,并将上述内容记入笔录。

3. 先行调解。适用简易程序,对有些类型的案件法院可以在开庭之前先行调解。根据《关于适用简易程序审理民事案件的若干规定》,除根据案件的性质和当事人的实际情况不能调解或者显然没有调解必要的以外,对下列民事纠纷案件,法院在开庭审理前应当先行调解:

(1)婚姻家庭纠纷案件和继承纠纷。

(2)劳务合同纠纷。

(3)交通事故和工伤事故引起的权利义务关系较为明确的损害赔偿纠纷。

(4)宅基地和相邻关系纠纷。

(5)合伙协议纠纷。

(6)诉讼标的额较小的纠纷。

4. 调解协议、调解书及其效力。开庭审理前，经调解双方当事人达成调解协议解决纠纷的，通常法院应当制作调解书，调解书送达当事人签收后生效。但是，就调解书的生效方式当事人可以协商，当事人协商同意调解协议采取双方签名或者捺印的方式生效的，该调解协议自双方当事人签名或者捺印之日发生法律效力。当事人要求摘录或者复制该调解协议的，法院应当准予。调解协议生效后依法当事人拒不履行的，另一方当事人可以申请法院强制执行。

5. 调解书的送达。法院可以告知当事人到法院领取调解书的具体日期，也可以在当事人达成调解协议的次日起 10 日内将调解书发送给当事人。

6. 调解书的异议及其补正。如果调解书与调解协议的原意有不符之处，当事人有权提出异议，法院对当事人的异议应当予以审查，经审查，异议成立的，法院应当做出裁定补正。

（三）开庭审理

简易程序虽然简化了诉讼程序事项，但对当事人依法所享有的诉讼权利不得忽略，不得剥夺，同样应当像适用普通程序那样给予充分的保障。案件开庭审理前，书记员应当查明当事人及其他诉讼参与人是否到庭，宣布法庭纪律等，若有当事人未到庭的，应报告审判员，由审判员决定是否延期审理、中止审理、缺席审理或按撤诉处理。庭审时审判员应当核对当事人及其诉讼代理人的身份，并询问各方当事人对于对方当事人出庭人员有无异议。《关于适用简易程序审理民事案件的若干规定》对简易程序开庭审理特别规定如下：

1. 关于按撤诉处理和缺席判决。以捎口信、电话、传真、电子邮件等简便方式发送的开庭通知，如果未经当事人确认或者没有其他证据足以证明当事人已经收到的，法院不得将其作为按撤诉处理和缺席判决的依据。被告经传票传唤，无正当理由拒不到庭或者未经许可中途退庭的，法院可以根据原告的诉讼请求及双方已经提交法庭的证据材料缺席判决。

2. 对当事人的告知和释明。为了保障当事人行使诉讼权利，《民事诉讼法》规定，法院开庭审理时应当由审判长宣布审判员、书记员姓名，告知当事人有关的诉讼权利义务，询问各方当事人是否申请回避等。为了简化诉讼程序，《关于适用简易程序审理民事案件的若干规定》又规定，如果开庭前已经书面或者口头告知当事人诉讼权利义务，或者当事人各方均委托代理律师的，审判人员可以不再告知当事人其他的诉讼权利义务，仅告知其申请回避的权利即可。

为了充分保障当事人行使诉讼权利以及理解诉讼程序规范及其法律后果，《关于适用简易程序审理民事案件的若干规定》规定，开庭审理时，对没有委托律师代理诉讼的当事人，审判人员应当对回避、自认、举证责任等规定向其作必要的解释或者说明，并在庭审过程中适当提示当事人正确行使诉讼权利、履行诉讼义务，指导当事人进行正常的诉讼活动。

3. 法庭调查和法庭辩论。为了提高庭审的效率，为了便于法庭调查和法庭辩论的顺利、快速进行，庭审时，审判人员可以根据当事人的诉讼请求和答辩意见归纳出案件争议的焦点，经过当事人确认，然后由当事人围绕争议焦点举证、质证、辩论。

对适用简易程序审理的民事案件，原则上要求一次庭审审结，法院认为确有必要再次开庭的可以再次开庭。

4. 按撤诉处理、缺席判决和径行裁判。诉讼中，原告经传票传唤，无正当理由拒不到庭或者未经许可中途退庭的，可以按撤诉处理；被告经传票传唤，无正当理由拒不到庭或者未经许可中途退庭的，法院可以根据原告的诉讼请求及双方已经提交给法庭的证据材料缺席判决。

为了避免程序的无谓耗费，当事人对案件事实无争议的，审判人员可以在听取双方当事人就适用法律问题的辩论意见后径行判决、裁定。

5. 裁判文书、宣判及其送达。

(1)判决书的简化。由于适用简易程序案件的性质比较简单，除了其审判程序可以简化外，其判决书在特定情况下也可以适当简化。《关于适用简易程序审理民事案件的若干规定》第32条规定：适用简易程序审理的民事案件，有下列情形的，法院在制作裁判文书时，可以对认定事实部分或者判决理由部分适当简化：①当事人达成调解协议并需要制作民事调解书的；②一方当事人在诉讼过程中明确表示承认对方全部诉讼请求或者部分诉讼请求的；③当事人对案件事实没有争议或者争议不大的；④涉及个人隐私或者商业秘密的案件，当事人一方要求简化裁判文书中的相关内容，人民法院认为理由正当的；⑤双方当事人一致同意简化裁判文书的。

(2)宣判。简易程序宣判的方式有两种：当庭宣判和定期宣判。适用简易程序审理的民事案件，原则上应当当庭宣判，法院认为不宜当庭宣判的可以定期宣判。

(3)送达。当庭宣判的，法院应当告知当事人或者诉讼代理人领取裁判文书的期间和地点以及逾期不领的法律后果，当事人要求邮寄的除外。法院已经告知当事人领取裁判文书的期间和地点的，当事人在指定期间内领取裁判文书之日即为送达之日；当事人在指定期间内未领取的，指定领取裁判文书期间届满之日即为送达之日，当事人的上诉期从法院指定领取裁判文书届满之日的次日起开始计算。

当事人因交通不便或者其他原因要求邮寄裁判文书的，法院可以按照当事人及自己提供的送达地址邮寄送达。法院根据当事人自己提供的送达地址邮寄送达的，邮件回执上注明收到或者退回之日即为送达之日，当事人的上诉期从邮件回执上注明收到或者退回之日的次日起开始计算。

定期宣判的案件，定期宣判之日即为送达之日，当事人的上诉期自定期宣判的次日起开始计算。当事人在定期宣判的日期无正当理由未到庭的，不影响该裁判上诉期间的计算。当事人确有正当理由不能到庭，并在定期宣判前已经告知法院的，法院可以按照当事人自己提供的送达地址将裁判文书送达给未到庭的当事人。

对按撤诉处理或者缺席判决的裁判文书，法院可以按照当事人自己提供的送达地址将裁判文书送达给未到庭的当事人。

第十三章　第二审程序

■　第一节　第二审程序概述

一、第二审程序的概念

第二审程序，是指民事诉讼当事人不服地方各级法院未生效的第一审判决、裁定，在法定期限内向上一级法院提起上诉，上一级法院对案件继续审理所适用的程序。由于第二审程序是由上诉人引起的，因此又称为上诉审程序。由于我国民事诉讼实行两审终审制，因此，第二审程序还称为终审程序。两审终审制是指一个案件最多经过两级审理，即告终结，当事人不得再行上诉的制度。

第二审程序的设置主要有以下意义：

1. 有利于保护当事人的合法权益。当事人在不服第一审裁判时有再一次请求司法审判救济的途径，有利于保障当事人获得公平裁判。

2. 有利于上级法院对下级法院的监督和指导。根据我国人民法院组织法的规定，上级法院对下级法院的工作有权监督和指导，上级法院通过对上诉案件的审理，可以及时发现下级法院工作中存在的问题，可以及时纠正或者指导，以保障法院审判案件的水平。

3. 有利于国家法律的统一适用。由于法律规范某种程度上的概括性，可能致使不同的法院，或者不同的法官对同一法律规范的不同理解，或者不同解释，有些时候会出现司法不统一的现象。由上级法院进行终审，有利于统一解释法律及统一适用法律。

二、第二审程序与第一审程序的联系与区别

（一）第二审程序与第一审程序的联系

1. 这两个程序的启动都是由于当事人行使诉讼权利的结果，一审程序的启动是当事人行使起诉权的结果，二审程序的启动是当事人行使上诉权的结果。

2. 第二审程序与第一审程序都是对同一案件的审判的程序，而不是不同案件的审判程序。

3. 第一审程序是第二审程序的前提和基础，第二审程序是第一审程序的继续。没有第一审程序就不会产生第二审程序，但是，有第一审程序的发

生并不一定会发生第二审程序，即诉讼案件可能会在一审程序后终结，也可能由于当事人行使上诉权在二审程序后终结。

（二）第二审程序与第一审程序的区别

第一审程序与第二审程序毕竟是两个不同的程序。第二审程序是继第一审程序之后的又一个独立的诉讼程序，它们主要有以下区别：

1. 程序的目的不同。第二审程序是为了保证当事人依法行使上诉权和上一级人民法院依法进行审判而设置的，第二审程序的设置是为了使不满第一审裁判结果的当事人得到救济，是为了保障司法裁判的公正性、公平性设置的程序。

2. 程序的启动不同。一审程序是因原告行使起诉权而启动，二审程序是因上诉人行使上诉权而启动，第二审程序是对民事案件继续进行审理的程序。

3. 法院审理的对象不完全相同。在一审程序中，法院审理的对象是当事人之间的民事权益争议，在二审程序中，法院审理的对象除了当事人之间争议的民事权益外，还有一审法院使用法律是否正确，以及第一审法院审判的结果是否正确，即二审法院审理上诉案件的过程中还要对第一审法院审判权的行使予以监督。

4. 程序的审级不同。第一审程序是第一审人民法院审理案件的程序，第二审程序是上一级人民法院审理案件的程序，它们是两个审级的人民法院的审理程序。

5. 程序的种类不同。第一审程序有两种，一种是普通程序，另一种是简易程序。而二审程序仅有一种，二审没有简易程序。

6. 裁判的效力不同。经过第一审程序作出的诉讼判决，和法律允许上诉的裁定，在上诉期间内不发生法律效力。经过第二审程序作出的判决、裁定，宣告和送达后即发生法律效力。即一审诉讼判决和允许上诉的裁定不是终局裁判，当事人不服的可以上诉，二审诉讼判决和裁定是终局裁判，不可以再行上诉。

■ 第二节 上诉的提起与受理

一、上诉概述

（一）上诉的概念与目的

上诉，是指当事人不服第一审法院所作的尚未生效的诉讼判决、裁定，在法定期限内声明不服，要求上级法院全部或部分撤销或变更原审裁判的诉讼行为。

上诉权是诉讼案件第一审当事人所享有的诉讼权利，非诉讼案件无上诉程序的救济，非诉讼案件的当事人无权上诉。对于第一审法院所作的第一审诉讼案件的裁判，当事人均可在法定的期限内向上一级法院提起上诉。依照特别程序、公示催告程序、督促程序、企业法人破产还债程序审理案件后作出的非讼裁判，当事人不得提起上诉。

上诉权的目的是给予当事人以程序上的救济，当事人认为一审法院作出的裁判有错误，或者有失公正的，可以行使上诉权请求上级人民法院继续审理，作出裁判。如果一审法院作出的裁判公正无误，当事人就不应当滥用上诉权，无端耗费国家审判资源，恶意耗费对方当事人的精力。

（二）上诉与起诉的联系和区别

1. 上诉与起诉虽然是不同的事物，但是它们之间有密不可分的联系。它们的联系在于：

（1）上诉与起诉都是诉讼当事人行使诉讼权利的诉讼行为。

（2）起诉行为是上诉行为的前提和基础，当上诉人是一审原告时，上诉行为是起诉的行为的继续，当上诉人是一审被告时，是起诉行为结果的继续。

2. 它们的区别在于：

（1）行为的原因不同。起诉是由于原告认为被告与其发生民事争议，或者被告侵犯了其民事权益而提起。上诉是由于上诉人不服一审法院的裁判而提起。

（2）行为的目的不完全相同。起诉的目的是请求法院对原被告之间的民事权益纠纷行使审判权审理裁判，维护以原告的民事合法权益。上诉是请求上诉审法院对案件继续审理，纠正上诉人认为是错误的裁判，依法改判。

（3）行为的时限不同。起诉应当在诉讼时效内，原告与被告的实体权益争议才能获得法院审理裁判。上诉应当在上诉权期间内方为有效。但是，有所区别的是，原告起诉超过诉讼时效的，法院也应当受理，审理中确定超过诉讼时效的，判决驳回原告的诉讼请求；而上诉若超过上诉期间的，法院将不予受理。原告起诉超过诉讼时效的，不丧失程序上的权利；上诉人超过上诉期间的，丧失程序上的权利。

（4）行为的形式不同。起诉通常以书面形式，当事人书写确有困难的，可以以口头形式起诉；而上诉只能以书面形式，不得采用口头形式。

二、上诉的提起

（一）提起上诉的条件

当事人不服第一审裁判提起上诉的，根据我国民事诉讼法的规定，应当具备以下几个方面的条件：

1. 上诉人必须具有上诉的主体资格。根据我国民事诉讼法的规定,第一审程序中的原告、被告、共同诉讼人、有独立请求权的第三人、经第一审法院判决承担民事责任的无独立请求权的人,对第一审法院作出的未生效的诉讼判决及可以上诉的裁定都享有上诉权。委托代理人可以根据当事人的特别授权,代当事人提起上诉,但不享有上诉权。

2. 被上诉的客体必须是依法允许上诉的裁判,即提起上诉的判决、裁定必须是法律允许上诉的。可以上诉的判决应当是诉讼判决,非诉讼判决不可以上诉。诉讼判决主要是:一审法院作出的未生效的判决,包括:①地方各级人民法院作出的第一审民事诉讼判决;②地方各级人民法院对上一级人民法院发回重审的案件,重新审理后作出的判决;③地方各级人民法院按照第一审程序再审后所作出的判决。允许上诉的裁定包括:地方各级人民法院作出的第一审不予受理、驳回起诉、对管辖权异议的裁定,以及驳回破产申请的裁定。

3. 必须在法定的有效期限内上诉。当事人提起上诉,必须在法律的期限内进行,超过上诉期限的,当事人丧失上诉权。根据我国民事诉讼法的规定,当事人不服地方人民法院第一审判决的,有权在判决书送达之日起 15 日内向上一级人民法院提起上诉。当事人不服地方人民法院作出的可以上诉的第一审裁定,有权在裁定书送达之日起 10 日内向上一级人民法院提起上诉。当事人在法定期限内未提出上诉的,第一审裁判发生法律效力。

上诉期间的计算。上诉期间应当从当事人收到判决书、裁定书的次日起计算。一审判决书、裁定书不能同时送达当事人而分别送达的,各当事人的上诉期间从它们各自收到判决书、裁定书的次日起计算。期间不包括邮寄的在途期间,上诉状在上诉期届满前交邮,上诉法院在上诉期届满后收到的,当事人的上诉未逾期。交邮的时间以邮局的邮戳为准。期间的最后一日是节假日的,以节假日后的第一日为期间届满日期。

4. 必须提交上诉状。上诉不能采用口头方式,上诉人应当向人民法院提交上诉状。上诉状应写明当事人的姓名、原审人民法院的名称、案件的编号和案由、上诉的请求和理由。一审法院宣判时,或判决书、裁定书送达时,当事人口头表示上诉的不具有上诉的效力,人民法院应当告知其必须在法定上诉期间内提出上诉状。未在法定期间内提出上诉状的,视为未提出上诉。

上诉状的内容。根据《民事诉讼法》第 148 条的规定,上诉状应当包括以下内容:①当事人的基本情况。当事人包括上诉人和被上诉人。当事人如果是公民的,应写明该公民的姓名;如果是法人的,应写明该法人的名称及其法定代表人的姓名;如果是其他组织,应写明该组织的名称及其主要负责人的姓名。②原审人民法院的名称、案件的编号和案由。③上诉的请求和理由。上诉的请求和理由是上诉状的主要内容，是上诉状的实质部分。上诉的请求就是上诉人提出上诉所要达到的目的，例如请求撤销原判，依法改判。上诉的理由，是上诉人认为第一审人民法院认定事实和适用法律不当或有错误所根据的事实和理由。另外，上诉状结尾还应当由上诉人署名。

5. 此外，当事人还应依法交纳上诉案件的诉讼费用，当事人如果在法院指定的期限内不交纳上诉费，或者申请缓交、减交或免交未获得准予的，视为撤回上诉。

（二）提起上诉的程序

根据《民事诉讼法》第 149 条的规定，当事人上诉应当向原审人民法院提交上诉状，提起上诉。也可以直接向第二审法院提起上诉，但是，第二审法院应当在 5 日内将上诉状移交原审法院。这是为了让原审人民法院了解上诉的情况，向被上诉人送达，要求对方当事人答辩，原审人民法院应将上诉状连同原审卷宗一并移送上诉审人民法院。

上诉状内容如果有欠缺的，原审人民法院应当及时通知上诉人予以补正。对已超过上诉期限，又没有延长期限的正当理由的，人民法院应直接作出裁定予以驳回。

《民事诉讼法》第 149 条第 1 款还规定，当事人上诉的，还应按照对方当事人或者代表人的人数提出副本。这是为了对方当事人了解上诉的请求和理由，准备答辩，行使答辩权，为第二审做好准备工作。

原审人民法院收到上诉状以后，应当在 5 日内将上诉状副本送达对方当事人。对方当事人应当在收到上诉状副本之日起 15 日内提出答辩状。人民法院应当在收到答辩状之日起 5 日内将副本送达上诉人。对方当事人不提出答辩状的，不影响人民法院审理。原审人民法院收到上诉状、答辩状，应当在 5 日内连同全部案卷和证据，报送第二审人民法院。

（三）上诉人与被上诉人的确定

通常提起上诉者为上诉人，被上诉人第一审程序中的对方当事人。如果双方当事人、第三人都上诉的，均为上诉人。

不同类型的共同诉讼的上诉，上诉人与被上诉人的确定不相同。

1. 必要的共同诉讼案件的上诉，上诉人与被上诉人的情况因具体情况的不同而有所不同。必要的共同诉讼人中的一个或部分当事人提出上诉的，按下列情况分别确定当事人的地位：

（1）上诉人的上诉，是由于对一审判决所确定的与对方当事人之间权利义务关系不服的，不涉及其他共同诉讼人利益的，对方当事人为被上诉人，未上诉的同一方当事人依原审诉讼地位列明；

（2）上诉人的上诉，仅仅是对一审判决所确定的共同诉讼人之间的权利义务关系不服的，不涉及对方当事人权利义务关系的，未上诉的同一方当事

人为被上诉人,对方当事人依原审诉讼地位列明;

(3)上诉人的上诉,是对一审判决所确定的双方当事人之间以及共同诉讼人之间权利义务关系不服的,未提出上诉的其他当事人均为被上诉人。

13-1(案例题) 北京的某张家父母过世后留下4间房,由张家儿子、女儿5人共同继承,但是这5间房屋在他们的父母过世后一直由大宝居住与管理,张家大姐、二姐、三姐、四姐共同对它们的兄弟大宝提起诉讼,要求分割。一审法院经过审理判决如下:大宝因无其他住房故分得2间,大姐、二姐各分得1间,三姐因同意不分住房要补偿,故由大宝向三姐补偿1万元,四姐因无住房困难故不分得住房也由大宝向其补偿1万元。对一审判决其他当事人无意见不上诉,只有四姐不服判决,要求分得住房而不要补偿故提起上诉。问如何确定此上诉案件当事人的诉讼地位?

——上诉人是张家四姐,被上诉人是大宝,其他人是原审原告。因为,上诉人四姐上诉是对判决由大宝分得2间房不满意,上诉人要求分得住房而不要补偿,上诉人的上诉对其他当事人的所得无意见。

2. 普通共同诉讼的上诉,由于共同诉讼人之间对诉讼标的无共同的权利义务关系,他们各自独立享有和行使上诉权,其中一个共同诉讼人的上诉行为对其他共同诉讼人不发生法律效力,因此,在普通的共同上诉中,提起上诉者为上诉人,对方当事人或第三人未同时提起上诉的为被上诉人,其他共同诉讼人与此上诉无关。

13-2(案例题) 某物业管理公司因业主甲、乙、丙、丁欠交物业费,向法院提起诉讼,请求法院判令甲、乙、丙、丁依约缴纳拖欠的物业费,并支付违约金。法院将物业公司分别对这四户业主的起诉作为普通的共同诉讼合并审理,然后分别作出判决。一审宣判后,甲、乙、丙未上诉,丁不服判决提起上诉。问谁是此案被诉讼人?甲、乙、丙是上诉案件的当事人吗?

——丁提起上诉,被上诉人是物业管理公司。丁的上诉与甲、乙、丙无关,他们不参加诉讼。因为,此案是普通的共同诉讼,即非必要的共同诉讼,各共同上诉人与对方当事人之间的法律关系是分别独立的,其诉讼标的是分别的,但是同一种类的。与必要的共同诉讼不同,必要的共同诉讼人之间的诉讼标的是同一的。

三、上诉的受理

根据《民事诉讼法》第149、150条的规定,上诉案件的受理应当按照以下程序进行:

1. 当事人通过原审人民法院提交上诉状。当事人提起上诉，原则上应通过原审人民法院提出上诉状，并按照对方当事人的人数提出上诉状副本。如果当事人不愿意通过原审人民法院提交上诉状，直接向第二审人民法院上诉的，第二审人民法院可以接受，并应当在5日内将上诉状移交原审人民法院。

2. 原审人民法院在收到上诉状后，应当按照上诉的条件予以审查，不符合条件的，如果属于可以补正的事项则告知当事人补正。例如，上诉状的内容有欠缺的，告知当事人补正。符合条件的，应当在5日内将上诉状副本送达对方当事人，并告知其在15日内提出答辩状。人民法院收到答辩状后，应在5日内将答辩状副本送达上诉人。根据最高人民法院《证据规定》第32条的规定，被告应当在答辩期内提出书面答辩状。

3. 原审法院收到当事人的上诉状和答辩状以后，应当在5日内连同全部案卷和证据，报送第二审人民法院。第二审人民法院开始对上诉案件进行审理。

四、上诉的撤回

（一）上诉的撤回

上诉的撤回，是指上诉人在上诉之后，第二审判决宣告前，向第二审人民法院申请撤回上诉的诉讼行为。

上诉是当事人依法享有的一项诉讼权利，因此当事人可以根据自己的主观愿望行使处分权。在上诉期间，当事人可以决定是否提起上诉；提起上诉以后，上诉人又可以决定是否撤回。撤回上诉与撤回起诉一样，是当事人的一项诉讼权利，当事人可以依法行使，可以在上诉以后，法院作出裁判前撤回上诉。但是，根据我国《民事诉讼法》的规定，当事人的处分权不是绝对的，上诉人申请撤回上诉，是否准许，由第二审人民法院审查后裁定。人民法院经审查，认为一审判决确有错误，或者发现双方当事人恶意串通损害国家和集体利益、社会公共利益及他人合法权益的，不应准许。因为上诉程序的功能设置不仅仅是对案件的审理裁判，还包括上诉法院对一审法院的审判工作的监督。

（二）撤回上诉与按撤回上诉处理

撤回上诉可以分为当事人申请撤诉和法院按撤诉处理两种，法院以裁定准予撤回上诉或者驳回。

申请撤回上诉及法院裁定。《民事诉讼法》第156条规定，上诉人可以撤回上诉，但是否准许由法院审查后作出裁定。最高人民法院《适用意见》第190条规定，对撤回上诉的申请，法院审查后认为一审判决确有错误，或者双方当事人串通损害国家和集体利益、社会公共利益及他人合法权益的，不应准许。

按撤回上诉处理及法院裁定。与一审程序中的按撤诉处理同理，上诉程序中对上诉人的规定行为，法院也可以按撤回上诉处理。根据最高人民法院 1998 年的一则批复，上诉人不依法交纳案件受理费，或者经传唤无正当理由拒不到庭，由第二审法院裁定按自动撤回上诉处理。

撤回上诉与撤回起诉的区别：①两者发生的程序不同。撤回起诉发生在一审程序中，撤回上诉发生在二审程序中。②两者撤回的诉的情形不同。一个是撤回起诉，一个是撤回上诉。③两者的法律效力不同。撤回起诉的，当事人还可以再次起诉，撤回上诉的，当事人不可以再行上诉。④撤回起诉，发生一审程序终结的效力，撤回上诉不仅发生终结二审程序的效力，而且还发生一审裁判生效的效力。

（三）申请撤回上诉的时限

与一审程序中原告撤回起诉应当在法院作出宣判前提出同理，上诉人申请撤回上诉也应当在第二审法院宣判前。《民事诉讼法》第 156 条规定："第二审人民法院判决宣告前，上诉人申请撤回上诉的，是否准许，由第二审人民法院裁定。"

（四）撤回上诉与按撤回上诉处理裁定的效力

第二审人民法院裁定准许上诉人撤回上诉的，第二审程序即行终结，一审裁判发生效力。裁定按撤回上诉处理的，第一审判决自第二审裁定确定之日起生效。

13－3（案例题） 甲公司与乙公司因货物买卖发生纠纷，甲公司以乙公司所供货物质量不合格为由向法院提起诉讼，要求乙公司赔偿损失并承担违约责任。一审诉讼程序中，因甲公司与乙公司自行和解达成协议，甲公司申请撤诉，经法院审查，裁定准予。撤诉后，乙公司食言毁约，致使甲公司又重新起诉。问甲公司在一审程序中撤诉后是否可以再次起诉？

——可以再次起诉。因为，甲公司撤回起诉的行为仅发生终结一审程序的效力，不发生其他效力。《适用意见》第 142 条规定："裁定不予受理、驳回起诉的案件，原告再次起诉的，如果符合起诉条件，人民法院应予受理。"

法院经审理作出判决，甲公司认为一审法院判决认定事实不清，提起上诉。二审程序中甲、乙两公司再次和解，甲公司申请撤回上诉。问甲公司在二审程序中撤诉后是否可以再次上诉？

——不可以。因为上诉人撤回上诉的行为，不仅发生终结二审程序的效力，还发生一审判决生效的效力。

第三节　上诉案件的审理

上诉案件的审理，应当依照民事诉讼法的规定，应当按照规定的第二审程序进行，此外根据《民事诉讼法》第157条的规定，“第二审人民法院审理上诉案件，除依照本章规定外，适用第一审普通程序。”

一、审理前的准备工作

第二审人民法院收到第一审人民法院报送的上诉案件材料（包括上诉状、答辩状、全部卷宗和证据）后，在审理前，应当作好以下准备工作：

（一）组成合议庭

人民法院审理第二审民事案件，一律由审判员组成合议庭，不吸收陪审员参加，也不能采取独任制，这是由二审案件的性质决定的。上诉人对一审法院的裁判不服提起上诉，通常情况下说明当事人之间的争议比较大，多数情况下说明案情比较复杂，采用合议制以及不适用陪审制有利于保障案件的裁判质量。

（二）审查案卷材料，询问当事人

合议庭组成后，首先应当审阅全部上诉材料。除审查提起上诉必须具备的三个条件外，主要审查一审裁判认定的事实是否清楚，证据是否充分，适用法律是否正确；了解上诉人上诉的请求和理由，被上诉人的答辩理由，双方争议的焦点，双方当事人提供的证据以及法院依职权调查取得的材料；再根据案件的具体情况，决定调查、询问当事人，核实证据等方式，查明案件事实，以决定是否开庭审理。

（三）决定是否开庭审理

第二审人民法院审理上诉案件，原则上应开庭审理，但经过阅卷和调查，询问当事人，在事实核对清楚后，合议庭认为不需要开庭审理的，也可以径行判决、裁定。上诉案件需要开庭审理的，第二审人民法院可以在本院进行审理，有必要或有可能的情况下也可以到案件发生地或者原审人民法院所在地进行审理。

二、上诉案件的审理范围

《民事诉讼法》第151条规定：“第二审人民法院应当对上诉请求的有关事实和适用法律进行审查。”由此可见，在我国，第二审人民法院对上诉案件的审理范围限于当事人上诉请求的有关事实，以及与当事人上诉请求的有关法律适用的范围。但是，这是原则性的规定，特别情况下，上诉法院可以不受该范围的限制，对此，最高人民法院的《适用意见》第180条规定：“第二审人民法院依照《民事诉讼法》第151条的规定，对上诉人上诉请求的有关事实和适用法律进行审查时,如果发现在上诉请求以外原判确有错误的,也应予以纠正”。该规定表明,上诉法院的审理范围限于上诉人的上诉请求范围并不是绝对的。1998 年最高人民法院发布实施的《关于民事救济审判方式改革问题的若干规定》第 35 条对此作了进一步明确规定:“第二审案件的审理应当围绕当事人上诉请求的范围进行,当事人没有提出请求的,不予审查。但判决违反法律禁止性规定、侵害社会公共利益或者他人利益的除外。”

根据在当事人请求范围内审理的原则,被上诉人如果在答辩状中提出超越上诉人上诉请求范围的要求的,要求变更或补充第一审裁判内容的,第二审法院原则上不予审理。

根据最高人民法院《证据规定》第 41 条,当事人可以提出符合规定的新证据,对这些规定允许提出的新证据,二审法院应当审理裁判。

13－4(1999 年卷 2,单选第 20 题) 王大生诉刘华借款纠纷一案由 S 市 H 区人民法院审理终结。一审法院判决刘华返还王大生借款本金 1 500 元,驳回了王大生要求刘华支付利息的请求。判决书向双方当事人送达后,刘华上诉,王大生未上诉,但他在答辩状中向二审法院提出了让刘华支付借款利息的请求。根据我国的司法解释,对王大生的该请求,二审法院如何办理?

A. 必须予以审查　　B. 应当予以审查

C. 可以不予审查　　D. 一律不予审查

——应当选择 C。因为对上诉案件,上诉法院应当在当事人上诉请求范围内审理,本案的上诉人是刘华,他不会要求法院判他自己向王大生支付借款利息,他不会因为一审法院没有判决他向刘华支付利息而不服原判提起上诉。王大生没有提出上诉,所以要求支付利息的请求不在上诉请求的范围之内,根据《民事诉讼法》第 151 条的规定,法院可以不予审查。

三、上诉案件的审理方式

(一)开庭审理

按照我国民事诉讼法的规定,第二审人民法院对上诉案件,应当依法组成合议庭,开庭审理。第二审人民法院审理上诉案件,以开庭审理为原则,但也可以对其认为不需要开庭审理的案件,经过阅卷和事实调查,经过询问当事人,在事实核对清楚后,径行判决、裁定。

(二)径行判决、裁定

径行判决、裁定,是指上诉审法院对不需要开庭审理的案件,合议庭通过阅卷、调查、询问当事人,在全部事实核对清楚后直接作出裁定,简称径行裁判。如果法院以这种方式审理后作出判决,这种审理方式称为径行判决。径行判决、裁定是开庭审理的例外。

关于径行裁判的案件适用范围。最高人民法院的《适用意见》第188条规定,对下列案件,第二审人民法院可以径行裁判:

1. 一审就不予受理、驳回起诉和管辖权异议作出裁定的案件。

2. 当事人提出的上诉请求明显不能成立的案件。

3. 原审裁判认定事实清楚,但适用法律错误的案件。

4. 原判决违反法定程序,可能影响案件正确判决,需要发回重审的案件。

我国民事诉讼法规定的这种"径行判决"同西方国家民事诉讼中的"书面审理"不同。所谓"书面审理",是指不开庭、不调查,不询问当事人、证人,上诉法院只通过审查一审案卷材料即作出裁判的审理方式。而我国民事诉讼中的径行判决的案件的审理,审判人员必须与当事人见面,亲自听取当事人陈述,并询问当事人,在查清事实后径行裁判。

13-5(2002年卷3,多选第71题) 对下列哪些案件,二审人民法院可以采取书面审理方式径行作出判决?

A. 被告在一审中提出了管辖权异议,一审法院驳回了被告的异议,被告不服提起上诉

B. 二审法院对原告上诉请求审查后认为原告的请求明显不成立

C. 被告在上诉时提交了其刚刚找到的合同原件

D. 在一审中应当回避的人员没有回避

——应当选择ABD。因为根据《适用意见》第188条的规定,对一审就不予受理、驳回起诉和管辖权异议作出裁定的案件当事人上诉的,以及当事人提出的上诉请求明显不能成立的,二审法院可以径行裁定,故选项A、B正确。根据《适用意见》第181条的规定,审理本案的书记员应当回避而未回避的,二审法院应当裁定撤销原判,发回重审;又根据《适用意见》第188条中的规定,对"原判决违反法定程序,可能影响案件正确判决,需要发回重审的案件",二审法院可以径行裁定,故选项D正确。根据最高人民法院《关于民事经济审判方式改革问题的若干规定》第37条规定,二审法院在审理上诉案件时,需要对原证据重新审查或者当事人提出新证据的,应当开庭审理,故选项C错误。

四、上诉案件的调解与和解

调解贯穿于民事审判的全过程,上诉法院对上诉案件,也可以以调解的方式解决纠纷。《民事诉讼法》第155条规定:"第二审人民法院审理上诉案

件,可以进行调解。调解达成协议,应当制作调解书,由审判人员、书记员署名,加盖人民法院印章。调解书送达后,原审人民法院的判决即视为撤销。”

同样,当事人对上诉案件也可以以和解的方式解决争议。最高人民法院《适用意见》第191条规定:“当事人在二审中达成和解协议的,人民法院可以根据当事人的请求,对双方达成的和解协议进行审查并制作调解书送达当事人;因和解而申请撤诉,经审查符合撤诉条件的,人民法院应予准许。”此规定表明,上诉案件的当事人和解解决纠纷的,可以以两种方式终结诉讼:①申请撤回,即撤回上诉;②请求法院将他们之间的和解协议制作成调解协议,以调解的方式终结上诉审程序。但是,上诉人应当注意,如果在和解之后撤回上诉,原审判决就会生效。

另外,《适用意见》第182、183条规定,对以下特别情形应当适用调解解决,调解不成的应当发回重审:

1. 对当事人在一审中已经提出的诉讼请求,原审人民法院未作审理、判决的,第二审人民法院可以根据当事人自愿的原则进行调解,调解不成的,发回重审。

2. 必须参加诉讼的当事人在一审中未参加诉讼,第二审人民法院可以根据当事人自愿的原则予以调解,调解不成的,发回重审。

法律如此规定,是为了保障当事人的诉讼获得二审的权利,保障一审未参加诉讼的当事人的上诉的权利。

《适用意见》第184条还规定,在第二审程序中,原审原告增加独立的诉讼请求或原审被告提出反诉的,第二审人民法院可以根据当事人自愿的原则就新增加的诉讼请求或反诉进行调解,调解不成的,告知当事人另行起诉。但是,最高人民法院《证据规定》第34条又要求“当事人增加、变更诉讼请求或者提起反诉的,应当在举证期限届满前提出”。因此,现在的民事诉讼中,在第二审程序中,原审原告增加独立的诉讼请求或原审被告提出反诉的,法院根据《证据规定》予以口头驳回。

经调解,当事人之间达成调解协议的,法院根据调解协议制作调解书。调解书一经合法送达,即发生与判决书同等的法律效力,以及原审人民法院的判决视为被撤销的效力。即二审调解解决纠纷的,一审法院作出的判决书不必以专门方式撤销,但是,根据当事人之间的调解协议制作的调解书也不得赋予其撤销一审判决的效力,因为,撤销判决应当是法院的权力和法院可以实施的行为,调解书是法院对当事人调解行为结果的认可。所以,《民事诉讼法》第155条中规定:“调解书送达后,原审人民法院的判决即视为撤销”。

五、二审程序中的诉讼权利义务的承担

在第二审程序中,有时会有一些特殊情况发生,令当事人发生变更,即发生上诉权权利义务的承担,例如,一方当事人死亡的,上诉应当裁定诉讼中止,等待其权利的继承人决定是否参加诉讼,如果其权利的继承人决定参加诉讼,发生诉讼权利义务的承担;如果其权利的继承人放弃实体权利不参加诉讼,或者没有继承人的,诉讼终结。

根据《适用意见》第189条的规定,如果当事人是法人或者其他组织的,该法人或其他组织分立的,人民法院可以直接将分立后的法人或其他组织列为共同诉讼人;该法人或其他组织发生合并情形的,将合并后的法人或者其他组织列为当事人,发生诉讼权利义务的承担,而不必将案件发还原审人民法院重审。

13-6(2005年卷3,单选第50题) 四方公司与海通公司因合同纠纷进行诉讼,一审判决海通公司胜诉。四方公司不服提起上诉。在第二审程序中,海通公司分立为海鸥公司和海洋公司。在此情况下,二审法院应如何处理?

A. 将案件发回原审法院重审

B. 将海鸥公司和海洋公司列为共同诉讼人,进行调解,调解不成,发回重审

C. 将海鸥公司和海洋公司列为共同诉讼人,进行调解或者判决,不必发回重审

D. 仍将海通公司列为当事人,进行调解或者判决,执行程序中再裁定海鸥公司和海洋公司为被执行人

——应当选择C。根据《适用意见》第50条的规定:“企业法人合并的,因合并前的民事活动发生的纠纷,以合并后的企业为当事人;企业法人分立的,因分立前的民事活动发生的纠纷,以分立后的企业为共同诉讼人。”又根据《适用意见》第189条的规定:“在第二审程序中,作为当事人的法人或者其他组织分立的,人民法院可以直接将分立后的法人或者其他组织列为共同诉讼人;合并的,将合并后的法人或者其他组织列为当事人。不必将案件发还原审人民法院重审。”选项C正确,其他选项错误。

第四节 上诉案件的裁判

一、第二审法院对上诉案件的不同裁判

(一)对不服一审判决上诉案件的裁判

第二审法院对上诉人不服判决的上诉案件进行审理后,应当分不同情

况,作出如下裁判:

1. 判决驳回上诉,维持原判。第二审人民法院对上诉案件经过审理,认为原判决认定事实清楚,适用法律正确的,应依法判决驳回上诉,维持原判。

2. 依法改判。第二审人民法院对上诉案件经过审理,对以下两种情形的案件,可以依法改判:

(1)原判决认定事实清楚,但适用法律错误的,二审人民法院应当依法直接改判。

(2)原判决认定事实错误,或者认定事实不清,证据不足的,二审人民法院可以在查清事实后予以改判。

3. 裁定撤销原判,发回重审。根据《民事诉讼法》第153条的规定,在下列情况下,第二审人民法院对上诉案件经过审理,可以或应当依法撤销原判,发回重审:

(1)原判决认定事实有错误,或者原判决认定事实不清,证据不足。在此情况下,二审人民法院既可以查清事实后予以改判,也可以裁定撤销原判,发回重审。

(2)原判决违反法定程序,可能影响案件正确判决的。

关于"原判决违反法定程序,可能影响案件正确判决的"具体情形,最高人民法院《适用意见》第181条解释如下:①审理本案的审判人员、书记员应当回避未回避的;②未经开庭审理而作出判决的;③适用普通程序审理的案件当事人未经传票传唤而缺席判决的;④其他严重违反法定程序的。

13－7(1999年卷2,单选第15题)　王东彪诉刘满仓房屋租赁纠纷一案由丹江县人民法院受理。第一次开庭时,因原告未带有关证据的原件,法庭决定休庭;第二次开庭时,原告在法庭辩论时提出,本案合议庭中的书记员刘河江为被告刘满仓的弟弟,故要求刘河江回避,审判长以法庭调查已结束为由,驳回了原告的回避申请。一审法院判决后,原告以一审法院判决认定事实不清、且程序上违法——刘河江应当回避而没回避为由,提起上诉,二审法院经审理认为,一审法院的判决认定事实清楚,适用实体法也无不当之处,同时还查明刘河江确实是刘满仓的弟弟。在此情况下,二审法院对本案应当如何处理?

A. 判决驳回上诉,维持原判　　B. 依法改判　　C. 裁定发回重审

D. 判决维持原判,但在判决书中应指明一审法院在回避问题上的错误

——应当选择C。因为本案合议庭中的书记员刘河江为被告刘满仓的弟弟,刘河江应当回避而没有回避,一审法院程序上违法,根据《适用意见》第181条的规定以及《民事诉讼法》第153条的规定,应当裁定发回重审。

此外,根据《适用意见》第182、183、185条的规定,对下列案件,上诉审人民法院在法定条件下,应当裁定发回重审:

(1)对当事人在一审中已经提出的诉讼请求,原审人民法院未作审理、判决,经二审人民法院调解不能达成协议的,裁定撤销原判,发回重审。

(2)必须参加诉讼的当事人在一审中未参加诉讼,第二审人民法院根据自愿的原则予以调解,调解不成的,裁定撤销原判,发回重审。

(3)一审判决不准离婚的案件,上诉后,第二审人民法院认为应当判决离婚的,经调解达不成协议的,裁定撤销原判,发回重审。

13－8(2005年卷3,单选第9题)　李大民(男)与张小丽(女)于1998年登记结婚。1999年张小丽由于做生意亏损、夫妻感情恶化等原因,患精神病,丧失民事行为能力。2000年2月,李大民向某市海河区人民法院提起诉讼,请求判决与张小丽离婚。张小丽的母亲马雨霞作为张小丽的法定代理人参加了诉讼。请回答:

假设一审法院判决不准许李大民与张小丽离婚,李大民不服提起上诉,二审法院审理后认为应当判决离婚,在此情况下,二审法院应如何处理?

A. 直接依法改判离婚

B. 只能将案件发回重审

C. 可以根据当事人自愿的原则,与子女抚养、财产问题一并调解,调解不成,发回重审

D. 可以根据当事人自愿的原则,与子女抚养、财产问题一并调解,调解不成,依法改判

——应当选择C。因为《适用意见》第185条规定:“一审判决不准离婚的案件,上诉后,第二审人民法院认为应当判决离婚的,可以根据当事人自愿的原则,与子女抚养、财产问题一并调解,调解不成的,发回重审。”故选项C正确,其他选项错误。《适用意见》这样规定的目的是为了保障当事人对法院离婚判决的上诉权。

对发回重审的案件,原审人民法院应当按照第一审程序另行组成合议庭审理。原审人民法院对发回重审案件所作的判决,属于第一审判决,当事人不服的,仍然有权提起上诉。这样的案件上诉后,上诉法院再次审理后是否可以再次发回重审,过去没有规定限制,以致有些法院对同一案件上诉后再次发回重审。2002年最高人民法院《关于人民法院对民事案件发回重审和指令再审有关问题的规定》中确定,第二审法院对同一案件,只能发回重审一次。

另外,根据《适用意见》第186条的规定,第二审人民法院对认为依法不

应当由人民法院受理的上诉案件，可以直接裁定撤销原判，驳回起诉。这类案件既包括一审判决后当事人不服上诉的案件，也包括一审裁定不予审理或者驳回起诉后当事人不服上诉的案件。

（二）对不服一审裁定上诉案件的裁判

并不是所有的一审裁定都可以上诉，根据我国民事诉讼法的规定，只有对第一审法院作出的不予受理、驳回起诉以及驳回管辖权异议的裁定，当事人才有权提起上诉。此外，最高人民法院《适用意见》第252条又增加规定，对法院驳回破产申请的裁定，当事人也可以提起上诉。根据《民事诉讼法》第154条规定，第二审人民法院对不服第一审人民法院裁定的上诉案件审理后的裁判，一律使用裁定。

对裁定的上诉，二审法院根据不同的情况作出不同裁判：

1. 第二审人民法院对不服第一审人民法院裁定的上诉，经过审查，认为原裁定认定事实清楚，适用法律正确的，可以裁定驳回上诉，维持原裁定。

2. 第二审法院认为原裁定认定事实不清，或适用法律错误的，分别以下述方式处理：认为一审法院作出的不予受理裁定的认定事实不清，适用法律错误的，依照《适用意见》第187条规定，应在撤销原裁定的同时，指令第一审法院立案受理。查明第一审法院作出的驳回起诉的裁定有错误的，应在撤销原裁定的同时，指令第一审人民法院进行审理。此外，对第一审人民法院所作的对管辖权有异议的裁定，如认为有错误，应当由第二审人民法院在裁定撤销原裁定的同时，指令第一审人民法院审理或将案件移送有管辖权的人民法院审理。

二、第二审裁判的效力

（一）第二审裁判的效力

在我国，第二审法院作出的裁判是终审裁判，具有以下法律效力：

1. 第二审程序终结。二审法院作出裁判，予以宣告并送达后第二审即终结，案件审结。

2. 当事人不得就此案再行上诉。二审法院作出的判决、裁定一经法院送达当事人就发生法律效力，与外国的三审制不同，当事人无再次上诉救济的途径。

3. 当事人不得就与此案同一的事实和同一的理由再行起诉。根据"一事不再理"的原则，当事人不得就此纠纷再以同样的理由再次或重新起诉。

如果当事人对终审裁判不服，认为有错误，当事人有权依照《民事诉讼法》中规定的审判监督程序申请再审。但是审判监督程序或再审程序不是案件的必经程序。

（二）第二审裁判的宣判

与第一审裁判的宣判有所不同，二审裁判的宣判有两种方式由法院根据不同情况选择适用:①自行宣判;②委托宣判。《适用意见》第192条规定:"第二审人民法院宣告判决可以自行宣判,也可以委托原审人民法院或者当事人所在地人民法院代行宣判。"委托宣判,考虑了方便法院或方便当事人的因素,考虑了对当事人或对法院经济的因素。

三、上诉案件的审理期限

上诉案件的审理期限,又称为上诉案件的审限。《民事诉讼法》第159条规定:"人民法院审理对判决的上诉案件,应当在第二审立案之日起3个月内审结。有特殊情况需要延长的,由本院院长批准。人民法院审理对裁定的上诉案件,应当在第二审立案之日起30日内作出终审裁定。"即对判决的上诉案件,上诉法院的审理期限是3个月,对裁定的上诉案件,上诉法院的审理期限是30日。裁定所裁判的事项相对比较简单,是程序事项,不需要很长的时间审理,故法律规定为30日。

第十四章　再审程序

■ 第一节　再审程序概述

一、再审和再审程序的概念

(一)再审的概念

再审,是指人民法院、人民检察院、当事人认为人民法院已经发生法律效力的判决、裁定确有错误,或者当事人认为已经发生法律效力的调解书在调解时违反自愿原则或者调解协议的内容违反法律规定,依职权提起或者依诉权申请再审,由人民法院依照法定程序对案件进行再一次审理并纠正错误的诉讼活动。

(二)再审程序的概念

再审程序,是指经人民法院提起,或由人民检察院抗诉,或由当事人申请并经人民法院决定,由人民法院依照法定程序对判决、裁定或调解书已经发生法律效力的民事案件进行再一次审理的诉讼程序。

(三)再审程序的适用范围

1. 适用的案件的性质。再审程序仅适用于有民事权益争议的民事诉讼案件,非诉讼案件不适用再审程序,即经特别程序、督促程序、公示催告程序、企业法人破产还债程序审结的案件,不适用再审程序。

2. 适用的案件的法律文书。再审程序仅适用于判决书、裁定书已经生效并确有错误的案件,或者调解书已经生效但调解违反自愿原则或者调解书的内容违反法律规定的案件。再审程序不适用于判决书、裁定书、调解书尚未生效的案件,也不适用于裁判文书生效但没有错误的案件,以及调解不违反自愿原则、调解书的内容不违反法律规定的案件。

二、再审程序的特点

与民事诉讼案件第一审、第二审审判程序相比较而言,再审程序具有以下几个方面的特点:

(一)程序性质的特殊性

再审程序不是一级独立的审判程序,不具有审级的性质,其目的是纠错。因此,从性质上说再审程序是纠错程序,而第一审程序和第二审程序都是独立的审级。尽管第二审程序也具有纠错与监督的功能,但其性质仍是一个独立的审级,其目的是防止错误的裁判发生法律效力。

(二)程序启动原因的特殊性

启动再审程序的原因是已经发生法律效力的判决、裁定确有错误,或者调解违反自愿原则或调解协议的内容违反法律规定。其中,生效判决、裁定的错误,既包括认定事实的错误,也包括适用法律的错误,还包括审判程序的错误。而启动第一审程序的原因是民事权益受到侵害或者因民事权益发生争议;启动第二审程序的原因是对第一审人民法院作出的尚未生效的裁判不服。

(三)程序启动方式的特殊性

根据现行法律的规定,民事再审程序的启动有三种方式,即人民法院基于审判监督权提起再审、当事人申请再审和人民检察院抗诉引起再审。但民事诉讼案件第一审程序的启动方式是原告提起诉讼,民事诉讼案件第二审程序的启动方式是当事人提起上诉。

(四)程序启动主体的特殊性

启动再审程序的主体包括人民法院、人民检察院和当事人。然而,启动第一审程序和第二审程序的主体只能是当事人。

(五)审理侧重点的特殊性

再审程序审理的侧重点在于发现并纠正已经生效的判决、裁定的错误,纠正违反自愿原则作出或内容违反法律规定的调解书。民事诉讼案件第一审程序审理的侧重点是确定当事人之间的实体民事权利义务关系,解决民事纠纷;第二审程序审理的侧重点是对当事人的上诉请求,发现并纠正尚未生效的第一审裁判的错误。

(六)审理对象的特殊性

民事再审程序的审理对象为已经生效的判决、裁定和调解书。具体包括:最高人民法院作出的判决、裁定、调解书;已过上诉期而未提起上诉的一审判决和裁定以及已经生效的调解书;二审法院作出的终审判决、裁定和调解书。第一审程序的审理对象为当事人之间的民事权益争议;第二审程序审理的对象为第一审人民法院作出的尚未生效的裁判。

三、再审程序的功能

再审程序的设立,对于确保司法公正,提高审判质量,维护司法权威与尊严,保护当事人的合法权益等方面,具有十分重要的意义。这些意义通过再审程序的下列功能而实现:

(一)纠错功能

再审程序的首要功能是纠正已经发生法律效力的裁判中存在的错误。在通过第一审程序和第二审程序解决纠纷的过程中,由于各种原因,裁判错误几乎是无法避免的。①当事人之间权利义务关系产生、变更、消灭以及纠纷发生的事实发生在诉讼程序之前,法官不可能亲历该事实发生的全过程,与纠纷有关的各种证明材料可能没有全面保存与收集,即使全面保存与收集了也不可能使案件恢复至纠纷发生时的初始状态而重现于法庭,加上为了求得有利于自己的裁判,当事人总是有意无意地扭曲事实或者掩盖事实真相,影响甚至干扰法官的思维与判断,因此,从客观上来看,法官难以避免发生裁判错误;②法官是人而不是神,法官对事实的判断、对法律的适用总是受其认识能力和法律修养水平的限制,甚至可能受到其偏私或者以权谋私心理的影响,因此,从主观上来看,法官也难以避免发生裁判错误。

一般来说,案件经过不同的法官审理以及审理的次数越多,案件发生错误的可能性就越少。因为在由不同的法官进行的反复审理过程中,事实认定和法律适用的错误将会逐渐被发现、被过滤、被纠正,最终,裁判发生错误的可能性就会越来越小。裁判发生法律效力后,由其他法官对案件进行再一次审理,不但增加了审理次数,而且更换了审理法官,这样显然有可能发现并纠正生效裁判中存在的错误。可见,再审程序最重要的功能之一就是通过更换审理法官和增加审理次数,纠正生效裁判中存在的错误。

14－1(2005 年卷 3,单选第 39 题)　甲诉乙的合同纠纷案件,经一审、二审法院的审理,甲胜诉。乙申请再审,法院经审查决定再审。再审过程中,乙提出反诉。对此,法院应如何处理?

A. 将乙的反诉与甲提出的本诉合并审理

B. 裁定驳回乙的反诉

C. 判决驳回乙的反诉

D. 就反诉进行调解,调解不成的,告知乙另行起诉

——应当选择 D。再审程序的功能是纠正已经发生法律效力的判决、裁定中的错误,而不是解决当事人之间的纠纷。在本案中,认为已经发生法律效力的判决有错误,可以申请再审以纠正其中的错误。但乙对甲提起反诉,该反诉部分属于未经裁判的纠纷,尽管再审法院可以对该纠纷进行调解,但不能对该纠纷作出裁判,故只有选项 D 是正确的。

(二)救济功能

任何人都有获得公正裁判的权利。正确裁判是公正裁判的重要内容,然而裁判错误又是不可以避免的。为了解决理想与现实之间的矛盾,保障当事人的权利,必须给当事人提供救济的机会,因为没有救济就没有权利。裁判发生法律效力后,法院对案件进行再一次审理,除了能够发现并纠正生效裁判中的错误外,还能够为当事人提供声明不服和进一步陈述理由的机会。利用这个机会,当事人不但可以声明自己对生效裁判的不满,提出撤销

或者变更裁判的主张以及相应的证明材料，而且可以依法补充自己在前面的诉讼程序中尚未提出的主张及证明材料，从而确保获得公正的司法裁判。可见，再审程序是当事人获得权利救济的非常途径之一，再审程序具有救济功能。

（三）监督与保障功能

通过对裁判已生效的案件进行再一次审理，纠正生效裁判的错误，不但是对当事人权利的进一步救济，也是对法官行使权力的监督与制约，从而促使法官正确行使权力，保障当事人的程序主体地位。这就是再审程序的监督与保障功能。

通过再审程序撤销或者变更已生效的裁判，能够对第一审程序和第二审程序中的法官形成震慑与压力，如不秉公办案，即使作出裁判也会被撤销或者变更。从而促使第一审程序和第二审程序中的法官认真对待和正确行使权力，控制与约束自己的行为，尽量预防与降低偏差，克服偏私与滥用权力，避免或者减少裁判的随意性，确保裁判的公正性。可见，再审程序的设立，事实上形成了审判监督权对审判权的制衡与监督。同时，通过再审程序撤销或者变更已生效的裁判，能够有效维护当事人的实体权利和程序权利，确保当事人的程序主体地位。

四、再审程序与审判监督程序的关系

我国《民事诉讼法》第十六章的章名是“审判监督程序”，而不是“再审程序”，但是该章又有许多与再审程序相关的规定，其中第183、184条更是直接关于再审审理程序的规定，这样就产生了再审程序与审判监督程序的关系问题。对此，理论界有不同的观点。

1. 绝大多数法学教材认为，再审程序就是审判监督程序，二者是同一程序的不同称谓。如有的教材对再审程序的定义是，“再审程序又称审判监督程序，是指人民法院依当事人再审之诉或依人民检察院之抗诉，以及人民法院依照自身的职权，对已经发生法律效力而又确有错误的判决、裁定或调解书，再次进行审理并作出裁判的程序。”[1]有的教材对审判监督程序的定义是，“审判监督程序，是指人民法院对已经发生法律效力的判决、裁定，依照法律规定由法定机关提起，对案件进行再审的程序。它又称为再审程序。”[2]

2. 另一种观点认为，再审程序与审判监督程序是两种不同的程序。在其关系的具体内容上，又有两种不同的意见。一种意见认为，审判监督程序和再审程序是先后有序的两种不同的程序，审判监督程序是开启再审程序

---

〔1〕 谭兵主编：《民事诉讼法学》，法律出版社1997年版，第346页。

〔2〕 常怡主编：《民事诉讼法学》，中国政法大学出版社2002年版，第332页。

必备的前置程序，其作用在于引起再审程序的发生与进行，其本身并不能够直接使错误的裁判得到纠正；再审程序是审判监督程序的后续程序，其作用在于对再审案件进行审理，使错误的裁判得到纠正。[1] 另一种意见认为，审判监督程序与再审程序是存在着包含与被包含关系的两种程序，审判监督程序是设在再审程序之中的程序，审判监督程序属于再审程序的一部分。[2]

我们认为，再审程序可以从两种不同的角度来理解。①指一个独立的、完整的纠正生效裁判的错误的诉讼程序，②指对再审案件进行审理与裁判的程序。可以说，前者是广义的再审程序，后者是狭义的再审程序。广义的再审程序是通常意义上的再审程序，它应当包括再审启动、再审审理、再审裁判等具体环节。审判监督程序只是引起或者发动再审程序的程序，而不包括对再审案件进行审理与裁判的程序。因此，审判监督程序只是再审程序的一个子程序，即启动再审程序的程序。再审程序与审判监督程序在性质、目的、功能等各方面都存在根本区别，二者不可能是同一关系。那种认为再审程序与审判监督程序是同一程序的观点，显然过分扩大了审判监督程序的外延；[3] 而认为审判监督程序与再审程序是前后相继、先后有序的两种不同程序的观点，则是从狭义理解再审程序的结果。造成审判监督程序与再审程序的关系混乱的根源在于《民事诉讼法》第十六章的章名存在偏颇，如果将该章的章名改为“再审程序”，这种混乱状态也许就不复存在了。

■ 第二节 基于审判监督权的再审

一、基于审判监督权的再审的含义

基于审判监督权的再审，也称为人民法院依职权决定再审，是指人民法院基于审判监督权，对判决、裁定已经发生法律效力且认为存在错误的民事诉讼案件，主动提起再一次审理以纠正错误的诉讼程序与制度。

人民法院依职权主动提起再审是基于人民法院的审判监督权而进行的。我国宪法、人民法院组织法以及民事诉讼法规定，各级人民法院院长和

---

〔1〕 江伟主编：《民事诉讼法学原理》，中国人民大学出版社 1999 年版，第 668 页。

〔2〕 杨荣新主编：《民事诉讼法学》，中国政法大学出版社 1997 年版，第 368 页。

〔3〕 有教材明确提出，“我国民事诉讼法规定的审判监督程序，包括两个部分的内容，即提起再审的程序和进行再审的程序……这两个方面的内容都十分重要，缺一不可，共同构成了我国的审判监督程序。我们不能把审判监督程序仅仅理解为提起再审的程序或者是人民法院进行再审的程序”。张卫平主编：《民事诉讼法教程》，法律出版社 1998 年版，第 347 页。

审判委员会对本院,最高人民法院对地方各级人民法院,上级人民法院对下级人民法院享有审判监督权。以这一权力为依据,人民法院有权对本院或者下级人民法院、最高人民法院有权对地方各级人民法院已经发生法律效力且确有错误的裁判依职权发动再审。

我国《宪法》第127条规定:“最高人民法院监督地方各级人民法院和专门人民法院的审判工作,上级人民法院监督下级人民法院的审判工作。”这一规定确定了最高人民法院对地方各级人民法院、上级人民法院对下级人民法院分别享有审判监督权。

《民事诉讼法》第177条第1款规定:“各级人民法院院长对本院已经发生法律效力的判决、裁定,发现确有错误,认为需要再审的,应当提交审判委员会讨论决定。”第2款规定:“最高人民法院对地方各级人民法院已经发生法律效力的判决、裁定,上级人民法院对下级人民法院已经发生法律效力的判决、裁定,发现确有错误的,有权提审或者指令下级人民法院再审。”民事诉讼法的这一规定,是宪法规定的具体化。

二、基于审判监督权的再审的条件

人民法院基于审判监督权对案件提起再审,应当同时具备以下条件:

1. 案件的性质是诉讼案件。即人民法院只能对有民事权益争议的案件依职权主动提起再审,对于无民事权益争议的案件,人民法院不得依职权主动提起再审。

2. 提起再审的案件必须是判决或者裁定已经发生法律效力的案件。判决、裁定尚未发生法律效力的案件,人民法院不得依职权主动提起再审;调解书已经发生法律效力的案件,人民法院不得依职权主动提起再审。

3. 已经发生法律效力的判决或者裁定确有错误。已经发生法律效力的判决、裁定没有错误的,人民法院没有必要提起再审,也不能提起再审。

4. 必须由法定的主体提起与决定。根据民事诉讼法的规定,对本院已经发生法律效力的判决、裁定,各级人民法院院长具有提交审判委员会讨论决定是否再审的权力,而审判委员会具有决定是否再审的权力;对地方各级人民法院已经发生法律效力的判决、裁定,最高人民法院具有决定再审的权力;对下级人民法院已经发生法律效力的判决、裁定,上级人民法院具有决定再审的权力。

三、基于审判监督权提起再审的具体方式

根据民事诉讼法的规定,基于审判监督权提起再审的具体方式有三种:本法院提起再审;最高人民法院提起再审;上级人民法院提起再审。

(一)本法院提起再审

1.本法院提起再审的概念。本法院提起再审,是指人民法院发现本法院作出的已经发生法律效力的判决、裁定确有错误,依审判监督权主动启动

再审程序的制度。根据民事诉讼法的规定,对本法院作出的已经发生法律效力的判决、裁定的再审,要经本院院长提交审判委员会讨论决定,因此,本法院提起再审也称为本院院长及审判委员会提起再审。具体而言,生效裁判是由第一审人民法院作出的,第一审人民法院可以依职权主动提起再审;生效裁判是由第二审人民法院作出的,第二审人民法院可以依职权主动提起再审。

2. 本法院提起再审的程序。

(1)本院院长提交审判委员会讨论。根据民事诉讼法的规定,各级人民法院院长对本院已经发生法律效力的判决、裁定,发现确有错误,认为需要再审的,应当提交审判委员会讨论决定。

人民法院院长提交审判委员会讨论具有以下特点:①人民法院院长只能对本院作出的已经生效的判决、裁定提交审判委员会讨论。对非本院作出的判决、裁定,包括经过上一级人民法院二审并被维持或改判的判决、裁定,不能提交审判委员会讨论。②人民法院院长只有提交讨论权,没有直接决定再审权,只有审判委员会才有决定再审权。

在实践中,人民法院院长将案件提交审判委员会讨论决定是否再审,主要有三种来源:①审判人员、执行人员的汇报;②当事人反映、群众举报及新闻媒体的报道;③其他机关或单位的意见与建议。

(2)本院审判委员会讨论决定。人民法院审判委员会有权对本院作出并已经发生法律效力的判决、裁定作出是否再审的决定。审判委员会讨论案件,应当依照审判委员会的表决程序作出是否再审的决定。只有认为确有错误、需要再审,且经审判委员会多数人表决同意再审的,才能决定再审。

(3)裁定中止原裁判的执行。审判委员会决定对案件进行再审的,人民法院应当裁定中止原判决、裁定的执行,以防止错误后果的延续和错误范围的扩大。

(4)另行组成合议庭对案件进行再审。为了实现再审程序的纠错目的,确保公正裁判,对于再审案件,人民法院应当另行组成合议庭进行审理。再审程序的审判组织必须实行合议制,同时原合议庭成员不得参加再审程序的审判。

(二)最高人民法院提起再审

1. 最高人民法院提起再审的概念。最高人民法院提起再审,是指最高人民法院发现地方各级人民法院已经发生法律效力的判决、裁定确有错误,依审判监督权提审或者指令再审,从而启动再审程序的制度。

最高人民法院是国家最高审判机关,也是地方各级人民法院的最高审判监督机关,它有权对地方各级人民法院行使审判监督权。因此,最高人民法院对地方各级人民法院已经发生法律效力的判决、裁定,发现确有错误的,有权以提审或者指令再审的方式提起再审,以纠正裁判错误。

2. 最高人民法院提起再审的方式。根据民事诉讼法的规定,最高人民法院提起再审的方式有两种,即提审和指令再审。最高人民法院有权从中选择一种启动再审程序。

(1)提审。最高人民法院提审,是指最高人民法院将其发现的,地方各级人民法院作出的裁判已经生效并确有错误的案件,直接提到本院,由最高人民法院组成合议庭对案件进行再审的制度。根据民事诉讼法的规定,最高人民法院提审的,应当作出提审裁定,并在裁定中写明中止原判决、裁定的执行;情况紧急的,可以将中止执行的裁定口头通知负责执行的人民法院,并在口头通知后10日内发出裁定书。

最高人民法院提审案件,应当向作出生效裁判的人民法院发出提审裁定书,调取案卷,组成合议庭进行再审。最高人民法院提审案件,无论原判决、裁定是否经过二审,再审裁判为发生法律效力的判决、裁定,当事人不得上诉。

(2)指令再审。最高人民法院指令再审,是指最高人民法院发现地方各级人民法院已经发生法律效力的判决、裁定确有错误,以裁定的方式指令作出生效裁判的人民法院或者其上级人民法院再审,从而启动再审程序的制度。根据民事诉讼法的规定,最高人民法院指令再审,应当作出指令再审裁定,并在裁定中写明中止原判决、裁定的执行;情况紧急的,可以将中止执行的裁定口头通知负责执行的人民法院,并在口头通知后10日内发出裁定书。

最高人民法院指令再审,应当向被指令的人民法院发出裁定书,被指令的人民法院接到裁定后,应当组成或者重新组成合议庭进行再审。审理后作出的判决、裁定,应当报送最高人民法院。

(三)上级人民法院提起再审

1. 上级人民法院提起再审的概念。上级人民法院提起再审,是指上级人民法院发现下级人民法院已经发生法律效力的判决、裁定确有错误,依审判监督权提审或者指令再审从而启动再审程序的制度。

上级人民法院对下级人民法院具有审判监督权,对于下级人民法院的审判工作有权进行监督。上级人民法院发现下级人民法院已经发生法律效力的判决、裁定确有错误的,有权提审或指令下级人民法院再审,从而启动再审程序。

2. 上级人民法院提起再审的方式。

(1)提审。上级人民法院提审,是指上级人民法院发现其下级人民法院作出的已经发生法律效力的裁判确有错误,依法将该案件直接提到本院,由本院组成合议庭对案件进行再审的制度。根据民事诉讼法的规定,上级人民法院提审的，应当作出提审裁定，并在裁定中写明中止原判决、裁定的执行；情况紧急的，可以将中止执行的裁定口头通知负责执行的人民法院，并在口头通知后10日内发出裁定书。

上级人民法院提审案件，应当向作出生效判决、裁定的人民法院发出提审裁定书，调取案卷，组成合议庭进行再审。上级人民法院提审案件，无论原判决、裁定是否经过二审，再审判决、裁定为发生法律效力的判决、裁定，当事人不得上诉。

(2)指令再审。上级人民法院指令再审，是指上级人民法院发现其下级人民法院已经发生法律效力的判决、裁定确有错误，以裁定的方式指令作出生效裁判的人民法院或者其上级人民法院再审，从而启动再审程序的制度。根据民事诉讼法的规定，上级人民法院指令再审，应当作出指令再审裁定，并在裁定中写明中止原判决、裁定的执行；情况紧急的，可以将中止执行的裁定口头通知负责执行的人民法院，并在口头通知后10日内发出裁定书。

上级人民法院指令再审，应当向被指令的人民法院发出指令再审裁定书，受指令的人民法院接到裁定后，应当组成或者重新组成合议庭进行再审。审理后作出的判决、裁定，应当报送指令再审的上级人民法院。同时，根据《适用意见》第202条的规定，由第二审人民法院判决、裁定的案件，上级人民法院需要指令再审的，应当指令第二审人民法院再审。

■ 第三节 基于检察监督权的抗诉和再审

一、民事抗诉的概念与条件

(一)民事抗诉的概念

在民事诉讼程序中，基于检察监督权提起的抗诉，简称为民事抗诉，它是指人民检察院对人民法院已经发生法律效力的民事判决、裁定，发现具有法律规定的事实和理由，依照法定程序要求人民法院对案件进行再一次审理，从而启动再审程序的制度。

人民检察院提起民事抗诉而启动再审程序是基于检察监督权而进行的。根据我国宪法的规定，人民检察院是国家的法律监督机关。《民事诉讼法》第14条规定："人民检察院有权对民事审判活动实行法律监督。"这些都是人民检察院提起民事抗诉的依据。

(二)民事抗诉的条件

1. 判决、裁定已经发生法律效力。根据现行法律的规定，人民检察院基于检察监督权对人民法院民事审判活动实行的法律监督是一种"事后"监督，即只能对判决、裁定已经发生法律效力的案件提起民事抗诉。判决、裁定尚未发生法律效力的案件和以调解方式结案的案件，人民检察院不能提起民事抗诉。

2. 具备法定的事实和理由。人民检察院基于检察监督权对人民法院的民事审判活动实行法律监督，必须具备法定的事实和理由。没有法定的事实和理由，人民检察院不能提起民事抗诉。根据《民事诉讼法》第185条第1款的规定，人民检察院提起民事诉讼必须具备下列情形之一：

（1）原判决、裁定认定事实的主要证据不足的。

（2）原判决、裁定适用法律确有错误的。

（3）人民法院违反法定程序，可能影响案件正确判决、裁定的。

（4）审判人员在审理该案时有贪污受贿、徇私舞弊、枉法裁判行为的。

14-2（2005年卷3，单选第37题） 《民事诉讼法》规定，人民检察院有权对民事审判活动进行法律监督。下列哪一种情形属于人民检察院进行民事检察监督的范围？

A. 陪审员丁某审理合同纠纷案件的过程中接受当事人礼金1 000元

B. 证人马某接受当事人礼金2 000元并提出了对该当事人有利的证言

C. 法官周某就某仲裁案件向仲裁员提供了对该案件当事人红星公司有利的咨询意见，红星公司以咨询费名义付给周法官6 000元

D. 法官陈某长期为某公司免费做法律顾问

——应当选择A。B项中证人的行为不属于审判行为，C、D项中的事项不是审判人员在民事诉讼过程中的行为，与审判活动无关，B、C、D项均不属于检察监督的范围。陪审员属于审判人员，A项中陪审员丁某的行为符合《民事诉讼法》第185条第1款第4项规定的构成要件，故属于人民检察院进行民事检察监督的范围。

14-3（2004年卷3，单选第35题） 下列何种民事诉讼案件的生效判决，人民检察院应当提出抗诉？

A. 某案的审判长在审理案件过程中犯交通肇事罪，作出民事判决后被追究刑事责任

B. 某案的审判长在审理案件过程中接受一方当事人价值200元的礼品，但其判决认定事实和适用法律正确

C. 某案证人在诉讼过程中接受一方当事人价值200元的礼品，但其证言是真实的

D. 某案的生效调解书认定的事实不正确

——应当选择B。A项涉及的审判长的犯罪行为与本案无关联，C项涉及的证人的行为不属于审判行为，D项涉及的调解书不属于抗诉适用的范

围。B项涉及的行为符合《民事诉讼法》第185条第1款第4项规定的构成要件,故属于民事检察监督的范围。

3. 经有权的人民检察院提出。根据民事诉讼法的规定,只有最高人民检察院、上级人民检察院才有权提出民事抗诉。除最高人民检察院外,人民检察院无权对同级人民法院作出的生效判决、裁定提出抗诉。

二、民事抗诉的方式

(一)最高人民检察院提出抗诉

最高人民检察院是行使检察监督权的最高机关,有权对包括最高人民法院在内的各级人民法院行使检察监督权。因此,最高人民检察院对各级人民法院已经发生法律效力的判决、裁定,发现具有法定的抗诉事实和理由的,有权按照审判监督程序提出抗诉,从而引起再审程序。

(二)上级人民检察院提出抗诉

上级人民检察院对下级人民法院已经发生法律效力的判决、裁定,发现具有法律规定的抗诉事实和理由的,有权按审判监督程序提出抗诉,从而引起再审程序。

根据民事诉讼法的规定,地方各级人民检察院对同级人民法院已经发生法律效力的判决、裁定,发现具有法律规定的抗诉事实和理由的,应当提请上级人民检察院按照审判监督程序提出抗诉。

14－4(2005年卷3,单选第41题) 某省甲市人民检察院根据某当事人的申诉,发现甲市中级人民法院作出的二审判决适用法律确有错误。在此情况下,甲市人民检察院应如何处理?

A. 只能告知当事人向法院申请再审

B. 向甲市中级法院提出抗诉

C. 向一审法院提出抗诉

D. 提请上一级检察院提出抗诉

——应当选择D。甲市人民检察院不能向甲市中级人民法院提起抗诉,也不能自己向省高级人民法院提起抗诉,而应当提请上一级人民检察院,即省人民检察院向省高级人民法院提出抗诉。

三、民事抗诉的程序

(一)立案审查

实践中,人民检察院主要通过以下几种途径发现人民法院已经发生法律效力的判决、裁定的错误:①当事人或者其他利害关系人的申诉;②国家权力机关或者其他机关转办;③上级人民检察院交办;④人民检察院自行发现。上述四种途径也就是人民检察院民事抗诉案件的主要来源。

对于以上来源的案件，人民检察院应当受理，并由有抗诉权或者有提请抗诉权的人民检察院立案，进行是否提出抗诉的审查。根据《人民检察院民事行政抗诉案件办案规则》的规定，人民检察院应当在立案以后调（借）阅人民法院审判案卷，并在调（借）阅审判案卷后3个月内审查终结。审查的主要内容是原判决、裁定是否符合具备法律规定的抗诉事实和理由，审查的主要方式是就原审案卷进行审查，非确有必要时，不进行调查。

（二）决定提出抗诉

经立案审查，人民检察院应当分别作出抗诉、不抗诉、向人民法院或者有关单位提出检察建议的决定。其中，经审查认定，人民法院作出的、已经发生法律效力的判决、裁定具有法定的抗诉事实和理由的，应当作出抗诉决定。

如前所述，有权作出抗诉决定的机关是最高人民检察院和作出生效裁判的人民法院的上级人民检察院。人民检察院无权向同级人民法院提出抗诉，对同级人民法院已经发生法律效力的判决、裁定，人民检察院认为具有法定的抗诉事由的，应当提请上级人民检察院提出抗诉。

（三）制作抗诉书

人民检察院决定对人民法院已经发生法律效力的判决、裁定提出抗诉的，应当制作抗诉书。抗诉书应载明抗诉案件的原审人民法院的名称及案号、抗诉的理由与根据等。

（四）派员出席法庭

人民检察院提出抗诉的案件，人民法院再审时，应当通知人民检察院派员出席法庭。人民检察院接到人民法院派员出席法庭的通知后，应当按照通知的时间、地点出席再审法院支持抗诉。

四、民事抗诉的效力

对人民检察院抗诉的案件，人民法院应当进行再审。可见，只要人民检察院提出抗诉，就一定会引起再审程序。再审程序一旦启动，人民法院应当裁定中止原判决、裁定的执行。而且，人民检察院抗诉只限一次。根据最高人民法院的司法解释，人民法院对人民检察院抗诉的案件，经过再审维持原裁判，人民检察院第二次提出抗诉的，人民法院不予再审。

根据民事诉讼法的规定，作出抗诉决定的人民检察院应当向其同级人民法院提出抗诉，因此接受抗诉的人民法院应当是提出抗诉的人民检察院的同级人民法院。由于提出抗诉的人民检察院是作出生效判决、裁定的人民法院的上级人民检察院，所以，接受抗诉的人民法院自己对该案件进行再审的，应当按照第二审程序进行再审；接受抗诉的人民法院指令下级人民法院再审的，被指令的人民法院为第一审人民法院的，按照第一审程序进行再审，被指令的人民法院为第二审人民法院或者第一、二审人民法院的上级人民法院的，按照第二审程序进行再审。

第四节　基于当事人诉权的申请再审

一、申请再审的概念

（一）申请再审的含义

申请再审，指当事人认为人民法院已经发生法律效力的判决、裁定确有错误，或者提出证据证明人民法院已经发生法律效力的调解书在调解时违反自愿原则或者调解协议的内容违反法律，依照法定程序提出申请，请求人民法院对已经审结的民事案件进行再次审理的诉讼活动。

当事人申请再审是基于诉权而进行的。对已经发生法律效力的判决、裁定、调解书，当事人认为判决、裁定确有错误，或者认为调解违反自愿原则或者调解协议的内容违反法律，请求人民法院对案件进行再次审理的诉讼行为，是其行使诉权的具体体现，也是其获得公正裁判的重要保障。

（二）申请再审与申诉的区别

1. 权利基础不同。申请再审的权利基础是当事人享有的诉权；申诉的权利基础是公民享有的民主权利。

2. 主体不同。由于诉权只有当事人才能享有和行使，而民主权利是任何公民都能享有和行使的，所以对人民法院已经发生法律效力的判决、裁定和调解书，只有当事人才能申请再审，而任何人都可以申诉。

3. 客体不同。申请再审的客体只能是人民法院已经发生法律效力的判决、裁定或者调解书；申诉的客体可以是人民法院已经发生法律效力的判决、裁定和调解书，也可以是尚未发生法律效力的判决、裁定和调解书，还可以是人民法院以外的任何机关的任何行为。

4. 受理的机关不同。申请再审的受理机关只能是人民法院；申诉的受理机关可以是人民法院，也可以是人民检察院、人民代表大会常务委员会甚至其他机关。

5. 行使权利的限制不同。申请再审有申请级别和申请再审时间上的限制；申诉既无申请级别上的限制，也无时间上的限制。

（三）当事人申请再审与人民法院提起再审、人民检察院抗诉引起再审的区别

1. 启动再审程序的主体不同。当事人申请再审启动再审程序主体是当事人；人民法院提起再审启动再审程序的主体是人民法院；人民检察院抗诉引起再审启动再审程序的主体是人民检察院。

2. 权利(权力)基础不同。当事人申请再审的权利基础是诉权;人民法院提起再审的权力基础是审判监督权;人民检察院抗诉引起再审的权力基础是检察监督权。

3. 范围不同。当事人申请再审的范围,既可以是已经发生法律效力的判决、裁定,也可以是已经发生法律效力的调解书;人民法院提起再审和人民检察院抗诉引起再审的范围仅限于已经发生法律效力的判决和裁定。

4. 效力不同。对于当事人的再审申请,人民法院要进行审查,并不一定会引起再审程序,只有符合法定条件的申请才能引起再审程序;人民法院提起再审和人民检察院抗诉引起再审一定会引起再审程序。

5. 程序不同。当事人申请再审的基本程序是当事人提出申请,人民法院予以审查,认为符合条件的,人民法院决定予以再审;人民法院提起再审的基本程序是由人民法院院长提交审判委员会讨论决定再审,或者由最高人民法院、上级人民法院提审或指令再审;人民检察院抗诉引起再审的基本程序是由人民检察院提出抗诉,人民法院决定再审,人民检察院派员出席再审法庭。

二、申请再审的条件

(一)申请再审的主体合法

如前所述,在民事诉讼中,只有判决、裁定、调解书已经发生法律效力的案件的当事人才能申请再审。除无民事诉讼行为能力的当事人的法定代表人以外,非当事人不得申请再审。

(二)申请再审的对象是已经发生法律效力的判决、裁定或者调解书

申请再审的对象必须是已经发生法律效力的判决、裁定或者调解书。未发生法律效力的判决、裁定,当事人不服的,应提出上诉;未发生法律效力的调解书,当事人不服的,可以拒绝签收,人民法院应当及时判决,而无需当事人申请再审。

(三)在法定期限内提出申请

根据民事诉讼法规定,当事人申请再审,应当在判决、裁定发生效力后2年内提出。当事人对调解书申请再审的期间,法律没有明确规定,但从立法精神来看,对调解书申请再审也应在调解书生效后2年内提出。超过法定期限提出再审申请的,人民法院不予受理。

(四)具备法定的事实和理由

根据民事诉讼法的规定,当事人申请再审必须具备法定的事实和理由,不具备法定的事实和理由的,申请不成立的,人民法院不予受理。其中,对已经发生法律效力的判决、裁定,当事人申请再审必须具有下列情形之一:①有新的证据,足以推翻原判决、裁定的;②原判决、裁定认定事实的主要证据不足的;③原判决、裁定适用法律确有错误的;④人民法院违反法定程序,

可能影响案件正确判决、裁定。

根据《适用意见》第181条的规定,违反法定程序、可能影响案件正确判决、裁定是指:①应当回避的人员没有回避的;②未经开庭审理就作出裁判的;③适用普通程序审理的案件当事人未经传票传唤而缺席判决的;④其他严重违反法定程序的;⑤审判人员在审理案件时,有贪污受贿、徇私舞弊、枉法裁判的行为。

对已经发生法律效力的调解书,当事人申请再审必须具有下列情形之一:①有证据证明调解违反自愿原则的;②有证据证明调解协议的内容违反法律规定的。

(五)不得申请再审的案件

根据民事诉讼法规定和有关司法解释的规定,对下列案件,当事人不得申请再审:①判决解除婚姻关系的案件;②按照特别程序、督促程序、公示催告程序、企业法人破产还债程序审理的案件;③依照审判监督程序审理后维持原判的案件。当事人就离婚案件中的财产分割问题申请再审的,如果涉及判决中已分割的财产,人民法院应当依法进行审查,符合再审条件的,应当立案审理;如果涉及判决中未作处理的夫妻共同财产,应当告知当事人另行起诉。

14-5(1999年卷2,多选第59题) 下列哪种民事诉讼当事人可以向人民法院申请再审?

A. 某甲诉某乙返还不当得利案件,法院制作的调解书送达当事人后半年,某乙提出证据证明调解协议是在本案的法官强迫威逼之下达成的

B. 某丙诉某丁离婚案件,法院判决解除婚姻关系后半年内,某丁提出证据证明某丙伪造证据,承办法官曾接受某丙贿赂

C. 某A诉某B继承案件,判决生效后超过3年,遗产已经损坏,但某A提出证据证明人民法院审理本案时,严重违反法定程序并且适用法律确有错误

D. 某C诉某D解除收养关系案件,解除收养关系的判决已生效1年,某C提出新证据足以推翻原判决

——应当选择AD。本题考查的是当事人申请再审的条件,涉及申请再审的期限、对调解书申请再审的条件、对不得申请再审的案件的范围等知识点。根据法律规定,调解书已经发生法律效力的案件,当事人提出证据证明调解违反自愿原则或者调解协议的内容违反法律的,人民法院应当再审。本题A项涉及的情况即属于此种情形。当事人申请再审,应当在判决、裁定、调解书生效后2年内提出,C项涉及的案件的判决已经超过此期限,故不得申请再审。对解除婚姻关系的判决,当事人不得申请再审,故B项属于不

得申请再审的事项。D 项涉及的情况既符合申请再审的期限规定,且具有法定的申请再审的事由,且不属于不得申请再审的范围,故当事人可以申请再审。

14－6(2005 年卷 3,不定项第 100 题)　李大民(男)与张小丽(女)于 1998 年登记结婚。1999 年张小丽由于做生意亏损、夫妻感情恶化等原因,患精神病,丧失民事行为能力。2000 年 2 月,李大民向某市河海区人民法院提起诉讼,请求判决与张小丽离婚。张小丽的母亲马雨霞作为张小丽的法定代理人参加了诉讼。

假设二审判决生效后两个月,张小丽的精神病治愈,她认为判决存在错误,准备申请再审,依照法律和司法解释的规定,对她的何种请求法院不得再审?

A. 请求撤销离婚判决

B. 请求改变一、二审判决中已经作出处理的夫妻共同财产分割

C. 请求分割一、二审判决中未作处理的夫妻共同财产

D. 提出不同意马雨霞的代理行为,请求撤销一审和二审判决

——应当选择 ACD。A 项涉及的情况属于法律明确规定不得申请再审的情形;C 项涉及的财产没有经过审理,不能通过再审程序解决,张小丽应当另行起诉,不得申请再审;D 项不具备法定的申请再审的事实和理由。本题中只有 B 项涉及的事项属于可以申请再审的事项。

14－7(2002 年卷 3,不定项第 99、100 题)　鲁天(男)与谢威(女)于 1989 年结婚,婚后二人感情不和,常为琐事争吵。谢威多次与鲁天协商离婚,均因财产处理问题无法达成一致而未成。1999 年 3 月谢威向法院提起诉讼,要求解除与鲁天的婚姻关系。

1. 如果法院在审理后认为原告与被告的感情确已破裂,因而判决离婚,并就财产分割问题一并做出处理,判决生效后谢威认为法院判决不公正,她可以就哪些方面问题申请再审?

A. 就判决涉及的财产分割问题可以申请再审

B. 对判决准许离婚可以申请再审

C. 就判决书中的笔误可以申请再审

D. 就子女的抚养权问题可以申请再审

2. 如果法院的离婚判决生效后一年,谢威听说鲁天在 1994 年曾因设计了一个办公软件而被公司奖励了 15 万元,鲁天用这 15 万元为自己购买了一套商品房,原判决中没有涉及该房子的处理。谢威向原审法院申请再审,法院应如何处理?

A. 接受申请并进行再审

B. 可以组织双方当事人对房子的分割进行调解,调解不成驳回申请

C. 应当不予受理

D. 应当告知谢威另行起诉

——第1题应当选择AC,第2题应当选择D。本题考查的是当事人申请再审的条件。在第1题中,判决准许离婚属于不得申请再审的事项,而且从题干中看不出双方在一审中涉及子女抚养权的问题,故B、D两项都不能申请再审。C项涉及的事项属于判决确有错误,属于《民事诉讼法》第178条规定的范围,A项涉及的事项符合《适用意见》第209条的规定,故应当选择AC。在第2题中,题干涉及的财产为第一审判决没有涉及的财产,故不能申请再审,而只能另行起诉。

三、申请再审的程序

(一)申请再审案件的管辖

当事人申请再审,应当向有管辖权的人民法院提出。根据民事诉讼法的规定,当事人应当向原审人民法院或者原审人民法院的上一级人民法院申请再审。其中,原审人民法院,是指原来审结案件的人民法院。也就是说,发生法律效力的判决、裁定、调解书是第一审人民法院作出的,第一审人民法院就是原审人民法院;发生法律效力的判决、裁定、调解书,是第二审人民法院作出的,第二审人民法院就是原审人民法院。上一级人民法院,是指原审人民法院的上一级人民法院,如原审人民法院是基层人民法院,其上一级人民法院就是中级人民法院。

(二)提交书面再审申请书

当事人申请再审,应向人民法院提交书面的再审申请书,并附生效的法律文书。再审申请书应载明下列内容:作出原裁判的人民法院的名称以及裁判的案号;申请的事实、理由及根据;申请的内容等。

(三)提供必要的证据

当事人申请再审,应当向人民法院提供必要的证据,以证明自己的申请理由成立。

(四)人民法院审查决定

人民法院对当事人的申请,应当进行审查。经审查,认为当事人的申请符合法定条件的,应当在立案后裁定中止原判决、裁定或调解书的执行,并及时通知对方当事人;认为当事人的申请不符合法定条件的,应当用通知书驳回申请。

(五)按照法定程序进行再审

当事人向原审人民法院申请再审,原审人民法院经审查认为符合法定

条件的，应当按照原审程序进行再审。当事人向上一级人民法院申请再审，上一级人民法院经审查认为符合法定条件的，可以指令下级人民法院再审，也可以提审。其中，上一级人民法院提审的，应当按照第二审程序进行再审。

■ 第五节　再审案件的审判程序

一、裁定中止原判决、裁定的执行

无论是人民法院基于审判监督权提起再审，还是人民检察院基于检察监督权抗诉引起再审，还是当事人基于诉权申请再审，人民法院一旦决定再审，就应当裁定中止原判决、裁定的执行，以防止错误后果不断加剧、范围不断扩大。

但是，根据民事诉讼法的规定，当事人申请再审的，申请期间不停止原判决、裁定、调解书的执行。只有人民法院决定进行再审以后，才在决定的同时裁定中止原判决、裁定、调解书的执行。

二、依法进行再审

（一）另行组成合议庭

人民法院审理再审案件，应当另行组成合议庭。①再审程序应当实行合议制，不能实行独任制。②再审合议庭必须由全新的成员组成，原参加案件审理的合议庭成员，不得参加再审合议庭，以防止先入为主，确保司法公正。

（二）再审适用的程序

1. 适用第一审程序审理。发生法律效力的判决、裁定、调解书是由第一审人民法院作出的，再审时按照第一审程序审理，所作的判决、裁定，当事人可以上诉。

2. 适用第二审程序审理。根据《民事诉讼法》的规定，按照第二审程序对案件进行再审适用于以下三种情况：①发生法律效力的判决、裁定、调解书是由第二审人民法院作出的；②最高人民法院、上级人民法院提审的；③人民检察院提起抗诉，接受抗诉的人民法院自己审理的。按照第二审程序再审的案件，人民法院所作的判决、裁定是发生法律效力的判决、裁定，当事人不得上诉。

三、再审案件的调解

调解原则贯穿于民事诉讼的全过程。因此，人民法院对案件进行再审或者提审时，可以依据自愿和合法的原则进行调解。经调解达成协议的，人民法院应当制作调解书。调解书送达双方当事人后，原判决、裁定即视为撤销。

14－8(2003 年卷 3,多选第 68 题) 甲公司诉乙公司侵权一案,在市中级人民法院作出二审判决之后,甲公司新发现一重要证据,遂向省高级人民法院申请再审。省高级人民法院受理后,甲公司与乙公司达成了调解协议。在此情况下,下列哪些说法是错误的?

A. 由省高级人民法院作出撤销原判决的裁定

B. 由省高级人民法院制作调解书并注明撤销原判决

C. 在当事人达成调解协议的同时,该判决自动撤销

D. 制作调解书送达当事人双方后,该判决视为撤销

——应当选择 ABC。根据《民事诉讼法》及《适用意见》的规定,再审程序也适用调解,调解达成协议的,人民法院应当制作调解书,调解书送达双方当事人后,原判决、裁定即视为撤销。在本题涉及的案例中,双方当事人在再审程序中达成了调解协议,因此省高级人民法院应当制作调解书,该调解书送达双方当事人后,原判决即视为撤销。省高级人民法院无需作出撤销原判决的裁定,也不需要在调解书中注明撤销原判决,在调解书送达当事人之前,原判决也不能自动撤销。故 ABC 项都是错误的。

四、再审案件的裁判

再审裁判是指人民法院依法对案件进行再审所形成的结果。从形式上看,再审裁判可分为判决和裁定两种;从内容上看,可分为维持裁判、变更裁判、撤销裁判等几种。

(一)维持原判决、裁定的判决、裁定

经过审理,人民法院认为原判决、裁定在认定事实、适用法律以及审判程序上都没有错误的,应当作出维持原判决、裁定的新的判决、裁定。人民法院作出维持原判决、裁定的,原判决、裁定继续有效,启动再审时裁定中止原判决、裁定执行的,应当恢复执行。

(二)变更原判决、裁定的判决、裁定

经过审理,人民法院认为原判决、裁定在认定事实、适用法律上存在错误,需要纠正的,应当作出撤销原判决、裁定中的部分内容并予以纠正的新的判决、裁定。

(三)撤销原一、二审判决,驳回起诉的裁定

人民法院提审或按照第二审程序审理的再审案件,在审理中发现该案不符合法定的第一审受理条件的,应当裁定撤销原一、二审判决,驳回起诉。

(四)撤销原一、二审判决,发回原审人民法院重审的裁定

经过审理,人民法院认为原判决、裁定存在重大瑕疵,不能由再审程序

直接予以纠正的，应当裁定撤销原一、二审判决，发回原审人民法院重审。具体适用于以下两种情形：

1. 人民法院提审或者按照第二审程序再审的案件，在审理中发现原一、二审违反法定程序，可能影响案件正确判决、裁定的，应当裁定撤销一、二审判决，发回原审人民法院重审。根据《适用意见》第210条第2项的规定，所谓违反法定程序，是指原判决具有下列四种情形之一：①审理本案的审判人员、书记员应当回避未回避的；②未经开庭审理而作出判决的；③适用普通程序审理的案件当事人未经传票传唤而缺席判决的；④其他严重违反法定程序的。

2. 人民法院对案件进行再审或者提审时，发现原一、二审判决遗漏了应当参加的当事人的，可以根据当事人自愿的原则予以调解，调解不成的，裁定撤销一、二审判决，发回原审人民法院重审。

14－9（2006年卷3，单选第49题） 某省高级人民法院依照审判监督程序审理某案，发现张某是必须参加诉讼的当事人，而一、二审法院将其遗漏。在这种情况下该省高级人民法院应当如何处理？

A. 可以通知张某参加诉讼，并进行调解，调解不成的，裁定撤销二审判决，发回二审法院重审

B. 可以通知张某参加诉讼，并进行调解，调解不成的，裁定撤销一、二审判决，发回一审法院重审

C. 应当直接裁定撤销二审判决，发回二审法院重审

D. 只能直接裁定撤销一、二审判决，发回一审法院重审

——应当选择B。只有该项符合《适用意见》第211条的规定。A项认为应当发回第二审人民法院重审是错误的；C项与D项没有注意到再审案件可以调解，且C项认为应当发回第二审人民法院重审，故都是错误的。

第十五章 特殊程序

第一节 特殊程序概述

一、特殊程序的概念

特殊程序是指人民法院根据民事诉讼法的规定,审理和解决某些特殊类型的案件的审判程序的总称。

根据案件是否存在争议,法院行使审判权处理的民事案件可分为诉讼案件和非讼案件两种。[1] 其中,法院处理非讼案件的审判程序称为非讼程序。关于非讼程序的具体适用范围,理论界一直存在争议。一般认为应当分为古典的非讼程序和现代的非讼程序两种。古典的非讼程序包括宣告公民失踪或者死亡程序、认定公民无民事行为能力或者限制民事行为能力程序、认定财产无主程序,现代的非讼程序包括督促程序、公示催告程序和破产程序。[2]

我国现行民事诉讼法没有以案件是否存在争议为标准对审判程序进行分类,而是设立了特别程序、督促程序、公示催告程序、企业法人破产还债程序等几章。其中,"特别程序"一章规定了选民资格、宣告公民失踪或者死亡、认定公民无民事行为能力或者限制民事行为能力、认定财产无主等几类案件的审判程序。从理论上看,此章中的"选民资格案件"的程序属于特殊类型的诉讼程序,其他几种案件的审判程序属于非讼程序。这样说来,我国《民事诉讼法》"特别程序"一章并不是纯粹的非讼程序。本教材将现行《民事诉讼法》规定的"特别程序"、"督促程序"、"公示催告程序"、"企业法人破产还债程序"合称为特殊程序,使之既区别于特别程序,也区别于非讼程序。

二、特殊程序的特征

(一)特殊程序是几类不同审判程序的概称

在特殊程序中,既有诉讼程序,也有非讼程序。选民资格案件程序属于

---

[1] 在其他国家和地区,法院处理的没有民事权益争议的事项一般称"事件"而不称"案件";但在我国,无论是否有争议,凡法院处理的事项一律称"案件"。本书从我国的习惯,对没有民事权益争议的事项仍称"案件"。

[2] 关于非讼程序的范围,参见杨荣馨主编:《民事诉讼原理》,法律出版社 2003 年版,第 639 ~650 页。

诉讼程序,其他几种程序属于非讼程序。非讼程序也是几类不同案件的审理程序的总称,每种程序都适用一种特殊类型的案件,其审理和判决程序也各不相同。由此可见,特殊程序并不是特定而独立、具体而完整的审判程序,而是几类不同审判程序的综称。

(二)特殊程序以非讼法理为基础

特殊程序包含的七种程序,都是以非讼法理为基础进行程序设计的,即使是作为特殊诉讼程序的选民资格案件程序也不例外。例如,强调法院的职权干预和职权探知,赋予法官更大的自由裁量权,在审理程序上都实行简易审理和一审终审等。

(三)特殊程序的审理结构特殊

依特殊程序审理的案件,并不以解决民事权益争议为目的,而只是确认某种法律事实或者权利的实际状况。因此,在审理构造上,依特殊程序审理的案件都没有原告与被告,更不实行两造对立;在证据制度上,依特殊程序审理的案件更强调法官的职权作用,且没有严格的证明标准;在裁判制度上,依特殊程序审理的案件实行一审终审,且不适用再审程序。

三、特殊程序的范围

(一)特别程序

特别程序是指人民法院审理某些非民事权益争议案件所适用的特殊审判程序。它是与普通程序、简易程序等通常诉讼程序相对应的一种审判程序。

根据我国民事诉讼法的规定,特别程序是主要适用于以下四种类型的案件:

1. 选民资格案件。公民不服选举委员会对选民资格的申诉所作的处理决定,向人民法院提起诉讼,人民法院进行审理并作出裁判的案件。

2. 宣告公民失踪、宣告死亡案件。公民下落不明,与其在法律上或事实上有利害关系的人,根据法律的规定申请人民法院认定该公民失踪或者死亡,人民法院依法进行审查并作出判决的案件。

3. 认定公民无民事行为能力或者限制民事行为能力案件。公民的近亲属或利害关系人,根据实体法的规定,申请认定该公民为无民事行为能力人或者限制民事行为能力人,人民法院依法进行审查并作出判决的案件。

4. 认定财产无主案件。公民或法人或其他组织根据法律规定,申请人民法院认定某一具体财产为无主财产,人民法院依法进行审理并作出判决的案件。

(二)督促程序

债权人请求人民法院以一定的法律文书,督促债务人给付金钱或者有价证券,人民法院依法向债务人发出支付令,督促债务人履行义务的审判程序。

（三）公示催告程序

人民法院根据当事人的申请，以公告的方法，告知并催促利害关系人在指定期限内，向人民法院申报权利，如不申报权利，依法作出宣告票据或其他事项无效的审判程序。

（四）企业法人破产还债程序

企业法人因严重亏损，无力清偿到期债务，人民法院根据债权人或债务人的申请，对债务人的全部财产进行清理、变价，并在全体债权人中进行公平分配的审判程序。

第二节 选民资格案件程序

一、选民资格案件程序的概念

选民资格案件，是指公民对选举委员会公布的选民资格名单有不同意见，向选举委员会申诉后，对选举委员会就其申诉所作的决定仍然不服，向人民法院提起诉讼的案件。人民法院处理选民资格案件的审判程序，就是选民资格案件程序。

《中华人民共和国全国人民代表大会和地方各级人民代表大会选举法》（以下简称《选举法》）规定，选举委员会应当在选举日的20日前公布选民名单，对公布的选民名单有不同意见的，可以向选举委员会申诉。选举委员会对申诉意见，应在3日内作出处理决定。申诉人对处理决定不服的，可以在选举日的5日以前向人民法院起诉，人民法院应当在选举日前作出判决。人民法院受理此种起诉并进行审理和作出判决的程序，就是选民资格案件程序。

通过人民法院对选民资格案件的审理和裁判，能够确保具有选举资格的公民依法参加选举活动，行使选举权和被选举权，参与国家事务管理；同时防止没有选举权和被选举权的人参加选举，确保国家选举制度的贯彻执行，维护正常的选举秩序。因此，对选民资格案件的审理和裁判，是我国宪法关于公民平等享有选举权和被选举权这一规定得以实现的程序和制度保障，具有十分重要的意义。

二、选民资格案件程序的特点

（一）选民资格案件程序是特殊类型的诉讼程序

选民资格案件程序是一种解决争议的程序，具有诉讼程序的性质。但是，选民资格案件程序解决的不是民事权益争议，而是选民资格争议，而且并不要求起诉人与本案存在直接利害关系，因此，选民资格案件程序是一种特殊类型的诉讼程序。

（二）选民资格案件程序以选举委员会对选民资格的申诉处理作为前置程序

对自己或他人的选民资格有不同意见，应当先向选举委员会提出申诉，选举委员会应当在3日内对申诉意见作出处理决定。申诉人对处理决定不服的，可以在选举日的5日以前向人民法院起诉。未经选举委员会处理的，不得向人民法院起诉。

（三）选民资格案件程序仅解决选民资格问题

人民法院审理选民资格案件，仅解决选民资格问题，即只是确认选民名单有无错误以及有关公民是否享有选举权和被选举权。人民法院审理选民资格案件，既不是对选举委员会作出的处理决定的合法性和正确性的审查，也不是对破坏选举的违法犯罪行为进行制裁，既不是行政诉讼程序，也不是刑事诉讼程序，而是一种特殊类型的诉讼程序。

（四）选民资格案件程序的起诉和裁判均有期间限制

选民资格案件程序的目的在于，通过对有争议的选民资格进行审查确认，维护有选举权的公民的选举权和被选举权，维护正常的选举秩序。这就决定了，人民法院对选民资格案件的审理和裁判必须在选举日之前完成，否则就失去了现实意义。因此，选举法和民事诉讼法均规定，申诉人对选举委员会的处理决定不服，应当在选举日的5日前向人民法院起诉，人民法院应当在选举日以前作出判决。

三、选民资格案件的审判程序

（一）起诉与受理

1. 管辖。根据民事诉讼法的规定，选民资格案件由选区所在地基层人民法院管辖。①从级别管辖来看，所有的选民资格案件均由基层人民法院管辖，中级以上的人民法院不得管辖此类案件。②从地域管辖来看，选民资格案件由选区所在地人民法院管辖。选区所在地与选民的空间距离最近，便于起诉人、与选民名单有关的公民、选举委员会代表参加诉讼活动，也便于人民法院查清选民资格的相关事实并在此基础上作出正确的裁判。

2. 起诉人。根据民事诉讼法的规定，不服选举委员会对选民资格的申诉所作的处理决定的公民，可以向人民法院提起诉讼。因此，选民资格案件的起诉人的范围非常广泛。①起诉人并不一定是选民名单涉及的公民本人。选民名单涉及的公民本人认为选举委员会公布的选民名单有错误的，可以向选举委员会申诉，对选举委员会所作的申诉处理决定不服的，可以向人民法院起诉。除了选民名单涉及的公民本人外，其他任何公民认为选民名单有错误的，也可以对选民名单进行申诉，对申诉处理决定不服的，可以向人民法院提起诉讼。②起诉人并不一定与本案有直接利害关系。选民名单有错误,并不影响其他公民的选举权和被选举权,但其他公民可以作为起诉人依法提起选民资格诉讼。可见,选民资格案件的起诉人并不像普通诉讼的原告一样,必须与本案有直接利害关系;也不像非讼程序的申请人一样,必须是利害关系人。总之,凡是认为选民名单有错误的公民,无论是否与选举资格直接相关,都可以作为起诉人提起选民资格诉讼。

3. 诉讼参加人。根据民事诉讼法的规定,选民资格案件的诉讼参加人包括起诉人、选举委员会的代表以及有关公民。可见,从诉讼参加人在诉讼中的地位和称谓来看,选民资格案件明显不同于通常诉讼案件和非讼案件。①在选民资格案件中,提起诉讼的公民不称原告,而只称起诉人。②尽管起诉人是不服选举委员会对申诉所作的处理决定而起诉的,但选举委员会并不是选民资格案件的被告。③尽管其他公民作为起诉人的案件涉及有关公民的选举权和被选举权,但该有关公民也不是选民资格案件的被告。

(二)审理与裁判

1. 审判组织。对于起诉人提起的选民资格诉讼案件,经审查符合受理条件的,人民法院应当立案审理。立案后,人民法院应当首先确定审判组织。由于涉及公民重大的政治权利,因此,选民资格案件必须由审判员组成合议庭进行审理与裁判。①选民资格案件必须组成合议庭进行审理,不得由一名审判员独任审理。②选民资格案件的合议庭必须由审判员组成,不得吸收人民陪审员参加审判。

2. 裁判。从裁判的形式看,选民资格案件应当适用判决而不得适用裁定。经过审理,人民法院对起诉人的起诉作出的裁断,是对其请求的实质内容作出的肯定或者否定,同时它关系到有关公民是否享有选举权和被选举权,因此,人民法院应当用判决对案件作出最终的裁断。从裁判的内容看,选民资格案件的裁判既要对起诉人的起诉作出裁断,还要对选举委员会的申诉处理决定作出裁断。其中,经过审理,人民法院认为起诉人的起诉理由成立的,应当判决撤销选举委员会对申诉所作的处理决定;认为起诉人的起诉理由不成立的,应当判决驳回起诉人的起诉,肯定选举委员会对申诉所作的处理决定。

3. 判决书的送达与效力。根据民事诉讼法的规定,人民法院对选民资格案件作出的判决书,应当在选举日前送达选举委员会和起诉人,并通知有关公民。①对选举委员会和起诉人应当送达判决书,而对有关公民是通知审判结果而不是送达判决书。②判决书必须在选举日前送达或者通知,一旦超过选举日,送达判决书或者通知有关公民就失去了意义。从裁判的效力看,人民法院对选民资格案件所作的判决一经送达就立即发生法律效力,当事人不得提起上诉。实行一审终审有利于案件的迅速审结,也是选举活动顺利进行的必然要求。

第三节 宣告公民失踪、死亡案件程序

一、宣告公民失踪案件程序

（一）宣告公民失踪案件程序的概念

宣告公民失踪案件，是指公民离开自己的住所地下落不明，经过法律规定的期限仍无音讯，经利害关系人申请，人民法院宣告该公民为失踪人的案件。人民法院处理宣告公民失踪案件的审判程序，称为宣告公民失踪案件程序。

宣告公民失踪，其制度设置的特点有两个：①可以通过为下落不明人的财产指定财产代管人，保护下落不明人的合法权益；②可以通过财产代管人从下落不明人的财产中为其清偿欠款或其他费用，保护利害关系人的合法权益。

（二）宣告公民失踪案件的审理程序

1. 申请和受理。依照民事诉讼法的规定，宣告公民失踪，必须由利害关系人提出申请。申请宣告公民失踪，应当具备下列条件：

（1）存在宣告公民失踪的法律事实。根据民法通则的规定，公民下落不明满2年的，利害关系人可以向人民法院申请其为失踪人。可见，宣告公民失踪应具备两个条件：①公民离开自己的住所或居所，下落不明；②公民下落不明持续时间达2年。

（2）由利害关系人申请。利害关系人，是指与下落不明的公民有人身关系或民事权利义务关系的人。包括下落不明公民的配偶、父母、成年子女、祖父母、外祖父母、成年兄弟姐妹、其他与之有民事权利义务关系的人。

（3）采取书面的形式。申请必须采取书面形式，载明失踪的事实、时间和申请人的请求，并附公安机关或者其他有关机关关于该公民下落不明的书面证明。

（4）人民法院对该案具有管辖权。宣告公民失踪案件，由下落不明人住所地基层人民法院管辖。利害关系人只能向该人民法院提出申请，才能启动宣告失踪程序。

对于符合条件的申请，人民法院应当受理；对于不符合条件的申请，人民法院应当以裁定驳回申请。

2. 审理和判决。

（1）发布寻找下落不明人公告。人民法院受理申请宣告失踪案件后，应当发布寻找下落不明人的公告，公告期间为3个月。

（2）清理下落不明人的财产。人民法院受理利害关系人的申请后，可根

据申请人的请求，清理下落不明人的财产，指定审理期间的财产管理人。

(3)作出判决。公告期满，已知该公民下落，不存在失踪事实的，应作出判决，驳回申请人申请；如查明该公民确已下落不明，存在失踪事实的，应当作出判决，宣告该公民失踪，同时依法指定失踪人的财产代管人。

(三)宣告失踪的法律后果

1.财产由代管人代管。公民被宣告失踪后，人民法院应当为失踪人指定财产代管人。根据民法通则的规定，失踪人的财产应由其配偶、父母、成年子女或者其他关系密切的亲戚朋友代管。对确定财产代管人有争议或相互推诿的，或者没有上述代管人的，由人民法院指定。

根据适用意见的规定，失踪人的财产代管人经人民法院指定后，代管人申请变更代管的，人民法院应当比照民事诉讼法特别程序的有关规定进行审理。申请有理的，裁定撤销申请人的代管人身份，同时另行指定财产代管人；申请无理的，裁定驳回申请。失踪人的其他利害关系人申请变更代管的，人民法院应当告知其以原指定的代管人为被告起诉，并按普通程序进行审理。

失踪人所欠税款、债务和应付的其他费用，由代管人从失踪人的财产中支付。代管人拒绝支付的，债权人有权以代管人为被告提起民事诉讼。代管人有权要求失踪人的债务人履行债务，债务人拒绝履行的，代管人有权以自己的名义向人民法院提起诉讼。代管人有保护失踪人财产的责任，除了法律规定外，代管人不得处分失踪人的财产，不得将失踪人的财产据为己有。

2.身份关系不发生变化。公民被宣告失踪以后，其民事权利能力并不因此而消灭。具有民事行为能力的公民在被宣告失踪期间实施的民事法律行为有效，与失踪人人身有关的民事法律关系(如婚姻、收养关系等)，也不发生变化。

(四)失踪人重新出现的处理

失踪人重新出现，该公民本人或者其他有利害关系的人有权向原审人民法院提出申请，请求撤销宣告失踪的判决。原审人民法院审查属实后，应当作出新判决，撤销原判决。宣告失踪的判决撤销后，代管人丧失管理该公民财产的权利，并应当负责返还财产及其收益。代管人所支出的必要费用，有权要求该公民偿付。

二、宣告公民死亡案件程序

(一)宣告公民死亡案件程序的概念

宣告公民死亡案件，是指公民离开自己的住所或居所，下落不明已满法定期限，人民法院根据其利害关系人的申请，依法宣告该公民死亡的案件。人民法院处理申请宣告公民死亡案件的审判程序，称为宣告公民死亡案件程序。

(二)宣告公民死亡案件的审理程序

1. 申请和受理。宣告公民死亡,必须由利害关系人提出申请,人民法院不得依职权启动宣告公民死亡案件程序。根据法律规定,申请宣告公民死亡,必须具备下列条件:

(1)必须有公民离开自己的最后住所或居所下落不明的事实。也就是存在公民离开自己的住所或居所后去向不明,杳无音讯的事实。

(2)公民下落不明的状态达到法定期限。根据法律的规定,宣告公民死亡的期限有三种:①在通常情况下,公民下落不明满4年。即该公民最后离开自己的住所或居所之日起,已连续4年没有消息。②因意外事故下落不明满2年。期间从意外事故发生之日起计算,因战争下落不明的,期间从战争结束之日计算。③因意外事故下落不明,经有关机关证明该公民不可能生存的,在这种情况下,不受下落不明期间的限制。

(3)利害关系人提出申请。利害关系人的申请应采取书面的形式,并附公安机关或其他有关机关关于该公民下落不明的书面证明。

(4)受申请的人民法院具有管辖权。宣告公民死亡,由下落不明人住所地的基层人民法院管辖。从级别来看,利害关系人只能向基层人民法院提出申请;从地域来看,利害关系人应当向下落不明人住所地的人民法院提出申请。

对利害关系人的申请,人民法院应进行审查,认为手续不完备的,驳回申请;认为手续完备的,受理案件,进行审理。

宣告失踪不是宣告死亡的必经程序,只要符合宣告死亡的条件,利害关系人就可以直接向人民法院提出申请宣告下落不明人死亡。同一顺序的利害关系人,有的申请宣告死亡,有的不同意申请宣告死亡的,人民法院应当按照宣告死亡案件审理。

15-1(2002年卷3,不定项第85题)　王锋与刘青结婚4年后,已生一子王达。1994年7月5日,王锋出海打鱼遇台风未归,生死不明。若干年后,其妻刘青向法院申请宣告王锋死亡,法院依法作出宣告死亡判决。经查,王锋结婚后与父母分开生活(其父于1996年10月3日死亡)。王锋因与刘青感情不和且离婚未果而与刘青分居,分居期间王锋盖有楼房6间。王锋遇台风后被人相救,因不想再见刘青而未与家庭联系,独自到南方某市打工。1997年王锋与打工妹陈莹相识并相好,并在该市教堂举行了婚礼,生有一女王莉。陈莹为王锋介绍了一收入颇丰的工作。1998年5月5日王锋因摸彩票中奖,获奖金30万元。1998年6月6日王锋与陈莹各出10万元购买了张明的3间私房,但未办登记过户手续。1999年4月8日,王锋因心脏病发作死亡,临终前告诉了陈莹自己的身世,并口头遗嘱将自己原有的6间房屋由其母谢兰继承(有2名医生在场)。刘青向法院申请宣告王锋死亡,法院应予受理的最早申请日期是哪一天?

A.1998年7月5日　　B.1998年7月6日

C.1998年7月5日　　D.1996年7月6日

——应当选择C。公民下落不明满4年的,利害关系人可以申请宣告死亡。该期间是以年为计算单位的,期间届满之日应当为相当于期间开始的日期。王锋于1994年7月5日下落不明,其期间应当从1994年7月5日开始计算。故1998年7月5日为满4年之日。

2.审理和判决。

(1)发布寻找下落不明人公告。人民法院受理宣告公民死亡案件后,必须发出寻找下落不明人的公告。公告期间为1年;因意外事故下落不明,经有关机关证明其不可能生存的,公告期间为3个月。公告期间是等待下落不明人出现的期间,也是宣告公民死亡的必经程序。公告的方法可以在人民法院的公告栏内张榜公布,也可以在报刊上公告。

(2)清理下落不明人财产。人民法院受理申请宣告死亡案件后,可以根据利害关系人的请求,清理下落不明人的财产,指定审理期间的财产管理人。

(3)判决。公告期间,宣告死亡人出现,或者确知其下落的,人民法院应作出驳回申请的判决,终结案件的审理。公告期间届满,下落不明人仍未出现的,人民法院应作出宣告公民死亡的判决。判决书除应送达申请人外,还应在被宣告死亡的公民的住所地和人民法院所在地公告。判决一经宣告,即发生法律效力。判决宣告的日期,就是该公民死亡的日期。

(三)宣告死亡的法律后果

公民被宣告死亡与自然死亡的后果基本相同。主要表现为:宣告死亡结束了该公民以自己的住所或者经常居住地为活动中心所发生的民事法律关系,该公民的民事权利能力因宣告死亡而终止,与其人身有关的民事权利义务随之终结,如婚姻关系自然终止,继承因宣告死亡而开始。

但是,被宣告死亡的公民在异地生存的,仍然享有民事权利能力,其民事行为仍然有效。

(四)宣告死亡人重新出现的处理

如果被宣告死亡的公民又重新出现或者已知其下落,经本人或利害关系人的申请,人民法院应作出新判决,撤销原判决。新判决生效后,被宣告死亡的公民的民事权利随之恢复。被撤销宣告死亡判决的公民,有权请求返还财物,原物存在的应返还原物;原物不存在或受损的,应给予适用的补偿。该公民因宣告死亡而消灭的人身关系,有条件恢复的,可以恢复;原配偶在该公民被宣告死亡期间,尚未再婚的,夫妻关系从撤销宣告死亡判决之日起自行恢复;如果原配偶再婚,或者再婚后又离婚,或再婚后配偶又死亡的,其夫妻关系不能自行恢复。如果其子女为他人收养,宣告死亡的判决被撤销后,该公民不得单方面解除收养关系,但收养人与被收养人以此为由同意解除收养关系的,不在此限。

15-2(2006年卷3,单选第2题) 甲被法院宣告死亡,甲父乙、甲妻丙、甲子丁分割了其遗产。后乙病故,丁代位继承了乙的部分遗产。丙与戊再婚后因车祸遇难,丁、戊又分割了丙的遗产。现甲重新出现,法院撤销死亡宣告。下列哪种说法是正确的?

A. 丁应将其从甲、乙、丙处继承的全部财产返还给甲

B. 丁只应将其从甲、乙处继承的全部财产返还给甲

C. 戊从丙处继承的全部财产都应返还给甲

D. 丁、戊应将从丙处继承的而丙从甲处继承的财产返还给甲

——应当选择D。根据规定,被宣告死亡的人重新出现,有权要求取得其财产的人返还财产,但仅能要求返还自己所有的财产。本案中,只有D项表述的财产符合这一条件。其中,丁从乙处继承的遗产不在返还之列,故可排除选择A、B两项的可能性。戊从丙处继承的财产不完全属于甲,故又可排除选择C项的可能性。

■ 第四节 认定公民无民事行为能力、限制民事行为能力案件程序

一、认定公民无民事行为能力、限制民事行为能力案件程序的概念

认定公民无民事行为能力、限制民事行为能力案件,是指人民法院根据利害关系人的申请,对不能辨认自己行为或不能完全辨认自己行为的人,按照法定程序,认定并宣告该公民为无民事行为能力人或者限制民事行为能力人的案件。人民法院审理认定公民无民事行为能力和限制民事行为能力案件的程序,分别称为认定公民无民事行为能力案件程序和认定公民限制民事行为能力案件程序,也称为认定公民无民事行为能力程序、认定公民限制民事行为能力程序。

公民的民事行为能力,是指公民通过自己的行为行使或者取得民事权利、承担民事义务的能力。根据民法通则的规定,公民的民事行为能力分为

三种:完全民事行为能力、限制民事行为能力、无民事行为能力。其中,18周岁以上以及16周岁以上不满18周岁的公民,但以自己的劳动收入为主要生活来源的,为完全民事行为能力人;10周岁以上的未成年人、不能完全辨认自己行为的精神病人是限制民事行为能力人,可以进行与其年龄、智力和精神健康状况相适应的民事活动,其他民事活动由他的法定代理人代理,或者征得他的法定代理人的同意;不满10周岁的未成年人、不能辨认自己行为的精神病人,为无民事行为能力人,其民事活动由其法定代理人进行。

认定公民无民事行为能力或者限制民事行为能力程序,是认定已经达到完全民事行为能力或者限制民事行为能力的年龄标准,但智力不健全、精神不正常的精神病人的实际民事行为能力状况的非讼程序。通过这种非讼程序,从法律上认定和宣告那些因患精神病或者其他病症丧失了全部或者部分民事行为能力的公民是否具有民事行为能力,并为其指定监护人,不仅有利于维护该公民的合法权益,而且有利于维护其利害关系人、民事活动对方当事人的合法权益。因此,认定公民无民事行为能力或者限制民事行为能力程序对于确保民事流转安全以及维护正常的社会、经济秩序具有十分重要的意义。

认定公民无民事行为能力程序和认定公民限制民事行为能力程序是两种独立而完整的审判程序,两者的功能和适用条件并不完全相同。从功能上看,前者适用于认定公民为无民事行为能力人,后者适用于认定公民为限制民事行为能力人;从条件上看,前者适用于完全不能辨认自己行为的公民,后者适用于不能完全辨认自己行为的公民。但是,这两种程序的结构和内容基本相同,故往往将其放在一起进行分析。

二、认定公民无民事行为能力、限制民事行为能力案件的审理程序

(一)申请

1. 申请的条件。认定公民无民事行为能力、限制民事行为能力,应当由利害关系人向人民法院提出申请。申请必须符合下列条件:

(1)具有认定公民无民事行为能力、限制民事行为能力的法定事由。根据民法通则规定,不能辨认或不能完全辨认自己行为的精神病人是无民事行为能力人或者限制民事行为能力人。申请认定公民无民事行为能力、限制民事行为能力,必须具有该公民患有精神病不能辨认或者不能完全辨认自己行为的事实存在。

(2)申请人为利害关系人。利害关系人有两类:①近亲属,主要是指该公民的配偶、父母、子女、兄弟姐妹或者其他近亲属;②其他利害关系人,包括经该公民所在单位或者住所地居民委员会、村民委员会同意,与该公民有密切关系且愿意承担监护责任的其他亲属、朋友以及该公民所在单位或者住所地的居民委员会、村民委员会或者民政部门。

(3)接受申请的人民法院具有管辖权。认定公民无民事行为能力或限制民事行为能力,由被认定者住所地基层人民法院管辖,申请人只能向该人民法院提出申请,申请才能成立。

2. 申请的形式。利害关系人的申请必须采取书面形式。申请书应载明以下内容:申请人的姓名、性别、年龄、住所,与被申请人的关系;被申请人的姓名、性别、年龄、住所,被申请人为无民事行为能力或限制民事行为能力的事实和根据。如果有医院出具的诊断证明或鉴定结论,也应一并提交人民法院。

(二)鉴定或者诊断

人民法院受理利害关系人的申请后,必要时应当对被申请认定为无民事行为能力人或限制民事行为能力人的公民进行司法精神病学鉴定或者医学诊断、鉴定,以取得科学依据。申请人已提供鉴定结论的,应当对鉴定结论进行审查,对鉴定结论有怀疑的,可以重新鉴定。

(三)审理和判决

人民法院审理认定公民无民事行为能力或限制民事行为能力的案件,应当由该公民的近亲属作代理人。近亲属互相推诿的,由人民法院指定其中一人为代理人。在审理中,如果该公民健康状况许可,还应当询问本人意见。

人民法院经过审理,认为申请人的申请符合法律规定,申请成立的,应当作出判决,认定该公民为无民事行为能力人或限制民事行为能力人,并为其指定监护人;认为申请人的申请没有根据或根据不足的,应当作出判决,驳回申请人的申请。

公民被认定为无民事行为能力人或限制民事行为能力人,应由其配偶、父母、成年子女或其他近亲属担任监护人,没有近亲属的,经其所在单位或居住地有关组织的同意,由与其关系密切的其他亲属、朋友或其他愿意并适宜担任监护人的人行使监护权。

公民无民事行为能力或限制民事行为能力的时间从判决生效之日开始,判决生效以前公民所为的行为,其效力不受判决的影响。

(四)判决的撤销

公民被宣告为无民事行为能力人或限制民事行为能力人以后,如果经过治疗病情痊愈,精神恢复正常,能够判断自己行为的后果,清醒地处理自己的事务,那么,造成其无民事行为能力或限制民事行为能力的原因已经消除。此时,被认定为无民事行为能力人或限制民事行为能力人的公民,或者其监护人,有权向人民法院提出请求撤销原判决的申请。人民法院根据该公民本人或其监护人的申请,经查证属实后,应作出新判决,撤销原判决,从法律上恢复该公民的民事行为能力,同时撤销对他的监护。判决一经宣告,立即发生法律效力。

15－3(2002年卷3,单选第25题) 张文有一名表。某日,张文的好友李进看到了这块表,表示愿出价3万元购买,张文立即表示同意,双方签订了合同,约定李进分3次将钱在2个月内付清。2个月后,李进只付了1万元,张文遂向法院起诉要求李进承担违约责任。在审理过程中,李进的父母来到法院称李进有间歇性精神病,签合同时正处于发病状态,无法对自己的行为负责。同时李进的父母向法院申请宣告李进为限制民事行为能力人。对李进父母的申请,法院应如何处理?

A. 应让李进的父母代理李进正在进行的诉讼

B. 应对李进作法医鉴定,如果李进被确定有间歇间性精神病,法院应当判决李进为限制民事行为能力人,同时宣布合同无效

C. 应中止原诉讼,由李进的父母另行提起确认李进是限制民事行为能力人的特别程序

D. 李进的父母不是本案当事人,其主张不应采纳

——应当选择C。根据《适用意见》第193条的规定,在诉讼中,当事人的利害关系人提出该当事人患有精神病,要求宣告当事人为无民事行为能力人或者限制民事行为能力人的,应当由利害关系人向法院提出申请,受诉人民法院应当按照特别程序立案审理,原诉讼中止。

第五节 认定财产无主案件程序

一、认定财产无主案件程序的概念

认定财产无主案件,是指人民法院根据公民、法人或者其他组织的申请,依照法定程序查明属实后作出判决,将归属不明的有形财产认定为无主财产,并将其收归国家或集体所有的案件。人民法院处理认定财产无主案件的程序,称为认定财产无主案件程序或者认定财产无主程序。

法律规定认定财产无主的制度,可以结束财产权属关系的不稳定状态,防止个别单位或个人不当侵占,以管理和保护财产,稳定社会生产和生活。

二、申请认定财产无主的条件

(一)需要认定的财产必须是有形财产

只有有形财产所有人不明时,才能被申请认定为无主财产。无形财产或者精神财富,不能成为此类案件的认定对象。

（二）财产失去所有人或者所有人不明

只有财产确实失去了所有人或所有人不明，权利归属长期无法确定，才能申请认定为无主财产。实践中，失去所有人或者所有人不明的财产主要体现为：①没有所有人或者所有人不明的财产；②所有人不明的埋藏物和隐藏物；③拾得的遗失物、漂流物、失散的饲养动物，经公安机关或有关单位公告招领满一年无人认领的财物；④无人继承的财产。

（三）失去所有人或者所有人不明已满法定期间

财产没有所有人或者所有人不明的持续状态须满法定期间，才能申请认定为无主财产。不满法定期间的，即使财产失去所有人或者所有人一时不清的，也不能认为是无主财产。

（四）申请人提出书面申请

认定财产为无主财产，必须有申请人提出书面申请。申请人可以是公民，也可以是法人或其他组织。申请书应写明待认定财产的种类、数量、形状、目前占有状况或存放位置以及相应的法律事实。

（五）向有管辖权的人民法院提出申请

认定财产无主的案件，应当由财产所在地的基层人民法院管辖，其他人民法院无权管辖，即使有人提出申请，其他人民法院也不能接受。

三、认定财产无主案件的审理程序

（一）申请和受理

认定财产无主，应当由公民、法人或其他组织向财产所在地的基层人民法院提出书面申请，申请书应写明财产的种类、数量以及要求认定财产无主的根据。没有人提出申请，人民法院不得以职权启动认定财产无主程序。

对于申请人的申请，人民法院应当进行审查。审查的内容为是否具备申请认定财产无主的条件。对于符合条件的申请，人民法院应当受理，并立案审理；对于不符合条件的申请，应当裁定不予受理。

（二）发出财产认领公告

人民法院受理认定财产无主的案件，经审查核实，应当发出财产认领公告，寻找该财产的所有权人。公告期间为一年。

（三）判决

公告期满一年无人认领的，人民法院应当判决认定财产无主，并将财产收归国家或集体所有；公告期间有人对财产提出请求的，人民法院应当裁定终结特别程序，告知申请人另行起诉，适用普通程序进行审理。

四、认定财产无主判决的撤销

认定财产无主的判决生效后，原财产所有人或者继承人出现，在诉讼时效期间可以对财产提出请求。人民法院审查属实后，应当作出新判决，撤销原判决。原判决撤销后，已被国家或集体取得的财产，应将其返还原主。原财产尚在的,应返还原财产;原财产不存在的,可以返还同类财产,或者按照原财产的实际价值折价返还。

■ 第六节 督促程序

一、督促程序概述

(一)督促程序的概念

督促程序,是指债权人请求人民法院向债务人发出支付令,督促债务人履行给付金钱或者有价证券义务的特殊审判程序。

实践中存在着大量的下列类型的案件:双方当事人之间存在明确的、以给付金钱或者有价证券为内容的债权债务关系,债务人对应当履行的义务没有异议,但就是不履行义务。这些案件如果通过通常的诉讼程序解决,成本高,效率低,且诉讼程序并没有实质意义。立法者设计出一种相对"简便"的督促债务人还债的程序:经债权人申请,法院向债务人发出支付令,督促债务人履行义务。经过一定的期限,债务人既不对支付令提出异议,也不按照支付令的要求履行义务的,债权人可以支付令为依据,向民事执行机关申请强制执行,从而实现自己的权利。这种督促债务人还债的程序就是督促程序。

(二)督促程序的特点

1. 程序的非讼性。督促程序的适用前提是双方当事人对债权债务关系没有争议,双方当事人不直接进行对抗。督促程序因债权人提出申请而开始,但并不需传唤债务人到庭进行审理。因此,督促程序并不解决当事人之间的民事权益争议,是一种非讼程序。

2. 适用范围的特定性。督促程序只能适用于请求给付金钱和有价证券的案件,并以债权人与债务人没有其他债务纠纷和支付令能够直接送达债务人为条件。确认之诉,变更之诉,非以给付金钱或者有价证券为内容的债权债务关系,均不能适用督促程序。

3. 审查过程的简捷性。人民法院受理债权人的申请后,仅就债权人提供的事实、证据进行审查,无需传唤债务人,更不需开庭审理。只要债权人提出申请的程序合法,证据充分,债权债务关系明确、合法,人民法院就应发出支付令,而不需要对债权债务的内容进行实质性审查。

4. 程序适用的选择性。督促程序并非处理以给付金钱或者有价证券为内容的债权债务关系案件的必经程序和惟一程序。当出现可以适用督促程序的情形时,债权人是依督促程序还是依一般诉讼程序来主张债权,由债权人选择。但是债权人一旦选择了诉讼程序,就不能再适用督促程序,而债权人选择适用督促程序，在其申请被驳回或者债务人在法定期间内提出异议的，仍可以提起诉讼。

5. 支付令生效的附条件性。人民法院适用督促程序发出的支付令，是一种附条件、附期限生效的法律文书。人民法院的支付令送达被申请人15日内，被申请人既不履行义务又未提出有效的异议的，支付令才发生法律效力。被申请人在15日内履行了给付义务，或者提出了实质性异议的，支付令便不发生法律效力。可见，支付令的生效程序不同于一般的法律文书生效的程序，其是否生效，在一定程度上取决于被申请人的态度。

二、支付令的申请与受理

（一）申请支付令的条件

根据民事诉讼法的规定，申请支付令必须同时具备下列条件：①申请人请求给付的标的物必须是金钱或有价证券，并且，请求给付的金钱或有价证券已经到期且数额确定。②债权人与债务人没有其他债务纠纷。也就是说，债权人与债务人之间债务关系必须是单向的，债权人对债务人不负有给付义务。③支付令能够送达债务人。即人民法院按照法定的送达方式，将支付令客观上实际送达债务人，并非推定送达。具体来说，其一，受送达的债务人必须在我国领域内。其二，送达必须通过债务人能够实际接受送达的法定方式送达，即送达应向债务人本人送达为原则，债务人拒绝接收支付令的，可以留置送达。但督促程序不宜公告送达。④支付令的申请须向有管辖权的基层人民法院提出。所谓有管辖权的人民法院，在级别管辖上，是指基层人民法院，中级以上人民法院不受理申请支付令的案件；在地域管辖上，应适用一般地域管辖，即以债务人住所地或者经常居住地来确定管辖法院。[1]

15－4（2002年卷3，多选第65题）　具有下列哪些情形的案件不适用督促程序？

A. 债务人下落不明但有可供执行的财产

B. 债务已近履行期，义务人明确表示将不履行债务

C. 劳务合同履行期限已界满，债务人拒不提供劳务

D. 债务已到期但数额尚不能确定

——应当选择ABCD。本题考查的是督促程序的适用条件。

〔1〕 根据最高人民法院《关于适用督促程序若干问题的规定》的规定，共同债务人住所地、经常居住地不在同一基层人民法院辖区，各有关人民法院都有管辖权的，债权人可以向其中任何一个基层人民法院申请支付令；债权人向两个以上有管辖权的人民法院申请支付令的，由最先立案的人民法院管辖。

（二）申请支付令的方式

债权人向人民法院申请支付令，应当提交申请书，并附债权文书。债权人不得采取口头方式申请支付令。支付令申请书应当记明下列事项：①债权人和债务人的基本情况，即公民的姓名、性别、年龄、职业、工作单位和住所，法人或其他组织的名称、住所地、法定代表人或主要负责人的姓名、职务。②请求给付金钱或有价证券的数量和所根据的事实和证据。③要求发出支付令的陈述，即表明申请的目的及请求发出支付令的意思表示。

（三）支付令申请的受理

1. 审查申请。债权人提出申请后，人民法院应对申请进行审查，审查的内容主要是程序上的，审查的方式应为书面的，不需询问债务人和开庭审理。审查的内容具体来说包括以下几个方面：①审查申请人是否具有主体资格。即审查申请人是否依法享有债权，申请人是否具有申请资格或民事行为能力。②审查债权人的申请是否具备法定的条件。例如，审查债权人的请求是否为金钱或有价证券的给付请求，请求的金钱或有价证券是否到期、数额是否确定、内容是否合法，债权人与债务人之间是否存在其他债务纠纷，支付令是否能够实际送达，等等。③审查申请是否符合法定程序。如审查是否应由本院管辖，申请手续是否完备，申请书内容是否符合法律的规定，等等。

2. 受理。对债权人提出的支付令申请，经审查符合条件的，应当在 5 日内立案，并及时通知债权人；申请不符合受理条件的，应在 5 日内通知债权人不予受理，并说明理由。

（四）支付令申请的撤回

根据处分原则，在支付令发生法律效力之前，申请人有权撤回申请。申请人申请撤回申请的，人民法院应当裁定终结督促程序。支付令已经发出的，通知被申请人支付令自行失效，尚未发出支付令的，不再发出支付令。

三、支付令的签发与效力

（一）督促程序的审判组织

督促程序适用独任制审理。人民法院受理支付令申请后，应当指定一名审判员对案件进行审查，由书记员担任记录。独任审判员的审查职责是审查申请人的申请是否符合法律规定的条件，即债权债务关系是否明确、合法。审查的形式为书面审查，即对申请人提供的证据进行书面审查，不开庭审查。

（二）签发支付令或驳回申请

1. 签发支付令。人民法院经过对债权人申请的审查，认为符合法定的条件和程序，决定受理的，应当在 15 日内向债务人发出支付令。支付令是由人民法院发布的责令债务人履行支付义务或者提出书面异议的法律文书。

支付令应包括以下主要内容:①债权人和债务人的基本情况。债权人和债务人是公民的,应写明其姓名、性别、年龄、职业、工作单位和住址;是法人或其他组织的,应写明其名称及法定代表人或主要负责人的姓名、职务、地址等。②债务人应当给付的金钱、有价证券的种类和数额。③清偿债务或提出异议的期限,即写明债务人应自收到支付令之次日起15日内清偿债务,或者向人民法院提出书面异议。④债务人在法定期间内不提出异议的法律后果。

支付令应由审判员、书记员署名,加盖人民法院印章。人民法院应及时将支付令送达债务人。在送达债务人后,人民法院还应通知债权人支付令送达债务人的日期,以便债权人确定申请执行的时间。

2. 驳回申请。人民法院受理申请后,经审查认为债权人提供的事实和证据不充分,或者不符合其他条件,申请不能成立的,裁定予以驳回。人民法院作出的驳回申请的裁定,债权人不得上诉。但债权人可以债务人为被告另行起诉。

根据最高人民法院《关于适用督促程序若干问题的规定》(以下简称《督促程序规定》)第5条的规定,人民法院受理债权人的支付令申请后,经审理,有下列情况之一的,应当裁定驳回申请:①当事人不适格;②给付金钱或者汇票、本票、支票以及股票、债券、国库券、可转让的存款单等有价证券的证明文件没有约定逾期给付利息或者违约金、赔偿金,债权人坚持要求给付利息或者违约金、赔偿金;③债权人要求给付的金钱或者汇票、本票、支票以及股票、债券、国库券、可转让的存款单等有价证券属于违法所得;④债权人申请支付令之前已向人民法院申请诉前保全,或者申请支付令同时又要求诉前保全。

(三)支付令的效力

1. 督促债务人清偿债务。对债务人来说,支付令自发出并送达后,就产生了督促其清偿债务的效力,如果债务人对支付令没有异议,就应根据支付令的要求履行清偿义务。

2. 强制执行的效力。债务人在支付令送达后15日内既不提出异议,又不履行清偿义务的,债权人可以支付令为依据,申请强制执行。

15-5(2003年卷3,多选第76题) 个体工商户李某拖欠甲公司货款5万元,甲公司多次催讨无果,遂向李某所在地的基层人民法院申请支付令。法院受理后经过审查,认为该申请成立。下列说法哪些是正确的?

A. 如果在向李某送达支付令时,李某拒绝接收,人民法院可以留置送达

B. 如果李某在法定期间提出书面异议,人民法院应对异议理由是否成

立进行审查

C. 如果李某在法定期间向法院书面说明目前还钱确有困难并承诺在2个月后一定还清,则支付令可不生效

D. 如果李某在法定期间未提出书面异议但向甲公司所在地的人民法院起诉,请求确认该债务已经偿还,则支付令的效力不受影响

——应当选择AD。根据《适用意见》的规定,支付令可以选用留置送达,债务人不提出书面异议,而向其他人民法院起诉的,不影响支付令的效力。

四、债务人异议与督促程序的终结

(一)债务人异议

1. 债务人异议的概念。债务人对支付令有不同意见,可以在法定期间内提出异议。债务人向签发支付令的人民法院提出的、对支付令确定的给付义务提出不同意见的法律行为,称为债务人异议。

2. 债务人异议的成立要件。根据《民事诉讼法》、《适用意见》、《督促程序规定》的规定,债务人对支付令提出的异议,应具备以下四个条件:

(1)债务人的异议必须是针对支付令所确定的债务本身提出的。即债务人异议是针对债权债务关系是否存在、合法,数额是否正确、偿还期限是否到来、是否存在其他债务纠纷等问题而提起的,不只是陈述自己缺乏清偿能力。在异议中仅表示自己缺乏清偿能力的,异议不能成立。债权人基于同一债权债务关系,向债务人提出多项支付请求,债务人仅就其中一项或者几项请求提出异议的,不影响其他各项请求的效力。债权人基于同一债权债务关系,就可分之债向多个债务人提出支付请求,多个债务人中的一人或者几人提出异议的,不影响其他请求的效力。

(2)债务人的异议必须在法定期限内提出。债务人必须在收到人民法院发出的支付令的次日起15日内提出异议,否则异议不能成立。

(3)债务人异议必须向发出支付令的人民法院提出。债务人向其他机关或者其他人民法院提出的不同意见,不属于债务人异议。

(4)异议必须以书面的形式提出。口头提出异议的,异议不能成立。

3. 债务人异议的效力。债务人针对人民法院发出的支付令提出异议,异议成立的,产生以下法律效力:

(1)督促程序终结。债务人依法提出异议后,人民法院应裁定终结督促程序,不得再适用督促程序解决该债务纠纷。

(2)支付令失效。债务人提出合法异议后,支付令所具有的督促债务人清偿债务的效力丧失,债权人在督促程序中所进行的诉讼行为也随之失效。

(3)债权人可以起诉。债务人提出合法的异议后,债权人要通过司法途

径解决债务纠纷,实现债权,只有另行起诉。

(二)督促程序的终结

在督促程序中,由于发生了特定原因,或者由于督促程序各个阶段的任务已经完成,从而结束督促程序的,称为督促程序的终结。

1. 自然终结。督促程序的自然终结,即督促程序的正常结束,是指债务人履行了支付令要求的清偿义务,或者债务人虽未自动清偿债务,但在法定期间内没有对支付令提出异议,从而使支付令发生了法律效力,督促程序自此终结。

2. 裁定终结。督促程序裁定终结,即督促程序的非正常结束。包括以下三种情况:

(1)债务人依法对支付令提出了异议。

(2)在人民法院发出支付令之前,债权人撤回了支付令申请。

(3)支付令作出后一定期限内无法送达债务人。

出现以上三种情况之一,人民法院应当裁定终结督促程序。终结督促的裁定一经作出即发生法律效力,当事人不能提起上诉,也不能申请复议。

根据《督促程序规定》的规定,人民法院院长对本院已经发生法律效力的支付令,发现确有错误,认为需要撤销的,应当提交审判委员会讨论决定后,裁定撤销支付令,驳回债权人的申请。

督促程序的自然终结,债权人实现或者可以通过强制执行实现债权;而督促程序的裁定终结,债权并未实现,债权人可以提起诉讼。

15-6(2006年卷3,多选第79题) 甲因乙拒不归还到期借款而向法院申请支付令。法院审查后向乙发出支付令。下列哪些说法是正确的?

A. 乙可以向法院提出异议,由法院审查异议理由是否成立

B. 乙可以向法院提出异议,法院不审查理由

C. 乙在法定期间既不提出异议也不履行的,甲可以向法院申请强制执行

D. 乙在法定期间内向本院就该借款纠纷起诉的,支付令失效

——应当选择BCD。根据民事诉讼法的规定,对于债务人异议,人民法院不进行实质审查,也就是不审查其理由是否成立,故可排除A项。债务人在法定期间内既不提出异议与不履行债务的,债权人可以向人民法院申请强制执行。

15-7(1999年卷2,单选第14题) 在督促程序中,人民法院向债务人发出支付令后,在下列哪种情况下应当裁定终结督促程序?

A. 债务人自收到支付令之日起15日内清偿债务

B. 债务人自收到支付令之日起15日内提出书面异议

C. 债务人自收到支付令之日起15日内提出口头异议

D. 人民法院向债务人送达支付令，债务人拒绝接收

——应当选择B。本题考查的是督促程序终结的事由。CD两项都不成立债务人异议，故不能裁定终结督促程序。

第七节　公示催告程序

一、公示催告程序概述

（一）公示催告程序的概念

公示催告程序，是指人民法院根据当事人的申请，以公告的方法，告知并催促不明确的利害关系人在一定期限内申报权利，到期无人申报权利的，根据申请人的申请依法作出除权判决的程序。

公示催告程序解决的是可以背书转让的票据、提单（以下统称票据）等遗失、灭失或者被盗后如何使权利人重新获得票据权利的问题。票据权利与票据原则上是不能分离的。一旦因遗失、灭失、被盗等原因失去票据，持票人就无法通过正常的途径主张票据权利，而捡拾、盗窃票据的人有可能行使票据权利，使票据权利人的合法权益受到侵害。然而，由于相对人不明确，票据权利人不能通过通常诉讼程序即以起诉的方式维护自己的合法权益。如果没有其他方式恢复票据权利人的权利，民事法律关系将长期处于不稳定状态，交易安全无法保障，票据的功能也就大打折扣。公示催告程序就是为恢复失票人的权利而设立的一种非讼程序制度。依照这一程序，当票据遗失、灭失或者被盗时，权利人可向人民法院申请以公示的方法，催告不明确的利害关系人申报权利。如果在一定期限内无人申报权利，权利人便可申请人民法院作出除权判决，宣告票据无效，申请人就可获得该票据的权利。由此可见，公示催告既是催告利害关系人申报权利并在无人申报权利时作出除权判决的法律程序，也是通过使权利与票据相分离的方法实现权利救济、恢复权利人权利的法律制度，故公示催告程序也称复权程序。

（二）公示催告程序的特征

公示催告程序是一种独立的、特殊的审判程序，与其他程序相比，它具有以下特点：

1. 程序非讼性。

（1）公示催告程序不解决当事人之间的民事权益纠纷，而只是确认失票人的权利。经审查属于票据权利纠纷的，人民法院应当裁定终结公示催告

程序,当事人可以另行起诉通过通常诉讼程序解决。

(2)在公示催告程序中只有申请人一方,而没有对方当事人。公示催告程序的申请人必须是被盗、遗失或灭失的票据的最后持有人,而被催告的一方则具有不特定性。也就是说,公示催告的利害关系人是不明确的,该利害关系人是否存在不能确定。没有明确的对方当事人,就不符合诉的条件,故只能是非讼事件。如果该案存在明确的利害关系人,人民法院就应当裁定终结程序,当事人可依通常诉讼程序另行起诉。

(3)公示催告程序实行一审终审,且不适用再审程序。人民法院在无利害关系人申报权利的情况下作出的除权判决,一经作出立即发生法律效力,利害关系人不得提起上诉。在人民法院指定的期间内,利害关系人申报权利,人民法院裁定终结公示催告程序,并通知申请人和支付人,对此当事人也不得上诉。

2. 适用范围的限定性。公示催告程序仅适用于可以背书转让的票据遗失、灭失或者被盗,且没有其他利害关系人的案件。根据有关司法解释的规定,公示催告程序适用的范围主要有两项:①可以背书转让的票据;②法律规定可以申请公示催告的其他事项。不能背书转让的票据,以及法律没有规定可以申请公示催告的其他事项,都不能适用公示催告程序。

3. 程序制度的独特性。

(1)公示催告程序由公示催告和除权判决两个阶段组成。公示催告阶段是根据申请人的申请,催告利害关系人申报权利;除权判决阶段,是在无人申报权利的情况下,根据申请人的申请,人民法院依法作出宣告票据或其他事项无效的判决。人民法院适用公示催告程序审理案件的方式主要是书面审查和公示。

(2)公示催告程序的两个阶段均由申请人申请而启动。公示催告程序有两次申请,公示催告阶段由申请人申请开始。公告到期后,人民法院并不主动作出任何裁判,而是由申请人在一定期限内再一次提出申请,请求人民法院作出除权判决,确认其对票据的权利。

(3)公示催告程序的两个阶段分别由两个不同组成方式的审判组织审理。公示催告阶段可由独任审判员审理,但判决宣告票据无效时,应组成合议庭进行审理。

(4)公示催告程序的两个阶段分别发布两个公告。公示催告阶段的公告,目的和功能在于催促可能存在的权利人申报权利;除权判决阶段的公告,目的的功能在于宣告原票据失效,恢复失票人的权利。

15-8(2004年卷3,多选第74题) 从民事诉讼法的规定来看,督促程序和公示催告程序具有下列哪些共同特点?

A. 程序的启动是基于权利人的申请,无答辩程序

B. 程序设计上无开庭审理阶段

C. 都设置了义务人或利害关系人申报权利的程序

D. 对法院的处理结果不服者,均不能提出上诉,也不能申请再审

——应当选择 ABD。本题涉及督促程序与公示催告程序特点的比较。

二、公示催告程序的适用范围

(一)可以背书转让的票据遗失、灭失或被盗

票据是指指示支付人向持票人支付一定金额的凭证,包括汇票、支票和本票三种。背书转让是指依据票据法律、法规的规定,交易双方可以通过在票据的背面签署姓名、日期等事项,完成转移票据及其权利的行为。在通常情况下,记名式票据可以背书转让,不记名式票据不可以背书转让。根据我国现行票据法的规定,多数记名式票据可以背书转让,少数记名式票据尚限制背书转让。例如,转账支票只有在中国人民银行批准的地区可以背书转让。

失票人失票的原因限于票据遗失、灭失或者被盗三种情况之一。

(二)依法可以公示催告的其他事项

目前,根据有关法律和司法解释规定,提单可申请公示催告。但其他事项的公示催告尚无明确规定。从理论上看,可以背书转让的证券、单证、特种文书等,均应当可以申请公示催告。

三、公示催告案件的审理程序

(一)公示催告的申请

根据法律规定,申请公示催告必须具备以下条件:

1. 申请公示催告的主体。根据民事诉讼法的规定,公示催告程序的申请主体即申请人必须是按照规定可以背书转让的票据持有人或法律规定可以申请公示催告的其他事项的拥有人。就票据而言,只有可以背书转让的票据被盗、遗失或者灭失时,失票人才能通过公示催告的程序实现票据与权利的分离,获得权利的救济;对于不可以背书转让的票据,失票人只能通过诉讼的方式寻求权利的救济。同时,根据最高人民法院《适用意见》第 226 条的规定,票据持有人是指票据的最后持有人,即在票据流转过程中最后占有票据的人,也就是票据记载的最后被背书人。

2. 公示催告案件的管辖。对于当事人的公示催告申请,民事诉讼法规定由票据支付地的基层人民法院管辖。从级别管辖来看,公示催告案件由基层人民法院管辖,中级以上的人民法院不得管辖此类案件;从地域管辖来看,公示催告案件由票据支付地的人民法院管辖。所谓票据支付地,就是票据载明的付款地,如承兑或付款银行的所在地、收款人开户银行所在地等,

票据未载明付款地的，以票据付款人的住所地或主要营业地为票据支付地。由票据支付地的基层人民法院管辖，能够确保受理案件的法院与付款人保持最近的空间距离，便于当事人提出申请，也便于受理案件的人民法院及时通知付款人停止支付，防止票据被冒领而发生损失。

3. 申请公示催告的方式。根据《民事诉讼法》第193条第2款规定，申请公示催告应当采取书面方式，即申请人应当向人民法院递交申请书。申请书应当载明下列内容：申请人的基本情况，票据的种类、票面金额、发票人、持票人、背书人等票据主要内容，申请的事实和理由，受申请的人民法院。

（二）审查与受理

人民法院对申请人提出的申请，应当立即进行审查并决定是否受理。人民法院审查的主要内容包括：①申请人是否具备主体资格；②申请的对象是否属于公示催告程序的适用范围；③申请的事由是否符合法律规定；④受申请的人民法院是否具有管辖权；⑤是否采取书面的方式提出申请等。

经审查，认为申请人的申请符合法定的条件的，人民法院应当通知受理，并同时通知支付人停止支付；认为申请不符合受理条件的，人民法院应当在7日内裁定驳回申请。

（三）确定审判组织

人民法院受理公示催告的申请后，首先应当确定审判组织。根据《适用意见》的规定，适用公示催告程序审理案件，可由审判员一人独任审判，但判决宣告票据无效的，应当组成合议庭。也就是说，在公示催告阶段，可以独任审判，在除权判决阶段，应由合议庭审理。

（四）发出停止支付通知

人民法院决定受理公示催告的申请后，应同时通知支付人停止支付。支付人收到停止支付通知后，应停止支付，拒不执行停止支付通知的，支付人应承担由此带来的后果；但在收到停止支付通知之前，支付人不得以任何理由拒绝向票据持有人支付，支付人也不承担由支付而带来的后果。

（五）发出公示催告的公告

人民法院决定受理申请人的申请后，应当在3日内发出公告，催促利害关系人申报权利。此公告称为公示催告公告或者权利申报公告。

1. 公示催告公告的内容。主要包括：①公示催告申请人的姓名或名称；②票据的种类、票面金额、发票人、持票人、背书人等；③申报权利的期限；④在规定的期间内转让票据权利、利害关系人不申报权利的法律后果；⑤公告的法院及公告的日期。

2. 公示催告公告的方式。公告应张贴于法院公告栏内，并在有关报纸或其他宣传媒介上刊登；法院所在地有交易所的，还应张贴于该交易所。

3. 公示催告公告的期间。公告的期间由人民法院根据具体情况决定，但最短不得少于60日。

4. 公示催告的效力。

(1)限制票据流通。在公示催告期间，转让票据权利的行为无效。

(2)推定排除其他利害关系人。经过公示催告规定的申报权利的期间仍无人申报权利的，就可以推定本案所涉及的票据没有其他利害关系人存在，票据权利为申请人享有。

(六)申报权利

申报权利，是指受公示催告的利害关系人，在公示催告期间内向人民法院主张票据权利的行为。申报权利是利害关系人防止自己的权利免受人民法院宣告票据无效损害的重要方式，是否有人申报权利也是人民法院查明票据有无利害关系人、是否应当作出宣告票据无效的除权判决的重要标准。

1. 申报权利的主体。申报权利的主体必须同时具备两个条件：①必须与票据存在利害关系，也就是说，申报人必须是受公示催告的利害关系人。即除申请人之外的、对遗失、灭失或者被盗的票据或法律规定可以申请公示催告的其他事项主张权利的人。具体来说包括：本案申请人以外的票据合法持有人；接受非法转让的善意第三人。②必须是持票人，即申报人必须持有受公示催告的票据。根据权利与票据不可分离性原理，只有持有票据，才能主张票据权利。申报人申报权利，必须出示票据。

2. 申报的地点和期间。利害关系人应当向发出公示催告公告的人民法院申报权利。利害关系人向其他人民法院申报权利的，不能发生申报的法律后果。

利害关系人应在公示催告期间内或除权判决作出前申报权利。超过此期间的，利害关系人不能再申报权利，而应当通过其他方式解决纠纷。

3. 申报的形式与内容。利害关系人向人民法院申报权利，应当采取书面的形式，即提交票据权利申报书。申报书应当写明申报权利请求、理由和事实等事项，并应当向人民法院出示票据正本或者法律规定的证据。

对于申报人的申报请求，人民法院应当进行审查。审查的内容为申报人主张的票据权利是否为本案申请人申请的票据权利。利害关系人申报权利时，人民法院应通知其向人民法院出示票据，并通知公示催告申请人在指定的期间察看该票据。

4. 申报权利的法律后果。经人民法院审查，公示催告申请人申请公示催告的票据与利害关系人出示的票据不一致的，人民法院应当裁定驳回利害关系人的申报；利害关系人申报权利能够成立的，应当裁定终结公示催告程序，并通知申请人和支付人。利害关系人在申报期限届满后、除权判决作出前申报权利并能够成立的，人民法院也就裁定终结公示催告程序。

人民法院裁定终结公示催告程序后,申请人可以依照普通程序的规定另行起诉,申请人也可以向人民法院另行申请冻结票据权利,即申请财产保全。申请人未在合理期限内申请财产保全的,人民法院应当及时通知支付人解除停止支付的措施。

(七)除权判决

公示催告期间届满后,无利害关系人申报权利,或者申报被依法驳回的,人民法院应根据申请人的申请,作出宣告票据无效的判决,这种判决称为除权判决。

除权判决是实现票据权利与票据本身相分离、使票据失去效力的法定形式,也是票据权利与票据本身不可分离性的一种法定例外。只是发出公示催告公告,没有作出除权判决,并不能认为原票据失效,更不能实现权利与票据的分离,也就不能恢复申请人的票据权利。因此,除权判决是公示催告程序制度的重要内容。

1. 除权判决申请。根据《适用意见》第 232 条的规定,在申报权利的期间没有人申报的,或者申报被驳回的,公示催告申请人应当自申报权利期间届满的次日起 1 个月内申请人民法院作出判决。逾期不申请判决的,终结公示催告程序。

2. 合议庭合议。申请人在法定期间内申请除权判决的,人民法院应组成合议庭,对案件进行审查和评议。

3. 判决与公告。合议庭经审查和评议,确信除申请人外没有其他利害关系人的,应当判决原票据无效。除权判决应当公告,并通知支付人。除权判决一旦作出并公告,票据权利即与票据相分离。

4. 判决的效力。

(1)票据失去效力。除权判决的主要内容就是宣告票据无效,因此除权判决作出后,被申请公示催告的票据就失去了效力,票据付款人可以拒绝向持票人支付。

(2)丧失票据的权利人(即公示催告申请人)虽不持有票据,却取得了票据上记载的权利。

(3)票据债务人与不持有票据的权利人之间产生了债权债务关系。公示催告申请人有权根据判决向依票据负有付款义务的支付人请求付款,支付人也有义务按照人民法院的除权判决向申请人兑现票据上的权利。

(4)公示催告程序终结。

15-9(2005 年卷 3,单选第 40 题) 下列哪一项表述符合公示催告程序的法律规定?

A. 公示催告程序只适用于基层人民法院

B. 公示催告程序仅适用于各种票据的公示催告

C. 除权判决应当宣告票据是否无效

D. 当事人不服法院的除权判决,可以提起上诉

——应当选择 A。公示催告程序仅适用于可以背书转让的票据遗失、灭失或者被盗,而不是适用于所有的票据,故 B 项是错误的;除权判决就是宣告票据无效的判决,而不是宣告票据是否有效,故 C 项也是错误的;公示催告程序属于非讼程序,实行一审终审,故 D 项是错误的。

四、对利害关系人权利的救济

由于除权判决只是根据在公示催告期间无人申报权利这一事实,对票据权利人作出的一种推定,即推定票据的权利人就是公示催告的申请人。这种推定可能与事实并不相符,该票据的真正持有人可能并不是公示催告的申请人,其真正持有人可能由于某种客观的原因未能在公示催告期间内申报权利。为了对利害关系人的权利进行救济,民事诉讼法规定,没有申报权利的利害关系人不服人民法院宣告票据无效的除权判决,在法定期间内,可以向作出除权判决的人民法院另行起诉。

根据《民事诉讼法》第 198 条的规定,利害关系人另行起诉必须同时具备下列条件:

(1)利害关系人在判决前没有向人民法院申报权利。如果利害关系人在除权判决前已经向人民法院申报权利,只是其申报被依法驳回的,该利害关系人就不得另行起诉。

(2)利害关系人没有申报权利有正当理由。利害关系人没有在法定期间内申报权利,必须具有正当的理由,并由利害关系人为此承担举证责任。利害关系人故意或者因过失未能在公示催告期间申报权利的,不得另行起诉。

(3)利害关系人必须在知道或者应该知道判决公告之日起 1 年内另行起诉。超过该期间的,不得另行起诉。

(4)利害关系人必须向作出除权判决的人民法院提起诉讼。

(5)利害关系人只能以公示催告申请人为被告另行起诉。利害关系人另行起诉,其实质是请求人民法院行使审判权,就其与公示催告申请人之间因票据产生的纠纷进行裁判,因此,利害关系人另行起诉的对方只能是公示催告申请人。

人民法院受理利害关系人的另行起诉后,经审理认为利害关系人的起诉理由成立的,应当判决撤销除权判决,并确认票据的权利人;认为利害关系人的另行起诉理由不成立的,应当判决驳回起诉。

15－10(1999 年卷 2，单选第 13 题)　下列关于民事诉讼制度或程序的判断，哪一个是不正确的？

A. 因环境污染引起的损害赔偿诉讼，对原告提出的侵权事实，被告否认的，由被告负责举证

B. 人民法院对汽车进行财产保全，可以扣押机动车行驶证，也可以查封汽车

C. 人民法院依照第二审程序审理民事案件，认为该案件依法不应由人民法院受理的，可以由第二审人民法院直接裁定撤销原判，驳回起诉

D. 人民法院依公示催告程序作出除权判决前，利害关系人因正当理由未能向人民法院申报权利的，自知道或者应当知道判决公告之日起一年内，可以向作出判决的人民法院起诉，人民法院可按票据纠纷适用简易程序审理

——应当选择 D。本题考查的知识点较多，其中涉及除权判决后利害关系人的救济的问题。选项 D 的表达不符合法律规定。

■　第八节　破产程序

一、企业法人破产还债程序概述

(一)企业法人破产还债程序的概念与特征

企业法人破产还债程序是指，企业法人因严重亏损，无力清偿到期债务，人民法院依据债权人或债务人的申请，对债务人的全部财产进行清理、变价，并在全体债权人中进行公平分配的审判程序。

企业法人破产还债程序属于民事诉讼程序的范畴，但它又不同于一般的民事诉讼程序。其主要特征是：

1. 破产还债程序是清偿债务的特殊手段。破产程序是在债务人不能清偿到期债务的情况下，人民法院依法对以破产债务人为中心的全部财产法律关系进行彻底的清算，并将破产债务人的全部财产一次性地分配给全体债权人，以了结债权债务关系。破产财产分配完毕，企业法人丧失民事主体资格，没有清偿的债务不再清偿。因此，它是与作为个别清偿程序的执行程序相对应的清偿债务的一种特殊手段，也称为一般清偿程序。

2. 破产还债程序发生的前提条件，是债务人不能清偿到期债务。根据民事诉讼法的规定，企业法人破产的界限是：严重亏损，无力清偿到期债务。只有达到破产界限，才能适用破产程序还债。根据 2006 年 8 月 27 日第十届全国人民代表大会常务委员会第 23 次会议通过《中华人民共和国企业破产

法》(以下简称《破产法》)第2条的规定,企业法人的破产界限是:企业法人不能清偿到期债务,并且资产不足以清偿全部债务或者明显缺乏清偿能力。

3. 破产还债程序实施的直接目的,是使全体债权人得到公平清偿。破产还债不同于一般的债务清偿,破产还债所涉及的债权人往往是多数人。当债务人的清偿能力不足以使多数债权人都获得满足时,就要在法院的主持下,借助破产还债程序使全体债权得到公平清偿,即一方面使债权人平等受偿的权利得到保障,另一方面使债权人平均分担尚未得到清偿的残余债权的损失。这是实施破产还债程序的直接目的。

4. 破产还债程序以债务人责任限定为原则。即债务人只在它所有的财产—破产财产的范围内对债权人承担破产还债的民事责任,一旦破产程序终结,就免除破产债务人对余债继续清偿的义务。因此,破产债务人承担的是有限责任,而不是无限责任。

5. 破产还债程序实行一审终审制,并一律使用裁定。对破产程序中的问题,人民法院一律适用裁定,不适用判决。除了驳回破产申请的裁定允许当事人上诉外,其他裁定一律不准上诉。而且,企业法人破产还债程序不适用审判监督程序,即对破产案件,当事人不得申请再审,人民法院不得依职权发动再审,人民检察院也不得提起抗诉。

(二)企业法人破产还债程序的性质与作用

1. 性质。企业法人破产还债程序的性质是兼有诉讼程序、非讼程序、执行程序的某些特点的一种独立的程序制度。

2. 作用。

(1)确立一种企业优胜劣汰的法律机制,推动社会经济的发展。破产程序是淘汰落后的生产方式和经营方式的不可缺少的法律手段。通过建立破产法律制度,有利于促使企业改善经营管理,采用新技术、开发新产品,不断提高经济效益,力争在竞争中处于不败之地,从而增强企业活力,推动技术进步,促进社会生产力的发展。

(2)确立和实施破产程序,有利于维护债权人和债务人的合法权益。破产程序要求债务人尽其所有,公平合理地对债权人进行清偿,以保障债权在最大限度内得到满足,从而维护债权人的合法权益。同时,破产还债程序对债务人实行责任限定,从而有利于债务人从沉重的债务负担中解脱出来,重新寻求再生的机会。

(三)企业法人破产还债程序适用的法律规范

在《破产法》实施之前,企业法人的破产程序是由两部法律分别规范的:①《中华人民共和国企业破产法(试行)》[以下简称《破产法(试行)》];②《中华人民共和国民事诉讼法》第十九章。其中,《破产法(试行)》适用于全民所有制企业法人,即国有企业法人;《民事诉讼法》第十九章适用于除全民所有制企业以外的企业法人，具体包括具有法人资格的集体企业、联营企业、私营企业以及设在中国领域内的中外合资经营企业、中外合作经营企业和外资企业，但联营各方均为国有企业的，该联营企业破产的程序不适用民事诉讼法而适用破产法（试行）的规定。自 2007 年 6 月 1 日即破产法实施之日起，破产案件审理程序将统一适用破产法的规定，破产法没有规定的，适用民事诉讼法的有关规定。

15－11（2002 年卷 3，多选第 77 题） 不能适用企业法人破产还债程序的单位、组织和个人有哪些？

A. 甲国营企业与乙国营企业共同投资成立的联合企业

B. 个体工商户

C. 中外合资企业

D. 农村承包经营户

——应当选择 ABD。A 项涉及企业的破产还债应当适用破产法（试行），BD 项涉及的主体没有破产资格。

二、破产申请与受理

（一）破产界限

破产界限也称破产原因，是指债务人被宣告破产应当具备的条件，即债务人出现了什么样的经济状况，才能申请宣告破产。综观各国破产法，对破产界限的规定有两种立法例，①列举式；②概括式。我国法律采取概括式。根据民事诉讼法的规定，企业法人破产的界限是：

1. 严重亏损。要适用破产程序宣告企业法人破产，首先应具备的条件是，企业法人在经营过程中，出现了严重亏损的事实。至于造成其严重亏损的原因，既可能是源于企业内部经营管理不善，也可能是源于企业外部经济状况恶化。

2. 不能清偿到期债务。企业法人严重亏损，还必须导致其不能清偿到期债务，才能申请宣告破产。企业的债务有到期债务和未到期债务之分，只有企业不能清偿到期债务时，才能宣告企业法人破产。

以上两个条件，必须同时具备，才能申请宣告企业法人破产。但是，破产法已经将严重亏损这一不便操作的条件删除，而对“不能清偿到期债务”增加一项限制，即“并且资产不足以清偿全部债务或者明显缺乏清偿能力”，作为企业法人的破产界限，增强了破产界限的明确性和可操作性。

15－12（2002 年卷 3，单选第 26 题） 下列关于企业法人破产还债程序的表述，哪一说法是错误的？

A. 企业法人因严重亏损，无力清偿到期债务，债权人和债务人都有权申请宣告破产还债

B. 法院审理破产还债案件一律使用裁定，并一律不准上诉

C. 个体工商户或公民个人合伙不适用企业法人破产还债程序

D. 人民法院审理企业法人破产还债案件必须组成合议庭

——应当选择B。对于人民法院作出的不予受理破产申请的裁定，申请人可以向上一级人民法院提起上诉。

（二）破产案件的管辖

1. 级别管辖。一般破产案件，由基层人民法院管辖；影响较大或重大、复杂的破产案件，由中级人民法院或者高级人民法院管辖。

2. 地域管辖。根据法律规定，破产案件由债务人住所地人民法院管辖。企业法人的住所地，是指企业法人的主要营业所所在地。确定法人的主要营业所所在地，以法人章程规定为准；法人章程规定不明确的，以该企业法人的实际营业地为准，三资企业则以在中国境内的营业所为主要营业所。

（三）破产申请的提出

1. 申请的主体。根据法律规定，可以向人民法院申请破产的主体包括两种：债权人和债务人。

债权人申请宣告债务人破产必须具备两个条件：①债权人的债权已经到清偿期，未到清偿期的债权人不能申请宣告债务人破产；②债务人存在不能清偿到期债务的客观事实。如无此事实，债务尚有支付能力或履行债务的能力，只是未按期清偿债务，仍属于一般的债务纠纷，不能申请宣告破产。

债务人申请宣告自己破产应具备的条件是：①负债严重，不能清偿到期债务；②企业的财产、经营状况恶化，已失去继续生存的能力。

15－13（2006年卷3，单选第31题） 南翔物流有限责任公司因严重亏损，已无法清偿到期债务。2006年6月，各债权人上门讨债无果，欲申请南翔公司破产还债。下列各债权人中谁有权申请南翔公司破产？

A. 甲公司：南翔公司租用其仓库期间，因疏于管理于2005年12月失火烧毁仓库

B. 乙公司：南翔公司拖欠其燃料款40万元应于2004年1月偿还，但该公司一直未追索

C. 丙公司：法院于2005年10月终审判决南翔公司10日内赔偿该公司货物损失20万元，该公司一直未申请执行

D. 丁公司：南翔公司就拖欠该公司货款30万元达成协议，约定于2006年10月付款

——应当选择A。B项涉及的债权已经成为自然债权,不能通过强制程序实现;C项涉及的债权已超过了申请执行期限,同样成为了自然债权;D项涉及的债权清偿期未届满,不符合法定条件。

2. 申请的形式。向人民法院提出破产申请,应当提交破产申请书和有关证据。也就是说,破产申请应当采取书面形式。破产申请书应当载明下列事项:①申请人、被申请人的基本情况;②申请目的;③申请的事实和理由;④人民法院认为应当载明的其他事项。债务人提出申请的,还应当向人民法院提交财产状况说明、债务清册、债权清册、有关财务会计报告、职工安置预案以及职工工资的支付和社会保险费用的缴纳情况。

(四)对破产申请的审查和受理

1. 审查。人民法院接到申请人的破产申请后,应对申请进行审查。审查的主要内容包括:

(1)本院是否有管辖权。破产案件由债务人所在地人民法院管辖。接受申请的人民法院经审查认为本院没有管辖权的,应告知申请人向有管辖权的人民法院提出,或者移送有管辖权的人民法院。

(2)申请的主体是否合格。只有债权人和债务人才能申请破产宣告,其他人无权提出申请。

(3)申请人的申请是否符合法定条件。例如,申请手续是否完备;申请人是否提供了证明债务人达到破产界限的证据;债权人申请宣告破产的,是否提供了能证明债权存在并到期的证据;债务人申请破产是否提供了会计报表、债权债务清册,等等。

2. 受理。经审查,认为申请人的申请符合法定条件的,应立案受理,否则不予受理或驳回申请。

人民法院受理破产案件后,破产程序随之开始,并引起下列法律后果:

(1)与债务人有关的民事审判程序、仲裁程序、民事执行程序应当中止,已经采取的财产保全措施应当解除。

(2)债务人对部分债权人的清偿无效,但是债务人进行正常生产经营所必需的除外。

(3)债务人的债务人或者财产持有人应当向管理人清偿债务或者交付财产。

(4)债权人提出破产申请的,该项债权的诉讼时效中断。

(五)人民法院受理破产案件后的准备工作

1. 人民法院受理破产案件后,应当组成合议庭进行审理。

2. 通知债务人或者债权人,并且发出公告。人民法院受理破产案件后,应当通知债务人和债权人,并发出公告,破产公告应当在报纸上刊登。通知和公告应当载明下列事项：①申请人、被申请人的名称或者姓名；②人民法院受理破产申请的时间；③申报债权的期限、地点和注意事项；④管理人的名称或者姓名及其处理事务的地址；⑤债务人的债务人或者财产持有人应当向管理人清偿债务或者交付财产的要求；⑥第一次债权人会议召开的时间和地点；⑦人民法院认为应当通知和公告的其他事项。

3. 接受债权申报并进行登记。人民法院受理破产申请后，应当确定债权人申报债权的期限。债权申报期限自人民法院发布受理破产申请公告之日起计算，最短不得少于30日，最长不得超过3个月。逾期未申报债权的，视为自动放弃债权。债权人申报债权时，应当书面说明债权的数额和有无财产担保，并提交有关证据。申报的债权是连带债权的，应当说明。人民法院对已申报的债权，应按债权的性质分别登记。

三、债权人会议

（一）债权人会议的组成

债权人会议是由全体债权人组成的，对有关破产的重要事项进行决议的临时性机构。它一方面是债权进行协商、协调各自利益的自治团体，另一方面又是全体债权人对有关破产事项行使决议权和监督权的组织形式。

作为债权人会议组成人员的债权人必须具备以下条件：

1. 债权人的债权必须是在破产宣告之前成立的。
2. 债权人的债权必须已按法律规定的期限向人民法院申报。
3. 债权人的债权必须经债权人会议确认存在。

债权人会议成员中，只有下列几种债权人享有表决权：

1. 无财产担保的债权人。
2. 债务人的保证人在代替债务人清偿债务后，可以作为债权人享有表决权。
3. 放弃优先受偿权利的、有财产担保的债权人。
4. 未放弃优先受偿权利的、有财产担保的债权人，以其担保物受清偿后，如果担保物的价值小于其担保债权额，未受清偿的部分，可以作为破产债权，该债权人享有表决权。

（二）债权人会议的召集

第一次债权人会议在债权申报期满后15日内由人民法院召集。以后的债权人会议，在人民法院认为必要时，或者管理人、债权人委员会、占债权总额1/4以上的债权人向债权人会议主席提议时召开。

召开债权人会议，所有有表决权的债权人可以参加，有财产担保的债权人在未放弃优先受偿权时，可以参加债权人会议，但没有表决权。债务人的法定代表人必须列席会议，回答债权人的询问；清算组织的成员也可以列席会议，但无表决权。

（三）债权人会议的职权

根据法律规定，债权人会议具有以下职权：①核查债权；②申请人民法院更换管理人，审查管理人的费用和报酬；③监督管理人；④选任和更换债权人委员会成员；⑤决定继续或者停止债务人的营业；⑥通过重整计划；⑦通过和解协议；⑧通过债务人财产的管理方案；⑨通过破产财产的变价方案；⑩通过破产财产的分配方案；⑪人民法院认为应当由债权人会议行使的其他职权。

（四）债权人会议的决议

债权人会议的决议，除法律另有规定外，由出席会议的有表决权的债权人过半数通过，并且其所代表的债权额占无财产担保债权总额的1/2以上。债权人认为债权人会议的决议违反法律规定，损害其利益的，可以自债权人会议作出决议之日起15日内，请求人民法院裁定撤销该决议，责令债权人会议依法重新作出决议。债权人会议的决议，对于全体债权人均有约束力。

四、重整与和解

（一）重整

重整是指对已经具备破产原因而有再生希望的债务人实施的旨在挽救该企业，避免其被宣告破产的程序制度。重整程序是与破产程序相并列且可相互转换的程序制度。《破产法》第八章对重整制度作出了系统的规定。

1. 重整申请的提出。根据破产法的规定，重整程序的启动有两种方式：①债务人或者债权人直接向受理债务人破产案件的人民法院申请对债务人进行重整；②债权人申请对债务人进行破产清算的，在人民法院受理破产申请后、宣告债务人破产前，债务人或者出资额占债务人注册资本1/10以上的出资人，可以向人民法院申请重整。

2. 重整计划。重整计划是指债务人或者管理人为挽救企业而制定的使债务人恢复生机与活力的方案。根据破产法的规定，债务人或者管理人应当自人民法院裁定债务人重整之日起6个月内，同时向人民法院和债权人会议提交重整计划草案；期限届满，经债务人或者管理人请求，有正当理由的，人民法院可以裁定延期3个月。债务人或者管理人未按期提出重整计划草案的，人民法院应当裁定终止重整程序，并宣告债务人破产。

重整计划草案应当包括下列内容：①债务人的经营方案；②债权分类；③债权调整方案；④债权受偿方案；⑤重整计划的执行期限；⑥重整计划执行的监督期限；⑦有利于债务人重整的其他方案。

对于重整计划草案，人民法院应当组织债权人进行分组表决，即按照债权的不同性质，将债权人分成不同的组别，分别对重整计划草案进行表决。出席会议的同一表决组的债权人过半数同意重整计划草案，并且其所代表的债权额占该组债权总额的2/3以上的，即为该组通过重整计划草案。各表决组均通过重整计划草案时,重整计划即为通过。重整计划由债务人负责执行。

人民法院裁定批准重整计划后,已接管财产和营业事务的管理人应当向债务人移交财产和营业事务。自人民法院裁定批准重整计划之日起,在重整计划规定的监督期内,由管理人监督重整计划的执行。在监督期内,债务人应当向管理人报告重整计划执行情况和债务人财务状况。

3. 重整的终结与终止。重整程序的终结,就是指重整计划的执行人按照计划的规定完成重整工作,重整计划执行完毕。重整程序终结,重整目的达到,企业得以再生。根据规定,按照重整计划减免的债务,自重整计划执行完毕时起,债务人不再承担清偿责任。

重整程序的终止,是指人民法院根据管理人或者利害关系人的申请,撤销已经开始的重整程序,宣告企业破产。根据破产法的规定,债务人不能执行或者不执行重整计划的,人民法院经管理人或者利害关系人请求,应当裁定终止重整计划的执行,并宣告债务人破产。人民法院裁定终止重整计划执行的,债权人在重整计划中作出的债权调整的承诺失去效力。债权人因执行重整计划所受的清偿仍然有效,债权未受清偿的部分作为破产债权。

(二)和解

人民法院在受理破产案件后,债权人和债务人在互相谅解的基础上,就债务人延期还债、减少债务、企业法人整顿等问题达成协议,以中止破产程序,防止企业破产的法律行为,称为和解。

债权人申请破产的,被申请破产的企业可以申请和解。具体做法是:企业向债权人会议提出和解协议草案,该草案经债权人会议讨论通过,并经人民法院裁定认可,发布公告,即达成和解。

和解达成协议后,债务人和债权人都必须遵守。债权人不得再单独对债务人行使债权、提起诉讼或者申请执行;债务人必须执行和解协议中规定的义务。与此同时,破产程序中止。

和解协议草案应包括以下内容:企业财产状况说明;债权人的名称或姓名、地址、债权的性质与数额;企业恢复清偿能力的可能性;清偿债务的办法和期限;等等。

债务人不能执行或者不执行和解协议的,人民法院经和解债权人请求,应当裁定终止和解协议的执行,并宣告债务人破产。

和解协议履行完毕的,人民法院应当裁定终结破产程序。按照和解协议减免的债务,自和解协议执行完毕时起,债务人不再承担清偿责任。

五、破产宣告与清算

(一)破产宣告

人民法院根据当事人的申请,对符合破产条件的企业,依法作出裁定,宣告其破产的法律行为,称为破产宣告。

1. 破产宣告的条件。

(1)企业达到破产界限,债务人自己申请破产的。

(2)债权人申请宣告企业破产,该企业又不具有不予破产宣告的中止破产程序情况的。

(3)重整程序终止的。

(4)和解程序终止的。

2. 破产宣告的效力。

(1)从破产宣告之日起,债务人转变为破产人,丧失对企业财产的管理处分权,同时丧失其民事主体资格。其财产由清算组接管,清算组代理企业从事必要的民事法律行为。

(2)从破产宣告之日起,破产企业的法定代表人负有以下义务:①必须列席债权人会议,亲自回答债权人的询问;②法定代表人向清算组办理移交手续前,负责保管企业的财产、账册、文书、资料和印章等;③在破产程序终结前,根据人民法院或者清算组的要求进行工作,不得擅离职守。

(3)从破产宣告之日起,无财产担保的债权人就转变为破产债权人,他们对企业享有的债权转变为破产债权,只能通过破产程序得到清偿。

(二)破产清算

1. 破产财产的构成。债务人被宣告破产后,债务人的财产称为破产财产。它的构成要件是:①必须是破产企业法人可以独立支配的财产。②必须是破产程序终结前属于破产企业的财产。破产宣告时属于企业的财产是破产财产;在破产宣告后、破产程序终结前破产企业取得的财产,也属于破产财产。③必须是依照破产程序可以强制清偿债务的财产。

2. 破产债权的范围。破产债权是债务人被宣告破产后,人民法院受理破产申请时对债务人享有的债权。破产债权的构成需要具备三个要件:

(1)成立于人民法院受理破产申请之前。人民法院受理破产申请后,因管理人进行必要的民事活动而产生的债权,不能构成破产债权。

(2)不享有优先受偿权。只有在破产宣告前成立的无担保的债权才能成为破产债权,有财产担保的债权应优先受偿,不能构成破产债权。但有担保的债权人明确表示放弃优先受偿权的,也构成破产债权。

(3)通过破产程序行使。人民法院受理破产案件后,债权人只能依破产程序申报债权、提出受偿要求,不能对债务人提起民事诉讼,对已裁判的案件,也不能申请人民法院依照执行程序个别执行债务人的财产。在破产案件受理前已开始的诉讼和执行程序都应中止。在破产宣告后,破产债权只能按破产程序公平受偿。

下列费用不能成为破产债权:①债权人因参加破产程序而支出的费用;

②破产宣告后,因债务人不履行所产生的损害赔偿或违约金;③破产宣告前,企业应承担的罚款、罚金。

3 .破产财产的分配。破产清偿,就是将破产财产按一定顺序公平地分配给债权人的行为。根据法律规定,破产财产在优先清偿破产费用和共益债务后,依照下列顺序清偿:①破产人所欠职工的工资和医疗、伤残补助、抚恤费用,所欠的应当划入职工个人账户的基本养老保险、基本医疗保险费用,以及法律、行政法规规定应当支付给职工的补偿金;②破产人欠缴的除前项规定以外的社会保险费用和破产人所欠税款;③普通破产债权。破产财产不足以清偿同一顺序的清偿要求的,按照比例分配。破产企业的董事、监事和高级管理人员的工资按照该企业职工的平均工资计算。

破产财产的分配应当以货币分配方式进行。但是,债权人会议另有决议的除外。

4. 破产程序的终结。

(1)正常终结。债权人的债权通过破产程序的实施得到全部或部分清偿,从而达到破产程序的实施目的,为正常终结。

(2)非正常终结。由于某种原因的发生使破产程序的继续进行失去意义,从而终结破产程序的,为非正常终结。

根据有关法律的规定,破产终结主要有以下几种情形:①重整计划得以执行;②和解达成协议并得以执行;③因破产财产不足以支付破产费用而终结;④因破产财产分配完毕而终结。

管理人应当自破产程序终结之日起 10 日内,持人民法院终结破产程序的裁定,向破产人的原登记机关办理注销登记。管理人于办理注销登记完毕的次日终止执行职务。但是,存在诉讼或者仲裁未决情况的除外。

第十六章　民事裁判

第一节　民事裁判概述

一、民事裁判的概念

民事裁判，是指法院对当事人提起的民事诉讼，经过审理，根据不同情况作出的裁断与判定。法院的裁断与判定有实体性的，有程序性的，在我国，法院对民事案件实体问题的裁断与判定为判决，对民事案件程序问题的裁断与判定为裁定、决定。

民事裁判可以有广义的理解，也可以有狭义的理解。广义的民事裁判是指在民事诉讼、民事执行程序中，法院依职权作出的所有书面的和口头的结论性判定，包括判决、裁定、决定、支付令、执行令等。狭义的民事裁判仅指民事判决和裁定，或者指民事判决、裁定和决定。

二、民事裁判的种类

根据通说，我国民事诉讼中的裁判包括判决、裁定和决定。判决是法院对案件的实体问题作出的判断，裁定是法院对案件程序问题作出的判定，决定是法院对诉讼中一些特别事项作出的判定，实质上也是对程序事项作出的判定，但是与裁定适用的对象不同，有其法律规定的特定的适用对象。我国《民事诉讼法》在其第十二章第五节中，规定了判决和裁定的一些基本问题。

三、民事裁判的作用

1. 解决民事纠纷。在我国，民事裁判包括判决、裁定和决定，其中判决是法院对事实案件审理后，对当事人的诉讼请求作出的结论性的、权威性的判定，判决的目的是解决发生在当事人之间的民事权利义务争议，即解决纠纷。原告提起诉讼的目的是请求法院行使司法裁判权对其与被告之间的纠纷予以裁判。

2. 处理程序问题。裁定和决定是法院在审理案件的过程中，对出现的一些影响诉讼进行的事件作出的判定或决定，是法院根据发生的情况决定诉讼程序如何进行的判定或决定，目的是处理诉讼程序中的发生问题。例如，诉讼进行中有诉讼中止的法定情形发生时，法院裁定诉讼中止。

3. 决定程序事项及司法行为。一些裁定和决定在民事诉讼程序中的作用是决定法院采取的程序事项，例如，诉讼中一方当事人申请对对方当事人的财产采取保全措施的，法院对申请人的申请进行审查，审查后认为符合法定条件的，作出财产保全的裁定。一些裁定和决定用于法院采取司法行为，例如，对妨害民事诉讼的行为，法院决定采取罚款或拘留强制措施的，作出决定书执行。

第二节 判 决

一、民事判决的概念

民事判决，是指法院对民事诉讼案件或非诉讼案件审理之后，根据认定的事实适用法律规范，对诉讼当事人之间的纠纷，或者对非诉讼当事人的请求依职权作出的权威性判定。民事判决主要具有以下几方面的特征：

1. 民事判决是人民法院行使国家审判权的结果。原告起诉，是为了请求法院审理后作出利己的裁判。法院对案件审理后，依法公正地作出判定。这一判定对原告而言也许是有利的，也许是不利的，判决的结果与原告期望的结果也许相同，也许不相同。但是，这种司法判定如果是终局的，当事人应当服从。对一审法院的判决，当事人不服的可以行使上诉权请求上诉法院审理后裁判。

2. 民事判决是民事诉讼当事人，或非诉讼当事人向法院请求的结果。原告的起诉是引起民事诉讼程序或非诉讼程序的原因，法院的判决是原告起诉获得的结果，也是原告起诉所达到的目的。虽然判决的结果与当事人预期的结果可以不同，或者相反，但是由于这是当事人请求法院行使司法裁判权，司法裁判的宗旨是公平正义，是事实与法律结合的产物，所以当事人应当服从，不服者依法律许可的救济途径寻求救济。

3. 民事判决是人民法院对当事人之间争议的实体问题，或者当事人请求确认的法律事实或权利的司法判断。民事案件有诉讼案件与非诉讼案件之分，对诉讼案件而言，法院的判决是对当事人之间争议的权利义务关系的判断。对非诉讼案件而言，法院的判决是对当事人请求认定的事实或权利的判断。当事人争议的权利义务关系属于实体问题，当事人请求认定的事实或权利也属于实体问题。

4. 民事判决一律采用书面形式。民事判决的形式一律为书面形式，无口头形式。这是司法裁判的权威性所决定的，是法院司法权的严肃性所决定的，也是当事人诉权的严肃性所决定的。

二、民事判决的分类

民事判决因适用对象不同而有不同的类型。在学理上，根据不同的标准将民事判决分类如下：

(一)诉讼判决和非诉讼判决

这是根据案件性质的不同划分的。诉讼判决，是指法院对诉讼案件审理后，就当事人之间的民事权利义务争议作出的判定。如对合同纠纷案件的判决，对民事侵权纠纷的判决等。非诉讼判决，是指法院对非诉讼案件审理后，就当事人申请确认的法律事实或权利作出的判定，又称非讼判决。如宣告公民死亡的判决，认定公民无行为能力的判决等。

(二)给付判决、确认判决和形成判决

这是根据诉的种类不同划分的。通常，民事诉讼理论将原告向法院提起的各种不同的请求，即诉分为给付之诉、确认之诉和变更之诉，变更之诉又称为形成之诉。法院对这三种不同类型的诉作出的判决也相应地分为给付判决、确认判决和形成判决。

给付判决，是指法院对诉讼案件审理后所做的，判令一方当事人向另一方当事人履行某项民事义务的判决。例如判令一方当事人向另一方当事人给付欠款及其利息的判决，判令一方当事人向另一方当事人履行完成排除妨害的行为的判决等。确认判决，是指法院对诉讼案件审理后作出的，确认当事人之间是否存在某一民事权利或者某一法律事实的判决。例如确认房屋产权的判决。形成判决，是指法院对当事人提起的变更与对方当事人之间现存的民事法律关系的要求变更或不予变更的判决。例如解除婚姻关系的判决。

(三)对席判决和缺席判决

这是根据当事人是否全部到庭划分的。法院开庭审理时双方当事人到庭参加庭审，参加辩论，这种情形为对席审理。法院开庭审理时有一方当事人未到庭，未参加法庭辩论，这种情形为缺席审理。对席判决，是指法院在当事人全部到庭参加审理、参加辩论的情况下作出的判决。缺席判决，是指法院在一方当事人未到庭参加法庭审理、法庭辩论的情况下作出的判决。例如，《民事诉讼法》第130条规定："被告经传票传唤，无正当理由拒不到庭的，或者未经法庭许可中途退庭的，可以缺席判决"。

(四)全部判决和部分判决

这是根据是否终结全部诉讼划分的。全部判决，是指法院对案件全部审理终结后，对案件当事人提出的全部诉讼请求作出的判决。部分判决，是指法院在审理民事案件的过程中，根据具体情况，先对法院审查清楚的当事人的部分诉讼请求作出的判决，又称先行判决。《民事诉讼法》第139条规定："人民法院审理案件，其中一部分事实已经清楚，可以就该部分先行判决。"在我国，绝大多数情况下的民事判决都是全部判决，鲜有部分判决的情况发生，即部分判决极少使用。

16-1（案例题） 2002年11月，船舶调度员崔某因工作原因，在某国JY海运公司的轮船上被正在作业的吊杆击中坠落舱底摔成重伤。2003年2月，崔某将JY海运公司诉至某海事法院，请求法院判令被告承担人身伤害全部责任，赔偿损失。法院经过三次开庭审理认为被告侵权的事实成立，但由于原告尚未痊愈，无法鉴定伤残等级，无法认定损失，案件短期内无法全部审结，故，2003年6月，法院就已经认定的事实作出判决，并裁定先予执行。问：法院可以如此判决吗？

——法院可以如此判决。根据部分判决的原理，法院可以就案件已经查清的部分诉讼请求作出判决。

（五）生效判决和未生效判决

这是根据判决是否已经生效划分的。生效判决，是指根据我国民事诉讼法的规定，已经发生法律效力，当事人不得上诉的判决。这类判决包括：最高人民法院作出的判决、二审法院审理上讼案件后作出的判决、一审法院审理诉讼案件后作出的当事人在法定上诉期限内没有上诉的判决、法院审理非诉讼案件后作出的判决。未生效判决，是指法院审理一审诉讼案件后作出的，已经宣告并送达双方当事人的，尚在上诉期内的判决。

（六）一审判决和二审判决

这是根据案件审级的不同划分的。一审判决，是指第一审法院对诉讼案件经审理后作出的判决。二审判决，是指第二审法院对当事人上诉的案件经过审理后作出的判决，又称终审判决。审判监督程序或再审程序不是案件的正常审级，它们是纠正裁判的程序，因此经再审程序作出的再审判决不宜纳入此分类中。另外再审根据不同的情况可能是适用一审程序的再审，也可能是适用二审程序的再审，故再审判决可能是再审一审判决，也可能是再审二审判决。

（七）原判决和补充判决

这是根据作出判决时间的不同划分的。原判决，是指法院审理案件后正常情况下作出的判决。补充判决与原判决相对，是指法院作出的判决表达不明确、或者对当事人的诉讼请求裁判有遗漏的情况下，法院专门作出的补充性判决书。可见补充判决无法独立存在，它作为原判决的组成部分而存在。由于判决作出后产生羁束力，法院不得任意改变，故原判决对当事人的诉讼请求有遗漏，或者表达不明确的，法院应当以补充判决的方式弥补。

16-2（案例题） A公司向法院起诉，请求法院判令B公司向其支付拖欠的建筑材料款413万元本金、利息以及违约金。法院经审理后判决B公司败诉，令B公司向A公司支付材料款431万元，利息18万元。判决送达后，法院发现几个问题：①判决遗漏了原告违约金的诉讼请求；②判决将材料款413万元误写为431万元。问：法院将如何处理？为什么？

——①对法院漏判的违约金部分，应当作出补充判决纠正，因为这一部分属于实体问题，故适用判决。补充判决与原判决共同构成本案判决。②对将413万元误写为431万元的问题，法院应当作出裁定补正，这属于程序问题，故适用裁定。

此外，还可以根据原告的诉讼请求是否实现，分为胜诉判决和败诉判决。法院作出的满足当事人请求的判决为胜诉判决，反之则为败诉判决。但是，由于诉讼的结果对当事人而言可能是互为胜负的，一份判决对原告而言为败诉判决，那么对被告而言反而是胜诉判决，如何界定胜败标准不一。故胜诉判决和败诉判决不作为本章判决的分类。

三、民事判决的内容

民事判决的内容，通常是指法律规定的民事判决书应当具有的事项。《民事诉讼法》第138条规定了民事判决书所应当具有的内容如下：

（一）案由、诉讼请求、争议的事实和理由

案由是人民法院立案、建立案件卷宗所要求确定的事项，案由能够显示案件的类型和性质，案由应当根据2000年最高人民法院发布的《民事案件案由规定（试行）》确定。诉讼请求是原告起诉或被告反诉所提出的具体要求，是法院审理裁判的对象，因此判决书中应当明确表述。当事人争议的事实、当事人所持的理由是法院审理的对象和裁判所考虑的依据，判决书应当明确表述。根据司法实践中形成的规则，对这些内容，法院通常在判决书"原告诉称……"、"原告举证如下……"、"原告对被告的质证意见……"、"被告辩称……"、"被告举证如下……"、"被告对原告的质证意见……"中表述。

（二）判决认定的事实、理由和适用的法律依据

判决认定的事实、理由和适用的法律依据，即法院对案件审理后，根据当事人提供的证据或者包括法院调取的证据，适用法律规范认定的事实、理由和适用的法律依据。这部分内容是判决书的重点内容，根据司法实践中形成的规则，法院通常在"本院经审理查明……"，或者"本院对本案事实认定如下"部分和"本院认为……"部分表述。

（三）判决结果和诉讼费用的负担

这一部分是判决的主文，判决的主文是法院在认定事实、适用法律规范的基础上对当事人的诉讼请求作出的肯定或否定的裁判，或者部分肯定或部分否定的裁判。诉讼费用的负担也属于判决主文的部分。根据司法实践中形成的规则，判决结果和诉讼费用负担，法院通常表述为"本院判决

如下:……”

（四）上诉期间和上诉的法院

对第一审民事诉讼案件,法院应当在判决书中向当事人指明上诉期间和上诉的法院。根据司法实践中形成的规则,法院的判决书通常如此表述:“如不服本判决,可在判决书送达之日起15日内向本院递交上诉状,并按对方当事人的人数提出上诉状副本,上诉于……人民法院。”

《民事诉讼法》第138条还规定:“判决书应当由审判员、书记员署名,并加盖人民法院印章。”

以上内容是《民事诉讼法》第138条规定的内容,是法院判决书的主要内容。另外,法院判决书还应当具有以下内容:

1. 判决书名称和案件编号。判决书名称通常为:“……人民法院民事判决书”,以表明该判决书是哪一个人民法院法院作出的判决书。案件编号通常以简写的方式表明是何年、哪一人民法院的民事案件、该案件的审级及排序号码。例如:(2006)京一中民一初字第15号,表明该判决书是2006年北京市第一中级人民法院民事第一审案件第15号。

2. 当事人和诉讼代理人名称、住址等。在判决书的正文部分,首先应当载明当事人及其诉讼代理人的情况。当事人如果是公民个人的,应当写明其姓名、性别、出生日期、民族、职业和住址。如果是法人或其他组织的,应当写明其名称、住所地及法定代表人或者主要负责人的姓名。诉讼代理人是律师的应当写明律师的姓名和其所在律师事务所的名称。诉讼代理人不是执业律师的,应当写明其姓名、性别、职业和住址等。

3. 审判组织、审判方式和出庭人员。民事判决书,在当事人和诉讼代理人名称、住址部分之下,应当是审判组织和审判方式、出庭人员的内容。即法院采取何种审判组织方式审理本案,法院审理方式是否是公开审理,开庭审理的出庭人员。

四、民事判决的法律效力

民事判决的效力,是指发生法律效力的民事判决,对当事人、对法院、对他人的效力。判决的法律效力有:判决的羁束力、判决的确定力、判决的形成力与判决的执行力。

（一）判决的羁束力

判决的羁束力,是指判决经法院宣告后,作出判决的法院就应当受该判决的约束,非经法定程序,不得自行撤销或变更该判决。判决的羁束力又称为判决的不可撤销性。判决的羁束力是对受约束法院的效力,通常是指对作出判决的法院的约束效力,不涉及其他法院。例如,一审法院作出判决已经向当事人送达后,发现判决案件有遗漏,不得追回已送达的判决,更改后向当事人送达。而应当依照法定程序及法定方式弥补遗漏。

16－3(1997年卷2,多选第67题) 1996年7月,茂林县人民法院对盛唐公司诉济银公司购销合同纠纷作出一审判决,认定双方所签订的合同为有效合同,济银公司败诉。在判决书向双方当事人送达后的第二天,茂林县人民法院立即就发现了原判决有错误,盛唐公司与济银公司签订的购销合同实际上是份无效合同。在此情况下,茂林县人民法院应如何处理?

A. 立即作出裁定,撤销原判决,作出新判决

B. 等待当事人是否上诉,当事人在上诉期内均未上诉的,由茂林县人民法院按照审判监督程序处理

C. 当事人在上诉期内上诉的,茂林县人民法院可以提出原判决有错误的意见,报送二审人民法院

D. 当事人在上诉期内上诉的,茂林县人民法院即将案卷材料报送二审人民法院,对一审判决不作任何意见表示

——应当选择BC。法院不可以收回判决修改后重新送达,因为判决的羁束力决定了判决书一旦宣告或送达,法院非经法定程序不得随意变更或撤销,不论其是否已经生效。《适用意见》第163条的规定,如果当事人在上诉期内提出上诉的,原审法院可以提出原判决有错误的意见,报送第二审法院,由第二审法院审理;当事人不上诉的,原审法院按照审判监督程序处理。

(二)判决的确定力

判决的确定力分为形式上的确定力和实质上的确定力两方面。

1. 判决形式上的确定力,是指生效判决后,当事人不得以上诉的方式表示不服而请求上级法院撤销或者改判。判决形式上的确定力是判决实质上的确定力的前提条件。例如二审法院的判决宣告或送达后,当事人不服的不得再行上诉。如果当事人认为该判决有错误的,可以申请再审。

2. 判决实质上的确定力,是指判决产生形式上的确定力后,对当事人而言不得对判决所确定事项,不得对同一法律关系再行起诉,或者在其他的诉讼中为相反的主张;对法院而言不得在以后其他诉讼的裁判中作出与该诉讼判决内容相抵触的裁判。判决实质上的确定力又称为既判力,既判力的理论问题内容丰富,在此不做详述。

16－4(案例题) 原告A与被告B因房屋买卖纠纷诉至法院,法院经审理作出判决:认定合同有效,被告应当向原告交付房屋并承担违约责任。判决生效后,前诉被告B以原告身份又向法院起诉,请求法院确认其对房屋的所有权。问:法院是否应当受理并审理裁判?

——法院不应当再受理。因为在前一诉讼中法院已经判决被告向原告交付房屋,即原告享有房屋的所有权,在后诉中B就不得提出与前诉的有既

判力判决相反的主张。后诉法院也不得作出与前诉有既判力的判决的冲突的判断。

(三)判决的执行力

判决的执行力,通常是指对给付之诉的判决而言,判决所确定的给付义务当事人不履行的,对方当事人可以请求法院予以强制执行的效力,但在我国有时候也包括对确认之诉判决申请强制执行的效力,例如,法院判决某房屋产权归原告所有,判令被告将该房屋产权过户在原告名下,被告拒绝履行此义务的,原告可以请求法院强制执行。法院受理后,以向房地产管理机关发出协助执行通知书的方式,要求房地产管理机关予以强制过户。

(四)判决的形成力

判决的形成力,是指对当事人之间的权利义务关系,法院判决其发生、变更或消灭的效力,又称为判决的创设力。例如,法院判决婚姻案件的当事人解除婚姻关系,使案件的当事人之间的婚姻关系消灭。再如:业主与物业管理公司因物业费问题发生诉讼,法院判决物业管理公司按照规定减收物业费。

■ 第三节 裁 定

一、民事裁定的概念

(一)民事裁定的概念和特征

民事裁定,是指人民法院为处理民事诉讼和民事执行中的程序事项作出的,具有结论性、权威性的判定。例如当有法定情形发生时,法院裁定不予受理、中止执行等。有些情况下,法律规定人民法院使用裁定处理的问题与案件实体问题有关,例如先予执行、财产保全和行为保全的裁定。但由于这些诉讼行为并不是对实体问题的最终认定,因此,这些民事裁定性质上仍然是解决程序问题。民事裁定具有以下特征:

1. 裁定的主体是法院。裁定是人民法院针对诉讼或执行程序问题作出的法律文书,是法院行使诉讼指挥权所作的权威性判定。

2. 裁定的客体是有关诉讼案件的程序问题。裁定是法院对诉讼中的程序问题作出的判定,裁定不适用对实体问题的判定。

3. 裁定的原因是诉讼中发生了程序问题。裁定适用的前提是发生了关于程序的问题,需要法院行使职权作出判定,以决定诉讼程序是否开始、是否暂停、是否终结,或者决定执行程序是否进行等。

4. 裁定的形式既有书面形式又有口头形式。根据我国民事诉讼法的规定，有些情况下的裁定可以采用口头形式，并不仅限于书面形式。

（二）裁定与判决的联系和区别

裁定与判决都是我国人民法院作出的裁判文书，它们既有联系又有区别。它们的联系表现在：都是人民法院制作的法律文书，生效之后都具有法律拘束力。它们的区别表现在：

1. 适用对象不同。民事判决用于裁判实体问题，民事裁定用于处理程序问题。有些民事裁定虽然涉及实体问题，但并非是对实体问题的最终裁判，如前所述先予执行的裁定。

2. 适用程序不完全相同。判决适用于诉讼程序，根据我国现行《民事诉讼法》的规定，执行程序中的问题不得适用判决处理；裁定则既可以适用于诉讼程序，也可以适用于强制执行程序。

3. 上诉期间不同。由于适用的客体不同，问题的复杂程度不同，所以法律规定上诉的期限不同，对可以上诉的判决的上诉期为 15 日，对可以上诉的裁定的上诉期为 10 日。另外，对判决和裁定上诉的审限也不同，对判决上诉的，案件的审限为 3 个月；对裁定上诉的，案件的审限为 30 日。

4. 表现形式不同。民事判决是要式行为，必须采用书面形式。民事裁定是非要式行为，既可以采用书面形式又可以采用口头形式。

二、民事裁定的适用范围

民事裁定的适用范围，是指法院对哪些问题应当适用民事裁定做出判定。我国《民事诉讼法》第 140、153 条规定了民事裁定的适用范围：

1. 不予受理原告的起诉。原告向人民法院起诉，必须符合法定条件，不符合法定条件的，法院不予受理，法院不予受理的作出书面裁定并送达当事人。对此裁定，当事人不服的可以上诉。

2. 对当事人提出的管辖权异议。案件被人民法院受理后，当事人认为受诉法院行使管辖权有错误的，有权提出异议。法院对当事人的异议应当以法律规定为根据予以审查，经审查认为异议成立的，应当作出裁定将案件移送到有管辖权的人民法院；经审查认为异议不成立的，也应用裁定驳回当事人异议。对此裁定，当事人不服的可以上诉。

3. 驳回原告起诉。法院在受理原告的起诉后，发现原告的起诉不符合法律规定的条件的，对案件的实体争议不进行审理，作出裁定驳回起诉。对此裁定，当事人不服的可以上诉。

4. 准予财产保全和先予执行。因诉前利害关系人或者诉讼当事人申请，经审查符合法定条件，或者法院在特定情况下依职权，需要对诉讼当事人的财产采取保全措施，法院应当作出裁定并执行。因当事人申请对另一方当事人的财产采取保全措施的，经审查符合法定条件的，法院应当作出裁定并执行。

5. 是否准许当事人撤诉。撤诉是当事人行使处分权的行为,但是在我国,当事人的处分权并不是绝对的,人民法院要依法进行审查,符合规定条件的,法院裁定准予撤诉;不符合条件的,裁定不准撤诉。

6. 中止诉讼或终结诉讼。诉讼程序进行中,由于法定特别情形的出现,导致诉讼无法继续进行下去,需要暂时停止的,法院应当作出裁定宣告诉讼中止。诉讼程序进行中,由于法定特别情形的出现,导致诉讼无法继续进行或者无需继续进行的,法院应当作出裁定宣告诉讼程序终结。

7. 补正判决书中的笔误。补正判决书中的笔误,是指法院对已经作出的并宣告或者送达的判决书,发现有笔误情况的,囿于判决的羁束力,法院不得随意更改,而应当作出裁定予以纠正。补正判决书的笔误属于程序事项故适用裁定,与法院补正漏判事项不同,补正漏判事项属于对案件实体问题的判定,故适用补充判决。

16-5(2005 年卷 3,单选第 35 题) 某法院对甲乙之间的租赁合同纠纷案件作出了判决,当事人在上诉期间内均未上诉。后该法院发现判决书将支付房租数额 10 000 误写成了 1 000 元。法院对此应当如何处理?

A. 作出补正错误的裁定书并送达双方当事人

B. 通知收回判决书,重新制作判决书

C. 由院长提交审判委员会讨论决定再审

D. 裁定撤销判决书,重新制作

——应当选择 A。法院将 10 000 元写成 1 000 元属于笔误,是程序上的错误,不是实体裁判错误,根据《民事诉讼法》第 140 条中的规定,应当适用裁定补正判决书中的笔误,故 A 项正确。通知收回判决书,重新制作判决书,违反判决的羁束力和既判力,故 B 选项错误。笔误不属于裁判错误,不应当由院长提交审判委员会讨论决定再审,故 C 选项错误。裁定撤销判决书,重新制作,非法律规定程序,故 D 选项错误。

8. 中止执行或终结执行。在法院强制执行程序中,若出现特别情形需要暂时停止执行程序的,或者执行程序因无法进行应当终结的,人民法院裁定中止执行或终结执行。

9. 不予执行仲裁裁决。仲裁裁决属于法院执行根据之一,根据民事诉讼法和仲裁法的规定,对仲裁机关制作的仲裁裁决,义务人拒不履行义务的,权利人可向法院申请强制执行。根据民事诉讼法和仲裁法的规定,一方当事人申请人民法院执行仲裁裁决的,被申请的另一方当事人具有法定条件的有权请求法院不予执行。对被申请执行人的申请,法院经审查符合法律规定的,应当作出不予执行仲裁裁决的裁定的。

10. 不予执行公证机关赋予强制执行效力的债权文书。公证机关赋予强制执行效力的债权文书有强制执行效力,属于法院强制执行根据之一,根据民事诉讼法和公证法的规定,一方当事人不履行约定义务的,对方当事人可申请法院强制执行。但公证债权文书有错误的,人民法院应裁定不予执行,并将裁定书送达双方当事人和公证机关。

11. 其他需要用裁定解决的事项。这是一项弹性规定,适用于民事诉讼和民事执行程序中出现的新情况。根据我国1995年的《仲裁法》,根据最高人民法院1992年的《适用意见》、最高人民法院1998年的《关于人民法院执行工作若干问题的规定(试行)》(以下简称《执行规定》)、2001年《关于适用督促程序若干问题的规定》、2002年的《关于审理企业破产案件若干问题的规定》,以及其他司法解释和批复,对以下事项,法院处理时适用裁定:

(1)当事人向法院申请撤销仲裁裁决,经法院审查符合法定情形的,应当裁定撤销。

(2)人民法院对破产申请不予审理的,应当作出裁定。人民法院受理破产案件后,发现不符合法律规定的受理条件,或者有法定情形的,应当裁定驳回破产申请。在企业的破产还债程序中,债权人与债务人达成和解协议的,法院作出裁定认可;债务人不履行或者不能履行和解协议的,法院作出裁定恢复破产程序;法院认为被申请人应当被宣告破产的作出裁定宣告其破产;清算组的财产分配方案未被通过的,法院作出裁定;对破产程序中的债权人、债务人、有关案外人依法提出的各种异议,由法院审查后作出裁定;法院决定收回、处理和变现破产财产的,作出裁定强制执行;破产程序应当终结的,法院作出裁定;等等。

(3)人民法院对支付令的申请,经审查不符合法律规定的受理条件的,应当作出裁定驳回申请。人民法院受理支付令申请后,债权人就同一债权关系又起诉的,或者支付令无法送达的,应当裁定终结督促程序。法院院长对本院已经生效的支付令,如果发现确有错误的,经提交审判委员会讨论决定后,作出裁定撤销支付令,驳回债权人的申请。

(4)最高法院、下级法院对其下级法院以及发生法律效力的判决、裁定发现确有错误的,应当裁定提审或裁定指令下级法院再审。

(5)人民法院对申请或者请求承认和执行外国法院作出的生效判决、裁定的,经审查符合规定的,裁定承认其效力,需要执行的发出执行令。

(6)执行程序中,法院决定对有协助义务而违背协助义务的案外人令其承担财产责任的,作出裁定,例如,责令金融机构追回其擅自解冻的款项,金融机构未追回的,法院应当裁定该金融机构以自己的财产承担责任;有关单位或公民持有指定交付的财物或票证,拒不协助交付而擅自转移指定的财产的,法院裁定其承担赔偿责任。

(7)在执行程序中,法院决定采取强制措施时作出裁定,例如,法院提取被执行人存款或其尚未支取的收入的,应当作出裁定;被执行人无金钱给付能力的,法院有权裁定对被执行人的其他财产采取查封、扣押措施;法院决定采取禁止被执行人转让投资权益的,作出裁定;等等。

(8)在执行程序中,法院决定变更或追加被执行人的,作出裁定变更或追加;执行担保人应当承担担保责任时,作出裁定,裁定执行担保人的财产。

12.《民事诉讼法》第153条还规定,上诉法院审理上诉案件时,认为原判决违反法定程序,可能影响案件正确判决的,裁定撤销原判发回重审。第191条规定,对申请人支付令的申请,经审查,其申请不成立的,裁定驳回。第192条规定,法院发出支付令后,债务人提出异议的,法院裁定终结督促程序。

三、民事裁定的形式和内容

(一)民事裁定的形式

民事裁定的形式有两种,一种是书面形式,一种是口头形式。通常情况下采用书面形式,由法院作出裁定书。有些情况下采用口头形式,由法院口头宣告并将裁定内容记入笔录。

(二)民事裁定的内容

民事裁定书由开头、正文和结尾三个部分组成。

1. 开头部分包括:标题、案件编号、案件双方当事人情况以及案由。

2. 正文部分包括:此案所根据的事实、理由、法律规定及法院的处理决定。

3. 结尾部分包括:作出此裁定的法院审判人员姓名和书记员姓名,作出裁定的具体时间,即年、月、日。此外,如果是属于可以上诉或者可以申请复议的裁定,也应当表明。最后,裁定加盖人民法院印章。

如果是口头裁定,法院审判人员应当依照裁定书要求具有的内容由书记员记入笔录。

民事裁定书的首部应写明诉讼参加人的基本情况,包括当事人、法定代理人、法定代表人或者负责人、诉讼代理人的名称、姓名、住所等基本情况。尾部应有审判人员、书记员署名,作出裁定的年、月、日,并加盖人民法院印章。口头裁定应当记入笔录。凡法律允许当事人上诉的裁定,还须注明上诉期间和上诉的法院,以便于当事人行使上诉权。

四、对裁定的救济

当事人对法院作出的裁定不服的,有些可以提起上诉,有些可以申请复议,有些可以提出申诉。即对法院作出的裁定,当事人可以行使的救济方式有上诉、申请复议和申诉。

1. 上诉。根据《民事诉讼法》的规定和最高法院的司法解释,当事人可以对下列裁定提起上诉:不予受理的裁定、对管辖权异议的裁定、驳回起诉的裁定和对不予受理破产申请的裁定、对驳回破产申请的裁定。

2. 申请复议。对财产保全的裁定和先予执行裁定,当事人不服的,可以申请复议一次,复议期间不停止裁定的执行。

3. 申诉。对破产宣告的裁定,债权人或者债务人有异议的,可以向上一级法院申诉;对清算组的财产分配方案未获通过的,法院作出裁定,法定人数的债权人对此裁定有异议的,可以向上一级法院申诉。

五、民事裁定的效力

民事裁定的效力,是指其对主体、客体所产生的法律上的拘束力。

我国的民事裁定有的可以上诉,有的不可以上诉,对于可以上诉的裁定,有一审的,有二审的,这些不同类型的裁定发生法律效力的时间不同。法院作出的不可以上诉的裁定,一经宣告或送达即发生法律效力。对法院作出的可以上诉的一审裁定,法院宣告或送达后10日届满,当事人未上诉的,发生法律效力。对二审法院作出的裁定,一经宣告或送达即生效。

民事裁定生效后,对当事人、法院都会产生法律上的拘束力。

对当事人而言,其必须遵守裁定,不得再对同一事项提出相同的要求;对人民法院而言,未经法定程序不得更改裁定的内容,不得随意撤销已经作出的裁定。诉讼程序中的裁定对案外人一般无拘束力,但执行程序中的裁定可能对案外人产生拘束力,例如,法院作出的变更或追加被执行人的裁定,法院作出的执行担保人财产的裁定。

第四节 决 定

一、民事决定的概念

民事决定,通说是指人民法院就诉讼中的特殊事项依法所作的权威判定。所谓特殊事项实质上属于程序事项,这些程序事项是为了保障法院诉讼程序和执行程序的顺利进行,为了维护正常的诉讼秩序而必须作出判定的事项。

民事决定不同于民事判决。①它们的适用客体不同,前者是解决诉讼程序或执行程序中出现的程序性问题,后者是法院对诉讼案件的实体性问题的最终裁判,或者对非讼案件的判定。②它们实现的目的不同,诉讼判决的目的是解决当事人之间的争议,非讼判决是认定申请人请求确定的事实或权利,决定是解决诉讼程序或执行程序中出现的问题,或者决定采取强制措施以保障诉讼程序或执行程序的顺利进行。③它们的救济途径不同,对法院作出的一审诉讼判决,当事人可以提起上诉,对决定则不得上诉,只是对有些决定可以申请复议一次。

民事决定与民事裁定虽然同属于处理程序事项的法院裁判，但是它们也有以下不同之处：①它们的适用范围不同，裁定的适用范围由《民事诉讼法》和最高人民法院的司法解释规定，如前所述；决定的适用范围由《民事诉讼法》规定，如下所述。②它们的救济途径不同，根据规定，对裁定而言有些可以上诉，有些可以申请复议；对决定而言不可以上诉，仅是有些可以申请复议。

二、民事决定的形式与内容

(一)民事决定的形式

民事决定有口头与书面两种形式，适用时由人民法院根据规定，或者视具体情况决定采用何种方式。通常，对罚款、拘留等重大措施的决定应当采用决定的形式，即制作决定书。

(二)民事决定的内容

民事决定的内容由开头、正文和结尾三个部分组成。

1. 开头部分包括：标题、案件编号、案件双方当事人情况以及案由。

2. 正文部分包括：决定所依据的事实、理由和决定内容。

3. 结尾部分包括：是否准予申请复议，民事决定作出的年、月、日，作出决定的法院审判人员，最后加盖人民法院印章。

口头决定由书记员记入笔录。

三、民事决定的适用范围及其救济

(一)民事决定适用范围

根据我国民事诉讼法的规定，民事决定主要适用于下列事项：

1. 决定是否回避。申请回避是当事人的一项诉讼权利，对当事人提出的回避申请，人民法院经审查认为符合法定事由的，应当作出回避的决定；不符合法定事由的，应当决定不予回避。

2. 采取排除妨害民事诉讼的强制措施。对当事人或案外人妨害民事诉讼的行为，法院有权采取强制措施予以排除，给予制裁，以保障诉讼程序或执行程序的顺利进行。当事人或案外人的行为构成法律规定的妨害民事诉讼的行为的，法院可以根据具体情形决定采取不同的强制手段，人民法院应当作出决定。

3. 决定诉讼期间的顺延。当事人如果因不可抗拒的事由或者其他正当理由耽误了诉讼期间的，可以在障碍消除后的10日内向法院申请顺延。法院是否允许顺延，应当对当事人的申请审查后作出决定。

4. 决定诉讼费用的缓交、减交、免交。根据司法救助的规定，法院对交纳诉讼费用有困难的当事人，根据其申请，可以酌情准予缓交、减交或免交诉讼费用，法院作出缓交、减交或免交诉讼费用的决定。

5. 决定对生效判决案件再审。对本院已经生效的裁判，发现确有错误的，由院长提交审判委员会讨论决定是否再审。审判委员会决定再审的，法院应当作出再审的决定，并裁定中止原判决的执行。

6. 决定暂缓执行。执行过程中，被执行人向人民法院提供担保，并经申请执行人同意的，人民法院做出决定，决定暂缓执行及暂缓执行的期限。

16－6（案例题） 某法院对村民甲与村民乙的宅基地纠纷案件，经过审理后作出判决驳回原告甲的诉讼请求。当事人未上诉，判决生效。但是，法院后来发现判决有错误，不应当驳回原告的诉讼请求。于是根据审判监督程序的规定准备对案件再审。问：法院应当作出哪种裁判文书？

——法院应当根据民事诉讼法的规定，由院长提交审判委员会讨论决定是否再审，审判委员会认为确有错误的，作出再审的决定，并作出中止原判决执行的裁定。

（二）对决定的救济

根据我国民事诉讼法的规定，对法院作出的决定，当事人不服的不得上诉，但是对有些决定当事人可以申请复议。对是否回避的决定，当事人不服的可以申请复议一次。但是复议期间，被申请回避的审判人员不停止参与本案的工作。法院作出的对妨害民事诉讼的行为人采取罚款、拘留强制措施的决定，当事人不服的可以向上一级法院申请复议一次，但复议期间不停止该决定的执行。

16－7（2004年卷3，多选第71题） 下列哪些民事裁定当事人有权申请复议？

A. 关于财产保全的裁定　　B. 关于回避的决定

C 关于管辖权的裁定　　D. 除权判决

——应当选择AB。根据民事诉讼法的规定，对法院作出的财产保全的裁定，当事人不服的可以申请复议；对回避的决定，当事人不服的可以申请复议；对管辖权的裁定，当事人不服的可以提起上诉；对除权判决而言，因为它是判决，所以不适用申请复议，又因为它是非讼判决，所以也不可以上诉。故选项C、D项错误。

16－8（2005年卷3，单选第38题） 对人民法院作出的下列哪一种民事裁定、决定，当事人不可以申请复议？

A. 关于先予执行的裁定　　B. 关于回避问题的决定

C. 关于管辖权异议的裁定　　D. 关于罚款的决定

——应当选择C。因为根据民事诉讼法的规定对先予执行的裁定、对回避的决定和罚款的决定当事人可以申请复议,对管辖权异议的裁定当事人可以上诉。故A、B、D项不符合题意。

三、民事决定的法律效力

民事裁定的效力,是指其对主体、客体所产生的法律上的拘束力。

决定的生效。民事决定一经作出即生效,与诉讼判决不同,当事人不得上诉,也与可以上诉的裁定不同。这是因为,决定所适用的事项多是法院依职权决定的事项,不直接涉及当事人的实体权利。对当事人可以申请复议的决定,当事人行使复议权的,在复议的过程中不影响决定的执行。

民事决定生效后,对当事人和有关案外人发生法律效力。对当事人而言,不得再对同一事项提出相同的要求。对人民法院而言,未经法定程序不得随意变更决定的内容,不得随意撤销作出的决定。对有关案外人而言,法院根据决定采取强制措施。

■ 第五节 诉讼费用

一、诉讼费用的概述

诉讼费用,是指当事人在人民法院进行民事诉讼及其与之相关的活动,依法应当交纳和支付的费用,包括案件受理费和其他费用(《民事诉讼法》第107条)。进行民事诉讼活动要依法交纳诉讼费用,是国际上民事诉讼的通例,诉讼费用制度,是各国民事诉讼制度的组成部分,西方国家通常制定单行的民事诉讼费用法来调整诉讼收费。我国建国后至1984年,一直采用的是无偿诉讼的制度。1984年,最高人民法院颁布了全国统一适用的《民事诉讼收费办法(试行)》,从而结束了免费诉讼的历史。目前,民事诉讼费用征收的法律依据主要有:现行《民事诉讼法》、最高人民法院《适用意见》、1989年的《人民法院诉讼收费办法》(以下简称《收费办法》)、《〈人民法院诉讼收费办法〉补充规定》(以下简称《补充规定》)以及1999年10月1日起施行的《人民法院诉讼费用管理办法》等。

案件受理费,是指人民法院决定受理起诉时,按规定向当事人征收的费用。

其他费用,是当事人双方按实际支出来负担的费用。《收费办法》对其他费用的范围做了规定:①勘验、鉴定、公告、翻译(当地通用的民族语言、文字除外)所实际支出的费用;②证人、鉴定人、翻译人员在人民法院决定日期出庭的交通费、住宿费、生活费和误工补贴费;③采取诉讼保全措施的申请费和实际支出的费用;④执行判决、裁定或者调解协议所实际支出的费用;⑤依法向人民法院申请执行仲裁机构的裁决、公证机关依法赋予强制执行效力的债权文书和行政机关的处理或处罚决定的,应当交纳申请执行费和执行中实际支出的费用;⑥人民法院认为应当由当事人负担的其他诉讼费用。例如,当事人依法复制本案庭审材料和法律文书的,应当向人民法院交纳所需的费用。

二、诉讼费用的征收标准

我国民事案件分为非财产案件和财产案件两类,诉讼费用的收取则根据案件种类的不同分别有不同的收费标准。

(一)非财产案件受理费的征收标准

非财产案件受理费原则上按件计征,具体数额由人民法院在法定幅度内收取。非财产案件中涉及财产部分的受理费依不同情况,分别计收。非财产案件的收费标准如下:

1. 离婚案件,每件收取 10 元 ~ 50 元。涉及财产分割的,如财产总额不超过 1 万元,不另收费;超过 1 万元的,超过的部分按 1% 收取受理费。

2. 侵害姓名权、名称权、肖像权、名誉权、荣誉权的案件,每件收取 50 元 ~ 100 元。

3. 知识产权纠纷案件,没有争议金额的,每件收取 500 元 ~ 1 000 元;有争议金额的,则按财产案件的收费标准计收案件受理费。

4. 劳动争议案件,每件收取 30 元 ~ 50 元。

5. 其他非财产案件,每件收取 10 元 ~ 50 元。

(二)财产案件受理费的征收标准和计算方法

1. 财产案件受理费的计算标准。原则上以诉讼争议金额的大小按比例递减收取,具体的计算标准是:

(1)不满 1 000 元的,每件收取 50 元。

(2)超过 1 000 ~ 5 万元的部分,按 4% 收取。

(3)超过 5 万元 ~ 10 万元的部分,按 3% 收取。

(4)超过 10 万元 ~ 20 万元的部分,按 2% 收取。

(5)超过 20 万元 ~ 50 万元的部分,按 1.5% 收取。

(6)超过 50 万元 ~ 100 万元的部分,按 1% 收取。

(7)超过 100 万元的部分,按 0.5% 收取。

争议金额的大小以当事人提出的诉讼请求为准。如果请求的金额与实际争议的金额不符,由人民法院来核定。

2. 财产案件受理费的计算方法。计算方法是:分段计算,然后相加。如争议金额为 220 万,计算公式为:

50 + (50000 - 1000) × 4% + (100000 - 50000) × 3% + (200000 -

100000)×2% +(500000 - 200000)×1.5% +(1000000 - 500000)×1% +(2200000 - 1000000)×0.5% =21010

关于财产案件受理费,还有一个速算方法,速算公式是:案件受理费 = 争议金额×收费率+速算增加数。具体为:

(1)不满1000元的,每件收取50元。

(2)争议金额在1000元~5万元之间的,案件受理费 = 争议金额×4% +10。

(3)争议金额在5万元~10万元之间的,案件受理费 = 争议金额×3% +510。

(4)争议金额在10万元~20万元之间的,案件受理费 = 争议金额×2% +1510。

(5)争议金额在20万元~50万元之间的,案件受理费 = 争议金额×1.5% +2510。

(6)争议金额在50万元~100万元之间的,案件受理费 = 争议金额×1% +5010。

(7)争议金额在100万元以上的,案件受理费 = 争议金额×0.5% +10010。

如争议金额为220万,计算方法为:2200000×0.5% +10010 =21010。

显然,这种计算方法很实用。

(三)申请费的征收标准

申请费,是当事人申请适用特殊程序而向人民法院缴纳的费用,有以下5种情况:

1. 申请财产保全的,保全财产的金额不满1 000元的,每件收取申请费30元;超过1 000元至10万元的部分,按1%收取申请费;超过10万元的部分,按0.5%收取申请费。

2. 申请企业法人破产还债的案件,根据破产企业财产总值,依照财产案件收费标准计算,减半交纳,但最高不超过10万元。

3. 向人民法院申请支付令的,每件收取申请费100元。督促程序因债务人异议而终结的,申请费用由申请人负担;债务人未提出异议的,申请费由债务人负担。

4. 向人民法院申请公示催告的,每件收取申请费100元。申请费和公告费由申请人负担。

5. 在海商案件中,申请扣押船舶的,每件收取1 000元~5 000元;申请债权登记的,每件收取500元;申请留置货物、燃料的,每件收取500元;申请船东责任限制的,按申请限制数额的0.1%收费,但最低不少于500元。

（四）执行费的征收标准

执行费用，指当事人申请人民法院强制执行各类生效法律文书时，依法应当交纳的费用。执行费用包括申请执行费和执行中实际支出的费用。

当事人申请执行人民法院制作的各种生效法律文书时，不交纳申请执行费。当事人向人民法院申请强制执行仲裁机构的裁决、赋予强制执行效力的公证债权文书和行政机关处理或处罚决定时，应当缴纳申请执行费。申请执行金额或价款在1万元以下的，每件收取50元申请执行费；超过1万元至50万元的部分，按0.5%收取，超过50万元的部分，按0.1%收取。

人民法院为采取执行措施而实际支出的费用，由被申请执行人负担。

（五）其他诉讼费用的征收标准

其他诉讼费用，是应当由当事人负担的实际支出的诉讼费用。当事人应当交纳的其他诉讼费用主要包括三部分：

1. 勘验费、鉴定费、公告费、翻译费，按国家的有关规定计征。

2. 证人、鉴定人、翻译人员因出庭而支出的交通费、住宿费和误工补贴，由人民法院根据国家有关规定和实际情况决定。

3. 当事人复制人民法院庭审材料的费用。

（六）涉外案件诉讼费用的征收标准

涉外案件的收费，我国法律有特别规定的按特别规定；无特别规定的，与国内案件同等收费；外国法院对我国当事人有特殊性收费的，采取对等方法收费。

三、诉讼费用的交纳

根据《收费办法》第12、13条规定，第一审民事案件的受理费由原告自接到人民法院预交费用的通知次日起7日内预交；被告提出反诉的，根据反诉金额或者价额计算案件受理费，由被告在提出反诉的同时预交；财产案件中请求数额与实际不符的案件受理费，按人民法院核定的实际数额计算；人民法院需要合并审理的案件受理费根据不同请求分别收取。当事人在规定的期限内未预交受理费，又不提出缓交申请的，或者虽提出缓交申请但未获人民法院批准的，按自动撤回起诉处理。

上诉案件的诉讼费用，由上诉人向人民法院提交上诉状时预交。双方当事人都提出上诉的，由上诉的双方当事人分别预交。上诉人在上诉期内未预交诉讼费用的，人民法院应当通知其预交。上诉人在接到人民法院预交诉讼费用的通知后7日内仍未预交又不提出缓交申请的，按自动撤回上诉处理。

申请执行等费用由申请人在提出申请时预交。

根据《收费办法》第14条规定，对于移送、移交的案件，原受理的人民法院应将预交的诉讼费用随案件一同移交给接受案件的人民法院。

根据《收费办法》第15条规定，审理经济纠纷案件过程中，发现本案属于刑事犯罪，全案移送有关部门处理的，预交的案件受理费予以退还；移送后经济纠纷需要继续审理的，预交的案件受理费不予退还。

根据《收费办法》第16、17、18条规定，对中止诉讼的案件，预交的受理费不予退还。中止诉讼原因消除后，恢复诉讼时不再交纳受理费。终结诉讼的案件预交的受理费不予退还。第二审人民法院发回重审的案件预交的上诉受理费不予退还；重审后又上诉的不再预交受理费。

另外，申请费由申请人提出申请时预交。其他诉讼费用由人民法院根据案件具体情况，决定预交的金额和方式。

四、诉讼费用的负担

根据最高人民法院《收费办法》的规定及最高人民法院《补充规定》，我国诉讼费用的负担有以下原则：①由败诉方负担原则。民事诉讼的发生和进行一般是由责任方（即过错方）不履行义务或侵犯其他公民的民事权益引起的，由责任方负担诉讼费用是理所当然的。当事人部分胜诉，部分败诉的，由双方当事人按承担责任的比例负担。共同诉讼当事人败诉，由人民法院根据他们各自对诉讼标的利害关系，决定各自应负担的金额。②不当负担原则。在民事诉讼中，由于当事人不正当的诉讼行为而支出的诉讼费用，由作出不当行为的当事人负担。③利益负担原则。在诉讼中专为当事人个人利益的诉讼行为而支出的诉讼费用，由享受诉讼利益的当事人负担。④人民法院决定负担原则。人民法院在审理离婚案件或当事人双方均无过错的案件中，根据案件的实际情况决定当事人负担诉讼费用。⑤协商负担原则。人民法院在用调解方式解决案件时，诉讼费用由当事人双方协商负担，协商不成的由法院决定。⑥原告负担原则。人民法院在适用裁定解决案件时，由原告负担诉讼费用。撤诉的案件由原告负担诉讼费用的一半，其他诉讼费用按实际发生额收取；驳回起诉的案件受理费由起诉的当事人负担。

诉讼费用负担原则，适用于一审、二审和再审程序中。但是，由于二审和再审程序的特殊性，我国法律对二审和再审程序关于诉讼费用负担作了特别规定。

（一）第二审程序中诉讼费用负担的特别规定

1. 二审判决驳回上诉、维持原判的案件，诉讼费用由上诉人负担；双方都上诉的，由双方当事人负担。

2. 二审依法改判的案件，二审法院除确定二审诉讼费用以外，还应当改变一审法院关于诉讼费用负担的决定。

3. 二审调解达成协议的案件，对一审和二审诉讼费用的负担，由当事人协商；协商不成的，由二审人民法院一并作出决定。

（二）再审程序中诉讼费用负担的特别规定

1. 人民法院依职权提起的再审案件和人民检察院抗诉的再审案件，当事人不需要交纳诉讼费用。

2. 经再审程序，对一审或者二审判决作了变更的，再审法院应当重新确定原诉讼费用的负担。

五、诉讼费用的缓减免

诉讼费用的缓减免，是指依照法律规定应当交纳诉讼费用的当事人，因经济上确有困难，无力负担或者暂时无力交付时，经当事人申请，由人民法院决定缓交、减交、免交的制度。

诉讼费用的缓、减、免制度，体现了社会主义司法制度的优越性。这一制度，有利于切实保障那些经济上确有困难的当事人行使自己的诉讼权利，避免了因交纳不起诉讼费用而无力涉诉的情况。

1. 缓交，是指当事人暂时无力交纳诉讼费用，向人民法院申请延缓交纳的时间，待有能力时交纳。

2. 减交，是指当事人无力交纳全部诉讼费用，经申请后，人民法院准予适当减少应交纳的诉讼费用。

3. 免交，是指当事人无力交纳诉讼费用，经申请后，人民法院准予不交纳诉讼费用。

申请诉讼费用的缓、减、免时，当事人应提交书面申请书，并注明理由。也可以口头提出申请，由书记员记入笔录，当事人签名或盖章。

另外，诉讼费用的缓减免制度只适用于自然人，而不适用于法人或其他组织。

16－9（案例题） 甲向法院起诉请求法院判令乙给付欠交货款和赔偿损失费共计36万元。经审理，法院作出了责令乙给付欠交货款和赔偿损失费31万元的判决。

问：①根据《收费办法》规定，在本案诉讼中，应当由谁在什么期限内预交多少案件受理费？②根据判决，法院应向谁收取多少案件受理费？

——①本案案件受理费应当由原告甲在收到预交诉讼费用通知之日起7日内预交7 910元案件受理费；②根据判决，法院应当向被告乙收取案件受理费7 160元，人民法院已收取的原告预交的案件受理费应退回给原告甲公司。

16－10（单选题） 在民事诉讼中，凡是人民法院裁定驳回起诉的案件，该案件受理费由谁负担？

A. 原告负担　　　　B. 被告负担

C. 原告和被告协商负担　　D. 原告和被告共同负担

——应当选择 A。根据民事诉讼法的规定，驳回起诉的案件受理费由起诉的当事人负担。

第十七章　涉外民事诉讼程序与区际司法协助

第一节　涉外民事诉讼程序概述

一、涉外民事诉讼的概念和特点

(一)涉外民事诉讼的概念

涉外民事诉讼,是指人民法院在当事人及其他诉讼参与人的参加下,为解决涉外民事纠纷所进行的各种活动及由此所产生的诉讼法律关系的总和。所谓涉外民事纠纷,是指具有涉外因素的民事纠纷。“涉外因素”体现在以下三个方面:

1. 主体具有涉外因素,即争议法律关系主体的一方或双方是外国人、无国籍人、外国企业和组织。例如,跨国婚姻中的中国公民与外国公民在我国进行的离婚诉讼。

2. 争议的民事法律关系具有涉外因素,即引起当事人之间争议的民事法律关系设立、变更、终止的法律事实发生在外国。例如合同纠纷的双方当事人之间的合同在外国签订或者履行,离婚案件的双方当事人之间的婚姻关系在外国缔结,等等。

3. 诉讼标的物具有涉外因素,即诉讼标的物在外国。如继承纠纷中双方争议的遗产在外国。

民事纠纷含有涉外因素,并不是指涉外民事纠纷必须同时具备以上三个涉外因素,而是指只要具有一个涉外因素即为涉外民事纠纷。

(二)涉外民事诉讼的特点

涉外民事纠纷的特殊性决定了涉外民事诉讼具有不同于国内民事诉讼的特征:

1. 涉外民事诉讼涉及国家主权。由于涉外民事诉讼含有涉外因素,在管辖、诉讼文书的送达、调查取证、协助执行诸环节往往触及法院地国家与其他国家之间的主权、司法权、国家关系等问题。人民法院在审理涉外民事案件时,既要尊重他国主权又要维护我国主权。这一点是国内民事诉讼所不具有的。

2. 审理涉外民事案件时,存在法律适用问题。对于涉外民事案件,就适用程序法而言，根据国际上公认的程序法适用法院地法的原则以及《民事诉讼法》第4条的规定，凡在我国领域内进行的民事诉讼，必须适用我国的民事诉讼法，但如果我国参加或缔结的国际条约中有有关程序的特殊规定时，则须首先选择适用该项国际条约，我国声明保留的条款除外。就适用实体法而言，则存在法律选择问题，通常是根据争议的不同种类而有所不同。例如，属于物权、所有权的争议，一般适用争议标的物所在地国家的法律；属于人与人身份关系的争议，往往适用属人法；属于法律行为方面的争议，通常适用法律行为发生地国家的法律，等等。

3. 涉外民事诉讼期间较长。由于涉外民事诉讼涉及多个国家，因此诉讼法律关系主体在实施送达诉讼文书、调查取证、传唤证人、起诉、答辩、上诉等诉讼行为时，需要较长的时间，否则难以完成。因此在期间设置上，要比国内民事诉讼长。

4. 涉外民事诉讼有时需要借助国与国之间的司法协助。因为涉外民事诉讼具有涉外因素，所以在诉讼中可能需要向外国送达司法文书，可能需要外国法院协助调查取证，有些裁判也可能需要在外国执行等，完成这些行为都要依赖于司法协助。

17－1（多选题） 与国内民事诉讼相比，涉外民事诉讼的特点包括：

A. 我国民事诉讼法对涉外民事诉讼程序作了专门的规定

B. 涉外民事诉讼除按照我国法律规定的程序进行审理外，还可以适用外国民事诉讼法规定的程序进行审理

C. 涉外民事诉讼所有的期间都比国内民事诉讼长

D. 涉外民事诉讼有时需要借助国与国之间的司法协助

——应当选择AD。民事诉讼法用专门的一编即第四编对涉外民事诉讼程序作了规定，故A项正确；对于涉外民事案件，就适用程序法而言，凡在我国领域内进行的民事诉讼，必须适用我国的民事诉讼法，但如果我国参加或缔结的国际条约中有有关程序的特殊规定时，则须首先选择适用该项国际条约。故B项错误；由于涉及多个国家，涉外民事诉讼一般需要较长的时间，但并不是所有的期间都长，如在我国领域内有住所的当事人，不服第一审人民法院判决的上诉期仍是15天。故C项错误；因为涉外民事诉讼具有涉外因素，有时需要借助国与国之间的司法协助，D项正确。

二、涉外民事诉讼程序

涉外民事诉讼程序，又称国际民事诉讼程序，是指一国法院受理、审理和执行涉外民事案件所适用的程序。

我国现行民事诉讼法设专编对涉外民事诉讼程序作了特别规定。涉外

民事诉讼程序的“特别”之处主要体现在原则、管辖、送达、期间、财产保全、涉外仲裁和司法协助等方面。它们有的是对国内民事诉讼程序内容的补充、增加或完善，有的是对有关国际条约内容的转化。人民法院审理涉外民事诉讼，有特别规定的，适用特别规定；没有特别规定的，适用民事诉讼法的其他有关规定。

鉴于我国实行“一国两制”的实际，涉港、澳、台民事案件不应是涉外民事案件，但它们又具有国内民事案件所不具有的特殊性，因此，审理涉港、澳、台民事案件时，在程序上可参照涉外民事诉讼程序特别规定运作。

三、涉外民事诉讼的一般原则

涉外民事诉讼的一般原则是人民法院审理涉外民事案件的基本准则，也是涉外民事案件当事人和有关诉讼参与人必须遵循的基本依据。根据《民事诉讼法》第 5 条和第四编第 24 章的规定，我国涉外民事诉讼的一般原则包括：

（一）适用我国民事诉讼法原则

《民事诉讼法》第 4 条规定：“凡在中华人民共和国领域内进行民事诉讼，必须遵守本法。”该法第 237 条又规定：“在中华人民共和国领域内进行涉外民事诉讼，适用本编规定。本编没有规定的，适用本法其他有关规定。”因为本编的规定是针对涉外民事诉讼的特殊性而制定的，根据特别规定优于一般规定的原则，人民法院审理和执行涉外民事案件适用法律时，首先要按照本编规定的原则、程序办理，本编没有规定的，则适用本法其他有关规定。这表明在我国进行涉外民事诉讼，必须适用我国的民事诉讼法。

（二）信守国际条约原则

国际条约是国际间的约定，依靠各成员国的信守来实施。遵守缔结和参加过的国际条约，是国际关系中的一项公认准则。国际条约如何在成员国得到实施，世界各国有两种作法：①将国际条约转换成国内法；②在国内法中规定适用国际条约原则。我国采取第二种方式。《民事诉讼法》第 238 条规定：“中华人民共和国缔结或者参加的国际条约同本法有不同规定的，适用该国际条约的规定，但中华人民共和国声明保留的条款除外。”这表明在审理涉外民事案件过程中，如果我国缔结或者参加的国际条约与民事诉讼法的规定不一致，应当优先适用国际条约的规定。但如果不一致的地方，我国已经声明保留的，那么就不受国际条约的约束。

（三）司法豁免原则

司法豁免权是指一个国家或者国际组织派驻他国的外交代表免受驻在国司法管辖的权利。司法豁免权是外交特权的一种，它包括刑事司法豁免和民事司法豁免。司法豁免权是建立在国与国对等原则基础上的权利，司法豁免权有利于各国外交代表和国际组织完成任务。本文所指司法豁免权仅指民事司法豁免权而言，是指当事人的民事行为和财产不受所在国法院管辖的权利。

《民事诉讼法》第 239 条规定："对享有外交特权与豁免的外国人、外国组织或者国际组织提起的民事诉讼，应当依照中华人民共和国有关法律和中华人民共和国缔结或者参加的国际条约的规定办理。"本规定所指我国有关法律，主要指我国分别于 1986 年和 1990 年颁布的《中华人民共和国外交特权与豁免条例》和《中华人民共和国领事特权与豁免条例》。本规定所指国际条约主要有我国于 1975 年 11 月 25 日加入的《维也纳外交关系公约》、于 1979 年 7 月 3 日加入的《维也纳领事关系公约》。

根据上述法律和国际条约，享有司法豁免权的主体包括：①外交代表及与其共同生活的配偶和未成年子女；②使馆行政技术人员、领事官员和领馆行政技术人员；③来中国访问的外国元首、政府首脑、外交代表及其他具有同等身份的官员；④其他依照我国缔结或参加的国际条约享有司法豁免权的外国人、外国组织或者国际组织。

凡享有司法豁免权的主体，我国人民法院不受理对他们提起的民事起诉，但下列情形除外：①派遣国政府明示放弃豁免权的；②享有司法豁免权的主体主动提起诉讼，因此引起被告提出反诉的；③外交代表在中国境内从事公务范围以外的职业或者商业活动引起的诉讼。

根据《维也纳外交关系公约》和《维也纳领事关系公约》，享有司法豁免权的外交代表从事下列活动，属于从事公务范围以外的职业或者商业活动引起的诉讼：①外交代表因私有的不动产与他人发生民事纠纷；②外交代表以私人身份作为遗嘱执行人、管理人，或者作为继承人而卷入继承纠纷；③外交官在未表明身份情况下订立合同引起的纠纷；④外交代表因自己的交通工具肇事涉及损害赔偿的纠纷。

（四）同等原则和对等原则

《民事诉讼法》第 5 条规定："外国人、无国籍人、外国企业和组织在人民法院起诉、应诉，同中华人民共和国公民、法人和其他组织有同等的诉讼权利义务。外国法院对中华人民共和国公民、法人和其他组织的民事诉讼权利加以限制的，中华人民共和国人民法院对该国公民、企业和组织的民事诉讼权利，实行对等原则。"这就是涉外民事诉讼中的同等原则和对等原则。

1. 同等原则是指外国人、无国籍人、外国企业和组织在我国法院起诉、应诉的，与我国公民、法人和其他组织享有同等的诉讼权利，承担同等的诉讼义务。同等原则在国际上被称为"国民待遇"，它建立在国家间平等互利原则的基础上。对涉外民事诉讼的当事人，不能因为是外国人、无国籍人、外国企业和组织而对他们的诉讼权利有所限制，或者对他们的诉讼义务有所扩大。这有利于国际交往，有利于发展国与国之间的和平友好关系。

2. 对等原则是指外国法院对我国公民、法人和其他组织的民事诉讼权利加以限制的,我国法院对该国公民、企业和组织的民事诉讼权利同样予以限制。对等原则建立在主权国家之间在司法上应平等对待的理论基础之上。实行对等原则时,我们一向主张不先对外国当事人的诉讼权利进行限制,保障其与我国的当事人有平等的诉讼地位。但是,如果外国法院对我国当事人的民事诉讼权利有所限制,有损我国主权国家的尊严,有损我国公民、法人和其他组织的正当权益时,我国法院必然会采取相应的措施,对等对待。对等原则的目的在于,以对等的方式赢得并维护国与国之间司法上的平等互利、互相尊重。

(五)国家主权原则

国家主权原则是指在涉外民事诉讼中应当注意维护国家主权,涉外民事诉讼的各项程序制度的设计、执行,在信守国际条约的同时,不得损害主权国家利益。国家主权原则突出体现在以下几个方面:

1. 必须坚持我国法院对涉外民事案件的司法管辖权。凡根据民事诉讼法有关管辖规定属于我国法院管辖的涉外民事案件,人民法院应对其行使管辖权,由我国有管辖权的人民法院管辖。如果当事人向外国法院起诉的,不影响我国人民法院对该案的审判。我国法律规定的专属管辖案件,绝不允许和承认外国法院对其行使管辖权,也不允许当事人协议选择外国法院管辖。

2. 我国法院审理涉外民事案件,必须使用中国通用的语言、文字。这是世界各国通用的一条准则,体现了一国司法制度的尊严。根据这项原则,诉讼中使用的各种诉讼文书必须用我国通用的文字,外国当事人提交的诉讼材料及证据材料必须附具中文译本,诉讼过程中必须使用中国通用的语言。当事人要求提供翻译的,可以提供,其费用由当事人承担。

3. 诉讼中需要委托律师的,必须委托我国律师。律师制度是一国司法制度的重要组成部分。任何一个主权国家都不允许外国司法制度干预本国司法制度,这是国际上公认的一条原则。另外,律师须有律师资格,不同国家的律师资格只被其所在国承认,只在其所在国有效。因此,根据《民事诉讼法》第241条的规定,外国人、无国籍人、外国企业和组织在人民法院起诉、应诉,需要委托律师代理诉讼的,必须委托中华人民共和国律师并办理法定手续。《适用意见》第308条规定:“涉外民事诉讼中的外籍当事人,可以委托本国人为诉讼代理人,也可以委托本国律师以非律师身份担任诉讼代理人;外国驻华使、领馆官员,受本国公民的委托,可以以个人名义担任诉讼代理人,但在诉讼中不享有外交特权和豁免权。”在中华人民共和国领域内没有住所的外国人、无国籍人、外国企业和组织委托我国律师或者其他人代理诉讼,从我国领域外寄交或者托交授权委托书,应当经所在国公证机关证明,并经我国驻该国使领馆认证,或者履行我国与该所在国订立的有关条约中规定的证明手续后,才具有效力。

4. 任何外国法院的裁判和外国仲裁机构的裁决需要在我国领域内得到承认和执行的,必须经我国人民法院进行审查并且裁定予以承认其效力,依照我国民事诉讼法的规定予以执行。只有在该生效判决和裁决不违背我国法律基本原则,不危及我国安全,不损害我国社会公益并符合我国参加或缔结的国际条约并且符合一定的程序要求时,人民法院才予以承认和执行。否则,外国法院的裁判和外国仲裁机构的裁决,在我国领域内不发生法律效力。

17 -2(多选题) 关于涉外民事诉讼,下列说法哪些是正确的?

A. 涉外诉讼的德国当事人主张,按德国法律的规定受诉法院无管辖权故应将案件移送给有管辖权的法院,对此,受诉法院应该移送

B. 外国人在我国法院起诉、应诉,不能委托外国律师代理案件

C. 美国驻华大使馆工作人员约翰在为自己购买房产过程中与他人发生纠纷被起诉到西城法院,西城法院可以受理此案

D. 如果我国缔结或者参加的国际条约与民事诉讼法的规定不一致,除声明保留的外,应当优先适用国际条约的规定

——应当选择 CD。程序法不容选择,凡在我国领域内进行的民事诉讼,必须适用我国的《民事诉讼法》,不能适用外国的民事诉讼法。管辖问题是程序法规范的范畴,故对于管辖问题,只能根据我国民事诉讼法有关管辖的规定来确定,而不能根据外国民事诉讼法确定。选项 A 错误;根据《民事诉讼法》第 241 条和《适用意见》第 308 条的规定,外籍当事人可以委托外籍律师代理案件,但外籍律师只能以非律师身份代理案件。选项 B 错误;根据国际条约,外交代表在中国境内从事公务范围以外的职业或者商业活动引起的诉讼,不享有司法豁免权。外交代表因私有的不动产与他人发生民事纠纷,就属于公务范围以外的商业活动引起的纠纷,不享有司法豁免权,我国法院可以受理针对外交代表的起诉。选项 C 正确;根据《民事诉讼法》第 238 条的规定,选项 D 正确。

■ 第二节 涉外民事诉讼的管辖

一、涉外民事诉讼管辖的概念和意义

涉外民事诉讼管辖,是指我国人民法院有权受理涉外民事案件的范围

以及我国人民法院内部受理第一审涉外民事案件的分工和权限。可见,涉外民事诉讼管辖涉及两个问题:①管辖的外部关系,即某一涉外民事案件到底是由我国法院管辖还是由外国法院审判;②管辖的内部关系,即由我国管辖的涉外民事案件具体应由哪一级哪一地的法院管辖。民事诉讼法在立法体例上,在涉外程序编只对管辖的外部关系作了规定,对于涉外民事案件管辖的内部关系,适用《民事诉讼法》第二章关于管辖的一般规定。

司法权是国家主权的重要内容之一,涉外民事诉讼管辖直接关系到国家的主权,所以各国对涉外民事案件管辖权问题历来十分重视。加之,不同的法律对同一案件的判决结果可能迥然不同,当事人对管辖的确定也非常重视。可见,正确确定涉外民事诉讼管辖,对国家和当事人都有着非常重要的意义,具体体现为:

1. 涉外民事诉讼管辖关系到国家主权的正确行使。司法管辖权是国家主权的一个重要组成部分,是国家主权的具体体现之一。在国际上,各国争夺涉外民事案件管辖权的斗争十分激烈,扩大本国法院对涉外案件的管辖权已成为各国行使国家主权的重要途径之一。在这种趋势之下,正确界定我国人民法院对涉外民事案件的管辖范围,有利于我国主权的完整和统一。凡应由我国人民法院管辖的涉外民事案件,我国决不放弃管辖权。当然,我们也尊重别国的主权,不主张任意拓宽涉外民事诉讼管辖范围。

2. 涉外民事诉讼管辖关系到当事人合法权利的维护。由于在审理涉外民事案件的过程中,各国法院均根据本国冲突规范确定案件实体问题的准据法,这意味着不同国家的法院在受理案件后可能依据不同的准据法对案件作出不同的判决结果,这就使得当事人的权益保护与案件的管辖法院有很大的关系,涉外案件的当事人因此而争取对自己有利的国家的法院管辖。所以,正确界定涉外民事诉讼的管辖,有利于维护我国公民、法人和其他组织的合法利益,还可以降低他们在外国法院起诉、应诉的费用。

3. 涉外民事诉讼管辖关系到裁判在国外的承认与执行。涉外案件的裁判往往需要在外国得到承认和执行。在裁判的承认与执行过程中,受案法院是否具备适当的管辖资格将经受接受申请的异国法院的审查,并据之决定是否承认和执行。所以正确界定涉外民事案件管辖,有利于我国法院作出的裁判顺利地在外国得到承认和执行。

二、确定涉外民事诉讼管辖的原则

从各国的情况来看,在确定涉外民事案件管辖时,各国普遍强调国家主权原则,但同时也要求具体案件与本国有某种联系因素或者连接因素。由于各国强调的联系因素不同,也就形成了不同的确定涉外民事案件管辖的原则,归纳起来,主要有以下几种:

（一）属地管辖原则

属地管辖原则，是指以当事人住所地、居住地、诉讼标的物所在地、财产所在地和行为地（如合同签订地、合同履行地、侵权行为地）等作为确定管辖权的连接因素的原则。该原则主张以有关涉外民事案件中的案件事实和当事人双方与有关国家的地域联系作为确定涉外民事案件管辖权的标准，如果当事人的住所、财产、诉讼标的物、产生争执的法律关系或法律事实中，有一个因素存在于一国境内或发生在一国境内，该国就取得对该案的管辖权。在属地管辖原则中，多以被告住所地作为确定管辖的依据，如德国、日本、奥地利、希腊、泰国、印度、巴基斯坦、缅甸、东欧国家就实行“原告就被告”原则。〔1〕

（二）属人管辖原则

属人管辖原则，是指以当事人的国籍作为确定管辖权的连接因素的原则。属人管辖原则强调的是涉外民事案件中的双方当事人与有关国家的法律联系。该原则侧重于当事人的国籍，主张一国法院对于涉及其本国国民的诉讼案件都享有管辖权。即在某一涉外民事案件中，只要当事人一方具有本国国籍，不论他是原告还是被告，也不论他现在居住在何国，本国法院对此类案件均享有管辖权。

（三）实际控制管辖原则

实际控制管辖原则，是指根据法院能否直接对被告或其财产进行实际控制、能否作出有效判决，来确定法院是否对某一涉外民事案件享有管辖权的原则。〔2〕此原则又被称为“有效原则”，是为英美法系国家普遍采用的管辖原则。英美法系国家把对被告的“实际控制”和“有效的判决”作为行使管辖权的一般原则。

为了维护我国的国家尊严，正确解决涉外民事案件，保护我国当事人的合法权益，同时也为了尊重其他国家的主权和法律制度，我国民事诉讼法在确定我国法院对涉外民事诉讼的管辖时，主要遵循了以下原则：①维护国家主权原则。②案件与法院所在地有实际联系原则。根据这一原则，凡是案件与我国法院所在地有一定实际联系的，我国法院就有管辖权。③尊重当事人意愿原则。当事人在不违反我国民事诉讼法关于级别管辖和专属管辖的规定的前提下，可以选择与争议有联系的法院管辖。

三、涉外民事诉讼管辖的种类

（一）涉外民事诉讼管辖的一般规定

对于涉外民事诉讼中的管辖，我国民事诉讼法没有作出一般性规定。

---

〔1〕 常怡主编：《民事诉讼法学》，中国政法大学出版社 2005 年版，第 574 页。

〔2〕 张卫平：《民事诉讼法》，法律出版社 2004 年版，第 365 页。

但《民事诉讼法》第237条规定,对于第四编涉外民事诉讼程序的特别规定中没有规定的,适用民事诉讼法的其他有关规定。据此,涉外民事诉讼的普通管辖,应遵循《民事诉讼法》第二章的有关规定来确定。

(二)涉外民事诉讼管辖的特殊规定

1. 特殊地域管辖。我国《民事诉讼法》第四编第二十五章对涉外合同纠纷和其他财产权益纠纷的管辖作了明确规定。《民事诉讼法》第243条规定:"因合同纠纷或者其他财产权益纠纷,对在中华人民共和国领域内没有住所的被告提起的诉讼,如果该合同在中华人民共和国领域内签订或履行,或者诉讼标的物在中华人民共和国领域内,或被告在中华人民共和国领域内有可供扣押的财产,或者被告在中华人民共和国领域内设有代表机构的,可由合同签订地、合同履行地、诉讼标的物所在地、可供扣押财产所在地、侵权行为地或者代表机构住所地人民法院管辖。"对于这一规定,应该注意它的适用条件:①必须是合同纠纷和其他财产权益纠纷。人身关系的纠纷,不适用本条规定;②必须是被告在我国领域内没有住所的。如果是对在我国领域内有住所的被告提起的诉讼,适用《民事诉讼法》第二章的有关规定。

另外,我国海事诉讼特别程序法里也规定了以下几类特殊地域管辖:①因海事侵权行为提起的诉讼,除依照《民事诉讼法》第29～31条的规定以外,还可以由船籍港所在地海事法院管辖;②因海上运输合同纠纷提起的诉讼,除依照《民事诉讼法》第28条的规定以外,还可以由转运港所在地海事法院管辖;③因海船租用合同纠纷提起的诉讼,由交船港、还船港、船籍港所在地、被告住所地海事法院管辖;④因海上保赔合同纠纷提起的诉讼,由保赔标的物所在地、事故发生地、被告住所地海事法院管辖;⑤因海船的船员劳务合同纠纷提起的诉讼,由原告住所地、合同签订地、船员登船港或者离船港所在地、被告住所地海事法院管辖;⑥因海事担保纠纷提起的诉讼,由担保物所在地、被告住所地海事法院管辖;因船舶抵押纠纷提起的诉讼,还可以由船籍港所在地海事法院管辖;⑦因海船的船舶所有权、占有权、使用权、优先权纠纷提起的诉讼,由船舶所在地、船籍港所在地、被告住所地海事法院管辖。

2. 协议管辖。协议管辖是指依当事人双方意志协商决定管辖法院。协议管辖的理论基础是当事人的"意志自由"。依不同标准,可以对协议管辖做不同分类。以案件性质为标准,可分为国内协议管辖和涉外协议管辖。前者是指国内民事案件的协议管辖,后者是指涉外民事案件的协议管辖。依协议双方当事人诉前意思表示为标准,可分为明示协议管辖和默示协议管辖。前者专指双方当事人在诉前订有选择管辖法院的书面协议,明确选定与案件有实际联系的法院作为争议的管辖法院;后者指双方当事人诉前虽无选择管辖法院的协议,但原告选择法院起诉后,被告应诉答辩并未提出管辖权异议,从而推定当事人承认受诉法院为有管辖权的法院。默示协议管辖又叫推定管辖、应诉管辖。

我国《民事诉讼法》第244、245条是涉外协议管辖的法律依据。从形式上看,既有明示协议管辖又有默示协议管辖。

(1)明示协议管辖。《民事诉讼法》第244条规定:"涉外合同或者涉外财产权益纠纷的当事人,可以用书面协议选择与争议有实际联系的地点的法院管辖。选择中华人民共和国人民法院管辖的,不得违反本法关于级别管辖和专属管辖的规定。"由此确立了我国涉外民事诉讼中的明示协议管辖制度。

涉外明示协议管辖同国内协议管辖一样,必须具备一定的要件才能成立。这些要件是:①当事人可以协议选择管辖法院的案件,仅限于涉外合同纠纷或涉外财产权益纠纷;②双方当事人在协议选择管辖法院时,必须采取书面形式,口头的协议不具有法律效力。这种选择管辖法院的书面协议,双方当事人可以在争议发生之前达成,也可以在争议发生之后达成;③双方当事人协议选择的管辖法院,必须是与案件有实际联系的地点的法院。如合同签订地、合同履行地、标的物所在地、原告住所地和被告住所地法院;④当事人协议选择我国法院管辖的,仅限于第一审人民法院,当事人对上诉审法院不能协议选择;⑤当事人协议选择我国法院管辖的,不得违反我国民事诉讼法关于级别管辖和专属管辖的规定,否则无效。

《海事诉讼特别程序法》对海事诉讼中的协议管辖作了更进一步的规定。该法第8条规定:"海事纠纷的当事人都是外国人、无国籍人、外国企业或者组织,当事人书面协议选择中华人民共和国海事法院管辖的,即使与纠纷有实际联系的地点不在中华人民共和国领域内,中华人民共和国海事法院对该纠纷也具有管辖权。"可见,海事诉讼特别程序法放宽了涉外海事诉讼中协议管辖的条件,即海事纠纷当事人协议选择我国法院为管辖法院的,不要求我国法院必须是与案件有实际联系的地点的法院。当然,这有一个前提条件,即海事纠纷的当事人都是外国人、无国籍人、外国企业或者组织。如果海事纠纷的一方或双方当事人为我国公民、法人和其他组织,则不适用这一条,而只能适用民事诉讼法的有关规定。

(2)默示协议管辖。《民事诉讼法》第245条规定:"涉外民事诉讼的被告对人民法院管辖不提出异议,并应诉答辩的,视为承认该人民法院为有管辖权的法院。"这就是默示协议管辖。根据这一规定,默示协议管辖的成立须具备以下几个条件:①双方当事人之间没有选择管辖法院的书面协议;②受理原告起诉的法院原本没有管辖权;③原告起诉后,被告对受诉人民法院的管辖权不提出异议,并应诉答辩;④如果原告是向我国法院起诉的,不得违反我国《民事诉讼法》有关级别管辖和专属管辖的规定。

3. 专属管辖。涉外民事案件中的专属管辖，是指某些特定的民事案件专属于某国人民法院管辖，既不允许他国法院管辖，也不允许当事人协议变更管辖法院。专属管辖具有排他性，凡专属于我国法院管辖的案件，我国法院概不承认外国法院对之行使管辖权，也不允许当事人书面协议由其他国家法院管辖，但允许当事人协议选择仲裁机构。

《民事诉讼法》第 246 条规定："因在中华人民共和国履行中外合资经营企业合同、中外合作经营企业合同、中外合作勘探开发自然资源合同发生纠纷提起的诉讼，由中华人民共和国人民法院管辖。"由于在我国履行的中外合资经营企业合同、中外合作经营企业合同、中外合作勘探开发自然资源合同发生的纠纷，合同履行地、诉讼标的物所在地、纠纷事实发生地都在我国领域内，所以应当由我国法院专属管辖。

4. 集中管辖。根据 2002 年 3 月 1 日起实施的《最高人民法院关于涉外民商事案件诉讼管辖若干问题的规定》，我国对涉外民商事案件的国内管辖法院作了较大的调整，将以往分散由各基层法院、中级法院管辖的涉外民事纠纷集中由少数受案较多、审判力量较强的基层人民法院和中级人民法院管辖。此规定涉及的案件有：①涉外合同和侵权纠纷案件；②信用证纠纷案件；③申请撤销、承认与强制执行国际仲裁裁决的案件；④审理有关涉外民商事仲裁条款效力的案件；⑤申请承认和执行外国法院民商事判决、裁定的案件。

最高人民法院《关于涉外民商事案件诉讼管辖若干问题的规定》第 1 条规定，以上案件一审由五类法院审理：①国务院批准设立的经济技术开发区的人民法院；②省会、自治区首府、直辖市所在地的中级人民法院；③经济特区、计划单列市中级人民法院；④最高人民法院指定的其他中级人民法院；⑤高级人民法院。实行集中管辖后，其他本来具有一审管辖权的基层法院和中级法院就对这些案件失去了管辖权，因而对以前的法律规定作变通适用。

特别需要说明的是，对于发生在与外国接壤的边境省份的边境贸易纠纷、涉外房地产纠纷和涉外知识产权纠纷，不适用上述规定。关于涉及香港、澳门特别行政区和台湾地区当事人的民商事纠纷案件的管辖，则参照该规定处理。

17－3（多选题） 关于涉外民事诉讼的管辖，下列说法哪些是正确的？

A. 专属于我国法院管辖的案件，不允许当事人书面协议由其他国家法院管辖或仲裁机构管辖

B. 我国对涉外信用证纠纷实行集中管辖

C. 当事人协议选择我国法院管辖的，不可以变更级别管辖

D. 涉外民事诉讼中不动产纠纷由不动产所在地法院管辖

——应当选择BCD。专属管辖具有排他性，凡专属于我国法院管辖的案件，我国法院概不承认外国法院对之行使管辖权，也不允许当事人书面协议由其他国家法院管辖，但允许当事人协议选择仲裁机构。故选项A错误；最高人民法院《关于涉外民商事案件诉讼管辖若干问题的规定》规定的实行集中管辖的第二类案件就是涉外信用证纠纷，故选项B正确；根据《民事诉讼法》第244条的规定，选项C正确；民事诉讼法没有就涉外民事诉讼中的不动产纠纷的管辖作特别规定，从而适用民事诉讼的一般规定。根据《民事诉讼法》第34条"因不动产纠纷提起的诉讼，由不动产所在地人民法院管辖"的规定，选项D是正确的。

■ 第三节 涉外民事诉讼的期间、送达和财产保全

在涉外民事诉讼中，当事人可能居住在国外，引起当事人之间民事法律关系设立、变更、终止的法律事实发生可能发生在外国，诉讼标的物、当事人的财产也可能在国外，这就决定了无论是在送达诉讼文书的方式、时间、当事人提出答辩、提起上诉的时间上，还是在采取财产保全的条件、程序等方面，涉外民事诉讼与国内民事诉讼都有所不同。因此，《民事诉讼法》第四编对涉外民事诉讼的期间、送达和财产保全作了特别规定。

一、期间

从各国民事诉讼法的立法来看，鉴于涉外民事诉讼的特殊性，一般都对涉外民事诉讼程序规定了较长的时间。我国参照国际上的习惯做法，对涉外民事诉讼的期间作了特别规定。

(一)被告提出答辩的期间

涉外民事诉讼被告在我国领域内有住所的，他提出答辩的期间为收到起诉状副本后的15日内。倘被告在中华人民共和国领域内没有住所，《民事诉讼法》第248条规定，人民法院应当将起诉状副本送达被告，并通知被告在收到起诉状副本后30日内提出答辩状。遭遇特殊情况，被告申请延长答辩期的，是否准许由人民法院视情况决定。

一方当事人在国内有住所，而另一方当事人在国内没有住所时，应当区别对待，对国内当事人适用一般规定，对国外的当事人则适用有关涉外民事诉讼的特殊规定。

(二)当事人上诉和答辩的期间

《民事诉讼法》第249条规定，在我国领域内没有住所的当事人，对第一

审人民法院未生效判决和可以上诉的裁定不服的，有权向上一级人民法院提出上诉，其上诉期限为30日。被上诉人在收到上诉状副本后，应当在30日内提出答辩状。当事人不能在法定期间提起上诉或者提出答辩状，申请延期的，是否准许，由人民法院决定。

（三）诉前保全裁定作出后的起诉期限

《民事诉讼法》第252条规定："人民法院裁定准许诉前财产保全后，申请人应当在30日内提起诉讼。逾期不起诉的，人民法院应当解除财产保全。"

（四）审限

一般来说，人民法院审理涉外民事案件时，在调查取证、传唤当事人、送达诉讼文书等方面都具有一定难度和复杂性。它必然比审理国内民事案件花费更多的时间和精力。从立案到制作判决、宣告判决，很难事先框定一个时间表。为此，《民事诉讼法》第250条规定："人民法院审理涉外民事案件的期间，不受本法第135条、第159条规定的限制"。也就是说，人民法院在审理涉外民事案件时，不受民事诉讼法第一审普通程序和第二审程序审限的限制，即涉外民事诉讼没有审限限制。

17－4（2002年卷3，多选第79题）　根据我国民事诉讼法规定，涉外民事诉讼中关于期间的特别规定适用于下列哪些当事人？

A. 居住在我国领域内的外籍当事人

B. 居住在我国领域外的外籍当事人

C. 居住在我国领域内的中国籍当事人

D. 居住在我国领域外的中国籍当事人

——应当选择BD。《民事诉讼法》第248和第249条规定的特殊期间的适用主体都是"在中华人民共和国领域内没有住所"的当事人。最高人民法院《适用意见》第311条规定："当事人双方分别居住在我国领域内和领域外，对第一审人民法院判决、裁定的上诉期，居住在我国领域内的为《民事诉讼法》第147条所规定的期限；居住在我国领域外的为30日。双方的上诉期均已届满没有上诉的，第一审人民法院的判决、裁定即发生法律效力。"可见，涉外民事诉讼中关于期间的特别规定只适用于在我国领域内没有住所的当事人。

二、送达

涉外民事案件的特殊性，决定了有关诉讼文书送达的特殊性。涉外民事诉讼的送达包括涉外民事诉讼文书的域内送达和域外送达，依法律规定，凡当事人在中华人民共和国领域内有住所者，按国内民事诉讼送达方式送达。凡当事人在中华人民共和国领域内无住所者，根据《民事诉讼法》第247规定，采取下列方式送达：

（一）依有关国际条约规定的方式送达

按国际条约优先适用原则，若受送达人所在国与我国订有或共同参加了某一国际条约，而该条约中又有关于诉讼文书送达的规定时，诉讼文书送达均按该条约规定办理。我国自改革开放以后，十分重视与外国的司法协助，并先后同法国、波兰、比利时、蒙古、意大利、土耳其、古巴等国签订了司法协助条约（协定）。这些双边司法协助条约（协定）都规定，缔约双方通过各自指定的中央机关代为送达诉讼文书。1991年我国又加入了于1965年11月在海牙订立的《关于向国外送达民事或商事司法文书和司法外文书公约》。该公约第2条规定，每一缔约国应依其本国法律组建中央机关，负责接收来自其他缔约国的送达请求书，并予以转递。1987年6月，我国国务院正式批准在司法部内设立司法协助局，从而确立了司法部为我国进行司法协助的机关。

凡公约成员国驻华使、领馆或该国有权送交文书的主管当局或司法助理人员转送该国法院或其他机关请求我国送达的民事或商事司法文书，应直接送交司法部，由司法部转递给最高人民法院，再由最高人民法院交有关人民法院送达给当事人。我国法院若请求公约成员国向该国公民或第三国公民或无国籍人送达民事或商事司法文书，有关中级人民法院或专门人民法院应将请求书和所送司法文书送有关高级人民法院转最高人民法院，由最高人民法院送司法部转送给该国指定的中央机关；必要时，也可由最高人民法院送我国驻该国使馆转送给该国指定的中央机关，再由该机关依本国法律安排送达。

（二）通过外交途径送达

外交途径送达，是指受送达人所在国已与我国建交但尚未签署司法协助协议，也未共同加入有关国际条约，按互惠原则通过外交机关协助而实施的送达。外交途径送达的一般做法是：人民法院将需要送达的诉讼文书送到我国外交部领事司，由外交部领事司送给被送达人所在国驻华大使馆，再由该国驻华大使馆转交给该国外交部，该国外交部再把诉讼文书送给该国司法部，该国司法部通过该国法院将诉讼文书送达当事人。

按最高人民法院、外交部、司法部《关于我国法院和外国法院通过外交途径相互委托送达法律文书若干问题的通知》规定，我国人民法院通过外交途径向国外当事人送达诉讼文书时，应按下列要求办理：①送达的法律文书须经有关省、自治区、直辖市高级人民法院审查，由外交部领事司负责转递；②须注明受送达人姓名、性别、年龄、国籍及其在国外的详细外文地址，并将该案件的基本情况函告外交部领事司；③附有送达委托书和送达回证。

（三）委托我国驻外使、领馆代为送达

此送达方式主要适用于受送达人具有中华人民共和国国籍，但在我国境内又没有住所的情况。这时，可以由我国驻该受送达人所在国使、领馆代为送达。人民法院采用这种送达方式时，有两个前提条件：①受送达人所在国与我国建立了外交关系；②受送达人具有中国国籍。

由于这种送达方式涉及驻在国的法律和国家利益，通常应当符合三个条件：①只能向本国公民实施送达行为；②不得违反驻在国法律；③不得采取强制措施。

（四）向受送达人委托的有权接受诉讼文书的诉讼代理人送达

这种送达方式通常是在受送达人所在国与我国没有外交关系的情况下使用。向受送达人委托的代理人送达诉讼文书简便易行，是国际上通行的一种作法，其行为效力为多数国家所认可。这种送达方式要求受送达人的代理人应是有权接受送达的代理人。像许多国家一样，我国在司法实践中掌握的尺度是：只要代理的委托事项中没有排除地写明不得代受送达，即视为他是有权代受送达文书的代理人。

（五）向受送达人在我国领域内设立的代表机构或有权接受送达的分支机构、业务代办人送达

这种送达主要针对受送达人是外国企业或组织而言。外国企业或组织在我国境内无住所时，如果他们在中国领域内设有代表机构、分支机构或业务代办人的，可通过其中任一机构或代办人送达。这种送达方式无任何中间环节，故简便、迅速，也是国际上通行的一种送达方式。

（六）邮寄送达

邮寄送达最为简便，但有条件限制，即利用邮寄送达方式须以受送达人所在国法律允许他国法院邮寄送达为前提。根据民事诉讼法的规定，受送达人所在国的法律允许邮寄送达的，可以邮寄送达，自邮寄之日起满6个月，如果送达回证没有退回，但根据各种情况足以认定已经送达的，期间届满之日也视为送达。

（七）公告送达

上述六种送达方式无法或难以送达时，可以适用公告送达。公告送达是将应送达的诉讼文书张贴于法院公告栏内，同时将公告送达事项公布在全国性报纸上，自公告之日起满6个月即视为送达。

三、财产保全

涉外财产保全，是指在涉外民事案件中因当事人一方的行为或其他原因，可能使将来的判决不能或难以执行时，人民法院根据申请人的申请，对被申请人有关财产采取临时性强制措施的制度。

财产保全措施在涉外民事诉讼中尤为重要，因为涉外民事案件当事人

的财产或争议标的物常常在国外，受诉法院作出判决后强制执行会比较困难。因此，为了使将来生效判决能够得到执行，当事人有财产在受诉法院所在国境内的，另一方当事人往往会申请财产保全。

《民事诉讼法》第四编第二十七章对涉外财产保全作了特别规定。《民事诉讼法》第251条规定："当事人依照本法第92条的规定可以向人民法院申请财产保全。利害关系人依照本法第93条的规定可以在起诉前向人民法院申请财产保全。"可见，同国内民事诉讼财产保全一样，涉外财产保全也包括诉讼中的财产保全和诉前保全两种情形。但与国内民事诉讼财产保全相比，涉外财产保全也有自己的特点：

1. 涉外财产保全只能因当事人或利害关系人的申请而引起，法院不能依职权主动采取保全措施。而国内民事诉讼中的诉中财产保全既可因当事人的申请而引起，也可由人民法院依职权主动采取。

2. 涉外财产保全中，法院作出诉前财产保全裁定后，申请人应当在30日内提起诉讼。逾期不起诉的，人民法院应当解除财产保全。而在国内民事诉讼中，法院裁定诉前财产保全的，申请人应当在15日内起诉。

3. 涉外民事诉讼中，财产保全措施采取后，人民法院为防止财产被转移或者损坏，对于需要监督的财产，一般应通知有关单位负责监督，费用由被申请人承担。而国内财产保全措施采取后，一般不需要第三者监督。

在涉外民事诉讼中，如果申请财产保全有错误的，申请人应当赔偿被申请人因财产保全所遭受的损失。

17-5(多选题)　下列关于涉外民事诉讼的表述，哪些不符合民事诉讼法的规定？

A. 被告对人民法院管辖不提出异议，并应诉答辩的，视为承认该人民法院是有管辖权的法院

B. 中外合资经营企业合同的中外双方当事人有权约定外方当事人所在国的法院管辖

C. 财产保全可以依当事人申请进行，也可由法院主动依职权进行

D. 当事人不服一审判决的，有权在判决送达之日起30日内提起上诉

——应当选择BCD。根据《民事诉讼法》第245条的规定，选项A正确；根据《民事诉讼法》第246条的规定，因在中华人民共和国履行中外合资经营企业合同发生纠纷提起的诉讼，由我国人民法院专属管辖，选项B错误；涉外财产保全只能因当事人或利害关系人的申请而引起，法院不能依职权主动采取保全措施。选项C错误；只有在我国领域内没有住所的当事人对判决的上诉期限是30日，在我国领域内有住所的当事人对判决的上诉期限仍为15日。可见，并不是所有的当事人不服一审判决的，都有权在判决送达之日起30日内提起上诉。故选项D表述不准确。

■ 第四节 国际司法协助

一、国际司法协助概述

（一）国际司法协助的概念和意义

国际司法协助，是指不同国家的法院或其他主管机关之间，根据本国缔结或参加的国际条约或互惠原则，相互委托，代为实施一定的诉讼行为。

一国法律的效力只能及于其本国境内，没有域外效力。同样，一国的司法机关也只能在本国领域内行使司法权，而不能在其他国家行使这种权力。随着国际交往日益频繁，各国司法机关处理的涉外案件不断增加，亟需各国在司法领域进行国际合作，以维持国家间的正常交往，便利法院处理民事争议，便利当事人维护自己的合法权益。因此，国家间的司法协助便应运而生。1896 年在海牙签订的《国际民事诉讼程序公约》是较早的司法协助文件。20 世纪以后，有关司法协助的国际条约日渐增多，例如，1928 年美洲国家签订的《巴斯塔曼特法典》、1958 年在纽约签订的《承认及执行外国仲裁裁决公约》、1965 年 11 月 15 日于海牙签订的《关于向国外送达民事或商事司法文书和司法外文书公约》、1971 年 2 月 1 日由海牙国际私法会议订立的《民商事案件外国判决的承认与执行公约》，等等。根据这些公约的规定，国际司法协助的义务机关不仅包括法院，也包括司法部等机关，所以国际司法协助的主体并非仅限于法院，但协助的内容只限于司法行为。

鉴于国际交往的需要，1987 年，我国分别与法国和波兰签订了司法协助协定，这标志着中国建立国际司法协助制度里程的开始。来自外交部条约法律司的统计数据，截至 2006 年 2 月，中国已与 40 多个国家缔结了 50 项司法协助协定、25 项引渡条约、3 项被判刑人移管条约等共 78 个相关法律条约。我国还加入了《关于承认和执行外国仲裁裁决公约》、《关于向国外送达民事商事司法文书和司法外文书公约》等国际公约。这些国际条约中的规范为中国的国际司法协助制度引进了大量的制度和规则，并使之顺利地与国际通行的规范接轨。我国民事诉讼法用一章的篇幅对司法协助作了比较详尽的规定。

国际司法协助是国际间经济贸易、文化交流、民间交往不断发展的必然结果。国与国之间相互进行司法协助具有重要的意义：

1. 国际司法协助有利于涉外民事案件的顺利审判和执行。通过司法协助，一国法院可以有效地向居住在国外的当事人及其他诉讼参与人送达各种诉讼文书，可以调查取证等，可使诉讼程序顺利进行。通过司法协助，一国法院的裁判也可以在国外得到承认和执行。

2. 国际司法协助有利于保护当事人的合法利益。当事人寻求司法保护的目的是维护自己的民事利益，而法院保护当事人合法利益的途径就是审理案件、作出裁判并使之付诸实现。如果案件的审判和执行不能顺利进行，那么当事人的合法权益就得不到法律的保护。在涉外民事诉讼中，司法协助在帮助民事案件顺利审判和执行的同时，也就使当事人的合法权益通过审判和执行而得到了法律保护。

3. 国际司法协助有利于促进各国经济、贸易、科技和文化的交流。事实证明闭关锁国是国家发展的桎梏。国家要发展，必须“对外开放”。对外开放就要交流，有交流必有一些纠纷，有纠纷必有诉讼。司法协助制度有利于纠纷的平息，有利于诉讼功能的彻底实现，客观上会推动和促进各国的经济、贸易、科技和文化的交流。

(二) 国际司法协助的内容

当今各国法律大多都有司法协助的规定。但由于各方面的原因，每一个国家关于司法协助的规定又不尽一致，有的司法协助范围广泛，有的较为狭窄。

总括而言，国际司法协助的内容包含以下五个方面：①代为送达诉讼文书；②代为调查证据，询问当事人和证人；③根据委托向对方提供有关法律资料和文件；④承认和执行外国法院作出的生效裁判；⑤承认和执行外国仲裁机构作出的生效裁决。其中第①、②项通常被称为一般司法协助，第③项也可归入一般司法协助之内，第④、⑤项为特殊司法协助。

(三) 国际司法协助的根据

国际司法协助的根据是指司法协助发生的基础。从各国立法和实践分析，司法协助的根据有三种：

1. 多边国际条约。缔结多边国际条约确定司法协助的内容和程序是国际间司法协助的常用方式。我国 1986 年 12 月 2 日加入了《承认及执行外国仲裁裁决公约》，1991 年 3 月 2 日加入了《关于向国外送达民事或商事司法文书和司法外文书公约》。根据条约必须信守的原则，主权国家一旦参加条约即应遵守该国际条约，本国对该条约其他参加国便负有司法协助的义务。

2. 双边条约或协定。通过签订双边条约或协定明确两国间的司法协助，是当今各国普遍采取的方式。双边协定或协议一旦生效，两国法院便负有互相进行司法协助的义务。双边条约或协定规定的司法协助的范围、途径、程序等内容，条约双方都应当遵守。

3. 互惠关系。当主权国家之间既未共同参加有司法协助内容的国际条约，又未缔结有关司法协助的双边条约或协定时，按理双方是不能进行司法协助的。但是，建立有外交关系的国家，为了双方的方便，根据国际惯例可以按互惠关系形成事实上的司法协助关系。事实上的司法协助关系一旦成立，两国法院便可以互为对方为一定的诉讼行为。

二、一般司法协助

（一）一般司法协助的概念、内容和条件

1. 概念。一般司法协助，是指一国法院和外国法院可以相互请求，代为送达诉讼文书、调查取证及其他诉讼行为。

2. 内容。根据《民事诉讼法》第262条的规定，我国涉外民事诉讼中的一般司法协助包括以下事项：

(1)代为送达诉讼文书，如送达起诉状、答辩状、上诉状、传票、判决书等。

(2)代为调查取证，如代为询问证人、当事人，代为调取证据，代为现场勘验等。

(3)完成其他诉讼行为，如提供本国法律、法规文本及其他法律资料。此外，还包括免除外国人的诉讼费用等。

3. 条件。根据我国法律的规定，一般司法协助必须符合下列条件：

(1)我国与外国都已经参加了有关的国际公约或两个国家之间订有双边司法协助的条约或协定，或者存在互惠关系。

(2)外国法院请求协助的事项必须不影响我国的主权、安全或者社会公共利益，我国人民法院才可以代为一定的诉讼行为。否则，我国法院不予协助。

(3)外国法院委托的事项必须属于我国人民法院主管的范围，我国人民法院才可以代为一定的诉讼行为。否则，我国法院有权驳回，或者说明理由后退回。

（二）一般司法协助的途径

根据《民事诉讼法》第263条的规定，我国人民法院与外国法院之间进行一般司法协助，有以下三种途径：

1. 依照共同缔结或者参加的国际条约所规定的途径。这种途径是通过各自指定的中央机关进行司法协助。这里的中央机关是指一国为司法协助的目的而指定或建立的、统一负责对外转递有关司法文书和司法外文书的机关。我国指定的中央机关为司法部。

2. 外交途径。在我国与外国尚未缔结或参加国际条约，但已经建立了外交关系的情况下，可以在互惠的基础上，通过外交途径进行司法协助。外交途径一般由外交机关作中介，最终还是由协助国司法机关实施协助，这是它与使领馆途径的区别。

3. 使、领馆途径。本国驻外国使、领馆代为完成某种诉讼行为是司法协助的又一途径。由于该途径是本国机关在他国实施诉讼行为，涉及驻在国的法律和利益，故必须严守下述条件：①采用这种途径只能向本国公民实施诉讼行为，不能向外国公民实施诉讼行为。②不得违反驻在国的法律；③不得采取强制措施。《民事诉讼法》第263条规定，外国驻中华人民共和国的使领馆可以向该国公民送达文书和调查取证，但不得违反中华人民共和国的法律，并不得采取强制措施。除此之外，未经中华人民共和国主管机关准许，任何外国机关或者个人不得在中华人民共和国领域内送达文书、调查取证。

三、特殊司法协助

特殊司法协助是相对于一般司法协助而言的，它是指两国法院在一定的前提下，相互承认并执行对方法院作出的生效裁判和涉外仲裁机构作出的生效裁决的制度。

根据国家主权原则，一国法院作出的涉外民事案件的裁判和涉外仲裁机构作出的裁决，只能在其本国领域内发生法律效力，不能在他国领域内发生法律效力。但是，一国法院涉外案件的裁判和涉外仲裁案件的裁决常常由于被执行人或被执行财产在国外，而需要在其他国家执行。随着国际交往的日益频繁，这种到域外执行的需求也日益增长。为了维持正常的国际交往，国际上产生了关于执行外国法院裁决和涉外仲裁机构裁决的公约、条约以及互惠关系。例如，1958年在纽约缔结的《承认和执行外国仲裁裁决公约》、1968欧共体国家在布鲁塞尔缔结的《关于民商事案件管辖权及判决执行公约》、1971年2月1日由海牙国际私法会议订立的《民商事案件外国判决的承认与执行公约》、1988年卢加诺《民商事司法管辖权和判决执行公约》，等等。由于承认和执行外国法院裁判和涉外仲裁机构裁决属于比较重大的诉讼行为，它关系到国家的主权和本国当事人的合法利益，因此各国国内法对如何进行这种特殊司法协助也都作了明确规定。

特殊司法协助包含两方面的内容：①对外国法院裁判和仲裁机构裁决在我国的承认和执行；②我国法院裁判和仲裁机构裁决在国外的承认和执行。

（一）对外国法院裁判和仲裁机构裁决的承认和执行

一国法院裁判和仲裁机构裁决要在他国得到执行，首先应得到他国对法院裁判和仲裁机构裁决效力的认可，其次才是如何执行的问题。可见，承认和执行外国法院裁判和仲裁机构裁决有两层含义：①承认外国法院裁判和仲裁机构裁决在本国境内具有法律效力；②执行已被认可有法律效力的裁判和裁决。承认是执行的前提，执行是承认的延续。不承认他国裁判和裁决的效力，也就谈不上执行。

1. 承认和执行外国法院裁判和仲裁机构裁决的条件。根据我国与外国缔结或参加的国际条约和《民事诉讼法》第四编的相关规定，承认和执行外国法院和仲裁机构裁决应符合以下条件：

(1)作出裁判和裁决的法院和仲裁机构所在国与我国之间存在共同缔结或参加的国际条约、双边协定或者存在互惠关系。

(2)申请执行的外国法院裁判和仲裁机构裁决须已发生法律效力。

(3)请求承认与执行外国法院裁判的，应当由当事人直接向我国有管辖权的中级人民法院提出申请书，或者由当事人所在国法院向我国法院提出请求书，并附具申请执行的判决；请求承认与执行外国仲裁机构裁决的，应当由当事人直接向被执行人住所地或者其财产所在地的中级人民法院提出申请。

(4)制作该裁判或裁决的法院或仲裁机构对裁决事项拥有管辖权，并不在我国声明保留条款之列。

(5)外国法院和仲裁机构制作裁判或裁决时的程序合法。

(6)该裁决不违反我国法律的基本原则，不危及国家主权、安全和社会公共利益。

2. 承认和执行外国法院裁判和仲裁机构裁决的程序。根据我国与其他国家签订的双边司法协定，当事人或者外国法院请求我国法院承认与执行外国法院裁判和外国仲裁机构裁决时，应附有下列文件：①裁判、裁决的副本。如果副本中没有明确指出裁决已经确定，则应附有由法院出具的证明其已经确定的正式文件；②证明裁判和裁决已经送达的送达回证原本或者其他证明文件。如果是缺席判决的，应当提供证明已经合法传唤缺席一方当事人出庭应诉的传票副本；③申请书、请求书以及前两项所指文件经证明无误的译本。

人民法院收到当事人或外国法院提出的请求后，应按上述条件予以认真审查。审查认定符合条件者，对外国法院裁决或仲裁裁决予以承认，承认用裁定形式。需要执行的由人民法院发出执行令，按我国民事诉讼法有关执行程序执行。

人民法院审查认定请求不符合或不完全符合上述条件者，裁定驳回申请，拒绝承认与执行。一般而言，对有下列情形之一的裁判和裁决，不予承认和执行：①判决或裁决是由无管辖权的法院或仲裁机构作出的；②在自然人的身份或能力方面，请求一方法院没有适用按照被请求一方国际私法规则应适用的法律，但其所适用的法律可以得到相同结果的除外；③根据作出裁决或裁决一方的法律，该裁决或裁决尚未确定或不具有执行力；④败诉一方当事人未经合法传唤，因而没有出庭参加诉讼或仲裁的；⑤判决或裁决的强制执行有损于我国的主权、安全或公共秩序；⑥我国法院对于相同的当事人之间就同一事实和要求的案件已经作出确定的裁决；或者我国法院已经承认了第三国法院对于相同的当事人之间就同一事实和要求的案件所作的确定裁判。[1]

(二)我国法院裁判和仲裁机构裁决在国外的承认和执行

1. 我国法院裁判和仲裁机构裁决在国外承认和执行的条件。根据我国与外国缔结或参加的国际条约和《民事诉讼法》第四编的相关规定,我国法院裁判和仲裁机构裁决要在国外得到承认和执行,应符合以下条件:

(1)被申请执行人或财产所在国与我国之间存在共同缔结或参加的国际条约、双边协定或者存在互惠关系。

(2)申请执行的我国法院裁判和仲裁机构裁决已经生效。

(3)被申请人或请求执行的财产不在中国境内。

(4)请求承认与执行我国法院裁判的,应当由当事人直接向有管辖权的外国法院申请承认和执行,也可以由我国法院向外国法院提出请求;请求承认与执行我国仲裁机构裁决的,应当由当事人直接向有管辖权的外国法院申请。

当然,除上述四个必备条件外,我国法院作出的裁判和仲裁机构裁决如若到外国去承认与执行,还应该符合世界各国立法和司法实践所普遍接受和采用的承认与执行外国判决的一般条件或直接条件,这些条件包括:①判决法院或仲裁机构具有合格管辖权;②判决法院或仲裁机构具有公正的程序;③裁判和裁决的承认与执行不得与外国的公共秩序相抵触;④判决不得与被请求国法院的某一终局判决相抵触,等等。

2. 我国法院裁判和仲裁机构裁决在国外承认和执行的程序。我国法院裁判和仲裁机构裁决在国外承认和执行的程序与外国法院裁判和仲裁机构裁决在我国得到承认和执行的程序大致相同,都是根据我国签订的双边司法协助协定和加入的国际公约或是互惠原则办理。

外国法院收到当事人或我国人民法院的请求后,与我国订有司法协定或条约的,按协定或条约规定要件审查,与我国无条约关系的按互惠原则进行审查。审查合格者,按该国法律规定的程序予以承认和执行。审查不合格者,驳回申请或请求。

根据最高人民法院《适用意见》第320条的规定,当事人在我国领域外使用人民法院的判决书、裁定书,要求我国人民法院证明其法律效力的,以及外国法院要求我国人民法院证明判决书、裁定书的法律效力的,我国作出判决、裁定的人民法院,可以本法院的名义出具证明。

17-6(多选题) 关于国际司法协助,下列说法哪些是正确的?

A. 国际司法协助发生在两个主权国家之间

[1] 《中华人民共和国和法兰西共和国关于民事、商事司法协助的协定》第22条。

B. 外国驻我国的使领馆可以向该国公民送达文书和调查取证

C. 国与国之间进行司法协助的前提他们缔结或共同参加了国际条约，否则便不能进行司法协助

D. 如果外国法院判决不能在我国得到承认和执行，当事人可以向我国人民法院起诉，由有管辖权的人民法院作出判决，予以执行。

——应当选择 ABD。国际司法协助是国与国之间鉴于国家主权原则不能跨越国界实施司法行为而又需要在他国进行送达司法文书、调查取证等活动而发生的，故选项 A 正确；《民事诉讼法》第 263 条第 2 款规定，外国驻中华人民共和国的使领馆可以向该国公民送达文书和调查取证，但不得违反中华人民共和国的法律，并不得采取强制措施。选项 B 正确；当主权国家之间既未共同参加有司法协助内容的国际条约，又未缔结有关司法协助的双边条约或协定时，建立有外交关系的国家还可以按互惠关系形成事实上的司法协助关系。故选项 C 错误；如果外国法院判决不能在我国得到承认和执行，当事人维护自己权益的一条途径就是向我国有管辖权的法院起诉，获得确定判决后再申请执行。《适用意见》第 318 条规定，当事人向中华人民共和国有管辖权的中级人民法院申请承认和执行外国法院作出的发生法律效力的判决、裁定的，如果该法院所在国与中华人民共和国没有缔结或者共同参加国际条约，也没有互惠关系的，当事人可以向人民法院起诉，由有管辖权的人民法院作出判决，予以执行。选项 D 正确。

17－7(多选题)　我国人民法院作出的生效判决、裁定要得到外国法院的承认和执行，有哪些途径？

A. 由当事人直接向外国法院申请承认和执行

B. 由外交部领事司向外国中央司法机关申请承认和执行

C. 由人民法院根据我国缔结或参加的国际条约的规定，或者按照互惠原则，请求外国法院的承认和执行

D. 由当事人直接向外国中央司法机关申请承认和执行

——应当选择 AC。《民事诉讼法》第 266 条规定："人民法院作出的发生法律效力的判决、裁定，如果被执行人或者其财产不在中华人民共和国领域内，当事人请求执行的，可以由当事人直接向有管辖权的外国法院申请承认和执行，也可以由人民法院依照中华人民共和国缔结或者参加的国际条约的规定，或者按照互惠原则，请求外国法院承认和执行。"

第五节 区际司法协助

一、区际司法协助概述

区际司法协助,是指存在于同一主权国家内部不同法域的司法机关之间在司法领域的合作与互助,即一地的司法机关应另一地司法机关的请求,代为送达诉讼文书、调查取证,以及承认和执行法院裁判和仲裁机构裁决等。区际司法协助的内容主要包括:①区际送达诉讼文书;②区际调查取证;③区际承认和执行法院裁判和仲裁机构裁决。

传统意义上的司法协助仅指国际司法协助,区际司法协助并不包括在内。第二次世界大战以后,随着世界经济和科学技术的飞跃发展,国际交往更加频繁。世界各国对司法协助的需求大大增加,司法协助的实践已经大大突破了传统司法协助的范围。区际司法协助的问题也被越来越多的学者提了出来。当代司法协助的范围包括国际司法协助和区际司法协助。而国际司法协助和区际司法协助分别包括民商事司法协助、刑事司法协助和行政司法协助。

区际司法协助与国际司法协助虽有不少相同或相似之处,但总的来看,二者之间仍有许多不同之处:①司法协助的范围不同。开展区际司法协助的不同法域同属一个统一的国家,不存在国家主权问题,而国际司法协助是在不同的主权国家之间开展的司法协助与合作。②司法协助的法律依据不同。区际司法协助实施的法律依据主要是国内立法,而国际司法协助实施的法律依据主要是国际法规范,即双边或多边的司法协助国际条约(当然也离不开各国的国内法规范)。③司法协助的实施途径、方式、费用以及拒绝的理由不同。例如,区际司法协助的实施途径和方式就送达诉讼文书而言,不存在外交途径和领事途径送达,而国际司法协助的诉讼文书的送达最主要是通过外交途径、领事途径送达或依司法协助协议直接委托外国法院代为送达。④司法协助的范围不同。由于区际司法协助适用于同一国家的不同法域之间,不存在国家主权问题,故区际司法协助实施的范围应比国际司法协助更广泛,途径更直接,方式更灵活,程序更简化。

众所周知,我国以"一国两制"的构想为基础,顺利地解决了香港和澳门特别行政区的回归问题。自 1997 年 7 月 1 日以后,中国逐步成为一个总体的单一制的包括内地、香港、澳门特别行政区和台湾地区在内的多法域国家,即出现"一国两制三法系四法域"的格局。区际法律冲突的产生和区际司法协助的开展在所难免,而且,我国的区际法律冲将比世界上任何国家都更为复杂。因此,区际司法协助已成为我国亟待解决的重大课题。

二、我国区际司法协助的有关规定

(一)区际送达司法文书

1. 中国内地与香港、澳门特别行政区。《香港特别行政区基本法》(以下简称香港《基本法》)第95条规定:“香港特别行政区可与全国其他地区的司法机关通过协商进行司法方面联系和互相提供协助。”这一规定对香港与中国大陆及其他地区间进行区际司法协助作出了原则性的规定,也为香港进行区际司法协助提供了法律依据。根据香港《基本法》的精神,1999年最高人民法院与香港特别行政区签署了《关于内地与香港特别行政区法院相互委托送达民商事司法文书的安排》。该安排对于内地与香港特别行政区之间相互代为送达民商事司法文书的机关、委托方委托时应提交的文件、委托的程序、被委托方送达司法文书应遵循的程序、委托送达司法文书费用、委托送达的司法文书的范围等作了具体规定。该安排在内地以最高人民法院发布司法解释的形式予以公布,自1999年3月30日起施行。

内地和澳门之间的司法文书送达的直接依据是2001年最高人民法院与澳门特别行政区签署的《关于内地与澳门特别行政区法院就民商事案件相互委托送达司法文书和调取证据的安排》。该安排同样对于内地与澳门特别行政区之间相互代为送达民商事司法文书的机关、委托方委托时应提交的文件、委托的程序、被委托方送达司法文书应遵循的程序、委托送达司法文书费用、委托送达的司法文书的范围等作了具体规定。该安排在内地以最高人民法院发布司法解释的形式予以公布,自2001年9月15日起施行。

2. 中国内地与台湾地区。我国台湾地区法域在进行域外民事司法协助时,往往并非以国际条约或双边协定作为基础,而是以互惠原则作为主要依据。在相关法规方面,最重要的是1963年公布施行的“外国法院委托事件协助法”,该法第5条规定,“法院受托送达民事或刑事诉讼上之文件,依民事或刑事诉讼法关于送达之规定办理。委托送达应于委托书内详载应受送达人之姓名、国籍及其住所、居所或事务所、营业所”。台湾地区方面在制定1992年《台湾地区与大陆地区人民关系条例》(经1993年、1994年、1996年、1997年修改)时,已将司法协作问题纳入考虑范围。根据该条例第7条的规定,在内地制作之文书,经台湾地区“行政院”设立或指定之机构或委托之民间团体验证者,推定为真正。其第8条亦规定,应于内地送达司法文书或为必要之调查者,司法机关得嘱咐或选择第4条之机构或民间团体为之。

经过两岸的共同努力,1993年4月,内地海协会和台湾地区海基会在“汪辜会谈”上签订了《两岸公证书使用查证协议》等四项协议。该协议规定,有关两岸公证书副本的寄送、查证,均由台湾海基会直接与“中国公证员协会”及其各地分支机构联系,若有其他相关事宜,内地海协会与台湾海基会得直接联系。两岸协议相互寄送涉及继承、收养、婚姻、出生、死亡、委托、学历、定居、抚养、亲属及财产权利证明的公证书副本,并以比对方式确认辨别文书之真伪,不必再以函查方式办理;对公证书以外之文书,双方同意个案协商地提供协作。有了这一协议,基本上解决了两岸之间在文书送达和取证方面协作的问题。为落实该协议内容,台湾地区"司法院"于 1993 年 6 月订立了"两岸公证书使用查证协议注意事项",主要内容包括法院在处理公证书副本寄送及证书查证时的程序性规范,并规定该协议所称公证书也包括由法院公证人作成的认证书。

(二)区际调查取证

1. 中国内地与香港、澳门特别行政区。内地和澳门特别行政区之间相互委托调查取证根据 2001 年最高人民法院与澳门特别行政区签署的《关于内地与澳门特别行政区法院就民商事案件相互委托送达司法文书和调取证据的安排》办理。该安排规定,委托方法院请求调取的证据只能是用于与诉讼有关的证据,代为调取证据的范围包括:代为询问当事人、证人和鉴定人,代为进行鉴定和司法勘验,调取其他与诉讼有关的证据。此外,该安排对相互委托调查取证的程序作了具体规定,包括双方相互委托代为调取证据的委托书应写明的内容、委托方与受托方之间应该相互通知的事项、受委托方法院安排其辖区的证人、鉴定人到对方辖区出庭作证的具体问题等。

内地与香港之间证据调查还没有可直接援用的规定,可参照《关于内地与澳门特别行政区法院就民商事案件相互委托送达司法文书和调取证据的安排》和《关于内地与香港特别行政区法院相互委托送达民商事司法文书的安排》办理。

2. 中国内地与台湾地区。实践中,有关两岸相互调查取证的活动都是通过民间途径展开的。

1990 年 1 月 26 日,我国司法部曾发布《关于办理涉台法律事务有关事宜的通知》,指出需要在台湾地区办理的法律事务可以通过四种途径委托台湾地区律师办理。台湾地区在实施其 1992 年《台湾地区与大陆地区人民关系条例》时,对两岸司法协助问题做了几条原则性的规定。该条例第 4 条第 1 款规定,"行政院"得设立或指定机构或委托民间团体,处理台湾地区与内地人民往来有关之事务。第 7 条规定,在内地制作之文书,经台湾地区"行政院"设立或指定之机构或委托之民间团体验证者,推定为真正。第 8 条亦规定,应于内地送达司法文书或为必要之调查者,司法机关得嘱咐或选择第 4 条之机构或民间团体为之。在 1993 年"汪辜会谈"四项协议签订后,内地和台湾地区的区际调查取证主要依据《两岸公证书使用查证协议》、台湾"司法院"的"两岸公证书使用查证协议注意事项"等办理。

（三）区际承认与执行法院裁判

1. 中国内地与香港、澳门特别行政区。内地与香港特别行政区还没有就法院判决、裁定的相互承认与执行达成共识，目前主要参照大陆《民事诉讼法》及司法解释和香港特别行政区《外地判决（相互执行）条例》的有关规定办理。[1]

内地和澳门特别行政区之间法院裁判的承认与执行根据最高人民法院与澳门特别行政区于2006年2月28日签署的《内地与澳门特别行政区关于相互认可和执行民商事判决的安排》办理。该安排所称“判决”，在内地包括：判决、裁定、决定、调解书、支付令；在澳门特别行政区包括：裁判、判决、确认和解的裁定、法官的决定或者批示。该安排就内地和澳门有权受理认可和执行对方判决申请的法院、被申请人在内地和澳门特别行政区均有可供执行财产的执行问题、请求认可和执行判决时申请书的内容以及应附具的相关文件、对申请的受理和审查、认可裁判的裁定的执行等问题作了具体规定。

2. 中国内地与台湾地区。近几年来，我国最高人民法院对台湾地区有关司法文书是否认可的问题已经作出了三份相关司法解释。1998年1月15日，我国最高人民法院发布了《关于人民法院认可台湾地区有关法院民事判决的规定》，这是我国最高人民法院为保障我国台湾地区和其他省、自治区、直辖市的诉讼当事人的民事权益与诉讼权利而制定的司法解释，主要对台湾地区有关法院的民事判决、民事裁定和台湾地区仲裁机构的仲裁裁决的认可所作的有关程序和条件的规定。该规定指出，台湾地区有关法院的民事判决，当事人的住所地、经常居住地或者被执行财产所在地在其他省、自治区、直辖市的，当事人可以根据本规定向申请人住所地、经常居住地或者被执行财产所在地中级人民法院申请认可。此外，2001年最高人民法院《关于当事人持台湾地区有关法院支付命令向人民法院申请认可人民法院应否受理的批复》规定，人民法院对当事人持台湾地区有关法院支付命令及其确定证明书申请其认可的，可比照最高人民法院《关于人民法院认可台湾地区有关法院民事判决的规定》予以受理。1999年的最高人民法院《关于当事人持台湾地区有关法院民事调解书或者有关机构出具或确认的调解协议书向人民法院申请认可，人民法院应否受理的批复》指出，台湾地区有关法院出具的民事调解书，是在法院主持下双方当事人达成的协议，应视为与法院民事判决书具有同等效力。当事人向人民法院申请认可的，人民法院应比照最高人民法院《关于人民法院认可台湾地区有关法院民事判决的规定》予以受理。但对台湾地区有关机构（包括民间调解机构）出具或确认的调解协

[1] 田平安主编：《民事诉讼法原理》，厦门大学出版社2005年版，第495页。

议书,当事人向人民法院申请认可的,人民法院不应予以受理。

台湾地区关于内地判决的承认与执行,主要规定在《台湾地区与大陆地区人民关系条例》中,其第 74 条规定,在内地作成之民事裁判或民事仲裁判断,不违反台湾地区公共秩序或善良风俗者,得申请法院裁定认可。前项经法院裁定认可之判决或判断,以给付为内容者得为执行名义。另外,台湾地区在 1997 年 5 月对条例进行增订和修正时,于第 74 条增加了一项,规定台湾承认与执行内地判决和裁决,须以互惠和对等为原则。因此,台湾地区承认与执行内地法院判决的限制性条件有两个,即公共秩序保留和互惠对等原则。

(四)区际承认与执行仲裁裁决

1. 中国内地与香港、澳门特别行政区。2000 年最高人民法院和香港特别行政区签署了《关于内地与香港特别行政区相互执行仲裁裁决的安排》,对内地与香港特别行政区相互执行对方仲裁机关做出的仲裁裁决作出了规定。该安排规定,在内地或者香港特区作出的仲裁裁决,一方当事人不履行仲裁裁决的,另一方当事人可以向被申请人住所地或者财产所在地的有关法院申请执行。"有关法院"在内地指被申请人住所地或者财产所在地的中级人民法院,在香港特区指香港特区高等法院。该安排就申请人申请时应提交的文书、申请书的内容、申请人向有关法院申请执行仲裁裁决的期限、有关法院接到申请人申请后处理及执行的法律程序、有关法院裁定不予执行的情形等问题作了明确规定。该安排在内地以最高人民法院发布司法解释的形式予以公布,自 2000 年 2 月 1 日起施行。

目前,内地和澳门特别行政区之间仲裁裁决的承认和执行还没有可直接援用的规定,可参照《关于内地与香港特别行政区特别行政区相互执行仲裁裁决的安排》和《内地与澳门特别行政区关于相互认可和执行民商事判决的安排》办理。

2. 中国内地与台湾地区。1998 年最高人民法院《关于人民法院认可台湾地区有关法院民事判决的规定》第 19 条规定:"申请认可台湾地区民事裁定和台湾地区仲裁机构裁决的,适用本规定。"据此,台湾地区仲裁机构作出的仲裁裁决,当事人可以向中国内地的有关人民法院申请认可,并适用该认可台湾地区法院民事判决的有关规定。经人民法院认可的仲裁裁决需要执行的,则应依照《中华人民共和国民事诉讼法》规定的程序办理。

根据《台湾地区与大陆地区人民关系条例》第 74 条的规定,内地仲裁机构作出的仲裁裁决,当事人可以向台湾地区法院申请承认和执行。

17-8(多选题) 关于区际司法协助,下列说法哪些是正确的?

A. 区际司法协助发生在一个主权国家的内部

B. 区际司法协助实施的法律依据主要是国内立法

C. 大陆法院的民事裁判或仲裁机构裁决，可以申请台湾法院予以承认和执行

D. 大陆与香港之间已经就相互委托送达司法文书达成共识

——应当选择ABCD。区际司法协助，是指存在于同一主权国家内部不同法域的司法机关之间在司法领域的合作与互助，故选项A正确；区际司法协助由于发生在一个主权国家内部，与国际司法协助不同，其实施的法律依据主要是国内立法，故选项B正确；《台湾地区与大陆地区人民关系条例》第74条规定，在内地作成之民事裁判或民事仲裁判断，不违反台湾地区公共秩序或善良风俗者，得申请法院裁定认可。前项经法院裁定认可之判决或判断，以给付为内容者得为执行名义，故选项C正确；1999年3月29日，最高人民法院发布《最高人民法院关于内地与香港特别行政区法院相互委托送达民商事司法文书的安排》，以司法解释的形式解决了与香港特别行政区送达方面的问题，故选项D正确。

第十八章　执行程序

第一节　执行程序概述

一、执行的概念

（一）执行的概念

广义的执行是指有关国家机关运用国家强制力实现生效法律文书内容的活动，因其实现的生效法律文书的种类不同，执行可分为民事执行、刑事执行和行政执行三种。我们这里所说的执行指的是民事执行，就是指人民法院的执行组织依照法定的程序，运用国家强制力依法采取执行措施，强制义务人履行生效法律文书确定的给付内容的一种诉讼行为。通常民事执行也称强制执行，简称执行。

（二）执行的特征

作为强制实现生效法律文书内容的一种专门活动，民事执行具有以下特征：

1. 执行机构的特定性。我国法律规定，人民法院是行使民事执行权的法定机关，只有人民法院才有权采取强制性的执行措施迫使债务人履行义务，实现生效法律文书的内容。因此，只要是依法应当通过民事执行程序实现的生效法律文书，必须统一由人民法院执行。

2. 执行根据的有效性。人民法院实施民事执行，必须具有执行根据，即存在依法应当由人民法院强制实现的法律文书。同时，人民法院据以执行的法律文书必须已经发生法律效力。执行根据的有效性是民事执行的又一重要特征。

3. 执行手段的强制性。强制性是民事执行的重要特征。民事执行的强制性，主要体现为执行措施或手段的强制性，即执行机构可以不经债务人同意，强制其交付一定的财产、作出或不作出一定的行为，债务人必须服从与容忍。执行措施或手段的强制性，直接来源于国家权力的强制性。民事执行的强制性，贯穿于民事执行过程的始终。执行机构实施民事执行的过程，就是对债务人的财产或行为采取强制性的措施的过程。

4. 执行程序的法定性。民事执行必须按照法律规定的程序、制度与方式进行。具体来说，从执行程序的启动到执行措施的采取，从一种执行措施到另一种执行措施的更替，从执行程序中重大事项的处理到执行争议的解决等，执行机构都必须严格依照法律规定的程序进行。

二、执行程序的概念及其进行条件

（一）执行程序的概念

执行程序是指执行机构在执行当事人、协助执行人及其他有关人员的参加下，根据已经发生效力的法律文书，采取执行措施，迫使债务人履行义务，实现债权人权利的法定程序。

（二）进行执行程序的条件

执行程序不是争议解决的必经程序，不是任何一个案件都需要进行执行程序，进行执行程序必须具备以下条件：①法律文书已经发生效力；②法律文书具有给付内容；③债务人拒不履行义务。

进行执行程序的上述三个条件必须同时具备，缺一不可。

三、执行程序与审判程序的关系

民事权利救济可以分为两个阶段：①确定民事权利的阶段；②实现民事权利的阶段。前者包括调解、仲裁和民事诉讼，后者就是执行。通过民事诉讼解决纠纷时，在确定民事权利的阶段，审判机关运用国家公权力对当事人之间的民事权利义务关系作出最具权威性的裁断；在实现民事权利的阶段，民事执行机关运用国家公权力保证具有执行力的法律文书的内容得以实现。因此，执行程序与审判程序既有密切联系，又有明显区别。

1. 执行程序与审判程序的联系。主要表现在：①执行程序和审判程序都是解决民事纠纷的法定程序，都属于民事程序法的范畴。②审判程序是执行程序的前提和基础，执行程序是审判程序的继续和完成。没有审判程序，执行程序就不可能启动，没有执行程序，当债务人拒不履行义务时，审判程序的结果就不能实现。③审判程序与执行程序在特定情形下存在交叉。这主要体现为，在审判程序中，必要时审判机构可作出先予执行裁定；在执行程序中，如果生效裁判确有错误，审判机构可以发动再审程序。

2. 执行程序与审判程序的区别。主要表现在：①程序建立的权力基础不同。执行程序是以民事执行权为基础建立的，审判程序是以民事审判权为基础建立的，民事执行权与民事审判权在性质上的区别决定了执行程序与审判程序在性质上的不同。②程序的任务与作用不同。审判程序的任务与作用是查明事实，分清是非，确认当事人之间已经发生争议的民事权利义务关系；执行程序的任务与作用是使法律文书确定的权利义务付诸实现。③程序的内容不同。执行程序是由多种执行方式和执行措施构成的单一程序；审判程序则是由适应不同性质的案件的多种程序构成的复合程序。④程序启动的原因不同。执行程序的启动是由于当事人申请执行或审判组织移送执行，启动的前提条件是债务人拒不履行生效法律文书确定的义务；审判程序的启动是由于原告起诉或申请人申请,启动的前提条件是当事人之间的民事权利义务关系处于争议状态或不稳定状态。因此,执行程序不是民事诉讼的必经程序,而审判程序是民事诉讼的必经程序。⑤执行程序并不绝对依赖审判程序而存在,执行程序所适用的案件也不只限于审判程序处理的案件范围。如公证机关制作的赋予强制执行效力的债权文书,仲裁机构作出的生效裁决书,需要执行的,也由人民法院适用执行程序进行执行。因此,执行程序既不绝对地依赖于审判程序而存在,也不必然地是审判程序的继续。

执行程序的设立是以司法执行权为基础的,它是由诸多强制性措施构成的特殊程序,在程序的进行中实施强制措施,以实施强制措施推进程序的进行。执行程序的设立宗旨在于通过国家强制力迫使义务人履行法律文书确定的义务。执行程序的完成并不是以进行了全部的程序,采取了全部的强制措施为标志。同时,通过执行程序可以实现对一定违法行为的法律制裁。

四、执行的原则

执行的原则是指指导执行制度和执行活动的原则,它既是立法工作中的指导原则,又是司法活动的指导原则。根据我国法律的规定,结合执行工作的实践经验,民事执行的原则主要有以下几个:

(一)依法执行的原则

执行必须以生效的法律文书为根据,执行必须以法定机关制作的、发生法律效力有给付内容的法律文书为依据,没有据以执行的法律文书,不能开始执行程序。执行必须以法定的方式开始。除法律规定人民法院可以主动依职权执行的情况外,其他案件都必须依照当事人的申请开始执行,而且权利人的申请必须符合法定条件。执行必须以法定程序和法定步骤进行。

(二)执行标的有限原则

现行的法律规范明确规定了执行的对象限于被执行人的财产或行为,不能对被执行人的人身采取强制措施。同时,在执行财产的时候也应当注意执行的范围。执行公民财产的时候,应当兼顾被执行人的利益,要保留本人和所抚养的家属必需的生活费用和生活用品;在执行法人或者其他组织财产的时候,应当兼顾被执行人的生产和经营。

(三)人民法院执行与有关单位、个人协助执行相结合的原则

人民法院是行使执行权的机构,但是在执行的过程中往往需要借助有关单位和个人的帮助才能完成执行工作,比如冻结、划拨被执行人的存款。有关单位和个人应当协助人民法院进行执行,拒绝协助或者妨碍执行的,人民法院可以采取强制措施,情节严重构成犯罪的,可以追究刑事责任。

（四）申请执行与移送执行相结合的原则

通常情况下，民事案件的执行应当由当事人向人民法院提出申请，法院根据当事人的申请才能启动执行程序，但是，现行法律规定，对某些案件，人民法院可以直接移送执行。

（五）强制执行与说服教育相结合的原则

强制执行的最终目的在于实现债权人的权利，如果被执行人能够履行债务自然无需进行强制执行，因此，执行机构在进行执行的时候，首先应当进行说服教育，当事人仍然拒绝履行的，才需要采取强制执行措施。

第二节　执行主体与执行标的

一、执行主体

执行主体，是指在执行程序中，根据执行法律规范享有权利和承担义务，能够引起民事执行程序发生、变更或消灭的单位或个人，包括执行机构和执行当事人。

（一）执行机构

1. 执行机构的概念。专门从事执行工作，实施强制性的执行措施，履行执行职责的组织，称为执行机构。在我国，执行机构是设立在人民法院内部、专门从事执行工作，履行执行职责的执行庭、执行局或者执行工作办公室，它与人民法院内部的审判业务机构一样都属于法院的内设业务部门。

2. 执行机构的设置。《人民法院组织法》第41条规定，地方各级人民法院设执行员，办理有关的执行事项。《民事诉讼法》第209条规定，执行工作由执行员进行，基层人民法院、中级人民法院根据需要，可以设立执行机构。执行机构的职责由最高人民法院规定。最高人民法院《关于人民法院执行工作若干问题的规定（试行）》（以下简称《执行规定》）第1条规定："人民法院根据需要，依据有关法律的规定，设立执行机构，专门负责执行工作。"可见，随着民事执行工作重要性的加强，我国法律和司法解释对执行机构的有关规定日渐明确，执行机构的地位日趋独立。目前，我国地方各级人民法院大多都设有执行局，执行局下设若干执行庭，最高人民法院设有执行工作办公室。

3. 执行机构的人员构成。执行机构通常由执行员、书记员和司法警察组成。执行机构的组成人员在执行工作中各自承担不同的任务。其中执行员是执行机构的主要组成人员，具体负责组织、指挥执行工作，采取强制执行措施；书记员负责做好执行笔录，并协助执行员办理有关执行事项；司法警察负责维持执行现场秩序，保障执行工作的顺利进行。根据《执行规定》，执行机构应当配备必要的交通工具、通讯设备、音像设备和警械用具等，以保障其及时有效地履行职责。

（二）执行当事人

1. 执行当事人的概念。执行当事人是指在执行程序中享有民事权利、承担民事义务的人。其中，依执行根据享有民事权利的一方，称为债权人，也称权利人，在因申请而开始的执行程序中，又称为申请执行人；依执行根据承担民事义务的一方，称为债务人，也称义务人或被执行人，在因申请而开始的执行程序中，又称为被申请人。

2. 执行当事人的变更与追加。执行根据的效力，原则上只及于法律文书确定的当事人。因此，在一般情况下，只有法律文书确定的权利人和义务人才能成为执行当事人。但是，法律文书发生效力后，由于出现一些特殊情况，文书确定的当事人可能发生变更，如作为当事人的公民死亡，法人或其他组织终止、合并、分立等。这种案件进入执行程序时，执行当事人就会与法律文书确定的当事人不一致。此外，在一些执行案件中，债务人自己没有履行义务的能力，但依法应当由他人替代履行义务，或者由他人承担连带责任。在这种情况下，同样会出现执行当事人与法律文书确定的当事人不一致的情况。案外人因实体法上的原因继受或承担法律文书确定的当事人的权利义务，在执行程序中成为执行当事人的法律制度，称为执行当事人的变更与追加。

执行当事人的变更与追加，包括两种情况：①执行债权人的变更；②执行债务人的变更与追加。

（1）执行债权人的变更。法律文书发生效力后，如果文书确定的债权依法交由他人继受，该他人就成为债权人，并可以向执行机构申请执行，这就是执行债权人的变更。执行债权人的变更是由于权利主体的变更而形成的。尽管目前我国法律和司法解释对权利主体变更引起的执行债权人变更的情形没有作出规定，但是，在理论上，执行债权人的变更还是可能的。执行债权人的变更主要有以下两种情况：

第一，作为债权人的公民死亡，其继承人可以申请执行而成为执行债权人。作为债权人的公民死亡后，其权利包括申请执行的权利由其继承人继承，因此其继承人可以申请执行而成为执行债权人。

第二，作为债权人的法人或其他组织终止、合并、分立，继受其权利的法人或其他组织可以申请执行而成为执行债权人。

（2）执行债务人的变更与追加。在执行过程中，由于出现特殊情况，由其他公民、法人或其他组织履行债务人义务的法律制度，就是执行债务人的变更与追加。

根据我国《民事诉讼法》第 213 条、《适用意见》第 271 ~ 274 条、《执行规定》第 76～83 条的规定，执行债务人的变更与追加主要有以下几种情形：

第一，作为债务人的公民死亡的，应当执行其遗产。遗产已被继承的，人民法院应当裁定变更债务人，由遗产继承人在其继承遗产的范围内偿还债务。

第二，作为债务人的法人或其他组织合并、分立，其权利义务由变更后的法人或其他组织承受，人民法院可以裁定变更后的法人或其他组织为执行债务人。其中，法人或其他组织的分立符合法定程序的，由分立后存续的企业按照分立协议确定的比例承担债务；不符合法定程序分立的，裁定由分立后存续的企业按照其从被执行企业分得的资产占原企业总资产的比例对执行债权人承担责任。法人或其他组织被撤销的，如果依有关实体法的规定有权利义务承受人的，人民法院可以裁定该权利义务承受人为执行债务人。

第三，其他组织在执行中不能履行法律文书确定的义务的，人民法院可以裁定追加对该组织依法承担义务的法人或公民为执行债务人。具体来说：①执行债务人为无法人资格的私营独资企业，无能力履行法律文书确定的义务的，人民法院可以裁定执行该独资企业业主的其他财产。②执行债务人为个人合伙组织或者合伙型联营企业，无能力履行生效法律文书确定的义务的，人民法院可以裁定追加该合伙组织的合伙人或参加该联营企业的法人为执行债务人。③执行债务人为企业法人的分支机构，不能清偿债务的，可以裁定企业法人为执行债务人。企业法人直接经营管理的财产仍不能清偿债务的，人民法院可以裁定执行该企业法人其他分支机构的财产。④执行债务人无财产清偿债务，如果其开办单位对其开办时投入的注册资金不实或者抽逃注册资金的，人民法院可以裁定变更或追加其开办单位为执行债务人，在注册资金不实或抽逃注册资金的范围内，对执行债权人承担责任。⑤执行债务人被撤销、注销或歇业后，上级主管部门或开办单位无偿接受执行债务人的财产，致使债务人无遗留财产清偿债务或者遗留财产不足清偿的，可以裁定由上级主管部门或开办单位在所接受的财产范围内承担责任。⑥在执行程序中，作为执行债务人的法人或其他组织名称变更的，人民法院可以裁定变更后的法人或其他组织为执行债务人。⑦如果执行的法律文书是依法设立的仲裁机构或公证机关制作的，在执行过程中发现被申请执行人已被撤销、合并、分立或者资不抵债的，应经审核后，裁定中止执行。由申请执行人向制作该法律文书的机构申请变更被申请执行人，变更后，申请执行人则可向人民法院申请恢复执行。

18－1（多选题） 甲因为借款纠纷起诉乙，A 市 B 县法院一审，乙不服提起上诉，经过 A 市中级人民法院二审，判决乙向甲清偿债务 3 万元，在判决生效后1个月内履行。判决于2003年6月5日生效,到2003年7月5日为止,乙一直没有履行债务。于是,甲申请人民法院强制执行。人民法院经查,乙只能清偿其中的1万元,另外乙对丙享有到期债权2万元。在下列哪些情况下,人民法院可以对丙发出履行通知?

A. 经过甲的申请　　B. 经过乙的申请

C. 经过丙的申请　　D. 人民法院主动依职权作出

——应当选择AB。本题考查的是追加第三人为被执行人的情形,根据《执行规定》第61条的规定,被执行人不能清偿债务,但对本案以外的第三人享有到期债权的,人民法院可以依申请执行人或被执行人的申请,向第三人发出履行到期债务的通知。因此,追加被执行人,须有申请人或者被申请执行人的申请。

二、执行标的

(一)执行标的的概念

执行标的,也称执行客体、执行对象,是指执行机构的执行行为指向的对象,即执行机构采取的迫使债务人履行义务、实现债权人权利的行为指向的对象。执行标的只能是财产或行为。人身不能成为执行标的。人身不是执行标的,是由执行行为的本质所决定的。

有人认为,执行机构采取的搜查措施、执行实践中出现的"劳务抵债"正是以债务人的人身为对象的,并以此认为人身是执行标的。这种观点显然是不成立的。因为,搜查是对妨害民事执行的人采取的强制措施,"劳务抵债"是执行当事人之间达成的执行和解,搜查和"劳务抵债"均不是执行行为,不能以此作为人身就是执行标的的论据。

(二)执行标的的范围

作为执行标的的财产与行为,其具体范围受到一定限制,分述如下:

1. 财产。作为执行标的的财产,包括金钱、物品、有价证券以及其他财产权利等,包括债务人现有的财产以及可取得的财产。前者如债务人的存款、现金、房屋、汽车、土地使用权等;后者如债务人对第三人的债权,可分得的股息、红利等。

根据有关规定,下列财产不能作为执行标的:①土地、矿藏、河流等不得让与的财产;②债务人及其所扶养家属的生活必需费用及生活必需品,如床铺、被褥、饭锅、碗筷等;③专属于债务人个人的财产,如荣誉证书、礼拜用品等;④法律禁止流通物,如毒品、赃物等。

2. 行为。行为作为执行标的,仅限于执行根据规定债务人应当实施或者不得实施一定的行为的案件中。根据债务人的行为义务是积极的还是消极的,作为执行标的的行为可分为作为和不作为,前者就是债务人必须实施一定的活动，如赔礼道歉，排除妨害；后者是债务人不得实施一定的行为或者必须容忍债权人实施一定的行为。根据执行根据规定的债务人的行为是否可由他人代替完成，作为执行标的的行为又可分为可替代的行为与不可替代的行为两种。行为的种类不同，执行机构采取的执行措施、实施的执行方法也各不相同。

18－2(单选题)　合伙人甲在合伙企业中有份额15万元，待分配利润3万元。现甲无力偿还其对第三人乙的负债20万元，乙要求强制执行甲在合伙企业中的财产。对此，下列哪一种说法是正确的?

A. 乙仅可就该15万元份额请求强制执行

B. 乙仅可就该3万元待分配利润请求强制执行

B. 乙可以就该15万元份额和3万元待分配利润请求强制执行

D. 乙可以就该15万元份额和3万元待分配利润请求强制执行，但必须扣除甲在合伙企业中应当承担的债务份额

——应当选择C。本题考查的主要内容为执行标的，可直接参照本节中的执行标的的范围部分。

■ 第三节　执行根据和执行管辖

一、执行根据

(一)执行根据的概念及特征

民事执行必须以生效的法律文书为根据，没有法律文书或者法律文书尚未生效，都不能执行。当事人据以申请和人民法院据以采取执行措施的各种生效法律文书，就称为执行根据，也称执行名义。

作为执行根据的法律文书，具有以下两个基本特征：

1. 确定性。即作为执行根据的必须是发生法律效力的法律文书。

2. 给付性。即作为执行根据的法律文书必须是判令债务人给付金钱、财物，或者履行一定的行为，包括作为或不作为。

(二)执行根据的分类

根据法律规定，可以作为执行根据的法律文书有以下两大类：

1. 人民法院制作的发生法律效力的法律文书。民事诉讼法规定，可以作为民事执行根据的人民法院制作的生效法律文书包括以下几种：

(1)人民法院制作的已经发生法律效力的、具有给付内容的民事判决书、裁定书、调解书、民事制裁决定书。

(2)人民法院制作的行政判决书、裁定书以及行政赔偿调解书。

(3)人民法院制作的已经发生法律效力的刑事判决书、裁定书中的财产部分以及刑事附带民事判决书、裁定书和调解书。

(4)人民法院制作的先予执行、财产保全裁定书。

(5)人民法院发出的要求债务人履行债务的支付令,债务人没有依法提出异议,又不履行债务的,债权人可申请强制执行。

(6)人民法院依照仲裁法的有关规定作出的财产保全和证据保全裁定。

(7)经人民法院裁定承认其效力的外国法院作出的判决、裁定以及外国仲裁机构作出的裁决。

2. 其他机关制作的发生法律效力的法律文书。

(1)行政机关制作的依法应当由人民法院执行的行政处罚决定书和行政处理决定书。根据有关法律法规的规定,对于行政机关制作的行政处罚决定书和行政处理决定书,确定执行机构的原则是:法律明确授权行政机关执行的,由行政机关执行;法律没有明确授权行政机关执行的,则申请人民法院执行。

(2)我国仲裁机构作出的仲裁裁决书、调解书。

(3)公证机构制作的依法赋予强制执行效力的债权文书。

(4)法律规定由人民法院执行的其他法律文书。

18-3(多选题) 下列哪些法律文书只有人民法院才有权强制执行,其他机关无权执行?

A. 仲裁机关的裁决书　B. 判决维持的行政判决书

C. 民事案件判决书　　D. 判决管制的刑事判决书

——应当选择AC。所考要点为执行主体和执行根据。根据《民事诉讼法》第207条规定:"发生法律效力的民事判决、裁定,以及刑事判决、裁定中的财产部分,由第一审人民法院执行。法律规定由人民法院执行的其他法律文书,由被执行人住所地或者被执行的财产所在地人民法院执行。"《适用意见》第256条规定,仲裁裁决书由人民法院执行。《刑事诉讼法》规定,判决管制的刑事判决由公安机关执行。《行政诉讼法》规定,判决维持的行政决定书,由行政机关向第一审人民法院申请强制执行或依法强制执行。

二、执行管辖

(一)执行管辖的概念

执行管辖,是指各级人民法院之间以及同一级的各个人民法院之间,受理执行案件的分工和权限。

（二）执行管辖的种类

根据法律和有关司法解释的规定，作为执行根据的法律文书不同、案件的性质不同，执行管辖也有所不同。我国现行的执行管辖有级别管辖、地域管辖、共同管辖、移送管辖等。

1. 执行级别管辖。执行级别管辖，是指不同级别的法院之间受理执行案件的分工与权限。我国四级人民法院都设立执行机构，每一级人民法院的执行机构都管辖一定范围内的执行案件。划分级别管辖的标准主要是案件的性质及影响。具体来说，人民法院作出的生效裁判的执行，由第一审人民法院管辖。其他机构作出的生效法律文书的执行，其级别管辖参照人民法院受理诉讼案件的级别管辖的规定确定，其中，中级人民法院管辖的执行案件包括：①我国涉外仲裁机构作出的仲裁裁决，由债务人住所地或被执行的财产所在地的中级人民法院管辖。②涉外仲裁过程中，当事人申请财产保全，经仲裁机构提交人民法院的，由被申请人住所地或被申请保全的财产所在地中级人民法院裁定并执行，申请证据保全的，由证据所在地的中级人民法院裁定并执行。③专利管理机关依法作出的处理决定和处罚决定，由被执行人住所地或财产所在地的省、自治区、直辖市有权受理专利纠纷案件的中级人民法院执行。④国务院各部门、各省、自治区、直辖市人民政府和海关依照法律、法规作出的处理决定和处罚决定，由被执行人住所地或财产所在地的中级人民法院执行。

2. 执行地域管辖。执行地域管辖，是指同一级别的人民法院执行机构受理执行案件的分工与权限。根据民事诉讼法的规定，发生法律效力的民事判决、裁定，以及刑事判决、裁定中的财产部分，由第一审人民法院执行；法律规定由人民法院执行的其他法律文书，由债务人住所地或者被执行的财产所在地人民法院执行。可见，确定地域管辖的标准是第一审人民法院、债务人的住所地、被执行的财产所在地。

调解书、支付令、先予执行裁定和财产保全裁定等法律文书，由制作该法律文书的人民法院执行；人民法院作出的判决、裁定，无论是否经过二审程序或再审程序，均由第一审人民法院执行。

仲裁裁决、公证机构依法赋予强制执行效力的债权文书、其他机关制作的依法应当由人民法院执行的生效法律文书，由债务人的住所地或被执行的财产所在地的人民法院执行。

18－4（单选题） 1999年5月12日，甲与乙签订了借款协议，甲向乙借款10万元，定于2000年5月12日返还。协议书经公证处公证。公证书上写明：如果债务人不履行义务，届时可申请强制执行。合同签订后，乙如实履行了合同义务。但是，2000年5月12日甲却没有还款。乙以甲未履行合同义务为由，向法院申请执行。本案可由哪一个法院执行？

A. 公证处所在地人民法院　　B. 甲财产所在地人民法院

C. 乙住所地人民法院　　D. 甲住所地或乙住所地人民法院

——应当选择B。本题考查的是执行的地域管辖，《适用意见》第256条规定："《民事诉讼法》第207条第2款规定的由人民法院执行的其他法律文书，包括仲裁裁决书、公证债权文书。其他法律文书由被执行人住所地或者被执行人的财产所在地人民法院执行；当事人分别向上述人民法院申请执行的，由最先接受申请的人民法院执行"。据此，应选B项。

18－5(单选题)　B县人民法院受理甲诉乙名誉侵权纠纷一案，判决乙在判决生效后1个月内赔偿甲2万元，并在《A市日报》登报赔礼道歉。乙不服，提起上诉。A市中级人民法院经审理作出二审判决，维持原判。判决送达后，乙向甲交付了2万元赔偿款，但未按期赔礼道歉。甲申请强制执行，法院多次催促乙履行判决，但乙拒绝赔礼道歉。本案应由哪个法院负责执行？

A. B县人民法院

B. A市中级人民法院

C. A市中级人民法院委托B县人民法院执行

D. 既可以由B县人民法院负责执行，也可以由A市中级人民法院负责执行，甲可以向其中一个法院申请执行

——应当选择A。本题综合考查执行地域管辖和执行级别管辖制度，根据《民事诉讼法》第207条："发生法律效力的民事判决、裁定，以及刑事判决、裁定的财产部分，由第一审人民法院执行"。本案中一审人民法院是B县人民法院。

3. 执行共同管辖与选择管辖。两个以上的人民法院对同一执行案件都有管辖权的，称为共同管辖。根据规定，对于共同管辖案件，当事人可以向其中一个人民法院申请执行，当事人向两个以上人民法院申请执行的，由最先立案的人民法院管辖。因为当事人的申请，受申请的人民法院取得对执行案件的管辖权，其他人民法院不得再管辖该案件，就是选择管辖。

4. 执行移送管辖。人民法院发现受理的执行案件依法不属于本法院管辖的，应当移送到有管辖权的人民法院执行，受移送的人民法院应当执行，且不得再自行移送。如果受移送的人民法院认为执行案件依法不属于本院管辖的，应当报请其上级人民法院决定。

（三）执行管辖争议的处理

人民法院之间因执行管辖权发生的争议，就是执行管辖争议。根据有

关规定，人民法院之间因执行管辖权发生争议的，由双方协商解决；协商解决不成的，报请双方共同的上级人民法院指定管辖。

(四)执行管辖权的转移

基层人民法院和中级人民法院管辖的执行案件，因特殊情况需要由上级人民法院执行的，可以报请上级人民法院执行；高级人民法院对下级人民法院管辖的执行案件，在特殊情况下可以裁定提级执行。这就是执行案件管辖权的转移。

根据最高人民法院《关于高级人民法院统一管理执行工作若干问题的规定》第9条的规定，下列案件可以裁定提级执行：①高级人民法院指令下级人民法院限期执结，逾期未执结需要提级执行的；②下级人民法院报请高级人民法院提级执行，高级人民法院认为应当提级执行的；③疑难、重大和复杂的案件，高级人民法院认为应当提级执行的；④最高人民法院函示提级执行的。

三、委托执行

(一)委托执行的概念

委托执行是指有管辖权的人民法院遇到特殊情况，依法将应由本法院执行的案件送交有关的法院代为执行。委托执行体现了人民法院之间的协作关系，目的是通过人民法院之间的相互协作，提高执行的效率与效益。

(二)委托执行的案件范围及不委托执行的情形

根据民事诉讼法、最高人民法院《关于加强和改进委托执行工作的若干规定》等规定，被执行人或被执行的财产在本省、自治区、直辖市辖区以外的案件，除少数特殊情况之外，应当委托执行。被执行人或被执行的财产在本省、自治区、直辖市辖区内，需跨中级人民法院、基层人民法院辖区执行的案件，亦应以委托执行为主。而直辖市内法院间的跨辖区的执行案件，以及设区的市内跨辖区的执行案件，是否以委托执行为主，由各高级人民法院根据实际情况自行确定。

具有下列情况的案件，可以不委托执行：①债务人在不同辖区内有财产，且任何一个地方的财产不足以单独清偿债务的；②分布在不同法院辖区的多个债务人对清偿债务责任的承担有一定关联的；③需要裁定变更或追加本辖区以外的债务人；④案件审理中已对当事人在外地的财产进行保全，异地执行更为方便的；⑤因其他特殊情况不便委托执行，经高级人民法院批准的。

受理案件的法院明知债务人有下列情形之一的，应当及时裁定中止或终结执行，不得委托当地法院执行：①无确切住所，长期下落不明，又无财产可供执行的；②有关法院已经受理以被申请执行人为债务人的破产案件或者已经宣告其破产的。

（三）委托执行的程序

1. 出具委托函。凡需要委托外地法院执行的，委托法院应当向受托法院出具书面委托函，并附送据以执行的生效法律文书副本原件，立案审批表复印件及有关情况说明，包括财产保全情况、债务人的财产状况、生效法律文书履行的情况。并注明委托法院地址、联系电话、联系人等。

一般来说，委托法院应当在立案后1个月内办妥委托执行的手续。超过此期限委托的，应当经对方法院同意。委托执行一般应在同级人民法院之间进行。经对方法院同意，也可委托上一级人民法院执行。如果被执行人是军队企业的，可以委托其所在地的军事法院执行；如果执行标的物是船舶的，可以委托海事法院执行。

2. 受托法院执行。受委托的人民法院接到委托函件后，必须在15日内开始执行，并及时将承办人、联系电话、地址等告知委托法院；如发现委托执行的手续、资料不全，应及时要求委托法院补办，但不得据此拒绝接受委托。受托人民法院自收到委托函件之日起15日内不执行的，委托人民法院可以请求受托人民法院的上级人民法院指令受委托的人民法院执行。

受托法院一般应在30日内执行完毕，最迟应当在6个月内执行完毕。委托手续不全的，执行期限自受托法院收到齐全手续之日起算。委托执行后，委托法院应当及时告知申请执行人。

受委托法院对受托执行的案件应当严格按照法律和司法解释的规定执行，有权依法自行决定采取执行措施和强制措施，也可以与委托法院共同商定执行方式方法。执行完毕后，受托法院应当将执行结果及时函告委托法院；如果在法定期间内还未执行完毕，也应当将执行情况函告委托法院。

案件委托执行后，未经受托法院同意，委托法院不得自行执行。

（四）法院之间的执行协助

被执行人或者执行的财产在外地的，负责执行的人民法院如果依法没有委托当地人民法院代为执行，可以直接到当地执行。直接到当地执行的，负责执行的人民法院可以要求当地人民法院协助执行，当地人民法院应当根据要求予以协助。

18－6（单选题） 甲诉乙侵权一案经某市东区法院一审终结，判决乙赔偿甲6万元。乙向该市中级法院提出上诉，二审法院驳回了乙的上诉请求。乙居住在该市南区，家中没有什么值钱的财产，但其在该市西区集贸市场存有价值5万元的货物。甲应当向下列哪一个法院申请执行？

A. 该市东区法院　　B. 该市南区法院

C. 该市西区法院　　D. 该市中级法院

——应当选择A。所考要点为执行地域管辖。本题比较简单，要和委托执行区别开来，避免被干扰。

第四节　民事执行的进行

一、执行开始

执行程序基于两种情况而开始：①权利人申请执行；②审判人员移送执行。

（一）申请执行

1. 申请执行的概念。申请执行，是指享有权利的一方当事人根据生效的法律文书，在对方拒不履行义务的情况下，可以向有管辖权的人民法院申请执行。申请执行是当事人依法享有的重要的权利。

申请人一般应当是生效法律文书的当事人。当然，申请执行人也可以委托代理人代为申请执行。委托代理的，应当向人民法院提交经过委托人签字或者盖章的授权委托书，写明委托事项和代理人的权限。

2. 申请执行的条件。

（1）申请执行的法律文书已经生效。

（2）申请执行人是生效法律文书确定的权利人或者继承人、权利承受人。

（3）申请执行人在法定期间内提出申请。

（4）申请执行的法律文书有给付内容，且执行标的和被执行人明确。

（5）义务人在生效法律文书确定的期限内未履行义务。

（6）属于受申请执行的人民法院管辖。

3. 申请执行的种类。

（1）对生效裁判和民事调解书的申请执行。发生法律效力的民事判决、裁定、调解书和其他应由人民法院执行的法律文书，当事人必须履行。一方当事人拒绝履行的，对方当事人可以向人民法院申请执行。

（2）对仲裁裁决的申请执行。对依法设立的仲裁机构的裁决或者调解书，一方当事人不履行的，对方当事人可以向有管辖权的人民法院申请执行。

（3）对公证机关依法赋予强制执行效力的债权文书的申请执行。对公证机关依法赋予强制执行效力的债权文书，一方当事人不履行的，对方当事人可以向有管辖权的人民法院，即被执行人住所地或被执行财产所在地的人民法院申请执行。

4. 提出申请。申请执行应当提交书面申请书并说明申请执行的事实和理由，提供作为执行根据的法律文书，同时要说明被执行人的经济情况。具体如下：

(1)申请执行书。申请执行书中应当写明申请执行的理由、事项、执行标的，以及申请执行人所了解的被执行人的财产状况。申请执行人书写申请执行书确有困难的，可以口头提出申请。人民法院接待人员对口头申请应当制作笔录，由申请执行人签字或盖章。

外国一方当事人申请执行的，应当提交中文申请执行书。当事人所在国与我国缔结或共同参加的司法协助条约有特别规定的，按照条约规定办理。

(2)生效法律文书副本。

(3)申请执行人的身份证明。公民个人申请的，应当出示居民身份证；法人申请的，应当提交法人营业执照副本和法定代表人身份证明；其他组织申请的，应当提交营业执照副本和主要负责人身份证明。

(4)继承人或权利承受人申请执行的，应当提交继承或承受权利的证明文件。

(5)申请执行仲裁机构的仲裁裁决，应当向人民法院提交有仲裁条款的合同书或仲裁协议书。申请执行国外仲裁机构的仲裁裁决的，应当提交经我国驻外使领馆认证或我国公证机关公证的仲裁裁决书中文本。

(6)其他应当提交的文件或证件。

5. 申请执行的期限。申请执行的期限，双方或者一方当事人是公民的为1年；双方是法人或其他组织的为6个月。上述期限的计算，从法律文书规定的履行期间的最后一日起算；法律文书规定分期履行的，从规定的每次履行期间的最后一日起算。

18－7(单选题) 根据民事诉讼法的规定，申请执行的期限，双方是法人或其他经济组织的为多长时间？

A. 3个月　B. 1个月　C. 12个月　D. 6个月

——应当选择D。本题考查的是申请执行期限，《民事诉讼法》第219条规定："申请执行的，双方或者一方当事人是公民的为1年，双方是法人或者其他组织的为6个月。前款规定的期限，从法律文书规定履行的最后一日起计算；法律文书规定分期履行的，从规定的每次履行期间的最后一日起计算"。因此，应选D项。

(二)移送执行

移送执行是指人民法院的裁判发生法律效力后，由审理该案的审判人员将案件直接交付执行人员执行，从而开始执行程序的行为。移送执行是对申请执行的补充。

根据民事诉讼法的有关规定，移送执行的案件主要有：①判决、裁定具有给付赡养费、抚育费、扶养费、医药费等内容的案件；②具有财产执行内容的刑事判决书、裁定书；③审判人员认为涉及国家、集体或者公民重大利益的案件。

移送执行应当由审判员填写移送执行书，说明执行的事项和应注意的问题连同生效的法律文书一并移送执行员，对于移送执行的期限，法律未作具体规定。

人民法院的执行员接到申请执行书或移送执行书后，应当向被执行人发出执行通知，责令其在指定的期间履行义务；逾期不履行的，强制执行。执行通知应当在收到申请执行书10日内发出。除责令被执行人履行义务外，还应当通知其承担迟延履行利息或迟延履行金。

18－8（多选题） 具有给付内容的有关法律文书，在义务人拒不履行义务的情况下，由审判庭移送执行机关执行。依有关的司法解释，下列哪些选项属于这类法律文书？

A. 给付赡养费的判决　　B. 给付抚育费的判决书

C. 民事制裁决定书　　D. 刑事附带民事判决书

——应当选择ABCD。所考要点是由法院移送执行的法律文书类型。最高人民法院《关于人民法院执行工作若干问题的规定（试行）》第19条规定："生效法律文书的执行，一般应当由当事人依法提出申请。发生法律效力的具有给付赡养费、扶养费、抚育费内容的法律文书、民事制裁决定书，以及刑事附带民事判决、裁定、调解书，由审判庭移送执行机构执行。"

二、执行受理与调查

（一）执行受理

根据民事诉讼法和有关司法解释的规定，审查执行申请与受理执行案件的工作部门为立案庭。对于债权人提出的申请，人民法院应当审查当事人的申请手续是否完备，审查执行根据是否合法与是否已经发生法律效力，审查申请是否超过了申请执行的期限；对于人民法院移送执行的案件，也应当审查执行根据，移送手续是否完备等。

如果经过审查，认为依法应当受理的，应当在收到申请之日起7日内予以立案。如果认为不应受理的，应当在收到执行申请之日起7日内将不予执行的情况通知申请人。

（二）通知被执行人

人民法院决定受理执行案件后，应当在3日内向被执行人发出执行通知书，责令其在指定的期间内履行生效法律文书确定的义务，并承担民事诉讼法规定的迟延履行期间的债务利息或迟延履行金。

被执行人未按执行通知书指定的期间履行生效法律文书确定的义务的,应当及时采取执行措施。在执行通知书指定的期限内,被执行人转移、隐匿、变卖、毁损财产的,应当立即采取执行措施。

人民法院采取执行措施,应当制作裁定书,送达被执行人。

(三)调查相关情况

对于有些案件的执行,人民法院为了弄清楚有关事实,可以进行相关的调查。人民法院执行非诉讼生效法律文书,必要时可向制作生效法律文书的机构调取卷宗材料。

(四)查明被执行人的财产

查明被执行人的财产是进行强制执行的首要步骤,也是保证强制执行顺利进行的关键。①申请执行人应当向人民法院提供其所了解的被执行人的财产状况或线索。被执行人必须如实向人民法院报告其财产状况。为查明被执行人的财产状况和履行义务的能力,可以传唤被执行人或被执行人的法定代表人或负责人到人民法院接受询问。被执行人拒绝按人民法院的要求提供其有关财产状况的证据材料的,人民法院可以按照民事诉讼法的规定进行搜查。人民法院依法搜查时,对被执行人可能存放隐匿的财物及有关证据材料的处所、箱柜等,经责令被执行人开启而拒不配合的,可以强制开启。②人民法院在执行中有权向被执行人、有关机关、社会团体、企业事业单位或公民个人,调查了解被执行人的财产状况,对调查所需的材料可以进行复制、抄录或拍照,但应当依法保密。

三、暂缓执行

暂缓执行,是指在执行程序进行之中,发生了法律规定的事由,而暂时不采取强制措施予以执行的制度。根据我国法律及司法解释的规定,引起暂缓执行的原因主要是执行担保,此外,还有执行监督、委托执行中发现可能存在问题而采取的临时性举措。

(一)执行担保

执行担保是指在执行过程中,被执行人确有困难暂时没有偿付能力时,向人民法院提供担保,并经申请执行人同意,由人民法院决定暂缓执行及暂缓执行的期限。这是执行中的变通性制度,是在确保法律文书得以执行的情况下,既照顾被执行人的困难,又尽力保护申请执行人的合法权益不受损害。执行担保必须具备下列条件:①被执行人确实存在暂时困难,无力履行执行根据确定的给付内容;②必须经申请执行人同意;③被执行人必须向人民法院提供切实的担保,可以提供财产担保也可以提供保证。以财产作担保的,应提交保证书;由第三人担保的,应当提交担保书。担保人应当具有代为履行或者代为承担赔偿责任的能力。

执行担保由被执行人提出申请,并经申请执行人同意,由人民法院决定是否准许。人民法院决定暂缓执行的,如果担保是有期限的,暂缓执行的期限应与担保期限一致,但最长期限不得超过1年。

在人民法院决定的暂缓执行期限内,执行程序暂时中止,申请人不得无故要求恢复执行,被执行人应当在暂缓执行的期限内履行义务。被执行人或担保人对担保的财产在暂缓执行期间有转移、隐匿、变卖、毁损等行为的,人民法院可以恢复强制执行。

被执行人在人民法院决定暂缓执行的期限届满后仍不履行义务的,人民法院可以直接执行担保财产,或者裁定执行担保人的财产,但执行担保人的财产以担保人应当履行义务部分的财产为限。

根据最高人民法院《执行规定》的规定,人民法院在审理案件期间,保证人为被执行人提供保证(这通常被称为诉讼担保),人民法院据此未对被执行人的财产采取保全措施或者解除保全措施的,案件审结后如果被执行人无财产可供执行,或者财产不足清偿债务时,即使生效法律文书中未确定保证人承担责任,人民法院有权裁定执行保证人在保证责任范围内的财产。这也就意味主债务纠纷的裁判效力及于保证合同。

18-9(多选题) 甲公司诉乙公司支付货款一案,乙公司在判决生效后未履行判决书所确定的义务,甲公司向法院申请强制执行。在执行过程中,乙公司提出目前暂时没有偿付能力,申请提供担保,对此,下列说法哪些是正确的?

A. 乙公司的执行担保申请须经甲公司同意,并由人民法院决定是否批准

B. 人民法院批准申请后,乙公司应当向人民法院提供财产担保,不能由第三人作担保

C. 乙公司提供担保后,可以在人民法院决定的暂缓执行期间内与甲公司达成执行和解的协议

D. 在暂缓执行期间,甲公司发现乙公司有转移担保财产的行为,人民法院可以恢复执行

——应当选择ACD。本题考查的是执行担保,以及执行和解的问题。根据法律规定,被申请人提供担保的形式,既可以是财产担保,也可以是保证,因此B项不正确。

(二)委托执行中的暂缓执行

在委托执行中,受委托人民法院遇有需要中止或终结执行的情形,受委托人民法院不得自行裁定中止或终结执行,而应当及时函告委托人民法院,

由委托人民法院作出裁定。在此期间,可以暂缓执行。

委托执行中,案外人对执行标的提出异议的,受委托人民法院应当函告委托人民法院,由委托人民法院通知驳回或者作出中止执行的裁定,在此期间,暂缓执行。

(三)执行监督中的暂缓执行

1. 暂缓执行的情形。上级人民法院依法对下级人民法院的执行行为进行监督时,发现下级法院在执行中作出的裁定、决定、通知或具体执行行为不当或有错误的,应当及时指令下级法院纠正,并可以通知有关法院暂缓执行。

上级法院在监督、指导、协调下级法院执行案件中,发现据以执行的生效法律文书确有错误的,应当书面通知下级法院暂缓执行,并按照审判监督程序处理。

上级法院在申诉案件复查期间,决定对生效法律文书暂缓执行的,有关审判庭应当将暂缓执行的通知抄送执行机构。

2. 暂缓执行的期限。上级法院通知暂缓执行的,应同时指定暂缓执行的期限。暂缓执行的期限一般不得超过 3 个月。有特殊情况需要延长的,应报经院长批准,并及时通知下级法院。

暂缓执行的原因消除后,应当及时通知执行法院恢复执行。期满后上级法院未通知继续暂缓执行的,执行法院可以恢复执行。

四、执行和解

执行和解是指在执行过程中,申请执行人和被执行人自愿协商,达成协议,并经人民法院审查批准后,结束执行程序的行为。执行和解是当事人处分自己民事权利和诉讼权利的行为。执行和解应当具备下列条件:①达成和解协议完全是出于当事人的自愿,是其真实的意思表示。②执行和解必须自执行程序开始后到结束前进行。③执行和解协议的内容不得违反法律的禁止性规定,不得违反公序良俗。

根据《民事诉讼法》第 211 条的规定,在执行中,双方当事人在执行中自行和解达成协议的,人民法院的执行员应当将协议内容记入笔录,由双方当事人签名盖章。

执行和解协议一经确定,就发生相应的法律效力:①经人民法院确认批准的执行和解具有终结本案执行程序,进一步确定双方当事人之间的权利义务关系的效力;②如果一方当事人不履行和解协议或者中途反悔的,对方当事人仍可申请人民法院按原生效的法律文书执行。人民法院可以根据对方当事人的申请,恢复对原生效法律文书的执行。但和解协议已履行的部分应当扣除。③和解协议已经履行完毕的,人民法院不予恢复执行。申请恢复执行原生效法律文书的期限,适用《民事诉讼法》第 219 条关于申请执行期限的规定，申请执行期限因达成执行中的和解协议而中止，其期限自和解协议所确定履行期限的最后一日起连续计算。

最高人民法院在《适用意见》中，对实践中出现的新情况，作了一些具体规定：①执行程序中，双方当事人协商以债务人劳务或其他方式清偿债务，不违反法律规定，不损害社会利益和他人利益的，应予准许，并将执行和解协议记录在案。②被执行人无钱还债，要求以其他财物抵偿债务，申请执行人同意的，应予准许。双方可以协议作价或请有关部门合理作价，按判决数额相应部分财物交付申请执行人。③被执行人无钱还债，要求以债券、股票等有价证券抵偿债务，申请执行人同意并通知被执行人的债务人，办理相应的债权转移手续。

18－10（案例题） 就甲某与乙某借款纠纷一案，人民法院经过审理，作出判决，甲某应当向乙某支付所欠的5万元钱。判决生效后，甲某拒绝履行义务，乙某申请人民法院强制执行。在执行程序中，甲某与乙某经过协商，达成甲某向乙某归还4万元钱的和解协议。但是，甲某只给了乙某3万元钱，甲某称自己实在没钱了，乙某一气之下，准备退回甲某已给的3万元钱，向法院申请执行5万元钱，乙某的这种做法对否？

——对于甲某不履行执行和解协议的行为，在法定期间内，乙某可以要求人民法院恢复执行原来的5万元钱的生效法律文书。但是已经履行的和解协议部分不再强制执行，即应当按照比例扣除已经履行的部分，继续强制执行没有履行的部分即可。

五、不予执行

（一）对仲裁裁决的不予执行

1. 对国内仲裁机构所作仲裁裁决的不予执行。如果被申请人提出证据证明仲裁裁决有下列情形之一的，经人民法院组成合议庭审查核实，裁定不予执行：

（1）当事人在合同中没有订有仲裁条款或者事后没有达成书面仲裁协议的。

（2）裁决的事项不属于仲裁协议的范围或者仲裁机构无权仲裁的；仲裁机构裁决的事项部分属于仲裁协议的范围，部分超过仲裁协议范围的，对超过部分，人民法院应当裁定不予执行。

（3）仲裁庭的组成或者仲裁的程序违反法定程序的。

（4）仲裁裁决认定事实的主要证据不足的。

（5）仲裁裁决适用法律确有错误的。

（6）仲裁员在仲裁该案时有贪污受贿、徇私舞弊、枉法裁决行为的。

(7)人民法院认为执行该裁决违背社会公共利益的。

2. 对涉外仲裁裁决不予执行。《民事诉讼法》第260条规定,被申请人提出证据证明涉外仲裁裁决有下列情形之一的,经人民法院组成合议庭审查核实,裁定不予执行:

(1)当事人在合同中没有订有仲裁条款或者事后没有达成书面仲裁协议的。

(2)被申请人没有得到指定仲裁员或者进行仲裁程序的通知,或者由于其他不属于被申请人的原因未能陈述意见的。

(3)仲裁庭的组成或者仲裁的程序与仲裁规则不符的。

(4)裁决的事项不属于仲裁协议的范围或者仲裁机构无权仲裁的。

此外,人民法院认定执行该裁决违背社会公共利益的,裁定不予执行。

上述不予执行的裁定书应送达双方当事人和仲裁机构。

人民法院裁定不予执行仲裁裁决后,当事人可以重新达成书面仲裁协议申请仲裁,也可以向人民法院起诉。

(二)对可以强制执行的公证债权文书的不予执行

对公证机关依法赋予强制执行效力的债权文书,如果发现其确有错误的,人民法院裁定不予执行,并将裁定书送达双方当事人和公证机关。

(三)对其他非讼法律文书的不予执行

其他非讼法律文书,如果可以由人民法院强制执行的,例如行政处理决定、行政处罚决定等,在其确有错误时,人民法院应当裁定不予执行。不予执行的裁定应当送达当事人及有关机构。

(四)关于不予执行的监督

上级法院发现下级法院执行的非讼生效法律文书有不予执行事由,应当依法作出不予执行裁定而不制作的,可以责令下级法院在指定时限内作出裁定,必要时可直接裁定不予执行。

18－11(多选题) 根据我国法律规定,出现下列哪些情形时,人民法院对仲裁裁决不予执行?

A. 载有仲裁条款的合同被确认无效

B. 一方当事人申请执行仲裁裁决,另一方当事人申请撤销仲裁裁决

C. 仲裁裁决书认定事实的主要证据不足

D. 仲裁庭的组成违反法定程序

——应当选择CD。本题考查的是不予执行仲裁裁决的条件,可直接参见本部分不予执行仲裁裁决的内容。

六、执行中止

执行中止是指在执行过程中，由于某种特殊情况的发生而暂时停止执行程序，待该情况消除后再恢复执行程序的制度。

执行过程中，遇到以下情况，人民法院应当中止执行：

1. 申请人表示可以延期执行的。

2. 案外人对执行标的提出确有理由的执行异议的。

3. 作为一方当事人的公民死亡，需要等待继承人继承权利或承担义务的。

4. 作为一方当事人的法人或其他组织终止，尚未确定权利义务承受人的。

5. 人民法院认为应当中止执行的其他情形。

执行中止，人民法院应当作出裁定；执行中止的原因消除后，由当事人申请或人民法院依照职权恢复执行程序，继续执行。

18－12（多选题） 我国民事诉讼法规定，民事判决、裁定和调解协议等法律文书，当事人必须执行。但遇特殊情况，法院也可以裁定中止执行。其情况是：

A. 申请人表示可以延期执行的

B. 案外人对执行标的提出确有理由的执行异议的

C. 被执行人短期内无偿付能力的

D. 一方当事人死亡，需要等待继承人继承权利或者承担义务的

——应当选择 ABCD。所考要点是执行中止的理由。可直接参见《民事诉讼法》第 234 条规定。

七、执行终结

执行终结，是指在执行过程中，由于发生某些特殊情况，执行程序不可能或没有必要继续进行，从而结束执行程序的制度。执行终结是执行程序的非正常结束。

在执行过程中，引起执行终结的情况有：

1. 申请人撤销执行申请的。

2. 据以执行的法律文书被撤销的。

3. 作为被申请执行人的公民死亡，无遗产可供执行，又无义务承担人的。

4. 追索赡养费、扶养费、抚育费案件的权利人死亡的。

5. 作为被执行人的公民因生活困难无力偿还借款，无收入来源，又丧失劳动能力的。

6. 人民法院认为应当终结执行的其他情形。

执行终结,应当由人民法院作出裁定。执行终结的裁定,当事人不能提起上诉,也不能申请复议。

18－13(单选题) 甲诉乙侵权赔偿一案,乙败诉,但判决生效后,乙未如期履行判决。甲依法向法院申请执行。法院受理案件后,查明乙因病在家,已3个月没有收入,家中也没有可供执行的财产。甲表示不撤回执行申请,但可以等一段时间再执行。在此情况下,法院应如何处理甲的执行申请?

A. 裁定驳回甲的申请　　B. 裁定中止执行

C. 裁定终结执行　　D. 裁定不予执行

——应当选择B。所考要点是中止执行与终结执行原因的区别。《民事诉讼法》第235条规定的终结执行的原因中,其中一项为"作为被执行人的公民因生活困难无力偿还借款,无收入来源,又丧失劳动能力的",本案乙并不符合"丧失劳动能力"的条件,因此无法适用终结执行。《民事诉讼法》第234条第1项规定:"申请人表示可以延期执行的",裁定中止执行。因此,本案中,应当裁定中止执行。

18－14(多选题) 下列关于执行的说法,哪些是正确的?

A. 执行程序都是因当事人的申请而开始的

B. 申请执行的期限,双方或一方当事人是公民的为1年,双方是法人或其他组织的为6个月

C. 作为执行根据的法律文书具有确定性和给付性的特点

D. 具有执行力的裁判文书由作出该裁判文书的法院负责执行

——应当选择BC。本题综合考查执行制度,其中主要考查的是:执行程序的启动,申请执行的期限,执行程序的特点,以及执行地域管辖和级别管辖。选项A由于执行程序开始的原因还有法院的移送执行,所以是错误的;法院裁判通常是由作出裁判的第一审人民法院执行,所以选项D也是错误的。

■ 第五节 参与分配

一、参与分配的概念

所谓参与分配,是指在执行程序开始后,申请执行人以外的债务人的其

他债权人，发现债务人的财产不足以清偿全部债权，申请参加执行程序就债务人的财产受偿，由人民法院对债务人的财产在债权人之间进行公平分配的制度。

这一制度的目的在于最大限度地、公平地保护债务人的所有债权人的合法权益，使他们的债权能够在同一执行程序中得到公平的清偿。

二、参与分配的主体

按照现行法律的规定，如果被执行人的财产不足以清偿全部债权，如果被执行人为法人，应当根据破产法和民事诉讼法的有关规定，向人民法院申请破产。参与分配只能适用于被执行人不具有法人资格的情况，即被执行人为公民或者其他组织。

同时申请参与分配的当事人也应当具备相应的条件。根据最高人民法院《适用意见》第297条的规定，被执行人为公民或者其他组织，在执行程序开始后，被执行人的其他已经取得执行根据或者已经提起诉讼的债权人发现被执行人的财产不足以清偿所有债权的，可以向人民法院申请参与分配。

但是，最高人民法院《执行规定》则规定，被执行人为公民或其他组织，其全部或主要财产已被一个人民法院因执行确定金钱给付的生效法律文书而查封、扣押或冻结，无其他财产可供执行或其他财产不足清偿全部债务的，在被执行人的财产被执行完毕前，对该被执行人已经取得金钱债权执行依据的其他债权人可以申请对该被执行人的财产参与分配。

可见，根据《执行规定》的规定，申请参与分配的债权人必须具备下述条件：①必须是取得执行根据的其他债权人，才有资格申请参与分配。对查封、扣押或冻结的财产享有优先权、担保权的债权人，也可申请参加参与分配程序，主张优先受偿权。②申请参与分配的债权人必须是主张金钱债权。因为只有在金钱债权的执行中，才能使执行所得的金额在各债权人之间按比例分配。而在交付财产和完成行为的执行中，没有金钱可供分配，也就不存在参与分配的问题。由此也可看出最高人民法院是缩小了申请参与分配的当事人的范围。

三、债权清偿的原则

从最高人民法院《执行规定》的规定来看，我国现行法律规定的是优先执行的制度，这又包含两个方面的内容：

1. 债权优先，即先执行的金钱债权先行获得清偿。当多份生效法律文书确定金钱给付内容的多个债权人分别对同一被执行人申请执行，各债权人对执行标的物均无担保物权的，按照执行法院采取执行措施的先后顺序受偿。

一份生效法律文书确定金钱给付内容的多个债权人对同一被执行人申请执行，执行的财产不足清偿全部债务的，各债权人对执行标的物均无担保物权的,按照各债权比例受偿。

2. 物权优先的原则。多个债权人的债权种类不同的,基于所有权和担保物权而享有的债权,优先于金钱债权受偿。有多个担保物权的,按照各担保物权成立的先后顺序清偿。

对人民法院查封、扣押或冻结的财产有优先权、担保物权的债权人,可以申请参加参与分配程序,主张优先受偿权。参与分配案件中可供执行的财产,在对享有优先权、担保权的债权人依照法律规定的顺序优先受偿后,按照各个案件债权额的比例进行分配。

四、参与分配的程序

(一)提出申请

债权人申请参与分配,应当向原申请执行法院提交参与分配申请书。申请书应当写明参与分配的事实和理由以及债务人不能清偿所有债权的事实,并附执行根据。执行法院应将参与分配申请书转交主持分配的法院,并说明执行情况。主持分配的法院,是指首先查封、扣押或冻结被执行人财产的法院。如果首先查封、扣押、冻结的法院所采取的执行措施系为执行财产保全裁定,具体分配应当在该院案件审理终结后进行。

债权人提出申请的,还应当符合参与分配的条件,即:①申请人必须是合法的主体;②债务人必须是公民或者其他组织;③债务人的其他财产不足以清偿全部债务;④必须在法定期间内提出申请,即必须是在执行程序开始后至债务人的财产被执行完毕前提出。如果执行程序尚未开始,各债权人可以独自申请人民法院执行,不存在参与分配的问题;如果债务人的财产已经执行完毕,执行程序已经结束,其他债权人再申请参与分配已无可能,只能另行申请执行。

(二)作出裁定

对于其他债权人的参与分配申请,主持分配的法院应当作出是否准许的裁定。主持分配的法院接到有关参与分配的申请后,经审查,认为符合申请参与分配条件的,应裁定准许该其参与分配。认为不符合参与分配条件的,应驳回其申请。

(三)实施分配

人民法院对参与分配案件中可供执行的财产,应当首先对享有优先权、担保物权的债权人依照法律规定优先清偿。然后按以下顺序清偿:①其他组织所欠职工工资和劳动保险费用;②所欠税款;③债权。债务人的财产不足以清偿同一顺序清偿要求的,按照比例分配。清偿后的剩余债务,债务人应当继续清偿,债权人发现债务人有其他财产的,可以随时申请人民法院继续执行。

■ 第六节 执行竞合

一、执行竞合的概念

执行竞合是指数个权利人在同一时期以不同的执行根据，请求法院执行同一义务人同一特定财产，从而导致不同执行根据的执行相互排斥。相互排斥表现为同一义务人同一特定财产不足以同时满足所有执行根据，只得对数个执行根据有选择地满足。比如，某债权人请求一债务人交付合同标的物——某件特定的工艺品，另一人基于所有权请求该债务人返还该工艺品，这即是特定物与特定物交付执行之间的竞合。再如，一债权人以金钱债权的执行根据就一债务人的一所房屋要求强制执行，另一债权人以交付该所房屋的执行根据要求强制执行，这即是金钱债权与特定物交付执行之间的竞合。在这两个例子中，同一债务人特定的财产不能同时满足所有的执行根据，仅能满足其中一个执行根据所载的请求权。

在我国，执行竞合的具体形态主要有：终局执行之间的竞合、财产保全执行之间的竞合、终局执行与财产保全执行之间的竞合。终局执行是指对终局执行根据的执行。终局执行根据，比如确定的判决、调解书、支付令、先于执行裁定；仲裁裁决和调解书；公证债权文书等。终局执行之间的竞合，有相同种类执行根据形成的执行竞合，如法院判决与法院判决等；也有不同种类执行根据形成的执行竞合。如法院判决与仲裁裁决等。财产保全包括诉讼前的财产保全和诉讼中的财产保全。

从执行根据所载的权利来看，要么是金钱债权执行与特定物交付执行之间的竞合，要么是特定物与特定物交付执行之间的竞合，而不得是金钱债权与金钱债权之间的执行。对于金钱债权与金钱债权之间的执行，数个权利人可以通过参与分配获得受偿。参与分配解决的是量的问题，即数个金钱债权之间对标的物变价金额的公平分配问题，并不存在排斥性执行。执行竞合解决的是质的问题，即执行竞合体现为排斥性执行，数个债权无法同时获得执行，因而原则上按照申请执行时间的先后进行执行。

二、执行竞合的构成要件

1. 须有两个或两个以上的执行权利人。单一的权利人，即使有数个不同的执行根据并针对同一义务人同一特定财产，虽得不到全部满足，但因不产生各请求间的排斥，也就不会发生执行竞合。

2. 须有两个或两个以上不同的执行根据。同一执行根据中，即使存在多个给付，由于各个给付之间一般不会相互排斥，所以不会发生执行竞合。数个执行根据必须是不同的或各自独立的，但可以是同种类的（如均为判决),也可以是不同种类的(如一个是判决、另一个是仲裁裁决)。

3. 执行对象须是同一义务人同一特定财产,并且该财产无法同时满足所有的执行根据。

4. 数个执行根据的执行须发生在同一时期。数个执行根据的执行须存在着时间上的关联,即须在对同一义务人同一特定财产执行期间,其他权利人同时或先后申请参加执行。

三、执行竞合的处理

对于执行竞合问题的处理,原则上,不论是终局执行之间的竞合、财产保全执行之间的竞合,还是终局执行与财产保全执行之间的竞合,实行优先执行原则,即按照各权利人就其执行根据申请执行的时间先后进行执行。

但是,对于下列情况应作相应的处理:

1. 对于特定物与特定物交付执行之间的竞合,应当按照各个权利人就其执行根据申请执行的时间先后进行执行。但是,对于金钱债权与特定物交付执行之间的竞合,应当优先满足特定物交付请求权,这是因为义务人可以以自己的其他财产满足金钱债权。

2. 财产保全的目的在于以查封、扣押等方法禁止义务人处分其财产,从而确保权利人将来本案胜诉判决得以执行。在不违背这一目的的前提下,允许先行的和后行的保全执行并存;允许依据终局执行根据对同一保全的财产进行查封、扣押等,但是不得对该财产进行拍卖、变卖或者移转所有权等终结性处分。

3. 在执行竞合中,如果发现义务人的所有财产(责任财产)不能清偿所有债权的,则应将所有的特定物交付请求权变换为金钱债权,依照破产程序公平清偿所有债权。不过,在我国现行制度下,对于义务人是公民或其他组织的,只得依照参与分配制度公平清偿所有债权。

四、我国关于执行竞合的法律规定

《执行规定》第88条规定,多份生效法律文书确定金钱给付内容的多个债权人分别对同一被执行人申请执行,各债权人对执行标的物均无担保物权的,按照执行法院采取执行措施的先后顺序受偿。多个债权人的债权种类不同,基于所有权和担保物权而享有的债权,优先于金钱债权受偿。有多个担保物权的,按照各担保物权成立的先后顺序清偿。一份生效法律文书确定金钱给付内容的多个债权人对同一被执行人申请执行,执行的财产不足清偿全部债务的,各债权人对执行标的物均无担保物权的,按照各债权比例受偿。

最高人民法院《关于人民法院民事执行中查封、扣押、冻结财产的规定》第28条规定了轮候查封制度:“对已被人民法院查封、扣押、冻结的财产,其他人民法院可以进行轮候查封、扣押、冻结。查封、扣押、冻结解除的,登记在先的轮候查封、扣押、冻结即自动生效。”

■ 第七节 执行救济

一、执行救济的概述

执行救济，是指当事人或利害关系人因自己的合法权益受到违法执行行为的侵害，依法请求有关机构采取保护和补救措施的制度。

执行救济可分为程序上的救济与实体上的救济两种。程序上的救济就是当事人或者其他利害关系人认为执行机构或人员的行为违反了有关执行程序的法律规范的规定，在执行程序终止前，请求执行机构采取补救或者排除妨害措施的一种救济制度，它主要包括声明不服、提出执行异议、提起上诉等。实体上的救济就是指债务人或者利害关系人对于执行根据所确定的实体权利义务关系或执行标的有争议，向执行机构提出并要求变更的救济制度，如异议之诉等。

我国现行法律并没有明确提出“执行救济”的概念。严格而言，目前我国法律只规定了一种典型的执行救济制度——执行异议。当然，广义上说，执行回转也带有执行救济的色彩。

二、执行异议

（一）执行异议的概念

在执行过程中，案外人对执行标的主张实体权利，对执行根据或执行对象提出不同意见的制度，称为执行异议。所谓案外人，是指本案执行当事人以外的人，即生效法律文书没有载明的人。所谓主张实体权利，就是认为自己对执行标的具有实质上的民事权利，因此该标的不能成为执行对象。由此可见，案外人提出执行异议的目的在于排除执行机构对执行标的的强制执行，以维护自己的实体民事权益。

（二）提起执行异议的条件

我国《民事诉讼法》第 208 条规定：“执行过程中，案外人对执行标的提出异议的，执行员应当按照法定程序进行审查。理由不成立的，予以驳回；理由成立的，由院长批准中止执行。如果发现判决、裁定确有错误，按照审判监督程序处理。”根据这一规定，提起执行异议必须符合四个条件：

1. 有权提出执行异议的主体只能是案外人。

2. 提出执行异议的内容必须是对执行标的主张实体权利。执行异议的实质是实体权益问题，即案外人提出执行异议必须是基于自己的实体权益而提起的，如认为执行标的的一部分或全部属于自己或者他人所有，或者认为法院实施的执行行为侵犯或可能侵犯自己的合法权益等。如果只是对执行程序问题提出不同意见，则不属于执行异议。

3. 执行异议必须在执行程序开始后到执行结束前提出。

4. 执行异议一般应以书面形式提出。以书面形式提出异议确有困难的，也可以口头形式提出，由执行人员记录在案。但不论以何种形式提出执行异议，都应说明理由，并提供相应的证据，以便于人民法院审查。

（三）对异议的审查和处理

对案外人提出的异议，执行机构应依法进行审查，审查期间可以对财产采取查封、扣押、冻结等保全措施，但不得进行处分，正在实施的处分措施应当立即停止。经审查应分别情况作出不同的处理：

1. 执行异议没有理由，不符合条件的，应驳回异议，执行程序继续进行。人民法院对于案外人提出的执行异议，应当通过询问案外人、当事人、调查核实有关证据的方法进行审查。如果案外人异议的理由不成立，如所提供的证据不真实，或者没有提供必要的证据，执行机构也没有查到必要的证据的，或者提供的证据与执行标的无关等，执行机构应认定异议没有理由，并以裁定驳回其异议。

2. 案外人提出异议的执行标的物是法律文书指定交付的特定物，经审查认为案外人的异议成立的，报经院长批准，裁定对生效法律文书该项内容中止执行。执行机构在执行上级人民法院的法律文书遇有此种情形的，需报经上级人民法院批准。

3. 执行标的物不属生效法律文书指定交付的特定物，经审查认为案外人异议成立的，报经院长批准，停止对该标的物的执行。已经采取的执行措施应当裁定立即解除或撤销，并将该标的物交还案外人。如果执行的财产是上级人民法院裁定保全的财产的，需报上级人民法院批准。

4. 对案外人提出的异议一时难以确定是否成立，案外人已提供确实有效的担保的，可以解除查封、扣押措施。如果申请执行人提供确实有效担保的，可以继续执行。因提供担保而解除查封、扣押或者继续执行有错误，给对方造成损失的，应裁定以担保的财产予以赔偿。执行的财产是上级人民法院裁定保全的财产的，需报经上级人民法院批准。

5. 在委托执行中，案外人对执行标的提出异议的，受委托人民法院应当函告委托人民法院，由委托人民法院通知驳回或者作出中止执行的裁定，在此期间，暂缓执行。

6. 在执行其他机关制作的法律文书时，如果案外人提出执行异议，执行机构经审查认为确有理由的，经院长批准，裁定不予执行。该裁定书应当送达双方当事人和制作该法律文书的其他机关。

三、执行回转

执行回转，是指执行完毕后，由于法定原因将已经被执行的财产的一部分或全部返还给执行人，恢复至执行程序开始前的状况。执行回转的目的在于纠正由于法律文书不当而造成的执行失误，保护当事人的合法权益。执行回转实质上是对案件的再执行。

根据《民事诉讼法》第 214 条和最高人民法院有关司法解释的规定，执行回转的原因有以下两种：①执行完毕后，据以执行的判决、裁定和其他法律文书确有错误，被人民法院撤销的，对已经执行的财产，人民法院应当作出裁定，责令取得财产的人返还；拒不返还的，强制执行。②法律规定由人民法院执行的其他法律文书执行完毕后，该法律文书被有关机关依法撤销的，经当事人申请，适用执行回转。

执行回转应当由人民法院作出执行回转的裁定，责令取得财产的人返还财产。返还的范围是原申请人已经取得的财产及其孳息。能返还原物的，应当返还原物；不能返还原物的或者返还原物对权利人显失公平的，应当由取得财产的人赔偿损失，具体数额由人民法院核定。取得财产的人拒不返还或拒不赔偿的，人民法院有权采取必要的强制措施。

第十九章 执行措施

执行措施即人民法院依照法定程序，强制执行生效法律文书的方法和手段。执行措施具有法定性、强制性和多样性的特点，我国民事诉讼法及其相关司法解释，对强制执行措施作出了比较明确和详细的规定。

第一节 金钱债权的执行

一、对金钱债权执行概述

金钱债权是指以给付一定数额金钱为内容的债权。对金钱债权的执行，是指为实现执行权利人的金钱债权而进行的执行。实质上是强制被执行人以给付金钱的方式来满足执行权利人的金钱债权。

通常而言，除了执行根据内容所确定的金钱给付，其他诸如执行费用、法院委托第三人代为完成行为所发生的费用、债务人怠于履行义务所支付的迟延履行金或利息等，也都属于金钱债权执行的范围。

一般情形下，对金钱债权的执行，义务人有现金的，执行其现金，对于现金的执行，采取由义务人直接交付或者由法院转交给权利人的措施；没有现金或者现金不足以清偿的，执行其存款，对于存款的执行，采取冻结、划拨的措施；没有存款或者存款不足以清偿的，执行其动产；最后执行的是义务人的收入、不动产和债权等。对金钱债权的执行，其执行标的是金钱债权，但其执行的财产可能是义务人的金钱或其他具有金钱价值的非金钱财产。

二、查询、冻结、划拨被执行人的存款

（一）查询、冻结、划拨的含义

1. 查询，是指人民法院向银行、信用合作社和其他有储蓄业务的单位调查了解被执行人的存款情况。

2. 冻结，是指人民法院向银行、信用合作社和其他有储蓄业务的单位发出协助执行通知书，不准被执行人在一定期限内提取或转移其将被执行的存款。对于法院的冻结措施，任何单位不得擅自解冻，违者依照《民事诉讼法》第102条的规定处以罚款或拘留，构成犯罪的则依法追究刑事责任。金融机构擅自解冻被法院冻结的款项，导致冻结款项被转移的，法院有权责令其限期追回已转移的款项；在限期内未能追回的，应当裁定该金融机构在转移的款项范围内以自己的财产向申请执行人承担责任。

3. 划拨,是指人民法院向银行、信用合作社和其他有储蓄业务的单位发出协助执行通知书,将被执行人的存款转到执行权利人的账户上。划拨可以在冻结的基础上进行,也可直接进行。

(二)相关法律规定

根据民事诉讼法的规定,被执行人未按执行通知履行法律文书确定的义务,人民法院有权向银行、信用合作社和其他有储蓄业务的单位查询被执行人的存款情况,有权冻结、划拨被执行人的存款,但查询、冻结、划拨存款不得超出被执行人应当履行义务的范围。

《执行规定》第 34 条规定,被执行人为金融机构的,对其交存在人民银行的存款准备金和备付金不得冻结和扣划,但对其在本机构、其他金融机构的存款,及其在人民银行的其他存款可以冻结、划拨。

法院决定冻结、划拨存款,应当作出裁定,裁定书应送达被执行人,并发出协助执行通知书,连同裁定书副本一并送达银行、信用合作社和其他有储蓄业务的单位,这些协助执行单位必须办理。

法院可以直接向银行及其营业所、储蓄所、信用合作社以及其他有储蓄业务的单位查询、冻结、划拨被执行人的存款。外地人民法院可以直接到被执行人住所地、被执行财产所在地银行及其营业所、储蓄所、信用合作社以及其他有储蓄业务的单位查询、冻结、划拨被执行人应当履行义务部分的存款,无需由当地人民法院出具手续。

三、扣留、提取债务人的收入

扣留债务人的收入是人民法院依法强行暂时不准当事人支取和处分自己的收入,暂时交由有关单位或人民法院保管的执行措施。

提取债务人的收入是人民法院依法将本应支付给债务人的金钱从有关单位支取,并转交给执行债权人的措施。被执行人的收入,是指被申请执行人依法所得和依法应得劳动收入和其他收入。劳动收入就是劳动所得,如工资、奖金、稿酬金、其他劳动报酬以及农副业收入等;其他收入就是其他所得,如房屋租金、银行存款利息以及从事金融投资等获得的收入等。

采取这种措施,往往需要债务人所在单位协助执行。具体实施这种措施的做法:①人民法院应当依法作出书面裁定,并向储存有债务人收入的单位发出协助执行通知书,说明扣留、提取债务人收入的理由、数量和执行方法。有关单位接到协助执行通知书后,必须按照通知书的要求提取债务人的收入,并交给申请执行人或通过人民法院的执行机构转交。有关单位拒绝协助执行,擅自向债务人或者其他人支付的,人民法院有权责令其限期追回;逾期未追回的,应当裁定其在支付的数额内向申请执行人承担责任。②作为债务人的公民,其收入转为储蓄存款的,应当责令其交出存单。拒不交出的,人民法院应当作出提取其存款的裁定,向金融机构发出协助执行通知书，并附生效法律文书，由金融机构提取债务人的存款交人民法院或存入人民法院指定的账户。③人民法院扣留、提取债务人的收入时，应当保留债务人及其所扶养家属的生活必需费用。

四、查封、扣押、冻结债务人的财产

查封财产，是指人民法院对被申请执行人的有关财产就地封存，不准任何人转移和处分的执行措施。查封主要是对不动产或体积较大且难以移动的动产采取的限制性、临时性执行措施。查封的目的在于限制债务人转移或处分财产，以便于进一步采取执行措施。

扣押财产，就是将债务人的财产运送到有关场所加以扣留，不准债务人占有、使用和处分的执行措施。扣押主要是对体积较小，或者虽然体积较大但易于移动的财产采取限制性、临时性执行措施。扣押的目的同样在于防止债务人转移和处分财产。

冻结财产，是另一种限制性、临时性执行措施，是指人民法院向金融机构发出协助执行通知书，停止债务人对其股权、股息、红利、土地使用权等行使权利，禁止债务人转移或支取。

最高人民法院颁行的《关于人民法院民事执行中查封、扣押、冻结财产的规定》（以下简称《查封、扣押、冻结财产规定》），对查封、扣押、冻结财产作出了许多详细的规定，主要内容包括以下几点：

（一）查封、扣押、冻结财产的范围

根据《查封、扣押、冻结财产规定》第 2 条的规定，人民法院可以查封、扣押、冻结被执行人占有的动产、登记在被执行人名下的不动产、特定动产及其他财产权。未登记的建筑物和土地使用权，依据土地使用权的审批文件和其他相关证据确定权属。对于第三人占有的动产或者登记在第三人名下的不动产、特定动产及其他财产权，第三人书面确认该财产属于被执行人的，人民法院可以查封、扣押、冻结。

第 5 条规定，人民法院对被执行人下列的财产不得查封、扣押、冻结：①被执行人及其所抚养家属生活所必需的衣服、家具、炊具、餐具及其他家庭生活必需的物品；②被执行人及其所抚养家属必需的生活费用。当地有最低生活保障标准的，必需的生活费用依照该标准确定；③被执行人及其所抚养家属完成义务教育所必需的物品；④未公开的发明或者未发表的著作；⑤被执行人及其所抚养家属用于身体缺陷所必需的辅助工具、医疗物品；⑥被执行人所得的勋章及其他荣誉表彰的物品；⑦根据《中华人民共和国缔结条约程序法》，以中华人民共和国、中华人民共和国政府或者中华人民共和国政府部门名义同外国、国际组织缔结的条约、协定和其他具有条约、协定性质的文件中规定免于查封、扣押、冻结的财产；⑧法律或者司法解释规定的其他不得查封、扣押、冻结的财产。

第 6 条规定，对被执行人及其所抚养家属生活所必需的居住房屋，人民法院可以查封，但不得拍卖、变卖或者抵债。

第 7 条规定，对于超过被执行人及其所抚养家属生活所必需的房屋和生活用品，人民法院根据申请执行人的申请，在保障被执行人及其所抚养家属最低生活标准所必需的居住房屋和普通生活必需品后，可予以执行。

第 14 条规定，对被执行人与其他人共有的财产，人民法院可以查封、扣押、冻结，并及时通知共有人。共有人协议分割共有财产，并经债权人认可的，人民法院可以认定有效。查封、扣押、冻结的效力及于协议分割后被执行人享有份额内的财产；对其他共有人享有份额内的财产的查封、扣押、冻结，人民法院应当裁定予以解除。共有人提起析产诉讼或者申请执行人代位提起析产诉讼的，人民法院应当准许。诉讼期间中止对该财产的执行。

第 15 条规定，对第三人为被执行人的利益占有的被执行人的财产，人民法院可以查封、扣押、冻结；该财产被指定给第三人继续保管的，第三人不得将其交付给被执行人。对第三人为自己的利益依法占有的被执行人的财产，人民法院可以查封、扣押、冻结，第三人可以继续占有和使用该财产，但不得将其交付给被执行人。第三人无偿借用被执行人的财产的，不受前款规定的限制。

第 16 条规定，被执行人将其财产出卖给第三人，第三人已经支付部分价款并实际占有该财产，但根据合同约定被执行人保留所有权的，人民法院可以查封、扣押、冻结；第三人要求继续履行合同的，应当由第三人在合理期限内向人民法院交付全部余款后，裁定解除查封、扣押、冻结。

第 17 条规定，被执行人将其所有的需要办理过户登记的财产出卖给第三人，第三人已经交付部分或者全部价款并实际占有该财产，但尚未办理产权过户登记手续的，人民法院可以查封、扣押、冻结；第三人已经支付全部价款并实际占有，但未办理过户登记手续的，如果第三人对此没有过错，人民法院不得查封、扣押、冻结。

第 18 条规定，被执行人购买第三人的财产，已经支付部分价款并实际占有该财产，但第三人依合同约定保留所有权，申请执行人已向第三人支付剩余价款或者第三人书面同意剩余价款从该财产变价款中优先支付的，人民法院可以查封、扣押、冻结。第三人依法解除合同的，人民法院应当准许，已经采取的查封、扣押、冻结措施应当解除，但人民法院可以依据申请执行人的申请，执行被执行人因支付价款而形成的对该第三人的债权。

第 19 条规定，被执行人购买需要办理过户登记的第三人的财产，已经支付部分或者全部价款并实际占有该财产，虽未办理产权过户登记手续，但申请执行人已向第三人支付剩余价款或者第三人同意剩余价款从该财产变价款中优先支付的，人民法院可以查封、扣押、冻结。

第21条规定，查封、扣押、冻结被执行人的财产，以其价额足以清偿法律文书确定的债权额及执行费用为限，不得明显超标的额查封、扣押、冻结。发现超标的额查封、扣押、冻结的，人民法院应当根据被执行人的申请或者依职权，及时解除对超标的额部分财产的查封、扣押、冻结，但该财产为不可分物且被执行人无其他可供执行的财产或者其他财产不足以清偿债务的除外。

（二）查封、扣押、冻结的程序

《查封、扣押、冻结财产规定》第8条规定，查封、扣押动产的，人民法院可以直接控制该项财产。人民法院将查封、扣押的动产交付他人控制的，应当在该动产上加贴封条或者采取其他足以公示查封、扣押的适当方式。

第9条规定，查封不动产的，人民法院应当张贴封条或者公告，并可以提取保存有关财产权证照。查封、扣押、冻结已登记的不动产、特定动产及其他财产权，应当通知有关登记机关办理登记手续。未办理登记手续的，不得对抗其他已经办理了登记手续的查封、扣押、冻结行为。

第10条规定，查封尚未进行权属登记的建筑物时，人民法院应当通知其管理人或者该建筑物的实际占有人，并在显著位置张贴公告。

第11条规定，扣押尚未进行权属登记的机动车辆时，人民法院应当在扣押清单上记载该机动车辆的发动机编号。该车辆在扣押期间权利人要求办理权属登记手续的，人民法院应当准许并及时办理相应的扣押登记手续。

（三）被查封、扣押财产的保管

《查封、扣押、冻结财产规定》第12条规定，查封、扣押的财产不宜由人民法院保管的，人民法院可以指定被执行人负责保管；不宜由被执行人保管的，可以委托第三人或者申请执行人保管。由人民法院指定被执行人保管的财产，如果继续使用对该财产的价值无重大影响，可以允许被执行人继续使用；由人民法院保管或者委托第三人、申请执行人保管的，保管人不得使用。

第13条规定，查封、扣押、冻结担保物权人占有的担保财产，一般应当指定该担保物权人作为保管人；该财产由人民法院保管的，质权、留置权不因转移占有而消灭。

（四）查封、扣押的效力

根据《查封、扣押、冻结财产规定》第22条的规定，查封、扣押的效力及于查封、扣押物的从物和天然孳息。

第23条规定，查封地上建筑物的效力及于该地上建筑物使用范围内的土地使用权，查封土地使用权的效力及于地上建筑物，但土地使用权与地上建筑物的所有权分属被执行人与他人的除外。地上建筑物和土地使用权的登记机关不是同一机关的，应当分别办理查封登记。

第24条规定，查封、扣押、冻结的财产灭失或者毁损的，查封、扣押、冻结的效力及于该财产的替代物、赔偿款。人民法院应当及时作出查封、扣押、冻结替代物、赔偿款的裁定。

第26条规定，被执行人就已经查封、扣押、冻结的财产所作的转移、设定权利负担或者其他有碍执行的行为，不得对抗申请执行人。第三人未经人民法院准许占有查封、扣押、冻结的财产或者实施其他有碍执行的行为的，人民法院可以依据申请执行人的申请或者依职权解除其占有或者排除其妨害。人民法院的查封、扣押、冻结没有公示的，其效力不得对抗善意第三人。

第27条规定，人民法院查封、扣押被执行人设定最高抵押权的抵押物的，应当通知抵押权人。抵押权人受抵押担保的债权数额自收到人民法院通知时起不再增加。人民法院如果没有通知抵押权人，但有证据证明抵押权人知道查封、扣押事实的，受抵押担保的债权数额从其知道该事实时起不再增加。

第28条规定，对已被人民法院查封、扣押、冻结的财产，其他人民法院可以进行轮候查封、扣押、冻结。查封、扣押、冻结解除的，登记在先的轮候查封、扣押、冻结即自动生效。其他人民法院对已登记的财产进行轮候查封、扣押、冻结的，应当通知有关登记机关协助进行轮候登记，实施查封、扣押、冻结的人民法院应当允许其他人民法院查阅有关文书和记录。其他人民法院对没有登记的财产进行轮候查封、扣押、冻结的，应当制作笔录，并经实施查封、扣押、冻结的人民法院执行人员及被执行人签字，或者书面通知实施查封、扣押、冻结的人民法院。

（五）查封、扣押、冻结财产的期限

根据《查封、扣押、冻结财产的规定》第29条的规定，人民法院冻结被执行人的银行存款及其他资金的期限不得超过6个月，查封、扣押动产的期限不得超过1年，查封不动产、冻结其他财产权的期限不得超过2年。法律、司法解释另有规定的除外。申请执行人申请延长期限的，人民法院应当在查封、扣押、冻结期限届满前办理续行查封、扣押、冻结手续，续行期限不得超过前款规定期限的1/2。

第30条规定，查封、扣押、冻结期限届满，人民法院未办理延期手续的，查封、扣押、冻结的效力消灭。查封、扣押、冻结的财产已经被执行拍卖、变卖或者抵债的，查封、扣押、冻结的效力消灭。

（六）解除查封、扣押、冻结的法定情形

根据《查封、扣押、冻结财产的规定》第31条的规定，有下列情形之一的，人民法院应当作出解除查封、扣押、冻结裁定，并送达申请执行人、被执行人或者案外人：①查封、扣押、冻结案外人财产的；②申请执行人撤回执行申请或者放弃债权的;③查封、扣押、冻结的财产流拍或者变卖不成,申请执行人和其他执行债权人又不同意接受抵债的;④债务已经清偿的;⑤被执行人提供担保且申请执行人同意解除查封、扣押、冻结的;⑥人民法院认为应当解除查封、扣押、冻结的其他情形。解除以登记方式实施的查封、扣押、冻结的,应当向登记机关发出协助执行通知书。

五、拍卖与变卖债务人的财产

拍卖财产,是指对已被查封、扣押的财产,以公开竞价的方式卖给出价最高的买受人,将所得价款交给债权人的措施。

变卖财产,是指将已被查封、扣押的财产强制予以出卖,把所得价款交给申请执行人的措施。

财产被查封、扣押后,执行员应责令债务人在指定的期限内履行法律文书确定的义务。债务人在指定的期间内履行了义务的,人民法院应当及时解除查封、扣押;债务人逾期仍不履行义务的,人民法院即可拍卖、变卖已被查封的财产。如果债务人或其他人擅自处分已被查封、扣押的财产,人民法院有权责令责任人限期追回财产或承担相应的赔偿责任。

拍卖和变卖的目的在于实现对查封或扣押财产的变价,以最终实现债权人的金钱债权,因此它们是查封、扣押执行措施的进一步深化。

最高人民法院颁行的《关于人民法院民事执行中拍卖、变卖财产的规定》(以下简称《拍卖、变卖财产规定》),对拍卖、变卖财产作出的详细的规定:

(一)拍卖机构的确定

根据《拍卖、变卖财产的规定》第3条的规定,人民法院拍卖被执行人财产,应当委托具有相应资质的拍卖机构进行,并对拍卖机构的拍卖进行监督,但法律、司法解释另有规定的除外。

第7条规定,拍卖机构由当事人协商一致后经人民法院审查确定;协商不成的,从负责执行的人民法院或者被执行人财产所在地的人民法院确定的拍卖机构名册中,采取随机的方式确定;当事人双方申请通过公开招标方式确定拍卖机构的,人民法院应当准许。

(二)拍卖价的确定

根据《拍卖、变卖财产的规定》第4条的规定,对拟拍卖的财产,人民法院应当委托具有相应资质的评估机构进行价格评估。对于财产价值较低或者价格依照通常方法容易确定的,可以不进行评估。当事人双方及其他执行债权人申请不进行评估的,人民法院应当准许。对被执行人的股权进行评估时,人民法院可以责令有关企业提供会计报表等资料;有关企业拒不提供的,可以强制提取。

第5条规定,评估机构由当事人协商一致后经人民法院审查确定;协商不成的，从负责执行的人民法院或者被执行人财产所在地的人民法院确定的评估机构名册中，采取随机的方式确定；当事人双方申请通过公开招标方式确定评估机构的，人民法院应当准许。

第8条规定，拍卖应当确定保留价。拍卖保留价由人民法院参照评估价确定；未作评估的，参照市价确定，并应当征询有关当事人的意见。人民法院确定的保留价，第一次拍卖时，不得低于评估价或者市价的80%；如果出现流拍，再行拍卖时，可以酌情降低保留价，但每次降低的数额不得超过前次保留价的20%。

第9条规定，保留价确定后，依据本次拍卖保留价计算，拍卖所得价款在清偿优先债权和强制执行费用后无剩余可能的应当在实施拍卖前将有关情况通知申请执行人。申请执行人于收到通知后5日内申请继续拍卖的，人民法院应当准许，但应当重新确定保留价；重新确定的保留价应当大于该优先债权及强制执行费用的总额。依照前款规定流拍的，拍卖费用由申请执行人负担。

（三）拍卖的程序

根据《拍卖、变卖财产的规定》第11条的规定，拍卖应当先期公告。拍卖动产的，应当在拍卖7日前公告；拍卖不动产或者其他财产权的，应当在拍卖15日前公告。

第12条规定，拍卖公告的范围及媒体由当事人双方协商确定；协商不成的，由人民法院确定。拍卖财产具有专业属性的，应当同时在专业性报纸上进行公告。当事人申请在其他新闻媒体上公告或者要求扩大公告范围的，应当准许，但该部分的公告费用由其自行承担。

第13条规定，拍卖不动产、其他财产权或者价值较高的动产的，竞买人应当于拍卖前向人民法院预交保证金。申请执行人参加竞买的，可以不预交保证金。保证金的数额由人民法院确定，但不得低于评估价或者市价的5%。应当预交保证金而未交纳的，不得参加竞买。拍卖成交后，买受人预交的保证金充抵价款，其他竞买人预交的保证金应当在3日内退还；拍卖未成交的，保证金应当于3日内退还竞买人。

第14条规定，人民法院应当在拍卖5日前以书面或者其他能够确认收悉的适当方式，通知当事人和已知的担保物权人、优先购买权人或者其他优先权人于拍卖日到场。优先购买权人经通知未到场的，视为放弃优先购买权。

第15条规定，申请执行人、被执行人可以参加竞买。

第16条规定，拍卖过程中，有最高应价时，优先购买人可以表示以该最高价买受，如无最高应价，则拍归优先购买权人；如有最高应价，而优先购买权人不作表示的，则拍归应价最高的竞买人。顺序相同的多个优先购买权人同时表示买受的,以抽签方式决定买受人。

第 17 条规定,拍卖多项财产时,其中部分财产卖得的价款足以清偿债务和支付被执行人应当负担的费用的,对剩余的财产应当停止拍卖,但被执行人同意全部拍卖的除外。

第 18 条规定,拍卖的多项财产在使用上不可分的,或者分别拍卖可能严重减损其价值的,应当合并拍卖。

第 19 条规定,拍卖时无人竞买或者竞买人的最高价应低于保留价,到场的申请执行人或者其他执行债权人申请或者同意以该次拍卖所定的保留价接受拍卖财产的,应当将该财产交其抵债。有两个以上执行债权人申请以拍卖财产抵债的,由法定受偿顺位在先的债权人优先承受;受偿顺位相同的,以抽签方式决定承受人。承受人应受清偿的债权额低于抵债财产的价额的,人民法院应当责令其在指定的期间内补交差额。

(四)撤回拍卖委托的法定情形

根据《拍卖、变卖财产的规定》第 20 条的规定,在拍卖开始前,有下列情形之一的,人民法院应当撤回拍卖委托:①据以执行的生效法律文书被撤销的;②申请执行人及其他执行债权人撤回执行申请的;③被执行人全部履行了法律文书确定的金钱债务的;④当事人达成了执行和解协议,不需要拍卖财产的;⑤案外人对拍卖财产提出确有理由的异议的;⑥拍卖机构与竞买人恶意串通的;⑦其他应当撤回拍卖委托的情形。

(五)拍卖的暂停

根据《拍卖、变卖财产的规定》第 21 条的规定,人民法院委托拍卖后,遇有依法应当暂缓执行或者裁定中止执行的情形时,应当决定暂缓执行或者裁定中止执行,并及时通知拍卖机构和当事人。拍卖机构收到通知后,应当立即停止拍卖,并通知竞买人。暂缓执行期限届满或者中止执行的事由消失后,需要继续拍卖的,人民法院应当在 15 日内通知拍卖机构恢复拍卖。

第 22 条规定,被执行人在拍卖之日前向人民法院提交足额金钱清偿债务,要求停止拍卖的,人民法院应当准许,但被执行人应当负担因拍卖支出的必要费用。

(六)拍卖成交

根据《拍卖、变卖财产的规定》第 25 条的规定,拍卖成交或者以流拍的财产抵债后,买受人逾期未支付价款或者承受人逾期未补交差价而使拍卖、抵债的目的难以实现的,人民法院可以裁定重新拍卖。重新拍卖时,原买受人不得参加竞买。重新拍卖的价款低于原拍卖价款造成的差价、费用损失及原拍卖中的佣金,由原买受人承担。人民法院可以直接从其预交的保证金中扣除。扣除后保证金有剩余的,应当退还原买受人;保证金额不足的,可以责令原买受人补交;拒不补交的,强制执行。

第29条规定，动产拍卖成交或者抵债后，其所有权自该动产交付时起转移给买受人或者承受人。不动产、有登记的特定动产或者其他财产权拍卖成交或者抵债后，该不动产、特定动产的所有权、其他财产权自拍卖成交或者抵债裁定送达买受人或者承受人时起转移。

第31条规定，拍卖财产上原有的担保物权及其他优先受偿权，因拍卖而消灭，拍卖所得价款，应当优先清偿担保物权人及其他优先受偿权人的债权，但当事人另有约定的除外。拍卖财产上原有的租赁权及其他用益物权，不因拍卖而消灭，但该权利继续存在于拍卖财产上，对在先的担保物权或者其他优先受偿权的实现有影响的，人民法院应当依法将其除去后进行拍卖。

(七)再次拍卖

根据《拍卖、变卖财产的规定》第26条的规定，拍卖时无人竞买或者竞买人的最高应价低于保留价，到场的申请执行人或者其他执行债权人不申请以该次拍卖所定的保留价抵债的，应当在60日内再行拍卖。

第27条规定，对于第二次拍卖仍流拍的动产，人民法院可以依照本规定第19条的规定将其作价交申请执行人或者其他执行债权人抵债。申请执行人或者其他执行债权人拒绝接受或者依法不能交付其抵债的，人民法院应当解除查封、扣押，并将该动产退还被执行人。

第28条规定，对于第二次拍卖仍流拍的不动产或者其他财产权，人民法院可以依照本规定第19条的规定将其作价交申请执行人或者其他执行债权人抵债。申请执行人或者其他执行债权人拒绝接受或者依法不能交付其抵债的，应当在60日内进行第三次拍卖。第三次拍卖流拍且申请执行人或者其他执行债权人拒绝接受或者依法不能接受该不动产或者其他财产权抵债的，人民法院应当于第三次拍卖终结之日起7日内发出变卖公告。自公告之日起60日内没有买受人愿意以第三次拍卖的保留价买受该财产，且申请执行人、其他执行债权人仍不表示接受该财产抵债的，应当解除查封、冻结，将该财产退还被执行人，但对该财产可以采取其他执行措施的除外。

(八)有关变卖的规定

根据《拍卖、变卖财产的规定》第34条的规定，对查封、扣押、冻结的财产，当事人双方及有关权利人同意变卖的，可以变卖。金银及其制品、当地市场有公开交易价格的动产、易腐烂变质的物品、季节性商品、保管困难或者保管费用过高的物品，人民法院可以决定变卖。

第35条规定，当事人双方及有关权利人对变卖财产的价格有约定的，按照其约定价格变卖；无约定价格但有市价的，变卖价格不得低于市价；无市价但价值较大、价格不易确定的，应当委托评估机构进行评估，并按照评估价格进行变卖。按照评估价格变卖不成的，可以降低价格变卖，但最低的变卖价不得低于评估价的1/2。变卖的财产无人应买的，适用本规定第19

条的规定将该财产交申请执行人或者其他执行债权人抵债;申请执行人或者其他执行债权人拒绝接受或者依法不能交付其抵债的,人民法院应当解除查封、扣押,并将该财产退还被执行人。

六、对债务人知识产权的执行

债务人享有知识产权,又拒不履行生效法律文书确定的义务,人民法院有权采取以下强制执行措施:

1. 裁定禁止债务人转让其专利权、注册商标专用权、著作权(财产权部分)等知识产权,并向有关部门发出协助执行通知书,要求其不得办理知识产权转移手续,必要时可以责令债务人将知识产权或者使用权证照交人民法院保存。

2. 采取上述执行措施后,债务人仍拒不履行义务的,人民法院有权对债务人享有的知识产权采取拍卖、变卖等执行措施,将所得价款交付申请执行人,以确保生效法律文书内容的实现。拍卖、变卖知识产权所得价款用于支付债务人应履行的债务后有剩余的,剩余部分应交付给债务人。

七、对债务人投资权益或股权的执行

根据有关司法解释的规定,对于债务人在有关企业中拥有的投资权益或股权,人民法院有权依法采取冻结、强制转让等执行措施;对于债务人基于股权而从有关企业中应得的股息或红利,人民法院有权依法采取冻结、扣留和提取等执行措施,以实现生效法律文书确定的内容。

根据企业的性质不同,对债务人拥有的投资权益或股权强制转让的条件、方式也有所不同:

1. 对债务人在有限责任公司、其他法人企业中的投资权益或股权,人民法院可以采取冻结措施。需要冻结投资权益或股权的,人民法院应当向有关企业发出协助执行通知书,要求该企业不得办理被冻结投资权益或股权的转移手续,不得向债务人支付股息或红利,同时,被冻结的投资权益或股权,债务人不得自行转让。

对债务人在有限责任公司中被冻结的投资权益或股权,人民法院可以根据公司法规定,以拍卖、变卖等方式转让,转让所得用于清偿债务。

人民法院也可允许并监督债务人自行转让其投资权益或股权,将转让所得收益用于清偿对申请执行人的债务。

2. 对债务人在其独资开办的法人企业中拥有的投资权益被冻结后,人民法院可以直接裁定予以转让,以转让所得清偿其对申请执行人的债务。

3. 对债务人在中外合资、合作经营企业中的投资权益或股权,在征得合资或合作他方同意和对外经济贸易主管部门的批准后,可以对冻结的投资权益或股权予以转让。

如果债务人除在中外合资、合作经营企业中的投资权益或股权以外别无其他财产可供执行，其他股东又不同意转让的，可以直接强制转让债务人的投资权益或股权，但是应当保护合资他方的优先购买权。

4. 对债务人在其他股份有限公司中持有的股份凭证（股票），人民法院可以扣押，并强制债务人按照公司法的规定转让，也可以直接采取拍卖、变卖的方式进行处分，或者直接将股票抵偿给债权人，用于清偿债务人的债务。

5. 对于债务人基于股权而从有关企业中应得的股息和红利，凡是已到期的，人民法院有权裁定禁止债务人提取和有关企业向债务人支付，并要求有关企业直接向申请执行人支付；凡是未到期的，人民法院则可以采取冻结措施，禁止到期后被被执行人提取和有关企业向债务人支付。到期后，人民法院可以从有关企业中提取股息或红利，并出具提取收据，然后将有关金钱转交给申请执行人。

■ 第二节　非金钱债权的执行措施

非金钱债权的执行，包括交付财产的执行措施和对行为的执行措施。

一、交付财产的执行措施

债务人拒不履行交付法律文书指定的财物或者票证的义务时，人民法院有权通过一定的强制手段，责令和监督债务人交付法律文书所指定的财物或票证。法律文书所指定的财物，可以是特定物，也可以是特定化的种类物；法律文书所指定的票证，一般是有财产权利内容的凭证，如股票、国库券等。

生效法律文书确定债务人应当履行的义务是交付财物或票证的，债务人必须交付原物。如果原物已被隐匿或非法转移的，人民法院有权责令债务人交出。原财物确已变质、损坏或灭失的，应当裁定折价赔偿或按标的物的价值强制执行债务人的其他财产。

交付财物或票证的方法有当面交付和转交两种。当面交付，就是执行人员传唤双方当事人到庭或指定场所，由债务人将法律文书所确定的应当交付的财物或票证交付给债权人。转交有由人民法院转交和由第三人转交两种。所谓由人民法院转交就是债务人将应当交付的财物或票证交给人民法院，由人民法院转交给债权人。所谓由第三人转交是指，如果法律文书指定交付的财物或票证由第三人持有或保管的，人民法院应当向持有或保管财物、票证的第三人发出协助执行通知书，要求该第三人将财物或票证转交给申请执行人或人民法院。受通知的第三人拒不转交的，执行人员可以强制执行，并可按妨害民事执行的行为对第三人采取强制措施。

法律文书指定交付的财物或票证由第三人持有或保管的,第三人收到法院的协助执行通知书后,协同债务人转移财物或票证的,人民法院有权责令其限期追回,逾期未追回的,应当裁定其承担赔偿责任。有关单位或公民个人(第三人)在其持有、保管法律文书指定交付的财物或票证期间,因过错行为致使财物或票证被损坏、灭失的,人民法院可以责令持有人赔偿,拒不赔偿的,裁定按照执行的财物或票证的价值强制执行。

强制交付的财物或票证依法需要办理产权证照转移手续或者进行变更登记的,执行机构应当通知有关部门办理产权证照的变更手续或者进行变更登记。接到通知的单位应当根据通知的规定依法办理。

二、对行为的执行措施

强制债务人完成行为,就是指人民法院通过一定的强制手段,迫使债务人履行法律文书所指定的行为,实现债权人的债权,如停止侵害、排除妨害等。强制执行法律文书指定的行为,是以人的行为作为执行对象时采取的一种特殊的执行措施。

对行为的执行措施因行为的性质、种类不同而不同,包括对作为和不作为行为的执行;对迁出房屋或退出土地的行为的执行措施。

(一)对作为或不作为行为的执行措施

1. 对作为的执行措施。

(1)对可替代作为的执行。对于可替代完成的作为,被执行人拒不履行的,人民法院可以委托有关单位或他人完成,因完成上述行为所发生的费用,由被执行人承担。拒不承担的,依对金钱执行的方法采取强制执行措施。

(2)对不可替代作为的执行。对于不可替代的作为,执行方法有两种:①拟制执行,即法律文书一旦生效,就视为义务人已履行义务,如赔礼道歉;②首先对其说服教育,敦促其自动履行,经说服教育债务人仍拒不履行的,人民法院应当依妨害民事执行的有关规定对债务人采取强制措施,如罚款、拘留等,构成犯罪的,依法追究刑事责任(拒不执行生效裁判罪)。如离婚诉讼中判决未成年子女由女方抚养,但男方拒不交出该子女的,就应当按不可替代的作为行为采取强制执行措施。

2. 对不作为的执行措施。生效法律文书确定债务人不得作为,如果债务人没有实施积极的作为,就是已经履行义务;如果债务人实施积极的作为,就是拒不履行生效法律文书确定的义务,因而需要强制执行。此时,执行就是消除债务人积极作为产生的结果。消除积极作为的结果,也因其是否可替代而有不同的执行措施。

19-1(多选题) 某报社因侵犯他人名誉权被一审法院判令为对方恢

复名誉、消除影响。此后，该报社既不上诉，又不履行生效判决。对此，法院可以采取哪些措施？

A. 采取公告、登报等方式，将判决的主要内容公布于众，费用由该报社负担

B. 社长或直接责任人员予以罚款并拘留

C. 构成犯罪的，依法追究刑事责任

D. 由报社支付迟延履行金

——应当选择ABCD。最高人民法院《关于审理名誉权案件若干问题的解答》第11条规定："侵权人拒不执行生效判决，不为对方恢复名誉、消除影响的，人民法院可以采取公告、登报等方式，将判决的主要内容及有关情况公布于众，费用由被执行人负担，并可依照《民事诉讼法》第102条第6项的规定处理。"《民事诉讼法》第102条规定："诉讼参与人或者其他人有下列行为之一的，人民法院可以根据情节轻重予以罚款、拘留；构成犯罪的，依法追究刑事责任：①伪造、毁灭重要证据，妨碍人民法院审理案件的；②以暴力、威胁、贿买方法阻止证人作证或者指使、贿买、胁迫他人作伪证的；③隐藏、转移、变卖、毁损已被查封、扣押的财产或者已被清点并责令其保管的财产，转移已被冻结的财产的；④对司法工作人员、诉讼参加人、证人、翻译人员、鉴定人、勘验人、协助执行的人，进行侮辱、诽谤、诬陷、殴打或者打击报复的；⑤以暴力、威胁或者其他方法阻碍司法工作人员执行职务的；⑥拒不履行人民法院已经发生法律效力的判决、裁定的。人民法院对有前款规定的行为之一的单位，可以对其主要负责人或者直接责任人员予以罚款、拘留；构成犯罪的，依法追究刑事责任。"另外，《民事诉讼法》第232条规定："被执行人未按判决、裁定和其他法律文书指定的期间履行给付金钱义务的，应当加倍支付迟延履行期间的债务利息。被执行人未按判决、裁定和其他法律文书指定的期间履行其他义务的，应当支付迟延履行金"。

（二）对迁出房屋或退出土地的行为的执行措施

强制迁出房屋或退出土地，是指人民法院执行机构强制被执行人搬迁在房屋或特定土地上的财物，腾出房屋或退出土地，交给申请执行人的一种强制执行措施。其程序如下：

1. 发出执行公告。强制迁出房屋或退出土地，首先应当由法院院长签发限期迁出房屋或退出土地的公告。公告要写明强制债务人迁出房屋或退出土地的原因，并再次指定债务人履行义务的期限，说明逾期不履行的法律后果。公告应由人民法院院长署名，并加盖人民法院印章。公告应张贴在债务人应当迁出的房屋或应当退出的土地附近。公告期间，债务人履行了法律文书确定的义务，执行程序即可结束，否则，人民法院应当实施进一步

的执行措施。

2. 通知有关人员到场。强制执行时，债务人是公民的，应通知本人或其成年家属到场，并邀请债务人所在单位以及有关房屋、土地所在地的基层组织派人参加，以便协助执行；债务人是法人或其他组织的，应当通知其法定代表人或主要负责人到场。拒绝到场的，不影响执行。

3. 依法强制执行。强制债务人迁出房屋或退出土地的执行工作，应当由执行员、书记员和司法警察共同进行。一般先要向债务人进行法制教育，再一次动员其自动迁出房屋或退出土地，并向债务人所在工作单位或者房屋、土地所在地基层组织的代表介绍案情，说明执行的必要性和严肃性，以取得他们的理解与支持。强制迁出房屋时，执行人员应当组织人力将被执行人的财物经过清点后，造具清单，然后送往指定的地点，交给债务人。债务人是公民的，也可以交给他的成年家属。债务人拒收，执行员可以指定由有关单位或个人保管。强制迁出房屋和保管财物所发生的一切费用，均由债务人承担。强制退出土地时，执行员也应派人将土地上的一切财物运到指定地点，所需要的劳务费用，由债务人承担。

4. 制作执行笔录。人民法院强制执行的全过程，应由书记员制作笔录，最后由执行人员、债务人、在场人员签名或盖章后存卷。

5. 交付。强制迁出后腾空的房屋或退出的土地，人民法院应及时交付申请执行人，结束执行程序。

■ 第三节 保障性执行措施

保障性的执行措施是为了辅助与配合直接实现债权人权利的基本执行措施而实施的执行措施，根据我国法律规定，保障性的执行措施主要包括，搜查债务人的财产，责令支付迟延履行利息或迟延履行金，办理财产权证照转移手续。

一、搜查

搜查，是指债务人逾期不履行义务，并隐匿财产的，人民法院可以对债务人的人身及其住所、财产隐匿地进行搜索，查找被隐匿的财产。

搜查是一种很严厉的执行措施，它不仅关系到宪法赋予公民的基本权利，如人身自由、名誉权、居住权等，而且影响到人民法院执法的严肃性，因此必须严格按照法律规定的条件和程序进行。

（一）适用搜查措施的条件

根据法律和有关司法解释的规定，适用搜查这一执行措施，必须符合下列条件：

1. 生效法律文书确定的履行义务的期限已经届满。

2. 债务人拒不履行法律文书确定的义务。

3. 人民法院认为债务人存在隐匿财产的行为。

(二)适用搜查措施的程序

1. 法院院长签发搜查令。人民法院决定采取搜查措施,必须由院长签发搜查令,由执行员负责执行,并有司法警察参加。搜查人员必须按规定着装,并向被搜查人出示搜查令和身份证件。

2. 通知有关人员到场。搜查的对象为公民的,应当通知债务人或者其成年家属以及基层组织派员到场;如果搜查对象是法人或者其他组织的,应当通知法定代表人或主要负责人到场,有上级主管部门的,也应通知上级主管部门有关人员到场。拒不到场的,不影响搜查的进行。除上述人员外,禁止其他无关人员进入搜查现场。

3. 搜查对象包括债务人的住所、财产隐匿地及人身。对债务人可能存放隐匿财物及有关证据材料的处所、箱柜等,经责令债务人开启而拒不配合的,人民法院可以强制开启。此外,搜查妇女的身体,应当由女性工作人员进行。

4. 采取查封、扣押措施,制作查封、扣押财产清单。执行员在搜查中发现应当依法查封、扣押的财产,可以立即采取查封、扣押措施,并当场制作财产清单,由在场人员签名或盖章后,正本附卷存档,副本交给债务人。

5. 制作搜查笔录。书记员应就搜查的全过程制作搜查笔录,由搜查人员、被搜查人及其他在场人员签名或盖章。上述人员拒绝签名或盖章的,应在搜查笔录中记明。

19-2(单选题)　民事执行程序中,有权签发搜查令的是谁?

A. 法院院长　　B. 审判长　　C. 执行庭庭长　　D. 执行员

——应当选择A。所考要点为适用搜查措施的程序,根据法律规定,进行搜查须由本院院长签发搜查令。

二、责令支付迟延履行利息或迟延履行金

迟延履行,是指债务人不按生效法律文书指定的期间履行义务,或者故意拖延履行义务。对于债务人迟延履行义务的行为,人民法院除了依法强制执行外,还应追究债务人迟延履行的责任。

根据我国《民事诉讼法》第232条的规定,因债务人应当履行义务的内容不同,其承担迟延履行的法律责任也有所不同。承担迟延履行责任主要有两种方式。

（一）加倍支付迟延利息

适用于迟延履行金钱给付义务的情形，即对于债务人未按法律文书指定的期间履行给付金钱义务的，应当加倍支付迟延履行期间的债务利息。迟延履行利息按银行同期贷款最高利率计算，加倍支付。计息期间从法律文书确定的履行期限的最后一日的次日开始至履行义务之日止。

（二）支付迟延履行金

适用于迟延履行除金钱给付义务之外的其他义务，即未按生效法律文书指定的期间履行非金钱给付义务的，无论是否给申请执行人造成损失，都应当支付迟延履行金。已经造成损失的，双倍补偿申请执行人已经受到的损失；没有造成损失的，迟延履行金可以由人民法院根据具体案情确定。迟延履行期间从生效法律文书指定的履行期间届满的次日起计算。

19－3（多选题） A市人民法院受理甲诉乙名誉侵权纠纷一案，判决乙在判决生效后1个月内赔偿甲2万元，并在《A市晚报》登报赔礼道歉。判决作出后，乙既没有提起上诉，也没有按照判决确定的日期履行义务。在此情况下，根据甲的申请，法院可以采取哪种针对乙的执行措施？

A. 由乙支付迟延履行金　　B. 对乙进行罚款

C. 对乙进行拘留　　D. 由乙加倍支付迟延履行期间的债务利息

——应当选择AD。所考要点为迟延履行的处理。《民事诉讼法》第232条规定："被执行人未按判决、裁定和其他法律文书指定的期间履行给付金钱义务的，应当加倍支付迟延履行期间的债务利息。被执行人未按判决、裁定和其他法律文书指定的期间履行其他义务的，应当支付迟延履行金。"

三、办理财产权证照转移手续

有关财产权证照，是指房产证、土地使用证、山林所有权证、专利证书、商标证书、车辆执照等不动产或特定动产的财产权凭证。在强制交付财产的案件中，强制交付动产的，自交付之日起所有权即发生转移，无须办理转移手续。但是，强制交付不动产和特定动产的，交付之后必须向有关部门办理更名过户手续，债权人才能从法律上实现对它的权利。

根据《民事诉讼法》第230条和有关司法解释的规定，在执行过程中，对于需要办理财产权证照转移手续的，人民法院可以向核发该证照的有关主管机关发出协助执行通知书，写明需要办理财产权证照转移手续的有关事项和具体要求，并附生效法律文书副本，要求该机关协助执行。有关部门收到协助执行通知书后，必须按照人民法院的要求办理。拒绝协助办理的，人民法院可以按照妨害执行的有关规定对负有协助执行义务的单位及其直接责任人员采取强制措施。

图书在版编目（CIP）数据

民事诉讼法/陈桂明主编. —北京：中国政法大学出版社，2007.2
高等教育法学应用教材
ISBN 978-7-5620-3018-8
Ⅰ.民... Ⅱ.陈... Ⅲ.民事诉讼法 - 中国 - 高等学校 - 教材 Ⅳ.D925.1
中国版本图书馆CIP数据核字(2007)第019544号

出版发行 中国政法大学出版社
经　　销 全国各地新华书店
承　　印 固安华明印刷厂

787×960mm　16开本　25.125印张　455千字
2007年3月第1版　2010年2月第2次印刷
ISBN 978-7-5620-3018-8/D·2978
定　价：31.00元

社　　址 北京市海淀区西土城路25号
电　　话 (010)58908435(编辑部)　58908325(发行部)　58908334(邮购部)
通信地址 北京100088信箱8034分箱　邮政编码 100088
电子信箱 fada.jc@sohu.com(教材编辑部)
网　　址 http://www.cuplpress.com （网络实名：中国政法大学出版社）